The 2020 Healthy Growth Project
Achievement Album

落实2020健康工程
成果集

马　龙　张欣欣　主编

中国发展出版社
CHINA DEVELOPMENT PRESS

图书在版编目（CIP）数据

落实2020健康工程成果集/马龙，张欣欣主编. —北京：中国发展出版社，2018.4

ISBN 978-7-5177-0843-8

Ⅰ.①落… Ⅱ.①马… ②张… Ⅲ.①体育课—教学研究—小学 Ⅳ.①G622.82

中国版本图书馆CIP数据核字（2018）第068905号

书　　名：落实2020健康工程成果集
主　　编：马　龙　张欣欣
出版发行：中国发展出版社
（北京市西城区百万庄大街16号8层　100037）
标准书号：ISBN 978-7-5177-0843-8
经 销 者：各地新华书店
印 刷 者：北京市密东印刷有限公司
开　　本：700×1000mm　1/16
印　　张：28.5
字　　数：410千字
版　　次：2018年4月第1版
印　　次：2018年4月第1次印刷
定　　价：68.00元

联系电话：（010）68990642　68990692
购书热线：（010）68990682　68990686
网络订购：http://zgfzcbs.tmall.com//
网购电话：（010）68990639　88333349
本社网址：http://www.develpress.com.cn
电子邮件：fazhanreader@163.com

本书编委会名单

主　　编：马　龙　张欣欣

编　　委：李　波　张　凯　金　帆　刘　禹　刘延光
李　欣　张东海　臧景一　李　娟　刘　荣
王元臻　吴丽梅

参与人员：高　健　邓美双　刘子凡　吕庆伟　朱晓臣
张　琪　王金斗　王姣姣　徐礼峥　王　冰
史定宇　常　诚　杜贝贝　王瑞晨　李晓雷
焦　娇　董思屏　张正磊　殷　越　杨　晨
李　芳　牛东芳　白　宇　陈　凯　杨　鹏
石子军　邹　莉　张少慧　刘　敏　何　群
朱　珍　杨　阳　孙爱华　李　昂　刘美娟
史　云　翟　红　洪　伟　高满洪　李文凤
刘明军　王　菁　金　强　陈凤伟　范汝梅
吕闽松　陈　燕　韩巧玲　崔　旸　郭志滨
谷　莉　陈　纲　乔　红　宋　菁　吴　玥

序　言

史家教育集团以“为了孩子健康快乐成长”为办学的基础，全体史家教师敬佩每一个孩子的生命力量，尊重每一个孩子的成长过程。将健康作为人生的第一财富，确立为教育的底线。

史家“健康工程”是集团为孩子身心健康和社会适应打基础的育人工程，其目标是“增强身体素质，强健体格；启迪身心智趣，滋养性格；塑造坚韧勇敢，完善品格”。从内容上看既包括体质提升、心监测基础上进行的诊断式研究、矫正，探索了阶梯式的育人路径。

为了推动健康工程，促进学生“身心智趣”立体发展，集团调整了相应的课程结构，完善了相应的课程形态，成立了特色健康工作室，建立了“晴晴”眼科中心，开办了小壮壮训练营，创建了“青苹果”健康人格基地，与国家体育总局体育科学研究所合作，建立体质监测 App 平台，对学生锻炼情况进行实时监测，与各级体育部门深度合作，聘请专业教练团队和各方专业人士，对学生进行个性化科学指导。

成长是教育的目的，教师还组织学生编撰了《健康娃娃》《科学用眼》《芽牙得益》《魔法厨房》《心语心说》等健康系列丛书。

史家“健康工程”从设计、实施、推进，全体教师进一步明晰了“为了孩子健康快乐成长”的内涵。本书汇集了教师们在体育教学、体育训练、体质测评中不断深化研究和实践探索的成效，注重自身教育教学行为的调整，注重学生运动心理、健康心理的营建，携手家长为孩子注入成长的健康基因。

预祝“健康工程”不断扩大成果，提高孩子们的综合素质，为孩子强健体魄、磨砺意志、锤炼品格、健全心智助力，促进品行、心理、生理、体能协调发展，成为孩子们绽放生命光彩，奠基幸福人生的伟大工程！

王欢

2018年4月

史家教育集团“健康工程”实施方案

史家教育集团在教育理念上一直在不断突破和创新，针对课程的建设和开发也力争活跃在教育的最前沿。结合学生体质下滑、心理及社会适应力减弱等一系列现状，为了更好地提高学生的身体素质、培养学生的运动兴趣、给学生创造更多更好的运动环境，史家教育集团勇于做教育领域的试金石，多年来在实践中一直不断探索提高学生身心发展的有效策略，并结合经验将所思所想进行梳理，固化成模式。结合国办2016年颁布的27号文件为政策指引；联系中国学生发展核心素养中关于健康培养的具体内容；最核心的是考虑当下青少年健康面临的问题——体质弱、肥胖增多、视力差、心里偏颇、社会适应力变低。基于以上三大背景，史家教育集团制定了名为“史家教育集团‘健康工程’方案”，并于2016年10月29日正式在“共享·联动·创生——集团化办学的探索与实践研讨会”中对外发布并开始逐步实施。

本次“健康工程”实施方案中明确将“为学生成长提供无限可能”为中心思想。从学生的角度出发考虑到学生全面发展的实际所需制定了培养的价值导向，归纳为“三格”：增强身体素质，强健体格；启迪身心智趣，滋养性格；塑造坚韧勇敢，完善品格。

借鉴集团的整体管理模式，细化分组，从教师发展和管理角度出发，结合学生发展的源动力，夯实基础，明确任务。针对史家集团健康工程的总体思路制定管理架构。

三大部门：教师培训部、课程研发部、品牌发展部。

三大支撑：核心组、专家组、专项组。

三大作用：通过核心组推动教师成长；通过专家组使课程科学系统发展；工作室高端专业引领，铸就史家品牌。

三大机制：研学培一体化的师资成长机制；一校一品的品牌发展机制；工作室驱动的课程研发机制。

目前集团包含五个校区，内容和形式上统一进行了规划，做到课间操一体化、课后活动一体化，统一设计课堂教学、体育专修课程、体育活动和课后锻炼。

具体的实施主要从格局上分为体质提升、个性培养、肥胖干预、预防近视、心理健康五个方面。通过全方面的关注和干预最终达到人格基因初养成，其主要过程遵循儿童的发展规律，具体来讲遵循基础、兴趣、选择、提升、拓展的递进关系。

学校体育的发展形式，可以归纳为：国策领路，东风具备，理念清晰，目标明确，需求旺盛，社会必然。

所以，对于史家教育集团来讲，体育课程的改革势在必行，要敢为人先，但机遇与挑战并存，既需要魄力也需要严谨，既要转变思路又要理解国策，既要整合资源又要突破创新。其中，课程改革作为“健康工程”方案中的核心部分，同样是五校区所有年级通体开展，打破常规课程的分类形式，丰富课程内容，将原有的国策考核类项目总结归纳为基础内容，丰富了一些专修内容和特色内容，共涉及项目十余个。课堂的授课形式为在职教师和专项老师共同完成。同时考虑到不同年级学生的身心发展规律，一年级至四年级采用分组轮换的形式，五、六年级学生考虑到男女生的身心发展差异较大，联系小初衔接，最终定位男女生分班授课。特别强调的是，集团将武术和健美操作为集团体育课程改革的保留项目，从一年级至六年级贯穿始终。

配合课程的一体化推进，还有相应的课间操一体化工作。各校区课间操将统一从三部分内容整体推进。(1) 精彩队列展示：每天必须进行精彩队列展示，包括站姿、转法、队形变换；队列展示行进中必须呼喊校训和班训。(2) 广播操：每天广播操内容包括部颁操、武术操和学校自编操。(3) 耐久跑：根据学生年龄特点，每天安排5～10分钟的耐久跑。通过课间操达到锻炼身体的目的，培养集体主义观念。

集团课间活动的理念是：“我的课间我做主。”在充分征求学生意见后，将颁布各校区各年级各时间段活动的内容。课间活动机制为：自主管理，伙伴同行；教师陪伴，共同成长；班级社区，大小联动；带动家庭，健康成长。其目的是让孩子爱上运动，养成健康的生活习惯。

集团课后体锻（15：00～15：30）的落实主要采用耐久跑的形式。耐久跑是增强身体素质最积极、最有效的手段之一，也是史家各种体育教育环节中高度重视的一项运动。集团中推行以下耐久跑策略：(1) 激情音乐伴随跑（音乐选取积极向上、富有时代感、律动要强）。(2) 快慢结合交替跑（根据学生身体状况延长每一次快慢跑时间）。(3) 形式多样趣味跑（8字跑、首尾接龙跑、迎面接力跑等）。(4) 依照路线图形跑（根据不同校区场地和班级数量，提前规划跑步路线，保证安全有序）。旋律、步伐、身影、路线，成为史家集团中亮丽的风景线，再小的坚持也是力量，小操场同样养出精气神儿！

集团体育活动的建构与推进也是一体化的重要体现。(1) 体育运动会：集团每次召开万人亲子运动会，都会从活动主题、入场形式、团体操亲子操展示、妈妈花队、爸爸旗队、竞赛项目、亲子活动项目等多方面进行整体策划，制定规范的秩序手册。同时提出“场上场下、赛前赛后”文明标准，让精彩在赛场后延续，让美德于点滴间传承。(2) 家校特色体育活动：与学校学生发展中心紧密结合，开展妈妈读书会、爸爸运动队特色活动。做到：校级出方案——年级出特色——班级出品质。家校合作，达到“母传德　父传责”的目的。(3) 充分利用社会资源，通过“社团导师项目”“主题交流活动”“科研保障项目”激发学生运动兴趣。深层建构集团健康育人的无边界模式，让每一个孩子在丰富多彩的体育活动中“文明其精神，野蛮其体魄”。

集团体育专修课程推进。“专修课程”主要关注孩子不同成长需求，促进个性化发展而开设，主要包括六大方面：“小壮壮训练营”“青少年不良身体姿态矫正”“趣味田径游戏”“沙盘”干预、各类“棋社”、13个精品社团。提到精品社区，集团在各校区已经形成比较成熟的运动队达13个之多，并且在各级比赛展示中取得了令人骄傲的成绩，带动了整个集团体育工作的发展。专修课程的开设将遵循以下原则：与各级体育部门深度合作，为学生搭建成长平台；聘请专业人士和教练，进行个性化科学指导；积极开发前沿体育课程，固化持续性发展性项目。专修课程的推进旨在培养孩子的体育精神，让孩子在成才中成长，形成良好的体格、性格、人格。

为了完善整个健康工程，使整个方案的推进实现可操作、可量化，集团也配套制定了较为详细的评价体系，即教学质量监控体系、技能考核评价体系、体质健康检测体系、学生视力追踪体系、心理健康评估体系、学生肥胖预警体系。特别是与国家体育总局科研所等部门建立APP平台，通过佩戴腕表的形式对学生体质健康情况进行实时监控，让学校、老师、家长及时了解孩子的具体情况。同时还制定了另外一种评价体系，取名为“史家基因符号”。一是史家教育集团体育课程设计侧重了民族传统。二是史家高部三至六年级含一项自然生存技能学习——游泳。三是响应北京市“百万青少年参与冰雪运动”的号召，将冰雪体验项目引入体育教学内容，集团充分利用社会资源，各校区、各年级每学期将组织一次冰上或雪上项目的体验。

通过实施，集团进行了详细的总结和调研，听取了专家、家长、学生多方面的反馈，以便不断努力和改进，力求做得更好，将学生被动接受转变为主动参与，将学习课堂转变为学生生命中不可或缺的乐趣，将单调的体育课堂转变为丰富的社会体育实践，将单纯的身体运动转变为身心体智的全面推动，将狭窄的围墙视野转变为宽阔的环球视线，促进史家教育集团健康工程不断完善。

目　录

体育教学

家庭体育锻炼对小学生发展核心素养及体质的影响 …… 牛东芳　邓美双 / 2

小学体育教育中如何德育渗透 …… 白　宇 / 12

体育教学中培养美育之浅析 …… 董思屏 / 18

“翻转课堂”在中小学啦啦操教学中的应用 …… 何　群 / 23

浅析小学体育课堂中学生注意力不集中的原因 …… 何　莹 / 30

北京市某城区重点小学游泳课开展情况的调查 …… 焦　娇 / 37

体育游戏在小学足球教学中的多元应用及路径探析 …… 刘延光 / 44

完善体育课堂评价　为学生创设幸福课堂 …… 刘　禹 / 51

让她和所有的孩子一样学会游泳 …… 刘　悦 / 58

武术散打规则演变对学生安全保障的研究 …… 刘子凡 / 62

从体育课入手培养学生体育行为习惯 …… 吕庆伟 / 71

教师语言评价在体育课过程中时效性的研究 …… 牛东芳 / 76

篮球游戏在史家小学体育教学中运用情况的调查分析 …… 杨　晨 / 84

浅析体育教学类微信公众号对小学体育教师素质提升的影响 …… 张东海　何　群 / 92

学思知行在小学体育课堂中的应用研究 …… 张　琪 / 101

在“乒乓球”校本课程中努力培养学生的兴趣 …… 金久明 / 104

小学初学跳绳教学方法的有效性研究 …………………………… 孙　彭 / 113
浅谈低年级学生自主探究能力对体育课的意义 ………………… 胡　光 / 117
针对北京市某小学一年级学生体育课兴趣的研究 ……………… 李　洁 / 124

体育训练

小学体育课程引入足球运动初析 …………… 徐礼峥　张　凯　臧景一 / 132
关于小学生速度轮滑的起跑技术和训练研究 …………………… 徐礼峥 / 137
史家胡同小学篮球队得分后卫进攻技术对比分析 ……………… 陈　凯 / 142
不同手出水姿势对7～9岁儿童初学仰泳教学的影响 …………… 史定宇 / 150
PNF牵拉法对小学健美操初学者柔韧性影响的实验研究 ……… 王姣姣 / 161
北京市部分区县中小学舞龙运动的发展现状调查 ……………… 王金斗 / 170
北京市史家小学田径队FMS测试结果与分析 …………………… 王瑞晨 / 180
浅析少儿游泳运动员（9～10岁）有氧训练 …………………… 张少慧 / 190
对东城区某小学学生参与足球运动现状的调查分析 …………… 吴　强 / 196
对北京市某小学乒乓球兴趣班的调查研究 …………… 王　哲　刘国富 / 206

体质测试

“课课练”促进小学生身体素质的跟踪研究 …………… 杜贝贝　张欣欣 / 218
浅谈如何运用新课改提高小学生体质健康水平 ………………… 金　帆 / 225
结合柔韧素质评价对小学低年级学生身体素质的调查研究 …… 杨　鹏 / 230
加强体育锻炼对小学生肥胖体质的调查研究 …………………… 朱晓臣 / 240
北京市东城区某小学学生超重、肥胖干预研究 ……… 陈嘉燕　王　彬 / 246
耐久跑对肺活量的影响 …………………………… 杜　欢　王　彬 / 253
家校合作促进学生体质健康的行动研究 ………………………… 许爱华 / 257

运动心理

消除小学生“器械体操”恐惧心理研究 …………………… 高 健 / 264
运用体育活动调节小学生心理问题 …………………… 李 芳 / 271
浅析如何提高学生对体育课的兴趣 …………………… 李晓雷 / 281
对××小学学生体育课学习兴趣影响因素分析 …………………… 李 欣 / 289
小学体育教学生活化模式的构建思考 …………………… 刘 敏 / 295
浅谈小学低年级学生学习注意力的重要性 …………………… 张 凯 / 302
运用体育活动调节学生心理失衡 …………………… 张正磊 / 308

心理健康

小学生人际交往障碍的教育干预 …………………… 崔玉文 / 318
用语言感动心灵 …………………… 杜欣月 / 324
陪你走出焦虑 …………………… 吴丽梅 / 328
走近他，关爱他，改变他 …………………… 祁 冰 / 334
让我用心呵护你 …………………… 张珷轩 / 339
一个爱哭男孩引发的思考 …………………… 李 娟 / 344
基于罗滕伯格“延迟满足”的小学生
自我控制能力的个案研究 …………………… 卢明文 / 347
在信息技术课中营造良好的课堂心理氛围 …………………… 金朝霞 / 354
小学校园良好游戏的发展趋势及其保障 …………………… 贾维琳 / 359
同伴交往促社会性认知 …………………… 金 晶 / 366
预防小学生视力不良的行动研究 …………………… 李 昂 刘 荣 朱 珍 / 372
北京市东城区某小学 2010 ~ 2016 年
学生超重肥胖状况分析 …………………… 卢晓红 孙爱华 杨 阳 / 378

浅谈心理健康教育在小学科学课上的渗透 …………… 苏　芳 / 383
浅议语文课如何营造良好的课堂心理气氛 …………… 张牧梓 / 389
积极心理学视角下中小学生人际交往的课程辅导初探 ………… 迟　佳 / 394
小跳绳大智慧 …………………………………… 曹艳昕 / 404
多一分宽容，留一分尊重 ……………………………… 龚　丽 / 410
关爱生命，做健齿达人 ……………………………… 张　伟 / 415
融入心灵的教育 ………………………………… 范晓丽 / 420
守望心灵，静待花开 ……………………………… 孙慧瑶 / 424
给“学困生”以特殊的爱 ……………………………… 王　滢 / 428
拭亮孩子的心灵 ………………………………… 宋　菁 / 432
他爱上学了 …………………………………… 张　彬 / 434
自信撑起一片晴空 ………………………………… 吕闽松 / 438

体育教学

体育教学是学校体育活动中最重要的组成部分。史家教育集团致力于培养体格、性格、品格全面发展的“健康”的人。

在体育教学中，史家教育集团教师注重教学模式的转变、教学方法的创新、教学内容的丰富、教学效果的评价；关注学生个体成长，在体育教学中激发学生思维、培养学生品格、健全学生人格，使学生养成良好的体育运动习惯；同时重视教师自身专业发展，提升教师专业素质。

家庭体育锻炼对小学生发展核心素养及体质的影响

——以我校五年级部分学生为例

■ 牛东芳　邓美双

前　言

我国青少年学生体质连续20年呈下降趋势，为此教育部出台一系列相关政策、文件，但效果仍旧不明显。我校积极响应国家号召，每年都举办不同主题的运动会，如体育节、体育周、趣味田径赛、小型项目比赛等活动。积极举办各种“阳光体育活动”，丰富学生在校生活。切实提高“每天锻炼一小时”的实效性，在校学生的体质水平有了明显提高，但学生体质在全区排名无明显提高，仍旧中等水平。这是为什么呢？通过访谈、发放问卷，了解到同学们在学校的锻炼时间能够得到保障，但家庭训练时间少之又少，还有大部分同学没有在家体育锻炼的习惯，对体育锻炼没有兴趣。如何才能提高学生体育锻炼的兴趣，养成终身体育锻炼的习惯是本篇论文的研究重点。笔者希望通过研究分析特色，发现问题，并给予适当的改进措施，希望能够给学校、老师、家长、学生一些启示。

一、研究对象与研究方法

（一）研究对象

我校五年级 1 ~6 班学生 240 人。

（二）研究方法

1. 文献资料法

在国家图书馆、首都体育学院图书馆、中国学校体育网查找相关资料，10 余本关于肥胖问题的书籍，以及国内 20 多本期刊、国外期刊网等方面的相关文献资料。这些资料对本论文有重要的意义。

2. 访谈法

访谈一线教师，因为他们了解现在学校实施“每天锻炼一小时”实际情况；拜访体育方面的专家 30 余人，因为他们能够站在更高层面上了解现行体育。

访谈一些家长，了解学生在家体育锻炼情况，实施干预后对体育锻炼的兴趣习惯。通过与众多专家、教师、学生、家长的交流，找到如何提高学生体育锻炼的习惯。

3. 问卷调查法

以我校学生为调查对象，选用本人所授在校五年级 1 ~6 班每班 40 名同学，利用班队活动时间进行问卷调查，由体育老师带领同学完成问卷的填写工作。通过问卷了解学生对体育锻炼的兴趣、意识、习惯、动机，调查学生回家后体育锻炼的时间和他们的建议和看法，并根据调查结果进行数据分析。

五年级 1 ~6 班 240 名同学，其中男生 132 人，女生 108 人，发放问卷 240 份，回收 220 份，回收率 92%，其中有效问卷 220 份，有效率为 100%。

4. 数理统计法

将收回的调查问卷和学生体质健康的数据输入计算机，用 Excel 表格进行统计处理。通过测试和问卷的数据分析说明体育锻炼的实际效果。

5. 实验法

2014 年 3 月至 2016 年 5 月，进行为期两年的干预阶段。

通过《我的锻炼计划》三个阶段的实施和统计，分析学生体质和技能掌握情况，树立他们的自信心，培养他们体育锻炼的兴趣和习惯，为终身体育奠定良好的基础。

实验共分为三个阶段。第一个阶段，教师初步制定《我的锻炼计划》内容，学生记录锻炼时间、次数，家长签字。第二个阶段，教师丰富锻炼内容，增加锻炼次数、组次，并鼓励同学自己制定喜欢的锻炼内容。第三个阶段，教师不安排锻炼内容，学生和家长共同完成锻炼。

教师初步制定《我的锻炼计划》，提高了家长、学生的锻炼意识。学生了解锻炼内容，在家里进行初步实施，家长负责督促训练。为了给学生养成体育锻炼的习惯，实施第一个星期，体育队长负责每天写记事，提醒练习。

实施《我的锻炼计划》第二季，增加练习内容、次数。每次上课前教师进行统计昨天锻炼的情况，下课前叮嘱学生回家继续进行锻炼，并记录成绩。3 月 15 日第一次收《我的锻炼计划》，学生自己设计锻炼内容、锻炼形式，教师进行评价，并找出实施效果好的同学进行展示。其中有一个班要求每天一分钟跳绳训练，学生成绩涨幅明显。

实施《我的锻炼计划》第三季，基本养成自觉锻炼的习惯。学生实施一段时间以后，明显发现即使不提醒，孩子也能够记住回家锻炼的时间。教师开始实施《我的锻炼计划》第三季，要求每天的训练内容增加 3 ~ 5 项，每组练习增加 50 个，如果家长参与一起锻炼，将增加学生的成绩。

二、研究结果与讨论

据问卷调查，学生在校体育运动达到一小时，但家庭体育运动却很少。有 60% 的学生回到家后就是写作业、看电脑、打游戏，手指得到很好的锻炼。有 40% 左右的同学回到家后不再下楼进行各种玩耍、体育运动了。78% 的学生放学后会参与各种补习班。通过调查发现很多学生没有家庭体育锻炼，没有养成体育锻炼的习惯。

由于所授课的年级是五年级，因此在 1 ~ 6 班开展了《我的锻炼计划》家庭锻炼手册，班主任和学生都很重视，这不仅提高了学生体质，还能够巩固上课所学知识。每天家庭锻炼半小时，培养孩子们养成体育锻炼的习惯，让孩子们成为我国体育人口一份子。

（一）家庭体育锻炼的内容

本文指的家庭体育锻炼是放学回家后参加的体育活动，活动时间持续半小时以上，平均心率 130 左右。可以在室内进行，也可以在室外进行；可以是集体活动，也可以是单项活动；不一定非要在家里完成，也可以参与社区活动，例如兴趣班、拓展训练等。考虑到很多家长没有时间每天陪孩子锻炼，因此，教师开始制定的《我的锻炼计划》内容较为简单，可操作强，基本上在家中就可完成。

《我的锻炼计划》制定的原则是以提高学生体质为目的，重点是提高学生力量、速度、柔韧和协调等的同时，利用体育锻炼发展学生核心素养。根据学生情况不同，分别制定锻炼内容并跟踪调整，以发展学生上、下肢力量，核心力量，身体柔韧、协调等能力的相互促进提高。

《我的锻炼计划》内容见表 1。

教师针对不同学生制定锻炼内容、锻炼方法、练习次数，至少制定四项以上。学生根据教师制定的锻炼内容选出四项进行练习并制定练习记录表。

如表2所示。

表1　《我的锻炼计划》内容统计表

锻炼内容：
肩上举、俯卧撑、蹲起、立卧撑、仰卧起坐、两头起、背肌、平板支撑、跳绳、跳起摸高、团身跳、高抬腿跑、坐位体前屈、正、侧压腿

表2　《我的锻炼计划》记录表

日期	锻炼内容	锻炼次数	评价	家长签字

制定计划时，充分考虑不同学生的体质情况，在优势、劣势项目上同时制定计划，并符合体育训练科学，使学生的优势充分发挥并带动劣势。这种方案可以提高学生自信心，减少抵触情绪，减少课余占用的时间，使学生展示了自我的优势能力，更加愿意参与体育运动，增强了学生自信心，同时减少最初的家长抵制情绪。

（二）家庭体育锻炼对学生发展核心素养的影响

中国学生发展核心素养，以科学性、时代性和民族性为基本原则，以培养“全面发展的人”为核心，分为文化基础、自主发展、社会参与三个方面。综合表现为人文底蕴、科学精神、学会学习、健康生活、责任担当、实践创新六大素养，具体细化为国家认同等十八个基本要点。根据这一总体框架，可针对学生年龄特点进一步提出各学段学生的具体表现要求。①

为响应政府号召，教育部已将学生体质测评成绩完全计入学生评价考核、荣誉评选、升学录取等环节，从政策方面倡导体质健康教育的发展。

我校率先发展阳光体育，分别以学生、家庭、班级为单位展开竞赛，在培养学生体质、自信、荣誉感的同时，促进体质健康教育的成果，使得教师、

① http：//news. sina. com. cn/o/2016－09－14/doc－ifxvueif6744580. shtml，《中国青年报》，2016年9月14日第2版。

学生、家长三个方面之间相互提高要求并监督实施。

1. 家庭体育锻炼让学生学会学习，养成体育锻炼习惯

英国作家萨克莱曾说过，播种行为，收获习惯；播种习惯，收获性格；播种性格，收获命运。我国伟大的教育家叶圣陶明确指出：教育就是培养习惯。的确，养成良好的行为习惯可以使人终身受益。《体育与健康课程标准》中提出：培养学生刻苦锻炼的精神，促进学生主动参与体育活动，基本形成体育锻炼的好习惯。习惯是经过一段时间培养后，在不需要任何意志努力或外在监督的情况下，自发主动地进行活动的行为。习惯的作用是巨大的，一位体育名家曾说过：在体育课堂中，培养学生的良好习惯具有重要的意义。

通过教师制定家庭体育锻炼计划，督促和检查学生锻炼情况，及时改进和调整锻炼计划，加强意志锻炼，帮助学生克服自身惰性，持之以恒，才能逐渐让学生形成良好的锻炼习惯。

如表 3、表 4 所示，有 88.5% 的男生和 96% 的女生认为《我的锻炼计划》的实施对自己影响很大，其中 100% 的学生都认为经常参加体育锻炼能够增强体质，养成体育锻炼的好习惯。

表 3　《我的锻炼计划》对学生的影响调查（N = 220）

	有很大影响	百分比	有一定影响	百分比	没有影响	百分比
男生	108	88.5%	14	11.5%	0	0
女生	94	96%	4	4%	0	0

表 4　《我的锻炼计划》对学生有哪些方面的影响调查（N = 220）

影响方面	人数	所占百分比
增强体能	220	100%
帮助学生学会学习锻炼	206	94%
促进学生积极锻炼意识	209	95%
逐渐养成体育锻炼习惯	220	100%
培养学生不怕苦累的品质	198	90%
培养学生合作精神和交往能力	196	89%

2. 家庭体育锻炼让学生学会自我管理，拥有健康生活

雅斯贝尔斯在《什么是教育》中这样理解教育："教育的本质意味着：一棵树摇动另一棵树，一朵云推动另一朵云，一个灵魂唤醒另一个灵魂。"①

通过家庭体育锻炼，不仅让孩子养成体育锻炼的意识，而且还让孩子学会管理自己的课余时间。第一季训练，教师进行简单调查：在实施过程中，遇到最大的困难就是很多同学没有时间进行体育锻炼，如表 5 所示，80% 的同学认为放学回家课业多，没时间进行锻炼，还有 46% 的学生认为家里地方太小没法练习，53% 的学生认为懒惰是导致不能坚持锻炼的最大困难，27% 的同学认为恶劣天气是实施家庭体育锻炼的困难因素。

表 5　《我的锻炼计划》实施过程中遇到困难统计（N = 220）

遇到困难统计	人数	百分比
没有时间	176	80%
没有场地	101	46%
懒惰	116	53%
恶劣天气	59	27%

经过老师的提醒和建议，孩子们逐渐学会自我管理了。例如，将制定的训练计划变化形式，有的学生会在上下学等车路上进行基本的练习，拿起书包做几个肩上举，节约宝贵的时间。例如，为充分利用时间，有的学生为了完成锻炼，会在学校提前完成课业负担，学会了写作业、补习班、体育锻炼、休闲等课后时间的规划和管理。

经过教师不断积累，不断反馈学生锻炼成果，也提高了家长参与体育锻炼的热情，家长们对体育锻炼提高学生各方面能力表示肯定，如表 6 所示：有 99% 的家长认为体育老师制定的《我的锻炼计划》对学生有很大影响，并积极参与活动，促进家校联合发展，切实做到"一个孩子影响一个家庭"的口号。

---

① http://jysbnews.shuren100.com/article/304962/，《教育时报》，2014 年 8 月 4 日。

表 6　　《我的锻炼计划》对家长的影响调查统计（N = 220）

	有很大影响	百分比	有一定影响	百分比	没有影响	百分比
家长	218	99%	2	1%	0	0

3. 家庭体育锻炼增加学生社会实践，培养学生实践创新能力

《我的锻炼计划》第二季，学生自己制定锻炼内容，可以在原有的体育运动中进行创新。学生经过第一阶段的训练计划，已经掌握了训练目的、训练过程的大致要领，教师在此阶段可跟踪训练进展，仅对不健康或有危害的计划实施干预指导，培养学生不怕失败并积极探索的精神，及时发现心理问题并实施指导，使学生充分体会体育过程的乐趣。

《我的锻炼计划》第三季，鼓励学生走向社会，多参与社区体育活动，最大效率地运用社区体育器材、社区活动场地，提高练习兴趣。

学生通过体育锻炼增加社会实践机会，培养学生和小伙伴之间的合作能力。

（三）家庭体育锻炼在实施过程中遇到困难

在实施过程中，孩子们会因为时间、场地、天气、懒惰情绪等因素不能每天都积极参与锻炼。经过调查，孩子们回家没有时间进行体育锻炼的是最多的，也有 53% 的孩子认为太累了，没有伙伴陪着练自己就懒惰，因此在实施过程中，就需要老师、家长的鼓励，再小的坚持也是一种力量！

（四）家庭体育锻炼对学生体质的影响

1. 提高学生综合体质水平

教师通过布置作业，反复反馈检查结果，促使学生积极参与锻炼。在实施计划的两年里，学生综合体质水平有了很大的提高，本论文以《国家体质健康标准测试》成绩为依据。如表 7 所示，参加体育锻炼的 1 ~ 6 班学生体测成绩优秀率明显高于 7 ~ 12 班。其中 3 班的优秀率达到 44. 19% ，最低的优秀率 2 班，也达到 31. 71% ，而 7 ~ 12 班最高的优秀率为 40% ，最低班级优秀率仅为 17. 5% 。7 ~ 12 班的及格人数为 20 人，而 1 ~ 6 班及格人数仅为 5 人次，说明家庭体育锻炼可以提高学生优秀人数，降低学生及格率。《我的锻炼计划》增加了学生体育锻炼时间，提高学生体质水平，如表 8 所示，第二年 1 ~ 6 班学生体质优秀率为 59.71%，仍旧优于 7 ~ 12 班优秀学生，1 ~ 6 班及格人数较上一年有所下降，及格率人数低于 7 ~ 12 班。

表 7　2014 年学生综合体质水平调查统计

班级		优秀	优秀率（%）	良好	良好率（%）	及格	及格率（%）	不及格	不及格率（%）
实验班	1 班	17	41.46	17	41.46	0	0	1	0
	2 班	13	31.71	27	65.85	0	0	1	2.44
	3 班	19	44.19	19	44.19	1	2.33	0	0
	4 班	14	35.9	13	33.33	3	7.692	1	2.57
	5 班	17	42.5	20	50	1	2.5	0	0
	6 班	14	35	25	62.5	0	0	0	0
对照班	7 班	7	17.5	30	75	3	7.5	0	0
	8 班	16	40	20	50	4	10	0	0
	9 班	12	30	24	60	3	7.5	1	2.5
	10 班	11	28.2	21	53.84	4	10.25	2	5.12
	11 班	9	22.5	28	70	2	5	1	2.5
	12 班	9	23.7	25	65.8	4	10.52	0	0

表 8　2015 年学生综合体质水平调查统计

班级	优秀	优秀率（%）	良好	良好率（%）	及格	及格率（%）	不及格	不及格率（%）
1 - 6 班	144	59.71	91	37.75	4	1.6	2	1
7 - 12 班	114	48.92	101	43.37	16	6.86	2	1

2. 提高学生专项运动水平

跳绳运动既锻炼学生综合素质，又是考试内容，跳绳运动需要的场地小，易于操作，因此在《我的锻炼计划》实施过程中，一直对跳绳练习提出明确要求——需要每天都加强练习，学生跳绳成绩上涨很快。如表 9 所示。

表9　　学生跳绳专项运动水平调查统计

学　生	练习前成绩	运动干预以后成绩
学生 A	160	180
学生 B	126	147
学生 C	80	132
学生 D	132	158

三、结论与建议

（一）结论

通过两年的家庭锻炼，对学生发展核心素养起到很大作用，学生学会学习，大部分学生能够形成良好的锻炼习惯。能够自我管理课余时间，对提高学生能力方面有很大影响。

家庭体育锻炼得到家长的认可，家长对学生参加体育锻炼比较支持，认为孩子们参加体育锻炼以后，各方面都能有很大提高。在实施过程中，部分学生会因为种种困难而难以继续，需要老师和家长的鼓励，必要时给予引领，起到表率作用。

通过持之以恒的锻炼，学生综合体质有了明显提高，专项水平提高尤为明显。

通过家庭体育锻炼两年的实践，学生、教师、家长进一步了解、落实家校联合的举措。

（二）建议

在实施过程中，部分孩子因为自身原因不能坚持体育锻炼，需要老师在教法、思想工作上进行调整。由于时间和个人能力有限，本研究没有进行分层次研究，针对不同孩子体质，应制定个人运动“处方”，因人而异，因材施教，学生各方面能力还会有上升空间。

小学体育教育中如何德育渗透

■ 白　宇

在小学体育中对学生进行思想品德教育是毫无疑问的，半个世纪以来，国家一直是这样要求的，广大体育教师也一直是这样做的，学校教育的目的是使学生在体、智、德、美等方面全面发展，成为有理想、有文化、有纪律的社会主义新人。德育与体育又是学校教育的两个重要组成部分，在体育教学中贯彻德育，应该做到以学生为本，这样，才能从学生的心理特点出发，系统地构建德育的环节。通过把学生推上德育的主体地位，让学生做到自我认识、自我评价、自我激励、自我总结，教育者退入后台，只做点拨，不做指令，尽量发挥学生的主体作用。教师要做到：尊重学生——树立平等意识；帮助学生——树立服务意识；影响学生——树立师表意识；相信学生——树立民主意识；倡导竞争合作的学生关系。

德育渗透，就是要“以学生为本”，充分尊重学生身心发展的前提下，把德育本身的目标与体育学科教材所含的德育因素，自然、有机地结合起来，使德育内容在潜移默化的体育教学过程中，内化为学生个体的思想品德。

一、教学中德育渗透的途径与方法

在体育教学中既要发挥其德育渗透的优势，有效利用其可能性，还要根据事态形成发展过程适时进行教育，因此每位教师都应当在课中把握住有利的时机培养学生的优良品质，具体途径与方法如下。

（一）教师的仪表和教师的语言

在体育教学中，向学生进行思想品德教育，关键在于教师的言传身教。作为教师必须加强自身修养，提高自身素质。教师应举止大方，谈吐文明，教学中，讲解清楚、示范规范、言行一致，给学生树立一个良好的教师形象，使学生在潜移默化中受到熏陶，达到进行思想品德教育的目的。“亲其师，信其道”“身教重于言教”，这两句话证明良好的德育形象在课堂教学中的深刻意义。作为一名体育教师，既要有一般教师计策严肃的风度，又要充分体现其职业的特点——健康而朝气。通过教师的仪表来感染学生，并增强学生对仪表美及其重要作用的正确认识。

教师用语要文明、简练，应有较强的逻辑性，幽默是可取的，但切忌低级庸俗。教师通过自己的语言来影响和感染学生，使学生养成文明用语的良好习惯。

因此，我认为体育课堂教学时应做到“六规范”：

规范语言——使用普通话和文明用语；

规范示范——动作正确，熟练优美；

规范板书——字迹工整，格式正确；

规范仪表——衣着合乎运动特点，精神饱满；

规范行为——举止大方，遇事得体；

规范环境——教具摆放有序，场地设计合理优美。

体育教师严于律己，率先示范，带动着学生的自我教育和良好行为习惯的养成，这至关重要。

（二）教师与教师、教师与学生之间

体育教学中教师之间的配合十分重要，不仅要共同研究教学工作，而且要经常在一个“大课堂”里一起上课。教师之间的关系往往会使学生联想到人与人之间的关系，所以教师之间必须互相尊重、密切配合、互相帮助，

使学生从体育教师这个团结战斗的集体中学到助人为乐、团结协作的优良品质。

教师尊重学生、关心学生既是教师高尚品德的表现，又是一种教育手段，特别是对那些能力较差、组织纪律较差，以及不重视体育学科学习的学生，要耐心帮助，绝不能用讽刺的语言刺激他们，侮辱谩骂学生。在教学中应给技术水平较差的学生锻炼的机会。例如，在体操练习的最后讲评时，除找出较好的学生示范小结外，还可以请虽然完成动作较差但在某一环节有所进步的同学再做一两次练习，肯定他们的进步，并要求大家热情鼓励。这样有利于增强他们完成动作的信心和感到集体的温暖。对体育骨干和运动能力较强的学生，则从严要求，绝不能袒护他们的缺点。

教师关心并严格要求学生对学生来说虽是外部条件，但能促使学生内心产生积极的情绪，从而转化成为学生接受教育的内部动力，培养学生对人、对事的正确观念。

二、结合教材特点进行渗透

课堂中，选择合理、科学的组织教法，教材的灵活应用是教师教学能力的体现，也是对学生进行思想教育的有效途径。教师要善于把学生的心理活动和身体活动结合起来，尊重人格和自主性，利用课堂的组织教法中的各个环节对学生进行思想品德教育。注重学生自我管理能力、独立性、自主性、创造性以及热爱美、鉴赏美、表现美的情感美的情感培养，促使学生个性的全面发展。

例如，大地复苏的春季，许多学校为了保护草坪，常用栅栏和绳子将草坪围住，形成一道“不雅”的风景。如果我们在此时的体育课的准备部分经常让学生吟诵“小草才露尖尖角，我的脚下把情留；等到绿草如茵时，我在上面跑跳投”的诗句……我们能想象，无论是操场上还是同学们的心中，一道美丽的风景线已经形成了。含有保护自然、保护环境的德育目标，入情入理，自然会拨动学生们的心弦。

又如，在三年级下册《模仿动物走》中，我只示范了两个动物的动作，之后，就安排学生自己模仿、自己想象动作进行练习5分钟。在这5分钟里，学生模仿了各种动物形象，并且有的学生还模仿起动画片中的英雄人物和动物玩起游戏，使整堂课保持浓厚的运动氛围。

再如，在掷垒球教学中，有几个学生的动作不正确，用直臂掷远，还认为这样的方法掷得最远，不改动作。就此，我用形象的例子说明了发力原理，鞭打动作的科学性……此后，学生逐渐改了动作，成绩有了明显的进步。

此外，在课堂学习方法形式上，允许学生自己创新。在跳绳和呼啦圈教学中，在完成课标的要求后，有几个学生自己玩起了绳子和呼啦圈。我并没有批评他们，还表扬了他们，依次让全部学生进行了创造练习，学生学习的积极性得到了充分的调动。

三、评价中进行渗透

心理学家认为“赞美有如孩子的营养剂”。一句由衷的赞美，便可使丧失信心、挫败的儿童悬崖勒马，表现不错的孩子更加积极上进。在体育教学过程中，教师应敏锐地发现学生的闪光点，并及时表扬、鼓励。在运动之前用适当的语言鼓励和表扬，使其放下心理包袱，轻松地完成运动，从而调动起学生的学习兴趣和积极性。从学生实际出发，对进步学生鼓励，培养他们的责任心、荣誉感及自觉学习、刻苦拼搏的精神。批评时，根据学生心理，把批评放在赞扬之后，可取得很好的效果。如有一个学生的体育技能较好，但纪律观念差，在集体中不能与同学友好相处。我赞扬他的长处之后，点出要当一名优秀学生，还需得到同学们的信任和支持，学生听后，慢慢自然收敛。《孙子兵法》中有句名言叫“赏罚分明”，其意不仅是说赏与罚之间必定要有道清楚的界线，更意味着有由才赏、有由才罚的道理。但一味的表扬，事事得赏，不仅会变成毫无意义，而且变成“无聊”的代名词。过重严厉的批评，往往可能毁灭孩子的兴趣，使孩子变得自暴自弃，陷入自卑和孤独。因此批评要遵循三个原则：一是不伤害孩子的心理和身体；二是言行避免粗暴；三是就事论事，不以孩子为发泄对象，既往不咎。

总之，针对小学生的不同心理特点，体育教师应注意说话的种种机智与技巧，使学生自觉接受批评教育，从而朝着正确健康的方向发展。

四、体育教学中德育渗透的思考

对体育教学中德育渗透问题的探讨，目的就是挖掘其特殊、鲜明、持久的教育功能，以提高学生思想觉悟，激励学生积极科学地参加各项体育锻炼，使他们从思想上热爱体育，逐步形成终身体育意识；从行动上积极主动参加体育锻炼，关心集体，团结互助，遵守纪律；从精神上培养学生勇敢顽强、不怕苦、不怕累、克服困难、努力拼搏的坚强毅力。

学校教育是促进学生认识客观现实能力迅速而健康发展的主要客观外因。学校体育运动是学校教育的重要组成部分，它蕴涵丰富而积极的教育功能。体育是培养学生品格的良好场所，体育可以批评错误、鼓励高尚、陶冶情操、激励品质。事实证明，在教师的主持引导作用下，有目的、有计划、有组织地对学生进行身心方面的影响，就能发挥体育运动自身积极的教育功能，即增强学生体质、培养学生能力、磨炼学生意志、陶冶学生情操的积极作用，并能对其他学科的学习产生良好的迁移。德国教育家第斯多惠曾指出："为了对学生给予道德上的影响。教师本人必须是有高尚道德的人。"学高为师，身正为范，以身立教，为人师表是体育教师最基本的道德规范。因此，体育教师首先应是一个具有良好思想品德的人，必须严格要求自己，注重自己的仪表，以良好的教态、文雅的评语、强烈的事业心、认真的工作作风去影响、感染学生，使之成为一种感性的、潜移默化的巨大力量，从知、情、意、行几个方面影响青少年的成长，从而达到教育的目的。另外，由于职业的特点，体育教师既要不断加强政治、专业理论知识学习，也要加强现代教育技术的掌握，还要加强身体素质训练，不断提高运动技能、技巧，使自己的教育水平适应21世纪的要求。

五、结　语

学生的高尚思想品德，是在一定的社会环境下通过具体的实践活动形成和发展起来的。实践证明，通过体育教学可以使学生掌握正确的思想、理论与观点，树立正确的世界观和人生观，可以培养学生热爱祖国和人民，遵守纪律、团结奋进的集体主义精神，尊重他人，诚实、公正、谦虚、礼貌的高尚品质；培养学生的独立性、创造性、自信心和拼搏进取精神及顽强的意志品质；还可以培养学生豁达开朗的性格和不服输等良好的心理素质。小学体育教学应以“育人”的目标出发，坚持站在“育人”的角度备课，将“思想品德”的内容寓于整个体育教学之中，提高学生自身心理素质，养成自觉参加体育锻炼的好习惯，培养独立地从事科学体育锻炼的能力，为终身体育打下坚实的基础。

体育教学中培养美育之浅析

■ 董思屏

美育能丰富审美感情，发展审美能力，能给人生带来快乐情绪及乐观主义精神，也是培养小学生认识美、感悟美、爱好美和创造美的能力教育。面向21世纪的中小学体育教育不仅仅是使学生增强体质，提高运动技能技术水平，而且还应培养学生的美育。体育教师的一项重要职责，就是善于利用体育美的特点和体育教学特有的形式，实施审美教育，用美感来开拓学生的胸襟，坚强学生的意志，陶冶学生情操，优化学生品质，以促进学生的全面发展。

一、体育教学在美育中的作用

1. 培养正确的审美观

体育教学是培养学生美感教育很重要的外在表现组成部分，有着自身独特的艺术美感展现形式与丰富的内涵，在体育教学中利用体育活动中的各种美的对象，向学生传授知识，帮助学生认识体育运动中的形体美，掌握形体美的内容和辨别健康美的标准。通过组织学生参加体育比赛和各项活动，帮助学生把体育常识与美学原理结合起来，把内心体验的美与外形观察的美结合起来，正确引导学生的意识倾向，鼓励学生在运动中尝试美的体验，培养学生对动作的审美能力，这样就能够逐步培养学生科学健康的审美观，使他们对真正的体育运动美有一个深刻的理解，提高他们对美的感受、鉴赏、表达和创造能力。

2. 锻炼健康的形体美

在体育教学中实施美育，使学生意识到形体美是指人发育正常，肌肉丰满，结实健壮，人体比例适中，洋溢着无限的活力，而非有人认为的越瘦越美，或者只要会打扮就能美。真正的美是身体健康美，身体健康美必须靠积极参加体育锻炼、增强自身体质才能实现。体育运动具有敏捷美、刚健美、韵律美等运动美，是通过体育锻炼，增大肌肉的体积，增强肌肉的力量，发展协调性、柔韧性、节奏感，从而使身体具有匀称美、强壮美、健康美，身体健美了就能在活动中表现美、创造美。因此，平时要注意保持正确的身体姿态，加强体育锻炼，养成良好的站、立、行、走习惯，使学生形成姿势美、线条美、匀称美、健康美和强壮美的体形。

3. 熏陶内在的心灵美

心灵美是心理情绪健康发展的标准之一，体育活动中的言行则是心灵美的一种外在表现，活动中的团结互助、坚韧勇敢、机智灵活、诚实守信等美德，无时无刻不在熏陶感染着中小学生的心灵和精神，同时体育活动中学生展现出的积极向上、奋勇争先、宽容正义等情感体验，以及体育竞赛中的公正公平、严明有序的规则和纪律，给中小学生以强大的示范感染，促进学生形成尊重领导、遵守纪律、集体协作、乐观坚毅、不怕困难等良好美德和思想作风，能够帮助学生逐步树立是非观，提高分辨正误的能力。

二、美育在体育教学中的体现

1. 体现在教学组织之中

在体育教学中，从组织教案编写、准备活动，再到教学实施、课终讲评，通过一整套科学严谨的教学组织程序，建立起完备的教学言行守则，以规范化的教学组织全程引导促进学生的整体美感。比如，组织学生队列行动，要求队形保持整齐划一，整体美观大方，培养学生遵守纪律、集体协作的意识。

面对水平参差不齐的学生，教学中既要表扬接受能力强、进步快的学生，更要注意发现和鼓励水平低、反应慢的学生，用生动形象、大方得体的语言，向学生传达友善与关爱，产生心理上的共鸣，无形中接受美的教育。

2. 体现在教学过程之中

教师在具体教学过程中，从教学导入到复习再到结束，从教师讲解到练习再到点评，每一个过程都存在美，影响着学生对美的理解与感知，都能够从良好的外在表现上给学生一种美的直观感受，促使学生自我要求达到完美动作，取得理想效果，从而为自己付出努力取得优秀成绩而感到欣慰，进一步产生不断进取、奋发向上的动力。尤其是当学生掌握体育技能出现挫折时，教师通过耐心细致地讲解示范，帮助学生树立信心、战胜困难，使学生亲身体验愈挫愈勇、不服输、不退缩的精神美。

3. 体现在教学影响之中

体育教学的影响不仅在课堂上，更体现在课堂之外对学生心理、思维等方面长远的影响。美育通过体育教学的实施，有利于促进小学生心理结构的“内化”培养，能够将道德、知识等教育通过言语和行动活动，转化为学生的精神素养，使之形成真善美相统一的健康人格。同时，通过体育活动强化学生的形象思维与逻辑思维能力，快速将知识、道德转化为人生智慧，增强思维的多元性。日常生活中有些人书读得不少，人品也不错，可就是不会运用，甚至成为书呆子，这和平常缺乏美育教育、形象思维能力低、缺乏想象力是分不开的。

三、美育在体育教学中的实施

1. 通过优雅得体的体态语言示范

体育教师在整个教学中都在以动作示范和语言讲解影响学生，教师的体态语言美对学生的感知和模仿往往起到调节支配作用，好的示范会引起学生强烈的模仿练习意愿，反之则会降低学习技能的积极性。所以教师要时时注意自己的形象语言，教学中应始终贯彻精讲多练的教学原则，要保持饱满昂扬的精神风貌，穿戴整洁，美观大方，富有朝气，在学生面前展示出坚毅、干练、健美的形象。教师讲解动作要领时，力求语言生动形象、通俗易懂、简明准确，音调抑扬顿挫，节奏明快，示范时力求动作大方、形态优美，这样就会让学生产生由衷的钦佩和赞美，进而产生积极的学习热情和动力，达到事半功倍的教学效果。因此，教师要加强学习和提高修养，不断完善自己美的形象，应做好美的表率。

2. 通过科学有效的方法手段提高

教学方法和手段的运用是否得当，直接影响教学效果和美育落实。当前体育教学中存在的学生参与热情不高、对美的感知迟钝、缺乏审美的能力等问题，与体育教学中方法死板、手段滞后有着直接关系。因此，在体育教学中教学方法的选择和教学手段的应用要力求新颖多样，丰富多彩，注重先进科技的运用，既要有针对性，又要有艺术性、趣味性和科技性。比如，在游泳教学中，既要抓好单个教学，也要抓好结对训练，既要运用好图板、挂图等传统教学手段，又可能运用声光电等多媒体技术，增强教学的趣味性。同时，还要针对小学生好动爱比的天性，多开展小评比、小竞赛，在互动比赛中提高技能，把一些游泳技巧归纳编排成简单易记的口诀或儿歌，在训练间隙和学生一起练唱，使学生在整个体育教学过程中感到生动有趣，练而不厌，学而不倦。

3. 通过和谐顺畅的师生关系渗透

体育教学中教师与学生之间是近距离的语言和体态交流，师生间的配合默契、相互信任和尊重，能够正向强化这种交流的效率，增强体育课堂的教学效果，有利于教师把美的教育渗透到学生内心之中。这就要求体育教师不仅在教学中耐心讲解示范，对学生真诚热情，教学结束后也应尊重关爱学生，多为学生解决思想困惑和生活困难，真正赢得学生对老师的信赖和尊重，从而激发学生对体育课的兴趣。尤其值得注意的是，在课堂中对那些反应慢、动作差的学生，教师切莫冷淡、讽刺、挖苦、公开过激地批评，而是要热情地指出不足，帮助他们掌握动作要领，对那些学习态度不端正的学生，要耐心的讲明道理，说服他们，通过教师主观努力消除师生间隔阂，达到关系和谐。

4. 通过温馨舒适的教学环境促进

环境的好坏对人的心理反应既可产生积极作用，也可产生消极作用，教学环境的优劣直接影响教学质量和学生对美的体验。因此，应注重构建整洁明亮、温馨舒适的教学环境。教学场地的布置应力求整齐、清洁，线条清晰，器材摆放应力求有序、美观、合理。教师在教学前应到教学场地进行课前检查，看一看游泳池的水质、水温和卫生条件是否达到标准，练习用的海绵垫、栏架等是否干净、安全等等。如果发现问题，必须在教学前协调解决好，确保学生在干净卫生的环境中对教学场地、器材产生亲切感，激发其兴奋、想练的动力，从而积极主动地接受体育技巧训练。

结束语

通过科学严格的体育教学和技能训练，使中小学生获得健美的体形、优雅的姿态、发达的肌肉、健康的气色，在付出体能、流下汗水的同时，坚定了意志，强化了自信心，从而在精神和身体层面上都能够得到美的教育和塑造。作为体育教师，要加强美学修养，敢于探索和利用体育教学中的各种美来陶冶学生的情操，鼓励和带动学生积极参加体育锻炼，真正发挥学生的主体性，寓教于乐，从而提高体育教学中的美育效果。

“翻转课堂”在中小学啦啦操教学中的应用

■ 何　群

前　言

近几年，翻转课堂已成为国内外教育专家学者的研究热点。翻转课堂的出现，彻底颠覆了传统教学模式。而体育作为一门操作性较强的课程，与其他学科相比具有其专业特殊性。传统体育教学中，教师在限定的时间内要讲解技术动作与动作示范，学生练习时间较少，难以保证实现教学效果最优化。翻转课堂的出现，正好弥补了这一不足。本文借鉴国内外已有的“翻转课堂”经验，结合啦啦操教学特点，构建中小学啦啦操翻转课堂教学模式，旨在为中小学啦啦操教学的改革发展提供理论参考。

一、翻转课堂在中小学啦啦操教学实践的可行性分析

（一）翻转课堂的定义与特征

1. 翻转课堂的定义

所谓翻转课堂，就是在信息化环境中，课程教师提供以教学视频为主要形式的学习资源，学生在上课前完成对教学视频等学习资源的观看和学习，师生在课堂上一起完成作业答疑、协作探究和互动交流等活动的一种新型的教学模式。

2. 翻转课堂的特征

传统教学过程通常包括知识传授和知识内化两个阶段。知识传授是通过教师在课堂中的讲授来完成，知识内化则需要学生在课后通过作业、操作或者实践来完成的。在翻转课堂上，这种形式受到了颠覆，知识传授通过信息技术的辅助在课后完成，知识内化则在课堂中经老师的帮助与同学的协助而完成的，从而形成了翻转课堂。随着教学过程的颠倒，课堂学习过程中的各个环节也随之发生了变化。

（二）“翻转课堂”更符合运动技能的形成规律

运动技能的形成一般要经过泛化、分化、巩固提高三个阶段，最终达到动作自动化（见图 1）。翻转课堂与运动技能的形成规律相契合。在泛化阶段，运用优秀比赛视频或录像等作为示范教学资源课更具直观性、示范性，打破了传统课程时间与空间的局限性，更有利于学生初步掌握技术动作。而在学生最需要技术指导的分化阶段，在翻转课堂中教师进行易犯错误的讲解与纠正时间也更充裕，从而高效利用课堂时间与学生进行交流，深化学生对技术动作的认知，最终实现运动技能的自动化。

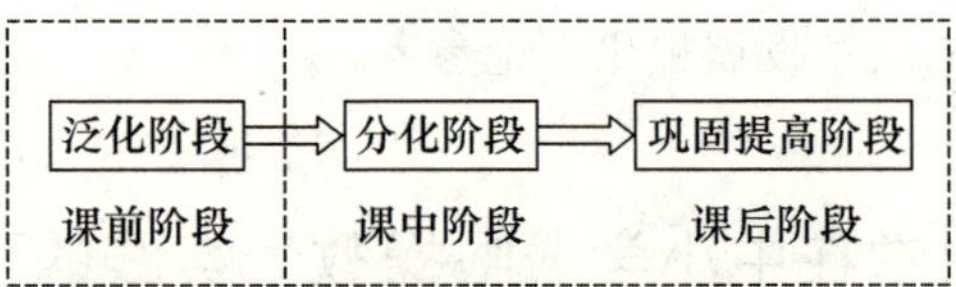

图 1　翻转课堂运动技能的形成规律

（三）啦啦操传统教学的特点

啦啦操传统教学方法主要从基本技术、心理训练、科学锻炼原理、合理安排运动负荷等方面进行理论和技术的教学，引导学生对突出自身个性特点的自编操做准备。教师进行该项目的基本技术教学，主要采用教师示范，学生模仿，分组反复强化练习，教师纠错的方法进行教学。在教学中采用游戏（接力赛：把基本动作分为几组动作，分别让几组同学以接力的方式进行练习，同时配上音乐，比赛哪组做得准确）的方式激发学生的兴趣。基础性教学是这个项目的入门练习，它的特点是通过反复练习掌握准确的动作方位，并正确地发力，所以显得枯燥，这要求增强教学方法的多样性和灵活性，才能收到预期的效果。

传统教学方法分为以下几种：（1）准确的示范法。示范法是啦啦操教学中最易被学生接受的方法，示范在直观教学中占主导地位，可以使学生了解所有动作的形象、结构、要领和方法。（2）重复练习法。它是指在啦啦操教学过程中，单个动作、分段动作、联合动作和成套动作的重复练习。（3）分段练习法。啦啦操动作丰富，造型美观，但活泼多变，不对称动作多，练习的强度大，因此分段练习是啦啦操中一个比较重要的教学方法。（4）比赛测验法。它是指在啦啦操教学过程中，把已学会的成套啦啦操采用比赛测验的方式进行练习。其具有竞争因素，对集中练习者的注意力、提高兴奋性有较好的作用，有利于激发练习者的兴趣，提高教学质量。

（四）中小学啦啦操教学更适于“翻转课堂”的开展

目前，我国翻转课堂教学模式主要集中应用于中小学教育教学中，在中小学啦啦操教学中还尚未发现。由于中小学生年龄较小，知识储备、能力基础还不够强；同时啦啦操因其独有的教学特点，在中小学校园环境网络教学资源丰富便利，可见，中小学软硬件条件与翻转课堂顺利开展的要求相符合，翻转课堂教学模式在中小学啦啦操教学中的应用是可行的。

二、中小学啦啦操教学“翻转课堂”模式的构建

中小学啦啦操“翻转课堂”教学模式的构建，主要包括课前知识传递阶段、课中运动技能内化阶段、课后反馈总结评价阶段。同时，在课程设计时，还应该注意把握教学视频设计、个性化学习环境、课堂活动设计等几个关键因素。基于翻转课堂的基本模式，构建出适合当前中小学啦啦操教学的翻转

课堂（如图2）。

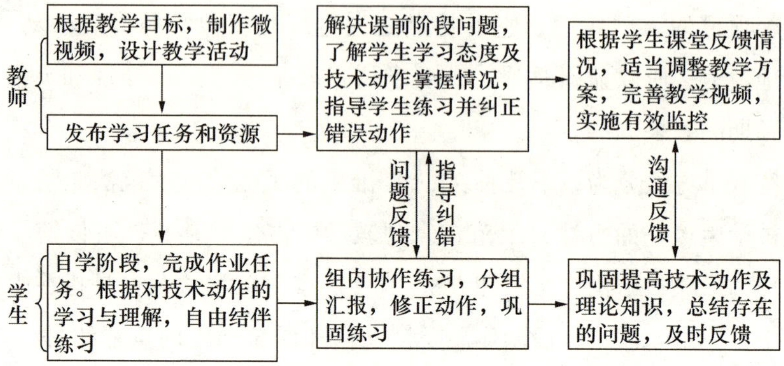

图2　中小学啦啦操教学翻转课堂模式流程图

（一）课堂前准备阶段

教师首先要根据教学目标，确定微视频的教学内容，收集教学素材、完成视频的教学设计。同时，要注意教学内容体系的完整性，组织结构要合理，要根据学生的认知水平和需求，选择恰当的教学方法，并根据教学内容的结构特点进行合理加工与处理。然后制作视频，结合体育课程的特点，制作微视频时应该注意：（1）利用网络平台的优势，对动作慢放、回放、循环播放等，使学生在开始阶段就形成正确的动作概念。（2）图示及文字说明将技术动作的用力大小、运动轨迹具体形象展示出来，使教学视频更加直观清晰。（3）视频时长应控制在15分钟以内。（4）设置在线答疑、讨论等环节，通过学生课前任务的完成与反馈情况，获取课前的学习效果并发现学生存在的问题。

（二）课中运动技能内化阶段

在课堂中，教师首先解决课前阶段学生提出的问题，然后，布置课程任务，集体练习之后，初步了解学生对运动技术的掌握情况，组织学生分组练习，因材施教，分层教学。教师巡回检查学生的练习情况，进行针对性辅导，对学生易犯的错误进行把控，随时解决学生在练习过程中出现的问题。学生反复练习巩固技术动作之后，教师带领大家讨论在练习过程中遇到的问题，进行本课小结。

（三）课后反馈总结评价阶段

通过课堂网络平台收集学生课程学习的反馈情况，依据反馈问题适当调整教学方案，完善教学视频。翻转课堂的反馈阶段使得教学过程不再是一个按照原定计划忠实执行的过程，而是一个灵活的创生过程。通过课后反馈形式，不断解决教与学中存在的问题，形成动态发展的教学任务和目标，提升教学质量与效果。

三、中小学啦啦操教学翻转课堂模式的应用及实践

（一）实验整体设计

以史家实验学校二年级 238 名学生为实验对象，全国啦啦操校园示范套路为教学内容。将学生分成对照组和实验组各 119 人，实验班按照翻转课堂模式进行教学，对照班按照传统模式进行教学，每周 2 课时，连续 8 周，共 16 学时；并对学生进行问卷调查及访谈。

（二）学生满意度调查

从学习兴趣和动机、学习空间自由度、师生关系、自主探究与协作能力等四个维度，对学生学习满意度进行调查，结果如图 3 所示。

从以上四个维度的调查结果可以看出，学生对体育翻转课堂的满意度很高。在学习动机方面，76.8% 的学生认为翻转课堂模式在啦啦操课程教学中能够有效激发学习兴趣与动机。在学习空间自由度方面，93.6% 的学生认为翻转课堂模式使学习时间与空间更自由，学习时间与地点不受限制。在师生关系方面，95.3% 的学生认为翻转课堂模式使得师生间的交流与互动明显加强。在

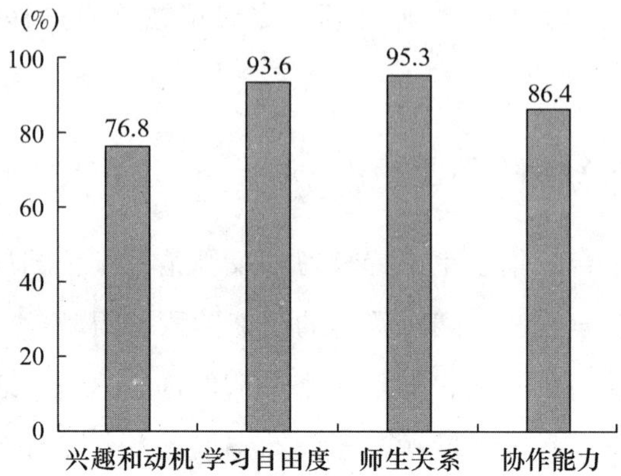

图 3　学生满意度调查

自主探究与协作能力方面，86.4%的学生认为课前自主学习的能力显著增强，更喜欢与同学协作完成任务，同时动作创编能力也有所提升。

（三）教学质量与教学效果调查

根据教学计划和内容，经过 8 周的教学实践，对对照班和实验班的理论知识（20%）、技术评定（50%）、身体素质成绩（20%）、平时成绩（10%）及综合评定进行比较，分别对两组数据进行 t 检验，结果见表 1。

表 1　对照班及实验班教学实验后各项指标 t 检验分析表

因　素	实验班 ($\bar{x} \pm S$)	对照班 ($\bar{x} \pm S$)	t	Sig. （双侧）
理论知识	18.5 +2.10	17.5 +2.426	−6.162	0.00
技术评定	45 +3.450	40 +3.423	−6.324	0.00
身体素质	15 +3.876	12 +3.897	−4.427	0.00
平时成绩	9 +2.021	8 +2.156	−4.326	0.00
综合评定	87.5	77.5	−4.238	0.00

由表 1 可以看出，5 项指标的比较均具有非常显著性差异（$P < 0.01$）。由此说明，翻转课堂模式明显优于传统教学模式的教学效果。翻转课堂节省了教师讲解示范时间，增加了学生技术练习及身体素质练习时间，提高了体

育课程密度，也增强了学生身体素质。

四、结论与建议

“翻转课堂”特别注重课程的创造品质与生成品质，强调课程应该是在教师、学生、教学环境等多种因素的持续相互作用中动态生长的建构性课程。体育翻转课堂成为师生展现与创造体育技能的动态生成过程，而不是单纯的技能传授活动。翻转课堂不仅可以增加师生间的互动，培养学生个性化学习的一种手段，它更是一种全新的“混合式学习方式”。在翻转课堂中，教师们是否具备将结构化的知识转化成立体、真实的问题或任务，同时设计出合理的技术指导方案，从学生的练习与反馈中发现问题、解决问题，引导学生完成对运动技能的掌握与提升，这才是翻转课堂得以在中小学啦啦操教学推广普及的关键因素，也是今后中小学体育教师的努力方向。

致　谢

经过艰辛的努力，终于完成了此篇论文。首先要感谢北京体育大学曹森老师的悉心指导，在写作过程中，还要感谢师傅张东海老师，每每无法前行时，都给予了及时的鼓励，我的论文才得以完成。衷心感谢史家教育集团体育组的所有老师们，没有这些老师的悉心关怀、热情帮助，本文是难以完成的。最后要感谢给予过本文帮助的所有朋友们。

参考文献

[1] 钟晓流，宋述强，焦丽珍．信息化环境中基于翻转课堂理念的教学设计研究．开放教育研究，2013（1）

[2] 张金磊，王颖，张宝辉．翻转课堂教学模式研究．远程教育杂志，2012（8）

[3] 王红，赵蔚，孙立会，刘红霞．翻转课堂教学模型的设计——基于国内外典型案例分析．现代教育技术，2013（8）

[4] 关中客．颠倒教室究竟颠倒了什么．中国信息技术教育，2012（5）

[5] 金陵．“翻转课堂”翻转了什么？．中国信息技术教育，2012（9）

浅析小学体育课堂中学生注意力不集中的原因

■ 何　莹

一、问题的提出

注意是指人的心理活动对外界一定事物的指向和集中，具有注意的能力称为注意力。教育家乌申斯基曾指出：“‘注意’是我们心灵的唯一门户，意识中的一切，必然都要经过它才能进来。”英国教育家洛克曾说：“教师的巨大技巧，在于集中于保持学生的注意。”中国古代教育家荀子也说：“君子壹教，弟子壹学，亟成。”其意思是，教师专一地教，学生专一地学，很快就能成功。

二、分析影响因素

体育教学一般都在室外环境复杂、刺激物繁多的运动场上进行，学生的注意力往往受到各种因素的干扰而不易集中。如何正确地认识影响学生注意力的各种因素，采取各种针对性的有效措施，提高体育教学质量的有效途径?

体育教学一般都在室外进行，气候、环境等特定条件以及运动场周围各种刺激物都可能影响和干扰学生的注意力。

体育教学的内容、教法等多变因素也构成了千变万化生物刺激条件，使学生的注意活动产生不同的变化。

体育教学是在动态中进行，人际交往频繁，会影响着学生的注意力，而组织形式常常以分散为主，课堂大，学生远离教师目光的时机多，教师难免照顾不周，致使某学生容易搞“小动作”。

由于体育教学是以身体练习为主，消耗体力较大，容易造成疲劳，产生抑制，所以学生的注意力与运动负荷的量与强度有密切关系。负荷量过小、过大，都会影响着学生的注意力。

注意与学生的学习动机、性格有着密切的联系。一般来说，没有责任心的学生、对体育学习缺乏兴趣的学生，在体育学习中难以保证注意的稳定性；害羞、胆小、腼腆、内向的学生，容易紧张；意志薄弱的学生，容易导致注意力分散。

三、实践与研究

在我观察到的教学实际中，当学生在课堂上注意力不集中时，教师往往会要求学生“注意听讲”。当教师这样做时，会起到一定效果，但这种效果一般不会太好。

我们教师可能都忽略了一点，就是学生不是好摆布的，不是老师让他们怎么做他们就一定会怎么做，也要他们愿意做、能够做才行。

那么，教师应该怎样做才能紧紧抓住学生的思路，让他们始终保持良好的学习状态呢？就要发挥教师的主导作用，分析学生注意力不集中的原因，继而找到应对的办法，改变自己，从而改变课堂，改变学生。

通常把注意力不集中归结为以下几方面原因：生理原因、主观心理原因、客观原因。生理原因主要是由于孩子大脑发育不完善，神经系统兴奋和抑制过程发展不平衡，故而导致的自制能力差。在小学阶段，这种情况已经不具备普遍性。儿童存在轻微脑组织损害、脑内神经递质代谢异常等病症，也会在生理上导致学生无法集中注意力学习，需要专科医师指导的治疗才能改善。这种病理状况我们也把其归入生理原因。客观原因指学生的学习过程受到对人、对事物、对环境的心理变化影响。主观心理原因指学生的学习过程受自身思维习惯影响。生理原因导致的注意力不集中问题不是教师能够解决的，或者我们能做的很少。

主、客观原因是本文讨论的重点。

（一）客观原因导致小学生注意力不集中的案例及教师应对措施

案例一，对教师的好恶

这里所说的好恶并非明确的喜欢和讨厌，偶尔的紧张、担忧、恐惧、不平衡、不信任等情绪也适用于这种情况。学生对教师的好恶影响学生在听课时的注意力。通常学生更容易接受自己喜爱的老师，反之则比较抵触。这种好恶情绪有的是短期的，有的是长期的，在小学阶段，由于判断能力的局限性，这样的情绪反应比其他年龄段更明显。

在我一年级的班上，有一名很聪明的女生，也许正因为她聪明，我对她的要求就更高了一点，希望把她培养成小干部，但是这种更高的要求导致了她的不平衡感。当她告诉我她的感受时我发现她的错其实都是我的错："凭什么别的同学有小动作老师都不批评，而我就要被点名？凭什么那些做得很差的同学总是被表扬，而老师夸我就说一句'好孩子'？"

这件事给了我很大的教训，一个很棒的孩子，被我揠苗助长，已经拒绝我、抵触我的课堂了。不过既然她已经能和我说心里话，就说明这种状况已经在改善了，不是吗？所以说教师在和学生的互动过程中，要恰当运用自己的语言、神态和肢体语言。对学生不但要有责任心，还要有爱心、耐心。多表扬、鼓励，少批评、挖苦，杜绝体罚或变相体罚现象。即使学生犯了错误，也要用正确的方法进行教育，让学生真正认识到自己的错误，而不是在教师权威的高压下被迫承认错误，之所以这样做，是因为只有认识到了错误，才能真正改正错误并且避免错误再次发生。

案例二，对教学内容的接受程度

学生在学习陌生、过难、过易、头绪太多的内容时容易出现注意力不集中的现象。

在学习新课时，如果教师运用的是专业、陌生的语言，学生往往不能理解。例如，一年级学生在学习“站立式起跑”时，如果教师直接提到“异侧臂在前”，相信大多数学生都不明白，教师如果没有观察到这一点继续进行教学的话，会发现大多数学生的学习没有达到自己的要求。稍微有点儿经验的教师都会先讲解什么叫“异侧臂”。同样，教师在运用其他的体育术语时也应该先给学生做适当的介绍。

过于困难、不适合年龄段的教学内容会让学生产生畏难情绪。例如，二年级学生已经掌握了“8”字长绳跳“活绳”的方法，教师急于拓展而进行了鱼贯跳“8”字的教学。后来的结果发现，即使教师已经强调了很多次，还是有很多学生不能掌握跳入时机。在这里，年龄段的差异是明显的，教师应该根据学生的年龄特点安排适当难度的教学内容。

在一些新授课上，经常会出现小部分学生走神儿的现象，这些学生往往又是比较聪明的学生。为什么会出现这样的情况呢？因为内容太简单了。是新授内容太简单吗？不是，是新授前的复习内容太简单了。一些聪明的学生在复习旧知时会觉得枯燥乏味，注意力就容易转移到其他的事物上去，最后导致在学习新内容时没有认真听讲。教师在安排课堂内容时要注意时间的分配，复习内容安排的时间不宜过长，要不断给学生各种刺激以保证他对课堂的关注。同时，针对一些能力较强的学生，可以适当安排其示范、回答问题等，既带领了其他同学复习，也巩固了他的知识技能掌握。

教学内容头绪太多会分散学生的注意力。例如，在侧向投沙包教学中，没有经验的教师一上来就把投沙包的动作方法详细、完整地描述出来，然后要求学生完成，但学生往往不能达到要求，原因就是头绪太多。作为教师，在教授复杂技术动作时应把复杂的动作简单化，分批完成，每次要求学生做到1～2点，逐渐完善动作。

案例三，外界因素的干扰

小学生意志力相对较差，主动注意持续时间短，体育课又在户外，学生注意力容易受到其他因素的干扰。

由于场地条件的限制，我们学校的操场上往往同时进行 3 ~ 4 个班的体育课，我从未觉得这有什么不方便，毕竟很少有课需要占用很大的场地。有时候其他老师在下课后会问我："你们班上什么课呢？这个热闹！我班学生一直往你们那边看。"其实我们班上什么课不重要，怎样让你们班学生不看过来才重要。我们班学生也会被附近正在发生的事情吸引过去，但我从其他教师那里学到了很多有用的方法，那就是"在游戏中学习"。曾经看过一位老师上课，队列练习花样迭出，平时被学生视为畏途的队列到了她的课上成了一种展示，每个学生都带着成功展示的自豪感；另一位老师，每次学生练习过一段时间后，他不是先带着大家讨论练习内容，而是先做一个放松的小游戏，学生练了一节课，却感觉像玩了一节课；一名年轻教师在教双人合作跳短绳时，让学生自己找解决同起同落的办法，他甚至拒绝直接告诉学生，学生在目标的吸引下认真关注着每一次示范，倾听着每一次建议，排除外界干扰，养成良好的教学常规是关键，比如听课时要眼睛看着老师，不东张西望，不做小动作等。同时，教师运用巧妙的教学用具，安排丰富多彩的教学内容，适当穿插放松小游戏，增强课堂趣味性，都是吸引住学生被动注意，排除外界干扰的有效策略。

案例四，生活、学习环境的干扰

有时我们会发现，即使老师做了自己该做的，学生依然不能将注意力集中在课堂，很有可能是其他外部原因导致的这一状况，或者是与同学之间的矛盾，或者是其他学科中遇到的困难，或者是家校教育观点的不一致等等。遇到这样的问题时往往需要教师、班主任、家长等多方面共同努力来解决。

我二年级的一名学生就是这样，他在第一学期转学过来，和其他同学不同的是，他在一年级没有学习过跳绳，我对他的单独辅导效果也不明显，平时上课也是心不在焉。后来通过班主任了解到，该生母亲对孩子比较溺爱，怕孩子吃苦，也就养成了他懒懒散散的坏习惯。于是我和该生的父亲取得了联系，说明学习的必要和锻炼身体的好处，得到了该生父亲的认可。在家长和老师的共同教育下，逐渐地，该生在体育课堂上的表现越来越稳定，也最终通过了跳绳的测试。

（二）主观原因导致小学生注意力不集中的案例及教师应对措施

在实际教学过程中，常常会遇到这样一些学生，他们有良好的行为习惯，教师讲课的时候他们也注视着老师，不东张西望，也没有任何小动作，看上去是非常认真地在听。但当教师提问的时候，他只能重复教师最后说的一句话，完全不知道教师一直在说什么。那么，这类学生在听课时心理状态是什么样的呢？从教师角度又如何加以引导呢？我们做一个简单的探讨。

案例一，很努力在听，也很想听明白，但越努力就越不明白老师在讲什么

这样的学生思维处于封闭状态，他的注意力全部集中在如何去认真听讲上，而没有跟随教师的思路，于是他越努力就越不明白。

对这样的学生，教会他思维方法和学习方法是最重要的。班里有这样的学生时，教师应让学生提前知道将要学习的内容，并让学生提前预习发现问题，当学生带着问题来听讲时，他的注意力才会落在思考上。

我三年级的班上有一名女生就是这样的情况。每次下课后，我都会告诉她下次课要学什么内容，让她事先准备好，如果她掌握得好就做示范。我不能跟她说她学习新知识有障碍，那会让她更紧张，更无法将注意力集中到教学内容上。

案例二，本来跟着老师的思路走，可是陷入了某个问题，就没听到老师后面讲什么

这就是爱走神儿的学生，这类学生思维活跃，想象力和联想能力很强，对问题喜欢独立、深入思考。如果教师不及时将他的思路带回课堂，他必然会出现学习效率低下的问题。

教师在课堂上适当提问会帮助这类学生整理思路，尤其在低年级教学中，学生自控能力较差，更容易出现这样的情况。

综上所述，在发现学生有注意力不集中的现象时，我们教师不应该先去批评学生，而应该去探寻他注意力不集中的原因，再采取相应的措施，解决问题的同时也丰富自己的教学经验。

培养学生的注意力品质就像为学生打开了一扇心灵的窗户，不但可以在本学科教学中做到一点就透，也会帮助学生在学习其他学科时提升学习效率，提升学生的综合能力。一个教育者的成功，不在于今天他教会了学生什么，而在于他所教的东西是否会对学生的一生都产生积极影响。

参考文献

[1] 黄晓灵，白智宏主编．体育教学心理学．成都：西南师范大学出版社，2006
[2] 朱国有．无意注意在体育教学中的运用．湖北体育科技，2002（2）
[3] 林仁鸿．浅析体育教学中对学生注意力的培养．福建体育科技，2001（20）

北京市某城区重点小学游泳课开展情况的调查

■ 焦　娇

前　言

游泳后备人才的普及是竞技游泳的重要组成部分，也是竞技游泳的基础工程。从世界各国体育人口的培养情况来看，任何一个体育强国背后都有一支庞大的竞技体育人口、有一套后备人才普及的方案和管理体制，并具有广泛的社会基础。近一时期，体育后备人才问题已被认为是中国体育能否尽快走向世界的关键性问题，并且已被越来越多的体育人士所关注。教练员们对于现阶段选苗之难、护苗、育苗、留苗之苦的描述常常不绝于耳。为了缓解这一现状，找出游泳后备人才不足的原因，本文对北京市某城区重点小学进行了走访，对其游泳课的开展状况进行调查，并对家长对子女参加游泳的态度以及动机等问题进行了分析。通过查阅文献发现，对体育后备人才问题的研究还很笼统，没有较深入的研究。本文旨在找出现阶段对体育后备人才培养所遇到的问题进行调查，得出结论以便于为决策部门制定更好的游泳普及方案提供有参考价值的信息。

一、研究对象及研究方法

（一）研究对象

本文以北京市某城区 A 小学、B 小学、C 小学三所小学为研究对象。

（二）研究方法

1. 文献资料法

查阅与本研究有关的文献资料，对与本研究有关的文献资料进行充分的检索，分析和借鉴，为本研究提供理论依据。

2. 问卷调查法

在查阅大量文献资料的基础上设计了调查问卷，对某城区 A 小学、B 小学、C 小学的体育组老师及校领导和学生家长发放问卷 40 份，回收问卷 39 份，在剔除无效问卷后，有效率为 98. 6%，符合社会调查统计的要求。

3. 访谈法

为解决本文写作过程中的问题，本人走访了北京市某城区业余体校的教练员及管理人员和某城区 A 小学、B 小学、C 小学的体育组老师及校领导。

4. 统计法

对所获得的数据运用体育统计法进行处理。

二、结果与分析

（一）目前某城区重点小学开展游泳课的状况

根据有关报导，澳、美等国把小学生游泳作为必修课，而目前我国有些城市对游泳体育特长生在中考时允许择校或加分等，这说明游泳运动越来越被社会所重视。在被调查的某城区重点小学当中，一半以上都已开展游泳课，并且呈上升趋势，但是普通的小学大多数没有开展游泳课。有游泳课的学校，游泳师资力量相对薄弱，上课所需要的场馆跟国外相比仍有较大差距。还有一部分是有游泳课也要组织学生到外边去上课。另外，当前还有一种现象就是“学习游泳的人多了，但真正练游泳的人却少了”。首先说开设游泳课的 A 小学，这所学校开设了游泳课，但是学校担任游泳教学的老师只有一名，这对上好游泳课有着很大的难度。学校的游泳馆是建设在操场下方的地下室内，游泳池的规格是25米长的4条泳道，算是一个标准的训练游泳池。其次说开设了游泳课，但是需要学生去外边的开放式游泳馆去上课的B小学，这个学校因为本身受学校面积限制，根本没有办法再建立游泳馆等系列的场馆，但是学校领导对学生们的德、智、体全面发展非常关注，所以组织五、六年级的学生去学校附近的开放式游泳馆上游泳课。这种方法虽然说学校重视学生的游泳课，但是又忽略了学生的安全问题。一旦出了安全问题，学校会负很大的责任。最后说没有开设游泳课的C小学，这所学校因为地方很小，而且经费也非常紧张，所以就没有开设游泳课。经过我的访问，校方也没有这个打算，因为学校曾经有过此设想，但是遭到学生家长的强烈反对，所以这门课程就没有开展起来。

（二）小学开设游泳课的好处

游泳是在特殊环境里进行的一项体育运动，经常坚持游泳，能使儿童的神经、呼吸和血液循环系统的机能得到改善，而且还能提高儿童的肌肉力量、速度、耐力和全身关节的灵活性，有效地增进儿童的健康，预防疾病，提高身体素质，使身体得到协调发展。游泳作为一项有氧运动，有着其他运动形式无法比拟的优越性。首先，它是一项全身运动，对儿童的各个部位及心血管系统起到锻炼作用，对于提高儿童的协调性，保持身体形态有着显著的作用。其次，在水中运动，可以比相同温度的空气里散失热量快20倍，运动效果显著，有效地防止了多种“文明病”产生；游泳作为一项有氧运动，对心血管系统的功能可以产生很大改善，促进肺活量及心血管负荷能力的提高。

游泳不仅是一项运动技能的培训，它更是一项在危急关头帮助他人、拯救自己的生存技能。小学生游泳课既是培养孩子们的坚强意志——在学游泳的过程中学会克服困难、勇于挑战，培养一种勇往直前的精神，更主要的是能强身健体。

第一，坚持游泳，经常在水中做有氧运动可以让儿童的心肺功能得到很好的锻炼，从而不会经常出现发烧感冒等现象。游泳是全身锻炼的项目，所以经常进行游泳锻炼的小朋友会比同龄人的身体强壮、个子高，比其他小学生看上去出众优秀。

第二，训练学生们有一定的承受压力的心理素质。游泳是一门需要长时间训练的课程，每一天都面临与同伴的竞争，学生的心理不可避免地要面对竞争中的输赢所带来的压力，因此，学生慢慢学会了自我调节心理，逐渐地做到胜不骄、败不馁，能够用很健康的心理去面对竞争中的输赢。游泳培养学生们要努力 + 用心的心理素质。因为，只有每天努力拼搏，才不会掉队。同时，还需要用心掌握技术要点，要动脑举一反三，不然仍然进步缓慢。学生们要有敢于竞争的心理，才会在比赛中取得好成绩。

第三，游泳课对小学生团结友爱互相帮助也能起到帮助作用。在游泳课中同学之间不能只是自己进步，在有能力的情况下还要帮助那些落后的同学进步，这样不光游泳训练有了进步，同学之间的友情也有了很大的进步，也是一举两得的好事情。

（三）家长对子女参加游泳课的调查分析

在业余文化丰富多彩的今天，如何在多种娱乐健身中获得生存，有效利用现有的人力资源，成为竞技体育各个项目能否持续发展的关键性问题。为了清楚了解子女家长们的心愿，进一步满足他们的要求，我们对家长为其子女选择参加某项体育活动的原因进行了调查。如表 1 所示。

表 1　　家长为子女选择参加体育活动原因的调查表

选择原因	所占比例	排　序
孩子的兴趣	51%	1
学校或家附近有此项活动场所	7%	3
项目本身的魅力	7%	3
项目危险性小	17%	2
本人的兴趣	2%	6

续表

选择原因	所占比例	排　序
受体育明星的影响	3%	5
受媒体宣传的影响	3%	5
受朋友或同事影响	5%	4
该项目容易出成绩或收入高	7%	3

从表1的统计数据中可以看到，现在家长们对子女从事体育活动项目的选择上是非常重视孩子本身的兴趣的，其次是学校或家附近有该项活动场所，该项目本身的魅力和危险性较小等因素。这一结果与现今社会所提倡素质教育“家长要重视孩子们的选择，尊重他们的兴趣爱好”的观点相吻合。根据家长调查问卷所统计出的结果，对子女本人进行了“你最喜爱的体育项目调查”。调查结果处于前五名的是游泳、羽毛球、足球、篮球、乒乓球。这一结果充分说明了游泳项目有着良好的群众基础。

（四）游泳课开展不起来的原因

1. 家长对子女从事游泳运动课的态度

大多数家长只想通过参加游泳练习来达到孩子强身健体、锻炼意志品质、学习游泳基本技能等目的。家长不愿意支持子女参加游泳课的原因如表2所示。

表2　　家长不支持子女从事游泳课原因调查表

不支持的原因	选择人数	所占比例	排序
怕耽误学习	22	30.56%	1
成为专业运动员退役后没有保障	13	18.06%	2
游泳高手云集，不易成功	13	18.06%	3
太危险、易受伤	11	15.28%	4
训练太枯燥、太辛苦	7	9.72%	5
其他	6	8.33%	6

从我们的调查结果分析，在当今社会家长对子女从事游泳运动最为关心

的就是在发展专业能力、提高竞技水平的同时，子女能否继续保证基础学习和基础素质教育，以及在结束专业运动生涯后如何安置今后的生活等问题。另一方面就是现在孩子的身体都比较弱，家长担心孩子在游泳训练中会出现一些身体上的不适应。如何解决读训矛盾，如何消除家长们心中的顾虑，进一步迎合学生和家长们的需要，如何将更好更多的体育后备人才吸引过来将成为体育工作者目前工作的重点。

2. 学校条件不具备开展游泳课

经过走访调查，三所学校里只有 A 小学有游泳场馆。B 小学有建设游泳馆的意向，但是还没有落实到实际行动上来，只对五、六年级的学生开展了游泳课，需要老师组织学生去对外开放的游泳场馆上游泳课，这样既耽误时间，又容易发生危险。很多家长都很担心孩子的安全问题，为此也经常找到学校协商这个问题。C 小学既没开设游泳课，也没有相关打算。

3. 学校的游泳师资力量较弱

表 3　　学校的游泳师资力量调查表

内容	A 占百分比	B 占百分比
1. 贵校有游泳专业老师吗？A 有　B 没有	66%	34%
2. 不聘用专业老师的原因：A 节省资金　B 没有必要	61%	39%

一所学校开展游泳课的好坏和学校的师资力量是紧密相关的，根据调查，1/3 的学校没有游泳专业老师，这就对学校游泳课的开展发生了阻碍。学校应该聘请专业游泳教师授课，减轻家长对游泳运动经常发生危险的恐惧感，从而树立对老师的信心。

三、结论与建议

（一）结论

（1）家长对子女参加体育锻炼非常支持，而且游泳运动具有广大的群众基础。

（2）在学校方面，有的学校对游泳课很重视，能提供很好的训练场所，但是有的学校对其不是很重视，没有提供良好的场馆进行训练，更有些学校还没有重视游泳课。这说明各个学校对开设游泳课的必要性还没有达成共识。

（3）在学生方面，经过调查考证学生对游泳课有着很浓厚的兴趣，开展起来应该非常顺利。

（4）有一定数量的学校根本不具备上游泳课的条件，有个别学校是开设了游泳课，但是需要组织学生到其他的对外开放的游泳馆去上课，遭到部分家长的反对，而且会有危险隐患。

（二）建议

（1）加大资金投入，在市场经济体制下依靠政府拨款已经是杯水车薪了，因此利用游泳运动的社会价值，寻求社会赞助。

（2）扩大游泳课的规模，加强师资力量，兴建游泳场馆，聘请专业的游泳教师。

（3）认真做好学生的工作，让学生喜欢游泳课。

（4）学校应加大对家长进行游泳知识宣传的力度，使家长对游泳有新的认识，消除他们的后顾之忧，让家长们放心，多与家长沟通取得家长们的信任。

参考文献

[1] 余金刚，李晓霞．普及游泳后备人才的方案研究．游泳季刊，2001（3）

[2] 马丽彤，牛洪胜．兴趣对少年儿童游泳训练的作用．游泳季刊，2002（1）

[3] 高捷．北京六城区独生子女家长对子女参加游泳训练态度的调查．游泳季刊，2002（1）

[4] 印永东．游泳业余训练在市场经济下的发展思路．游泳季刊，2003（4）

[5] 刘明辉等．影响我国竞技游泳水平滑坡稽后备力量不足得主要因素．广州体育学院学报，2003，23（3）

体育游戏在小学足球教学中的多元应用及路径探析

■ 刘延光

小学阶段的学生兴趣心理和好奇心理是非常重要的，这是由孩子的天性决定的，任何孩子在小学的课程学习过程中都是抱着一种兴趣和好奇的心理去学习的。因此，在体育课上足球教学的过程中教师能否通过有效的教学方法，改善传统的教学模式，来提高学生在课堂学习中的学习兴趣，是极为必要的。下面我们首先来看一下当前小学阶段足球教学中存在的局限性。

一、小学体育足球教学的局限性

（一）传统观念根深蒂固

在小学阶段的体育足球课程教学过程中，部分教师依然受到传统观念的制约，认为学生在课堂学习中能够听老师讲课就行，而不需要自己去探索一些未知的事物，这样的教学理念是错误的。当前来看，社会需要的是创新型人才，在任何学科的学习中，培养学生的创新意识都是非常必要的，对于足球学习来说也不例外。

目前根据实际调查研究显示，有的教师在体育课程中强制性要求学生该如何做，课堂中一味地教导相关的知识和技能，却没有留足够的时间让学生去学习和思考。如果学生对足球的学习兴趣不够，那么课下的时间学生根本不会拿出时间去真正地练习和体会课堂中所讲述的有关知识。再加上教师在课堂的教学中缺乏有效地让学生亲身练习的机会，学生在一节体育课的时间学习下来，很难学到有用的知识，不仅浪费教师的教学时间，还给学生对足球的认识留下了一个负面的印象，影响到了学生对足球的认知以及愉悦的运动体验。

（二）教学方式上的落后

教师在进行小学体育课程的教学过程中，培养学生的兴趣心理和好奇心理是非常关键的，并且应当跟随时代的脚步不断地创新和改善传统教学方式，提升学生在课堂中的创造性思维，使学生能够改善对足球的看法，使那些本来就对足球有兴趣的学生能够在课堂学习中更加积极，让那些本来不喜欢足球的学生能够逐渐喜欢上足球课程。

但实际上，目前的教师在进行体育课程的教学中，依然忽视学生的兴趣心理，所采取的教学方式存在局限性，没有有效地培养学生的创造性思维方式，比如说有的学生在足球技巧的实践训练过程中，往往有的动作不是标准动作，而纯粹是学生想象而发展出来的肢体动作，教师对此却予以批评，限制学生的肢体动作，其实足球的技巧学习没有什么标准化的动作，只要是能够提升运球的能力，掌控足球的轨迹就算是有效的技巧。

二、体育游戏在小学足球教学中的多元化运用

前面我们对当前小学阶段足球教学的局限性进行了简单的分析和探究，可以看出当前小学阶段重视学生的好奇心理和兴趣心理发展是非常有必要的。下面我们以体育游戏教学法为例，来探究其在小学足球教学中的多元化运用，同时探究体育游戏教学是如何有效地调动学生的兴趣心理和好奇心理的（见表1）。

表1　　　　体育游戏教学的特点及锻炼效果

体育游戏名称	特点	锻炼效果
追逃游戏	一个学生带球跑，另一个学生进行阻碍断球	锻炼学生运球能力
穿越隧道	学生利用脚背内外侧进行运球	锻炼学生足球掌控能力
斗鸡游戏	几个学生围成一圈进行传球，中间学生抢夺足球	锻炼学生运动能力以及控球传球能力

（一）教师采用体育游戏达到学生热身的目的

在传统的体育课堂教学过程中，教师准备热身运动的过程形式单一，一般都是要求学生慢跑或者进行一些基本扩胸运动等，长此以往，学生对体育课堂的学习积极性和学习兴趣会受到极大的影响。

对于教师来说，在进行体育足球的课程教学过程中应当重视学生的兴趣心理和好奇心理，在课堂的准备活动中采取多样化的准备热身运动，使学生在每节课程的学习中都能够体会到不同活动的意义，同时也增加了学生的好奇心理。有的学生可能会对每一节体育课程充满憧憬，在想象下一节课教师会采取哪一种形式来进行课程的教学。

因此，在体育课堂的准备热身活动中，采取不同的形式来达到调动学生兴趣的心理，有的时候让学生在准备热身活动中先进行颠球运动、带球跑步运动或者进行足球的游戏，让学生在颠球的过程中比赛谁颠球的时间长，谁颠球更加标准规范，通过体育游戏的方式来达到提升学生体育学习兴趣的目的。

总而言之，小学阶段的学生在足球课程的学习过程中，可能学不到非常多的知识和技巧，但是培养学生的基础思维意识，培养学生的足球兴趣还是比较有效的，小学生建立了对足球学习的兴趣之后能够在很大程度上促进学生未来的足球学习。同时，通过多样化的体育游戏热身运动以及与足球相关的热身运动，能够使足球课堂的教学效率明显提升，学生在热身运动中基本建立了课程学习的框架，提前预热了身体，在后续的比赛和实践中学到有用的知识。

（二）开展体育游戏活动，增强课堂趣味性

在进行体育课程的教学过程中，教师需要把握好学生课堂学习的兴趣心理，也就是说学生在课堂学习中虽然说是喜欢足球本身，但是在课堂中对于教师所采取的灌输式教学方式是非常抵触的，学生不喜欢课堂中教师过多地灌输相关的基础知识和理论知识，而希望能够直接参与到足球比赛和足球活动当中去。教师如果能够把握好学生的这一迫切心理，通过开展有效的体育游戏教学，那么学生在体育游戏学习的过程中就能够达到事半功倍的效果。

进行小学足球基本技巧的教学过程中，教师一般会讲述过多的理论知识和基础的技巧概念等，如果能够以体育游戏的方式来让学生学习知识和概念，例如在进行运球的相关知识和技巧学习过程中，直接让学生通过“穿越隧道”的体育小游戏使学生锻炼运球技巧，达到学习技巧的目的。穿越隧道主要就是让学生利用脚背的内外侧进行带球，顺利地控制球体的运动轨迹来通过一条直线道路，在这一过程中，足球不能脱离学生太远的范围，同时也不能偏离既有的轨迹。通过这样一个简单的体育小游戏，学生在体育课程中既实现了实践学习的目的，大大提升了学生的学习兴趣，契合了学生的兴趣心理，同时通过实践教学的方式也明显改善了学生的学习效果。

再比如在进行传球教学过程中，将班级中的学生进行分组，然后在课程学习的过程以小组为单位来进行传球和运球的活动，让小组成员围成一圈，然后不断的传球，在传球的过程中要保证足球不能丢、不能断，而且不能偏离学生较远的位置，通过这样的体育游戏方式来使学生达到提升传球准确度的效果，提升学生的足球能力。

总之，在进行足球教学的过程中，教师应该通过多元化的体育小游戏来提升学生的足球意识，培养学生在足球学习中的兴趣，为学生的未来足球发展奠定了坚实的基础。

（三）体育课堂的总结部分合理利用体育小游戏

一般情况下，在进行体育课程的收尾阶段，都会让学生平复一下呼吸，稍微放松一下，然后让学生来进行射门的小游戏，让学生在射门的过程中来比赛谁射门准，谁射门的角度比较刁钻。每一节课的体育课程学习过程中以这样的方式来结尾，学生在每节课程中都能够巩固和提升一定的足球技巧，而且通过这样的方式，也在一定程度上培养了学生的正向攀比心理，使学生在竞争的过程中达到细化自身足球技巧的能力。

总之，体育课程的教学中，总结部分不容忽视，教师也不应当轻视课程总结的重要性，而应当通过体育小游戏的教学对策来巩固本节课程中的教学内容，也可以沿袭传统每一节课的课程总结采用同一种体育游戏，使学生能够在长久的训练过程中，使自己的足球技巧更加精进。

三、教学过程中进行体育游戏培养学生情感多元化

前面对当前在足球的教学过程中体育游戏的多元化应用进行了简单的分析和探究，可以看出小学阶段学生的兴趣和好奇心是非常重的，教师往往通过简单的有效的方法就能够调动学生的兴趣，通过简单的小游戏就能够有效地改善体育课堂气氛，提升学生的足球技巧和能力。下面我们就来分析和探究小学体育游戏教学法培养学生的情感意识方面的具体内容。

（一）体育游戏培养学生的团队协作意识

首先在进行体育足球课程的教学过程中，教师在进行体育小游戏的选择中，不仅应当使学生在小游戏活动的过程中学到有效的内容，达到实践课程知识的目的，还应当通过选择有效的体育游戏来使学生的身心能够健康的发展，培养学生的团队合作意识。

比如在进行足球小游戏的选择过程中，教师应该考虑学生能否通过这样

一个简单的游戏，不仅达到实践足球技巧的目的，还能够培养学生的相关心理素质，提升学生的团队协作能力。课堂上开展让两个学生组成一个小组，然后每个小组分一个足球，让小组进行带球跑步，在带球跑的过程中还需要进行足球的直传，使两个同学之间能够实现有效的配合和默契，不仅能够有效地提升学生在体育课程学习中的传球技巧，还能够通过这样一个简单的体育小游戏潜移默化地培养学生的团队协作意识，使学生重视合作的重要性，为学生的未来发展奠定基础。

（二）体育游戏增强学生对足球运动的喜爱

体育课程的教学需要契合学生的兴趣，同时体育游戏的选择应当更加契合学生的学习兴趣，不同学习阶段的学生学习兴趣往往是不同的。对于低年级的学生来说，足球游戏的选择往往以简单有趣为主，学生能够通过简单的游戏达到玩耍的目的，培养学生的足球意识就足够了；但是随着学生步入高年级之后，学生的兴趣已经不再局限于简单的足球游戏，此时教师在进行体育游戏的选择过程中则要以一些具有对抗性的游戏为主。在这些体育游戏进行的过程中，培养学生能够敢于拼搏、敢于直面困难的情感，通过对抗性的体育小游戏来达到深化课程知识的目的。比如说在高年级的体育足球教学过程中，让班级中的学生分成两个小组，然后让两个小组来比赛谁射门更准，在相同的足球数量基础上，射门准的小组予以表扬，通过这样的方式能够大大提升学生课堂学习的积极性。

（三）通过足球游戏的开展促进学生性格养成

足球游戏的开展能够有效地促使学生心理健康发展。当前部分学生在小学阶段往往存在一定的心理障碍，对于外界事物的看法存在较大的排斥性。而教师在进行足球课程教学过程中应该重视这部分性格比较内向的孩子的发展，通过开展一些参与性较高的活动和游戏，使他们更好地融入足球训练当中，通过活动的参与来改善学生的内向性格，通过开展体育活动来改善学生对外界事物的看法，同时促进学生的身心健康发展。

四、结论与建议

综合上文所述，本文主要针对小学体育足球教学中的多元化体育游戏进行相关分析探究，以当前小学体育足球教学中的局限性，教师思想观念的落后、教学方法的传统为媒介，研究分析了体育游戏在足球教学的多元化应用及影响。

（一）结论

当前小学体育足球教学受限，包括场地、器材、师资力量等，尤其是教师思想观念的落后、教学方法较传统。

小学阶段是建立足球意识的初始阶段，体育游戏可以培养激发学生的足球意识。

（二）建议

教师应当改变传统教学观念，利用多样化的体育足球小游戏来提升学生的学习兴趣、课堂学习效率。

教师应当注重培养学生形成较为良好的足球思维意识，培养学生终身体育思想，促进学生的健康发展。

参考文献

[1] 乔紫微．关于开展成都市小学生校园特色足球的调查与对策研究．成都体育学院，2015

[2] 郭亚．校园足球背景下成都市小学足球教学现状与分析．成都体育学院，2015

[3] 岳海峰．小学体育课堂足球教学现状分析．品牌（下半月），2015（5）

[4] 沈冬冬．“兴趣教学法”视阙下的小学体育足球教学策略探究．文体用品与科技，2016（6）

[5] 肉孜・吐尔逊．浅谈小学体育足球教学．2015 年 12 月现代教育教学探索学术交流会论文集，2015

完善体育课堂评价　为学生创设幸福课堂

■ 刘　禹

课堂是一个有关人的世界，一个活的世界，一个浓缩的世界窗口。在这个世界中，人的喜怒哀乐、人的经验与智慧、人的情感态度，人的价值与意识都完整地、现实地、具体地体现着，然而过去的课堂教学评价较多地倾向于知识，过分强调甄别与选拔功能，从而忽视了改进与激励的功能，忽视了对评价过程本身的意义，这就使得教师评价的目标单一，师生注重的只是学生的成绩，忽视了人文素质的培养。

借着课改的东风，结合对体育新课程标准的学习，我认为在体育教学中应尤为注重课堂评价的功能，让评价这颗棋子给学生以信心、给学生以鼓励、给学生以兴趣，从而让学生更加充满自信，让课堂更加充满活力，让人文精神得到更加有力的塑造。

下面我将结合教学实际，简要地从体育课堂评价的目标、方法、语言三方面阐述我的一些想法和做法。

一、重视评价目标的多元化

（一）关注学生的学习过程

在传统教学中，评价学生体育成绩与否的标准通常是看学生最终体育测试的数据、结果。新课程理念下，强调教师要对学生的学习过程更多的关注，因此“过程的评价”应引起体育教师们的足够重视。

例如，在四年级 50 米快速跑的测试过程中，有的学生跑得很快，成绩达到了优秀的等级，然而他们的起跑姿势、摆臂动作等没有达到教师最初的要求，速度上虽然达到了满分，可总评成绩并非取得了满分的等级。

如果按照陈旧的评价方式——只重视最终结果，这样的成绩必然是响当当的“满分”！然而由于学生没有掌握科学的、正确的方法，盲目的“满分”必将成为学生今后获取真正本领的绊脚石。由此可见，关注学生学习的过程，给予学生公正的评价，才能使学生的竞技水平得到真正的提高和发展。

（二）关注学生的情感发展

人类健康是 21 世纪国际社会的共同主题。联合国卫生组织最新界定的健康定义包括身体没疾病、心理健康和社会适应能力强三方面。大量事实表明，积极的情感能促进体育知识的掌握和运动技能的形成，促进学生健康地发展。

新的健康观念在《体育与健康教学大纲》中得到了充分的体现，过去单纯以生理指标进行教学评价也是不全面的，由此对学生体育学习的评价也应包括对学生体育知识、学习态度、习惯、情感、合作精神等多方面的评定。在体育课堂教学中，教师还需尝试建立态度、情感、能力、成绩并重的多维立体的评价体系，科学地评价学生体育学习的发展水平，应把评价的焦点从学生的能力水平扩大到评价学生的参与状态、交往状态和情绪状态等方面。

我曾看过这样一堂观摩课——五年级双摇短绳（第一课时），课上有个“小胖子”，完成双摇动作非常困难，他悄悄地躲到一旁，准备放弃练习。就在这时任课教师敏锐地发现了他，并积极地引导他参与，同时让两名身体素质较好的同学帮助“小胖子”，以使他更快地掌握技术要领。一堂课即将结束，“小胖子”在老师、同学的帮助下最终只艰难地完成了一个双摇动作，他自卑地低下了头。

然而教师在评价“小胖子”时，因他能积极参与、挑战自我并战胜自我，给予了“小胖子”极大的肯定，并给予他本堂课“优秀”的评定等级。就在还有极个别同学不服气时，老师又布置了下堂课的学习任务，即比照本堂课的双摇完成个数，下堂课测试增长个数“多”者成绩为“优秀”。就这样，在同学们的一片欢呼声中一堂课结束了。

课后老师又再次叮嘱“小胖子”回家要多练习，从“小胖子”认真的眼神中，我们可以看到这个学生的一种感恩，一份坚定，一种承诺。

这堂课，教师没有因为这个“特殊学生”的逃避、自卑而忽略他，而是用激励的方式，及时地关注他的情感变化，及时地肯定了他的进步与成功，鼓舞了该生的自信心和求知欲；同时也很好地培养了该班同学互相帮助，不抛弃、不放弃的品质，树立了待人公平、公正的思想意识。这堂课教师对“小胖子”的评价结果，是建立在尊重了人本身的基础上给出的合理评价，于教师、于学生都体现着彼此理解、相互尊重、共同进步的理念，很好地达到了教育教学的效果，是一堂精彩的值得学习的关注学生情感发展的示范课。

（三）关注学生的兴趣养成

有人说兴趣是孩子最好的老师，培养学生的体育兴趣、爱好和习惯是体育教学一直追求的目标。在教学中许多教师为了激发学生们的兴趣，调动积极性，总是把游戏贯穿于教学中，让所有的学生玩一个游戏，对这个游戏感兴趣的同学就积极、主动参与，而不感兴趣的同学只是勉强参与，使得游戏的教学效果并不理想。我在进行游戏教学时大胆采用“游戏超市”教学方式，就是在游戏时给同学们提供一个内容：立定跳远。它有多种玩法，如鲤鱼跳龙门、青蛙跳荷叶、包袱、剪子、锤等，分别说明游戏规则，然后让学生根据自己的兴趣、爱好自主地选择游戏，老师也积极参与，并在适当的时候给予恰当的指导。在一定的运动负荷内，学生既得到了锻炼，教学效果也较好。它设计的目的是强调身、心同步发展。不同年龄阶段的学生，在生理和心理上都具有不同的特征，即使同一年龄阶段的学生，由于其先天的遗传素质，后天的生活环境和所受的教育以及学生本身实际情况的不同，身心发展的可能性都存在着差异，这就要求教师对学生从实际出发，做到区别对待。对表现有特殊才能的学生，要提出更高的要求；对于能力表现一般的学生，要从他们已有的基础出发，发掘他们身上的积极因素，充分发挥和挖掘学生的个性潜能，促进不同层次的学生都得到最优的发展（技能上的提高或心理上的发展），达到全面提高学生身心素质、更好地提高教学的效果，有效地达成新课程“为每一个学生的发展”的理念。

教育只有真正关注了学生学习的过程、情感的发展和兴趣的养成，才能真正从学生发展的角度出发，真正体现出以人为本的教育理念，真正促进教与学的共同发展。

二、留心评价方法的多样化

重视了评价目标的多元化，还要留心评价方法的多样化。在教学过程中结合体育课堂的特点，教师可以采用以下几种方法进行评价。

（一）师评、自评、互评相结合

我们所说的体育课堂评价，通常是指在课堂上学生动作技能的形成过程和表现情况。传统的教学模式评价是教师的专利，学生常处于被动甚至忽略的地位。新课程理念要求“评价”中师生是一种平等对话，教师不应像唱独角戏似的评价学生，而应让学生参与到评价中来，使评价成为一种双向甚至多向的互动。即通过学生的自评、师生互评实现教学的发展，开拓师生彼此的潜力，促进教与学的共同进步。

例如，当学生出现了创造性想法时，教师可以说：“××同学有新的想法，让咱们认真地听听，看看他哪些地方有独到的见解?”当学生完成了某一动作，教师可以说：“××同学的动作完成得怎样？谁说说。”当某位同学做的动作确实起到了示范的作用，教师还可以说：“你做的动作真完美！快把你完成好动作的经验传授给大家！”……

像这样的引导性语言很容易使学生参与进来，有利于培养学生自我评价和评价他人的能力，有利于充分调动不同层次学生学习的积极性，促进学生主动、全面的发展，在教学中可以广泛应用。

（二）知识评价与技能评价相结合

学生对不同体育活动的兴趣偏好和学生在体能发展方面的先天差异等决定了课堂评价不能搞“一刀切”，否则就会严重制约学生学习的积极性。因此，在评价过程中结合学生对动作要领的认知，可采取认知评价与实际技能操作评价相结合的方式，使评价的目的不单单是反应学生运动成果的数据，更重要的是要让每一个学生在学习的过程中都能够正确理解体育项目的技能要领，具备良好的体育修养，从而为全民体育运动做好积极地推广和普及。

（三）定性与定量评价相结合

定量评价是目前教师习惯运用的评价方法，它常采用百分制或等级制的方式。如三年级男生的立定跳远水平，1.74 米为 100 分，1.67 米为 90 分等，均是以实测结果直接换算成成绩的方式进行评估。

定性评价则采用等级加评语的方式进行。若在评语中使用鼓励性的语言，则能更加客观、全面地描述学生掌握动作技能的实际状况。

例如，教师可以将学生已经掌握了什么动作要领、获得了哪些进步、具备了什么能力、在哪些方面具有潜能、在哪些方面还存在不足或今后的运动发展方向等描述在评价中，这样的定性评价将使评价更加人性化，将为学生的终身发展起到更为明确的指导意义。

（四）建立成长记录袋

建立学生成长记录袋也是一种非常有效的过程评价方法。它可以收录学生在各个时间段身体形态、身体机能、体能和运动技能等多方面的发展情况，还可以涉及学生的学习态度、行为变化等多方面的有关资料，能使学生对自己的体育学习情况有个全面的认识，从而有利于教师和学生及时调整教和学的方法，激发学生体育锻炼的热情，加深学生对课堂学习的兴趣，使学生达到更加了解自己、更加热爱自己的身体、更加热爱体育、更加热爱生活的目的，是一种很好的辅助教学的评价手段。

三、注意评价语言的艺术化

作为学生，最渴望、最幸福的事莫过于得到老师的鼓励和赞赏，然而作为教师，绝不可一味表扬，充当老好人的角色。那么，如何将教师的评价语言更加艺术化，使被肯定者不沾沾自喜，被否定者不垂头丧气，这里还想提供这样几条建议。

- 多表扬——表扬要真实具体；
- 少批评——批评要委婉含蓄；
- 不表扬，不批评——评价要中肯。

众所周知，表扬能激励学生学习的积极性，在教学中我们提倡多表扬、少批评的原则，在把握表扬的尺度上，“真棒！”“不错！”等泛泛的表扬，使表扬廉价而没有意义，是需要教师摒弃的。

在教学过程中，教师应根据学生学习的内容，做到评价语言充实具体、有根有据。例如，在蹲踞式跳远中，教师评价学生：“××同学的助跑速度快，踏跳有力，两个动作衔接得真完美！”在投掷实心球教学过程中，教师说：“××同学的发力顺序协调连贯，出手角度准确，了不起！”……

反之，当学生出现错误时，委婉含蓄的语言会使学生更容易接受并改进。如在一节跳远课上，一位同学跳完后还没有从沙坑出来，另一位同学就开始跳，结果两人在沙坑里撞到了一起。这时任课教师并没有立刻批评他们，而是快速地跑过去，握住第一位同学的手把他扶了起来，说：“吓我一跳，恭喜你没有被踩着！”然后转向第二位同学，对他说：“也恭喜你没有踩伤他！”两位同学在这种特殊的“表扬”中欣然地接受了批评，并在老师进一步的引导下分析了彼此相撞的原因，高兴地回到了队伍中。

教师评价性语言的幽默与含蓄，不但可以让学生知晓犯错误的原因，还可以保护学生的自尊心，这样的评价语言是艺术的。

最后还需指出，教师的评价不一定光有表扬和批评，其中也应有中立的点评。如评价跳远的起跳角度："起跳再高一点。"评价纵叉："你右腿在前下叉比较容易，要加强左腿在前的练习。"……这些评价都是中恳的建议，于学生的发展比表扬或批评更真诚，更有效。

综上所述，作为体育教师，在实际教学中，我们的课堂评价既要关注学生学习的结果，更要关注他们的学习过程；既要关注学生对知识、技能的理解和掌握，更要关注他们的情感、态度与价值观；既要注重拓宽评价的目标和方法，又要在运用艺术化的语言方面下功夫。只有这样，我们的学生才能更加自信，我们的课堂才能更加有活力。

让我们携手，共同努力。

参考文献

[1] 教育部．体育与健康课程标准．北京：人民教育出版社，2003

[2] 季浏．体育与健康标准解读．武汉：湖北教育出版社，2004

[3] 钟启泉．崔允漷，张华主编．为了中华民族的复兴　为了每位学生的发展．上海：华东师范大学出版社，2001

[4] 徐勇，龚孝华主编．新课程的评价改革．北京：首都师范大学出版社，2001

[5] 汪英，当前体育教学评价存在的问题及对策分析．武汉科技学院学报，2007，20（3）

让她和所有的孩子一样学会游泳

■ 刘　悦

曾经看过一本书，书上写着“要在游泳中学习游泳”。开始的时候我还不太明白，可后来细细地琢磨，这话说得很有道理：如果孩子连水都不下，怎么能谈得上学习游泳呢？在游泳教学中，每个孩子或多或少都会存在怕水的心理，换气是每个人都要经历的坎儿，是最重要也是最难过的一关，如果基础打不好，后边的教学将无法进行，更会影响动作的质量。可在平时的教学中，这样怕水的孩子却屡见不鲜。怎么能让学生们快乐地学习并掌握这项生存技能是大家一直都在探索研究的。把原有的教学方式方法进行有效的改进，让学生们能在快乐中走进泳池，轻松地掌握游泳技术，使那些恐水怕水的学生都能学会游泳。

在我的游泳教学工作中，给我留下记忆最深刻的是那一年的暑假，学校对一年级的学生们进行游泳培训，一个小姑娘的妈妈在上课前就主动找到我，说女儿在幼儿园时被游泳教练扔下了水，从此就开始怕水抵触学游泳。对困难估计不足的我，刚一上课就见识到了她的“威力”——开始时不肯下水，在游泳馆里哭的上气不接下气，那样子别提多可怜了，看得我心疼。听着她的哭声祈求声，我想起小时候给教练起的外号“女巫”，现在的自己不正是“女巫”吗？不行！绝对不能这样下去。我拉着她走到泳池边让她坐下并且告诉她“咱们就看看，不下去”。安顿好她后我就迅速地对其他孩子进行教学，看着其他孩子基本掌握了动作方法，我开始苦口婆心地给她做思想工作，但任凭我把嘴皮子都磨破她依然是用祈求的眼神看着我摇着头。这时我的耐心经历着前所未有的考验，我一再地提醒自己要冷静、要冷静、一定要冷静，于是我拉起她的手说“来老师和你一起下”。她忽闪着大眼睛看我有些犹豫，我知道她不敢相信我，我便在她身边坐下开始往身上撩水，然后跟她拉钩承诺她只在水里走一圈，并拿出了充气的小玩具放在水上引诱她，慢慢地从她的眼神里我知道她开始动摇了。我便从她身边下到水中对她张开双臂，她试探地将手放到我的手上，然后又马上收了回去，我知道她还是信不过我。此时我已不再着急，只是将手举得高高的等待她把手放上来，经过两次试探后她放心地把手放在我的手心里，我慢慢地拉着她的手放到我的脖子上双手把她抱下水。当她的身体进水的一瞬间我感觉到了她的双手一紧，使劲地搂住了我，我轻轻地拍拍她的背对她说：“别怕别怕！”她怯生生地对我说：“老师别撒手。”我知道现在的自己就是她的依靠，于是我也更紧地抱住了她，对她说：“老师不撒手，可你要撒开手，要不怎么去抓小鸭子啊！”她眼神迟疑地看着我，我肯定地向她点点头，这时她试着松开了一只手，以最快的速度拿起了离我们最近的一只小鸭子，然后又马上紧紧地搂住我。我看准这个时机对她进行鼓励并要她把手伸得再远些，她抬起眼看看我，并勇敢地将手伸向了远处的鸭子，我兴奋地抱着她在水里转圈，大声地表扬她的勇敢。就在我兴高采烈地准备继续让她做更大胆的动作时，旁边的教练提醒我下课时间到了，我一下子变得好失落。因为我知道如果现在就让她走，明天她来的时候又会像今天一样，可当我再次与她的目光相对的时候我又不忍心说让她留下，只好上岸匆忙地将憋气简单地交给她，留下了家庭作业让她回家好好练习，并提出第二天检查。在换好衣服排队时我又特别将她叫到身边，让她为我重复练习内容和次数，并一再叮嘱她好好练习。

一个晚上我都在想着第二天这孩子的表现，满脑子都是她白天在游泳池边哭着祈求我的景象，让我很是发愁。第二天我硬着头皮来到学校，一进游泳馆我做的第一件事就是将她拉到身边，问她昨天有没有回家完成作业，今天能不能勇敢地下水，她朝我点了点头，我的喜悦心情无法用语言来形容，我觉得自己昨晚是多虑了。可没承想一提到下水却出现了同昨天完全一样的景象，我一下子就傻了眼，只能将其他学生先安排好练习然后再对她进行特别的教学，重复着昨天的一幕一幕，我的心都凉了，看着她我又是急、又是气、又是怜悯，对于她我是急不得、恼不得，只能用耐心一遍又一遍地重复着动作要求，带着她不断地练习。终于在我的努力下，下课前她基本上掌握了换气的动作要点，并能自己扶着池边练习换气了，还和同学们一样学习了蛙泳腿。对于今天的练习我是既高兴又担心，高兴的是她终于追上了大家的进度，担心的是她明天会掌握蛙泳腿吗？

我担心的事真的发生了，看着她趴在泳池边一脸无辜地看着我，我那心里的滋味真是不好受，其他的孩子在我的指点下都可以自由练习了，而此时她却和别人相差很远，没办法继续我的单独教学，我用两只手拿着她的脚一遍又一遍地重复着动作，又在中间穿插上我的示范，带她去看挂图，让她有个直观的印象，把动作要点编成小口诀交给她让她记牢。她做动作时总是不会勾脚，我就把她的两只脚顶在池壁上让她反复做蹬腿练习。但是她经常是陆上的模仿做得很好，可一下水就什么都不记得了，全身僵硬，脚下一通乱踹。看着她的动作一次次走样，并且慢慢地就要形成习惯，我心里是又生气有着急。不知跟着她在泳池边来来回回地走了多少回，动作的要点一遍又一遍不厌其烦地重复着，经过一天又一天地不懈努力，她终于掌握正确的动作蹬腿了。但我知道学习蛙泳就是闯三关：第一关呼吸，第二关蹬腿，第三关蛙泳配合，这一关比一关的通关难度人。接下来要面临的困难会更加严峻，学习蛙泳划手撤掉手中浮板，这对于 90% 的没有接触过游泳的孩子来说都是个大难题，更何况我眼前的她，那就更加难上加难。但是我和她都已经坚持这么久了，绝对不能放弃。

学习划手的那一天，她像有预感一样，一大早就在学校门口又哭又闹，她妈妈无奈地看看她，又期盼地看看我。我伸手拉住她就走，虽然我身后依然有她的抽泣声，但是并没有感觉到她不想跟我走。当时我心里暗想，不管怎样我都要把她教会，要让她像其他孩子一样游泳。进馆后，我先安排她拿着大板在水中复习蛙泳腿。对班里的其他学生进行突击训练，当大家都渐渐地掌握技术的时候，我又开始了她的 VIP 特别教学，但这次却不像学习蛙泳腿那样，她完全掌握不了。陆上的模仿做得像模像样，我拿来小鸭子让她趴在泳池边跟小鸭子一起做模仿，一次、两次、三次，呼吸 + 蹬腿 + 划手，一遍一遍的重复，她终于可以在不用提醒的情况下完成配合动作了，此时又到了下课时间。依依不舍地把她送到大门口，我知道在这种关键时刻一定要得到家长的支持，于是我开始利用送学生的机会与她的家长进行交流，在交流中我首先肯定了孩子一直以来的努力，并将正确的动作写在纸上交给她的家长，希望家长能配合我监督她在家里练习的动作质量，家长很是支持和配合，每天还会主动汇报练习情况。

经过我和家长的相互配合，她终于可以在水中自由嬉戏了，看着她开心的笑脸，我心里也很开心，15 天的教学拉进了我们师生的关系，刚认识时她总是躲着我，远远地看着我，可现在她在校园里看到我，会主动跑过来跟我打招呼，有时甚至会抱抱我。看到她的变化我也很开心，她也通过学习游泳提高了自己的身体协调性，现在也不怕水了，还开始学习新的游泳技能。曾经在一家日本游泳俱乐部里看到他们的广告，他们倡导零到百岁都可以学游泳的理念，那时我还觉得这是一句大话，是一件理想化的事，但现在想想，只要愿意深入思考，静下心来解决问题，这并不是一件很难的事情。

武术散打规则演变对学生安全保障的研究

■ 刘子凡

前 言

（一）选题依据

现代武术散打是对传统武术的一种继承和发展，是传统武术适应现代竞技体育的要求而发展起来的一项人体格斗类体育运动项目。但同时，作为一种搏击类项目，其受伤的风险也比较大。散打运动是将武术的动作融合在拳、腿、摔中对对手进行击打的比赛，相对来说对学生自身安全有极大的隐患。

自武术散打 1982 年出现在人们的视线中时，散打规则经过 1996 ~ 1998 年、2004 年、2013 年几次改变。如何才能让其“传承”和发展、激烈和安全这两个矛盾体共同进步，这才是《武术散打竞赛规则与裁判法》的重中之重。

（二）研究目的及意义

散打运动项目从 1979 年正式开始发展，每一次的规则改动都是经过不断地摸索才形成。随着时代的发展，体育项目也日益地出现在了人们生活的舞台上，武术散打比赛也慢慢浮现在人的视线当中，商业赛慢慢壮大起来。

2010 年 10 月 31 日，在海口进行的“2011 中国武术散打功夫王争霸赛”中，河南籍散打名将上官鹏飞被对手 KO（直接击倒）后当场昏迷，最后宣布抢救无效死亡。这一突发事件的发生，对我们敲响了警钟。不能保障学生的安全，不仅对学生造成极大的伤害，也对散打这项运动造成了极坏的影响。本论文将对《散打竞赛规则与裁判法》的更改进行研究，并且对散打学生个人保护的规则进行分析和理解，从而强调散打规则对散打学生安全保障的重要性，也为学生如何良好地规避风险提出建议。

（三）研究思路

首先通过使用文献查阅的方法初步了解散打规则的改动如何有效地保护散打学生，选出研究范围。走访首都体育学院武术散打专业的教师和教练、武术散打专业的学生，了解他们对散打规则一系列改动的见解，以及商业比赛中规则的执行状况，将他们的理解和意见进行统一归纳和分析，借鉴参考，为研究内容提出有力的参考依据。

（四）研究任务

通过文献分析法大量查阅散打规则方面的资料，了解散打规则的变更历史和相关事例。

通过文献分析法了解相关的圈内人士（教练员、散打专业学生、老师）对于散打学生如何规避风险的方法进行整理和分析，从而提出自己的看法。

通过走访首都体育学院内的相关老师，了解他们对散打比赛的看法，以及散打规则变动对比赛和学生带来的好处。

通过数据统计法对大量的资料案例进行整理，做出分析统计，提升对散打规则改动对学生安全保护的理解，为散打规则的改动提出自己的见解和思路。

一、研究对象和研究方法

（一）研究对象

武术散打规则的改变对学生安全保障的影响。

（二）研究方法

1. 文献资料法

参阅有关专家研究武术散打竞赛规则的相关成果和中国武术运动管理中心关于散打竞赛规则的有关文件，了解散打比赛规则从开始到现在有过几次大的改动和修订，从而进行整理和分析，为研究论文提供理论支持。

2. 数据统计法

将武术散打规则进行分类整理作出统计，为论文提供有力数据。

3. 访谈法

选择了首都体育学院散打专业教师、学生、武馆教练员、散打爱好者等 50 人进行访谈，了解他们对散打规则一系列改动的见解，以及商业比赛中规则的执行状况。

二、结果与分析

（一）武术散打项目在中国发展概述

1979 年散手在我国成为竞技的比赛项目，在 80 厘米高、8 米见方的擂台上进行比赛。散手比赛允许使用踢、打、摔等各种武术流派中的技法，不允许使用擒拿，不许攻击喉、裆等要害部位，学生分体重、穿护具在相同的条件下平等竞争。随着中国武术热的再度兴起，中国体委按照竞技体育模式，首先在浙江省体委、北京体育学院和武汉体育学院进行了武术对抗性项目的试点训练，并于同年 5 月在广西南宁举行的全国武术观摩交流大会上做了首次汇报表演。同年，又进行了几次比赛。

第 4 届全国运动会以及 1980 年太原全国武术观摩表演大会上，都进行了散手表演。1982 年制定了《散打比赛规则》，1989 年散打被国家体委批准为正式比赛项目，并设“团体锦标赛”和“个人锦标赛”赛制。

2003 年新规则出台，鼓励学生靠进攻技术得分，将会明显提高散打比赛的激烈程度，这是散打运动发展史中有意义的规则变动。

如表 1 所示，散打规则从 1979 年开始到 2003 年，这 20 多年武术散打竞赛规则沿革出现几个重要基础。

表 1　　散打规则的变革

	旧规则	新规则
护具	牙套、护裆、拳套	“全护式”
得分部位	头部、躯干、大腿、小腿	头部、躯干、大腿
称量体重	仲裁委员的监督下所有级别在 1 小时内称完	仲裁委员的监督下每个级别在 1 小时内称完
台上裁判	“判定高分”的职能	取消了“判定高分”的职能
裁委员会	可以改判裁判组评判结果的职能	取消了“可以改判裁判组评判结果的职能”
禁用方法	用腿法攻击倒地方的头部	改为“用任何方法攻击主动倒地方的头部和被动倒地方”；取消“死拉硬推”的下台条款
得分标准	1. 四级评分取消了 4 分的高分动作 2. 用腿法击中头部的 1 分 3. 用手击中对方得分部位得 1 分 4. “双方互打互踢”不得分	1. 三级评分 2. 用腿法击中头部和躯干得 2 分 3. 用手法击中对方头部、躯干部位得 1 分 4. 取消了“双方互打互踢”这一条款
技术犯规	比赛中大声叫喊；比赛中场外指导	取消“比赛中大声叫喊和场外指导”
罚则	一方受罚达 6 分时，判对方为胜方	侵人犯规达 3 次或被对手 2 次推下擂台，则取消该场比赛资格

新规则对得分标准的评分由“四级评分”修改为“三级评分”，取消了“4 分”的高分值，这种修改不仅使判罚更加简洁，更有利于裁判员的操作，同时受监督的力度加大，将人为因素降到最低，而且有利于进攻型选手得分取胜。新规则在技术犯规条款上取消了禁止教练员在比赛中不能“场外指导”

和禁止学生在比赛中大声叫喊等。

2010 年 10 月 31 日，在海口进行的“2011 中国武术散打功夫王争霸赛”中，河南籍散打名将上官鹏飞被对手 KO（直接击倒）后当场昏迷，据医生透露，上官鹏飞脑部受伤太重，脏器功能开始衰竭，最后宣布抢救无效死亡。这一事件的发生为我们敲响了警钟，值得我们去深思——“激烈”和“安全”，激烈程度越高，则安全程度就越低。

1. 武术散打规则的变革

（1）武术散打规则雏形阶段（1979 ~ 1989 年）。武术散打项目从 1979 年开始以散手的方式进入大家的视野，当时首要的问题就是如何才能将一个民间传统体育项目搬上竞技体育项目的舞台，如何将一个致伤、致残、致命决胜负的格斗项目变成得分多少决胜负的体育类项目。防守技术也划分为“接触式防守”和“不接触式防守”两种。散打从比赛形式上采用了中国传统的“打擂台”的方式，一方掉擂出局即为输方。在竞赛方法上采用三局两胜制，先赢两局者即为赢家。

（2）武术散打规则发展阶段（1998 ~ 2003 年）。经过前面 10 年的发展和推广，散打运动项目日益受到广大人民群众的喜爱，这一项目也在各省代表队中飞速发展。1998 年再次出版新规则，总结前两次改革的经验重新恢复双方倒地，后倒地一方得 1 分。1999 年为了使散打项目能够更好发展，将每局比赛净打 3 分钟更改为 2 分钟；减少比赛中的护具。这为散打打入市场，寻求自身发展，创造了先决条件。

如图 1 所示，2003 年《武术散打竞赛规则与裁判法》正式出现，鼓励学生靠进攻技术得分，在技术方面也放开了一些政策，大大增强了比赛的激烈性和观赏性，使其能够更好地与世界上其他技击类项目进行交流，成功地在与国际接轨这一方面迈出了一大步。访谈中的 50 人大部分对 2003 年的竞赛规则表示支持，因为比赛需要观赏性和激烈性才会吸引观众的眼球。

（3）武术散打规则成熟阶段（2013 年）。散打比赛在 30 多年中飞速发展，比赛中的观赏性也在不断地提高，观众也越来越喜欢这项运动。2003 版《武

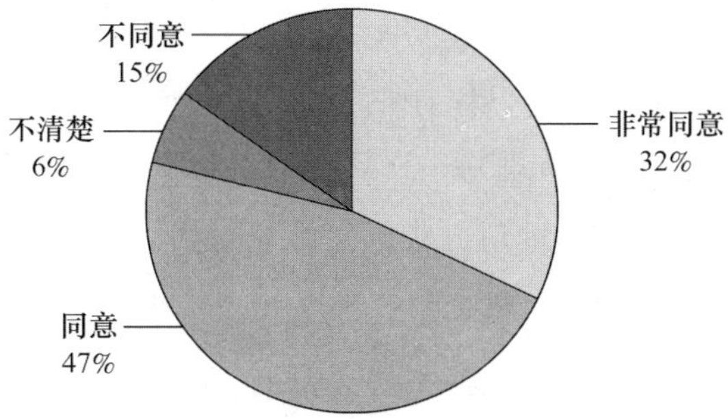

图 1　允许使用拳法连续击打头部百分比示意图

术散打竞赛规则与裁判法》的颁布对散打运动的发展做出了极大的贡献，但是与此同时如何去保证学生自身的安全又成了新的焦点，如何才能做到平衡？2010 年“上官鹏飞”事件的发生，也为我们注入了一针强心剂，值得我们深思。散打运动应该如何才能把握“激烈”和“安全”之间的平衡？2013 年中国武术协会在广泛征求意见及充分实验论证的基础上，对原竞赛裁判规则进行了修订，实施《武术散打竞赛规则与裁判法》（2013 版），宣布原竞赛规则及裁判法同时废止。

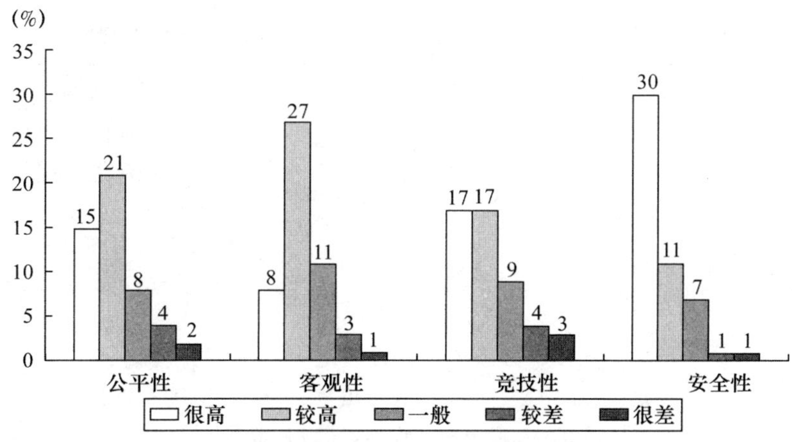

图 2　武术散打规则总体评价意见

图 2 所示，2013 年新版《武术散打竞赛规则与裁判法》出版，武术散打规则已经愈发成熟，武术散打规则在公平性、客观性、竞技性和安全性方面都有质的飞跃，对比之前的几个版本，现行的武术散打竞赛规则无论是在激

烈程度上还是在安全保障上，都有极大的进步。散打运动在不断地发展，散打竞赛规则也在不断地进行变更。例如，对原竞赛规则及裁判法进行了修订，增加“第二十三条”不得分规则——双方下台互不得分，双方倒地互不得分；“第二十条”禁用方法用迫使对方头部先着地的摔法或有意砸压对方，用任何方法攻击倒地一方的头部；“第七条”服装护具学生必须穿中国武术协会认定的武术散打比赛服装及护具。这一系列规则都将成为“激烈”与“安全”之间平衡的支点，在保证比赛的激烈性和观赏性的同时也保证学生自身的安全状况。

（二）商业比赛适用规则与现行武术散打规则的冲突

如表 2 所示，商业比赛为了增加比赛激烈性和观赏性，为了能够更好地与世界其他技击项目良好的接轨，私自取消一些规定的保护用具，选手在没有携带护头等保护安全的器具时进行比赛，就等于将自己身体上（后脑、太阳穴等）比较脆弱的地方暴露在外面，这对选手的安全是极其不利的。

表 2　商业比赛适用规则和现行武术散打竞赛规则两者之间的冲突

两者之间的冲突	现行武术散打规则	商业比赛散打规则
护具	拳套、武术散打比赛规定服装、护头、护胸、护齿、护裆和缠手带	拳套、武术散打比赛规定服装、护齿、护裆、缠手带
严禁使用的得分技法	后脑、颈部、裆部；不准使用肘和膝进行击打	后脑、颈部、裆部
参赛者年龄、身体状况、分级	成年组 18 ~ 35 周岁、少年组 16 ~ 18 周岁；必须出示自报道之日起 15 天内、县级以上医院出具的包括脑电图、心电图、血压、脉搏等指标在内的体格检查证明；必须在仲裁委员的监督下称量体重	成年组 18 ~ 35 周岁；必须在仲裁委员的监督下称量体重
比赛时间和强度	静打 2 分钟，三局两胜制	视情况每局静打 2 ~ 3 分钟，分为三局两胜制或五局三胜制

续表

两者之间的冲突	现行武术散打规则	商业比赛散打规则
裁判判罚	依据 2013 年出版《武术散打竞赛规则与裁判法》为标尺进行判罚，取消了“判定高分”的职能	与国际接轨，与世界其他技击项目相交融
医疗急救	比赛场外必须配备必要的医护人员，根据裁判员的手势，及时为受伤选手临场治疗。根据医务监督条例对不能继续比赛的选手向大会提出停赛建议，并负责安排医疗救护事宜	比赛场外必须配备必要的医护人员，根据裁判员的手势，及时为受伤选手临场治疗。根据医务监督条例对不能继续比赛的选手向大会提出停赛建议，并负责安排医疗救护事宜

三、结论与建议

（一）结论

本文通过调查武术散打竞赛规则几个版本和查阅散打规则历史的沿革文献，将现行武术散打竞赛规则与商业比赛适用规则进行相互比较，得到以下几个结论。

（1）武术散打竞赛规则随着武术散打运动经过 30 多年的发展，其中规则的来回更替和修改大部分还是以学生自身安全为主，同时在“以安全第一”的同时提高散打运动的观赏性和激烈性。

（2）武术散打竞赛规则通过“传承”与发展，已经形成了自己的一套体系，即可以良好地与国际其他技击项目接轨，同时也将武术这一中国传统文化完美地融入里面，以人为本，本着公平、公开、安全、精彩、激烈为原则为广大观众贡献一场又一场完美的比赛。

（3）武术散打商业比赛目前的适用规则和现行武术散打竞赛规则多少有点出入，商业比赛现在还是将激烈性和观赏性放在第一位，导致学生的自身安全受到威胁，所以商业比赛中意外并非偶然。

（4）商业比赛最终还是以利益为主的比赛，为了博得广大观众的眼球而营造一些噱头，在散打比赛规则还不完善时，寻找规则中的漏洞造成比赛过于激烈，从而对学生自身造成不良影响。

（二）建议

（1）在学生自身安全为第一位的同时保证比赛的激烈性和观赏性，无论是增加护具或减少护具，放开技击政策或是禁止，使二者平衡才是现行武术散打竞赛规则需要去做的。

（2）学生要严格遵循武术散打竞赛规则，在比赛中保证自身安全的同时与对手进行公平的较量，也为广大观众展示一场激烈且又具有观赏性的比赛。

（3）在商业比赛中，学生要明确自身的身体条件，理性地为自己做出良好的分析，保护好自身的安全才是首要的。“身体是革命的本钱”，只有保证自己的身体不受到严重的损伤时，自己的学生生涯才会走得越远。

（4）学生本人也必须要把安全放在第一位，只有在自身的安全不受到威胁时，学生才能发挥出自身的竞技水平，让观众为你喝彩。学生和观众形成互动，有利于创造学生自身的激情，同时也为观众贡献一场良好的比赛。

从体育课入手培养学生体育行为习惯

■ 吕庆伟

体育教学是整个学校教育的重要组成部分。体育活动不仅能使学生增强体质，提高运动技巧和技能，而且还能发展智力、陶冶情操、锻炼意志，培养集体主义精神，增强组织性、纪律性。体育课中对学生的体育运动习惯的培养也起着重要的作用。

一、体育课中的队列练习

队列队形练习是小学体育教学的基本内容之一，它具有帮助学生养成身体的正确姿势，培养学生自信坚毅的个性等重要作用，对全面发展学生的身体具有良好的锻炼效果。队列和体操队形不仅是对学生身体姿势和空间知觉的基本训练，同时也是一项严格的集体活动。它要求学生在教师的口令下完成协调的动作，要求动作统一，精神饱满，学生要有良好的团队合作意识，从而培养严格的组织纪律性和朝气蓬勃的集体主义精神。通过课上教师对学生发出口令要求，学生做到令行禁止，严格遵守纪律，增强学生的集体主义观念，个人服从集体，以集体的利益出发，从小养成热爱集体，遵守纪律听指挥，同时在练习的过程中，对学生的走和站姿进行练习。队列练习是小学体育的基础学习，可以使学生从小学会正确的站、立、行走的正确身体姿态，良好的身体姿态对以后的生活和学习都有着重要的作用。

在队列练习中，由于体育课是在教室外进行授课学习，同时在课堂中往往有 2 个或者更多的班级同时上课，所以学生注意力往往很难集中，这时就需要通过教师的引导设置，使学生能够进入一定的情景，利用小学生好奇、爱新鲜的心理特征，激起他们训练的热情。比如，引入解放军叔叔的站姿，激励学生向他们学习，还可以进行学生间的比赛和进行游戏“木头人”等等，通过不同的方法激发学生的热情，使学生能够养成正确的站立姿势，养成良好的身体姿态。在原地转法中，利用小游戏和分组依次转动的组合，强化练习增强学生的兴趣。走对于学生来说很重要，良好的行走姿态，可以表现一个人的气质，在小学队列练习中，走的练习非常重要，为以后的行走打下坚实的基础。在齐步走时，往往学生没有精神，练习比较枯燥，学生兴趣不浓达不到效果。我在练习的过程中，把齐步走的动作要领编成口诀“抬头挺胸，摆起臂，踏步才能有精神”，便于学生理解。还有在练习中加入校训等口令，使学生在练习中既有教育意义又不枯燥乏味，增强学生的学习热情，集中学生的注意力，提高动作质量。

课堂常规教学是为了保证体育教学工作的正常进行，对师生双方提出系列的基本要求，使课堂教学有一个严密的组织和正常的秩序，为完成课堂教学目标创造先决条件，是培养学生养成体育学习行为习惯的关键。

二、体育课中的准备活动

在体育课中，学生在体育技能前都会进行热身活动，通过不同的部位运动达到全身活动的目的，使身体有预热的过程，为学习体育技能打下基础。教师通过口令带领学生练习，同时利用配乐、健美操等不同的方式进行，增强学生的学习兴趣。教师不断地提醒热身的重要性，强化学生的热身意识，使学生从小养成运动前热身的好习惯。

三、体育课中体育技能的学习

体育课的特点是以身体活动为基本特征，使学生能够学会并掌握体育运动的技能与方法，学会科学的健身手段，为以后的健身活动打下基础，培养学生体育锻炼的习惯。在体育技能的学习中，由于学生各自的身体素质、体能和意志不同，往往在练习过程中，有的学生存在着畏难的情绪，如怕苦、怕摔、胆怯等，特别是在技巧等难度较大的练习中更加突出。例如，在跳箱的过程中，学生往往会出现害怕不敢跳的情况，针对学生各种不利于练习的心理，进行有的放矢，在练习中适当地做难度变化的调整，降低跳箱的高度，鼓励学生完成动作，使每一名学生顺利完成动作，让学生体会到完成动作的喜悦，树立学生的自信心。要以热情的态度关心帮助学生完成动作，使学生减小畏怕的情绪，使每名学生都能从体育活动中体会到完成的喜悦，体会成功的快乐。又如，耐久跑对于学生来说是一件难以完成的内容，需要学生有坚强的意志，往往学生会有抵触情绪，在课堂中以定向越野的形式体现，大大提高了学生的学习热情，同时学生也学到了正确的跑步姿势和方法，提高了学习效率。现在体育课中合作学习有很大体现，利用小组间的合作学习，使学生在小组中充分地发挥自己的潜能，每个人都有自己的优点，相互间的合作学习，可以充分地利用别人的优点补充自己、发展自己。小组间的合作学习不仅有利于技术动作的提高，也有利于促进学生团结，增强学生的合作意识，教会学生尊重他人、理解他人，同学间友好相处，增强学生的团队意识。同时在体育活动练习的过程中，教师要注意对学生的评价鼓励，尤其是对于那些体能、运动技能较差的学生，我会用“你能行，老师相信你可以!”“很好，比上一次有进步”“相信你没有问题”等等激励的语言，从而增强学生的信心，提高了学生体育锻炼的积极性和主动性，使其从内心深处喜爱体育运动，掌握体育运动技能，从而使学生能够养成良好的体育锻炼习惯。

四、体育游戏中的习惯培养

在小学的体育课中，体育游戏是学生们最喜爱的一项综合性的体育活动，如做“猎人打猎”（用小软包来代替猎枪）游戏，不仅能发展学生投准和躲避能力，更使他们能发扬集体主义精神，做到互相协作、团结一致，为集体争取多打猎物而努力。例如，做“胯下头上传球”游戏，则能培养学生机智活泼、团结负责、乐观进取的优良品质。如做“打敌机”的游戏，培养学生果断、勇敢，勇于面对困难，解决困难坚持到底的精神。通过游戏的练习，增强学生的团队意识，同时培养学生友好相处、团结协作和竞争精神，也增强了学生守纪律和遵守规则的意识，使学生能够在生活中自觉地养成守纪律、守规则的行为习惯。同时，在游戏中教师往往会对学生进行安全教育和提示，学生在注意自身安全的同时也注意他人安全，培养学生的安全意识和习惯，从小养成安全意识和习惯。

五、体育器材的运用

在体育课中，体育器材的使用是必不可少的，也是培养学生行为习惯的好方法。课前整理场地，领取器材和课后收拾器材，是引导学生热爱劳动、爱护公物的重要契机。例如，在上课之前，老师叫学生们搬运器械时，要求学生不许拖、拉。领取的器材（如篮球、排球、羽毛球拍、乒乓球拍），不许用脚踢，不能扔，自觉排队进行领取等等。在归还器材时要求学生整理好器材。发现有不爱护公物的现象应及时教育制止，对于那些热心协助老师整理场地的同学应给予当众表扬。这样，不仅对保护学校体育器材有好处，而且使学生们养成了热爱劳动和爱护公物的良好习惯，同时也可以提高学生整理物品的习惯，养成东西有序放置的好习惯，为以后的生活打下基础。

六、体育课的放松

在一节体育课的结束部分，教师会带领学生进行放松活动，教师会用不同的方法进行，使学生在激烈的体育运动后进行合理的放松调整，使学生的身心得到调整，使学生养成运动后自我放松调整的好习惯。

法国学者培根曾经说过："习惯是人生的主宰，人们应该努力地追求好习惯。"体育课行为习惯是个体参与体育，并不断重复地把体育意识转化为行为后，逐渐形成的一种需要与行为的倾向。因此，小学生养成良好的体育习惯，对促进健康、增强体质和提高学习效率具有十分重要的作用。

在落实体育新课程标准，全面"育人"的教育理念下，提倡"健康第一"的指导思想，课堂教学要尊重学生，立足学生主体意识的培养，以素质求发展、以兴趣求发展、以能力求发展，使学生通过体育教学养成良好的体育行为习惯，为学生终身体育打下良好的基础。

教师语言评价在体育课过程中时效性的研究

■ 牛东芳

前　言

评价是一种与教学过程紧密联系的进行性的评估，它贯穿于学生课堂学习过程的始终，是课堂教学的重要组成部分，是课堂教学有效形成的途径之一。在体育课堂上，无论是开始环节、准备环节、基本环节及结束环节，每一个环节都在启发学生思维、调动学生的肢体活动。一次有效的评价在启发学生的同时，调动学生的活动和学习热情，保持同学们良好的学习状态。评价的方向不同、对象不同、角度不同、层面不同，都有可能对学生的情绪、学习目标、行为（包括守纪意识、时间观念、尊重他人等）多方面形成影响，对高效课堂的有效形成起到此时无声胜有声的作用。

学生的体育学习评价是学校体育教学中的重要环节。评什么、怎样评事关学生的进步与发展。新一轮国家基础教育体育课程改革正式启动之后，许多体育教师和研究人员都非常关注学习评价的改革。本论文在查阅大量参考文献进行理论研究的基础上，还访谈了很多体育教学领域的先辈们的意见和经验，从而总结出本文的一些要点，可供大家参考。

一、研究对象与研究方法

（一）研究对象

本校二至五年级 4 个班级学生 200 人左右。

（二）研究方法

1. 文献法

查阅了小学体育教学有关的教材、专著、论文等文献 20 余篇。

2. 专家访谈法

访谈了有关体育教学与训练的教授、专家等 10 余人。

3. 问卷调查

对学生进行问卷调查，发放问卷 200 份，收回 180 份，有效回收率 90%。

4. 归纳总结法

对调查、访问的结果进行归纳总结。

二、研究结果与分析讨论

（一）有针对性的评价提高学生认知水平

教师课堂评价方式多样，我校对学生体育学习评价的形式包括教师的评价和学生间的互评。教师评价包括口头评价、感情评价、肢体评价、实物评价、展板表格评价等，在学生学习过程中教师的一个眼神、一种表情、一个微笑对学生都是一种肯定、表扬或否定。

评价语言应该从多层次多角度的进行。听课时，我们常听到老师的夸赞："你真棒""不错""很齐"……这样含糊其辞的夸奖往往是用到哪个方面都行，是套话。如果我们真的想对学生进行评价，评价应该具体到某一件小事上。例如在学生走队列时我们想强调学生队列整齐，应该说“大家步调一致”“真整齐”“同学摆臂高度一致”“侧平举时力到指尖看起来就很整齐”。老师具体实效的评价也让学生知道标准在哪里。老师的评价要积极的、鼓励性的，例如，用“你瞧，你比上次进步多了！再来一次”“你能行、老师相信你!”“不错，锻炼很认真!”“你真棒！做一次给大家看!”等语句激励性地进行评价，从而使他们产生强大的内驱动，提高他们锻炼的积极性和主动性，让激励的语言贯穿体育教学的全过程。学生之间的评价与集体评价会大大增进学生之间的友谊和团队意识。

（二）多种评价形式促学生体育核心素养的形成

2017 年 3 月 9 日耿培新在津京冀中小学体育改革协同发展论坛上关于《学校发展学生体育核心素养的意义与作用》中提出体育核心素养包括运动能力、健康行为、体育品德三方面，通过适时的评价提高学生体育核心素养的形成。

不同年级，其评价形式不同。

1. 低年级评价

低年级是学生课题常规习惯养成的关键时期，老师在这一时期如果采取关键的评价，可以促使学生养成好的常规习惯。这时期学生的心理特征是思维活跃、具有一定的思辨能力，不受约束。所以低年级学生适合口头评价、感情评价、肢体评价、实物评价等。如果教师适时评价，引导得当，发挥即时评价的引航作用，就会起到事半功倍的效果，促成高效课堂的生成，为有效教学激发新的生长点，同时让学生学会学习，提高竞争力。

例如，一年级的《前滚翻》教学，本课亮点是学生之间的评价。两人一组，如果动作很流畅就鼓掌声音大一点，动作一般声音可以小一点，如果还有待提高没有滚过去就给对方大拇指并大致说出不足。评价形式简单，好理解。然而低年级同学还是有抵触心理的，当老师说到“怎么听不到你对对方的评价呢？是不是觉得对方做得不好，还是你没有勇气给予评价呢”，受到老师启发的学生们开始有了掌声，于是老师又说“哎！从掌声中我听出来了，右边的同学掌握得很好，因为那边的掌声比较多”。在老师及时的评价引导下，同学不仅学会了动作，还提高了竞争意识、互帮互助的学习氛围，以及发现了自己和同学的不足，养成了好的课堂常规的习惯。

2. 中年级评价

中年级是学生从低年级向高年级的过渡时期，其总体发展较平稳。这一特点具体表现在生活学习的各个方面，如他们开始出现了分化性的学习兴趣，对需要独立思考的学习作业更感兴趣等；在对自我的评价上，不再完全依赖他人的评价，开始独立地对自己评价，且开始偏重对内心品质的评价。其中，更值得一提的是中年级是学生形象思维向抽象思维发展的关键年龄。

3. 高年级评价

到了高年级，学生的心理特征表现出来的是一种莫名的躁动，不听老师的说教，自由行动，自主意识逐渐强烈。此时，评价的方式只要是对学习内容进行列表格评价，分数的评价尤为重要，要想使体育课顺利进行，就必须抓住每一个孩子的心。

表 1　　经常受到老师哪种方式的评价调查表　　单位：人

评价方式	二年级	三年级	四年级	五年级
语言上的	178	180	166	180
肢体上的	166	177	145	152
实物评价	120	92	48	36
分数评价	155	140	132	167

根据调查统计，年级不同，教师使用的评价方式也不同。例如，在高年级，同学们接受分数评价还是很高的，而实物评价对于他们来说新鲜感就没有那么强烈了。总之，教师从学生体育学习评价出发，对不同水平阶段的学习用不同的学习评价方法，使学生们在学习过程中既发现自己的进步，体验成功带来的喜悦，又了解了自己的不足，从而不断改进教学过程。

（三）让评价贯穿整个学习过程中，从而激发学生们的学习兴趣，培养学生运动能力，提高教师教学质量

爱因斯坦曾经说过："兴趣是最好的老师。"兴趣也是最好的内在动力，还是影响学生学习自觉性、主动性和积极性的重要因素。兴趣是手段，技能是目的，课改不但不淡化技能，而且要注重学生的技能发展，并且学生要将所学的知识运用到生活实践当中，这就是社会适应。通过问卷统计，喜欢上体育课的同学还是占了大多数（见表 2）。教师要充分运用这种内在因素，通过体育活动培养学生的兴趣，时间长了就有了积极性、趣味性和主动性，逐渐形成个体特有的体育运动的爱好。

表 2　　学生对体育课兴趣调查结果

	男生人数	百分比（%）	女生人数	百分比（%）
喜欢	75	83	60	67
一般	10	11	26	29
不喜欢	5	6	4	4

表 3　　学生对老师的鼓励和评价对成绩的影响调查结果

	男生人数	百分比（%）	女生人数	百分比（%）
有很大帮助	84	93	89	99
一般	6	7	1	1
不会有帮助	0	0	0	0

通过表 3 很容易看出学生的认知评价受他人的劝说、诱导的影响。教学中教师要善于通过恰当的启发、诱导，有 90% 以上的同学认为老师的鼓励和评价对自己完成体育项目有一定的帮助。在教学中，除了要向学生讲明学习的目的与意义，启发他们认识到通过一定的体育知识，技术和技能不仅能使身心健康，还要树立他们从"要我学习"到"我要学习"的正确学习态度。教师还必须在教学中选择灵活多样的教学方法来引发他们的学习需要，唤起他们的学习激情，并使之不断品尝到"智力劳动的成果"，这样同学们练习的兴

趣也有很大的提高。课程不再枯燥，操场上加油声此起彼伏，也提高了练习的质量。

（四）合理的评价可以提高学生的练习密度

体育与健康课程是一门以身体练习为主要手段，以体育与健康知识、技能和方法为主要学习内容，以增进小学生健康为主要目的的必修课程。有的课程由于学生年龄较低，老师总是用语言强调动作要领多一些，这样反而使学生的练习密度大大降低了。

从表 4 中可以看出，学生对教学内容的安排上进度合理的同学占有 70%，进度稍快的有 10%，这一部分原因是自己的能力稍差。进度稍慢的这一部分学生则认为自己的理解能力和体力很好，所以觉得老师讲的东西很容易就掌握了。怎么才能既对学生效果进行评价又不耽搁练习的时间呢?

表 4　　体育教学内容进度安排情况表

教学内容进度（%）	能跟上安排合理	进度稍慢	进度稍快
100	70	20	10

1. 评价语言要简洁

积极的学习动机和态度的形成，最主要是来自内部——成功的情感体验。因此，对学生的点滴成功都要给予及时准确的评价，而及时准确的评价最好的方式就是口头表扬，这样的评价方式快捷、方便，学生更自信、投入。经过试卷调查，认为上体育课时老师讲得多的同学占到 32%，体验和练习多的同学占到 15%，边讲边练的同学占到 52%。这样的调查数据可以证明一点，即老师讲得多就必然会浪费一些练习时间。所以需要强调的是，讲解和评价的语言要简洁。

2. 评价时机要得当

教师应多注重学生练习时候的评价，而不是终结性的评价。及时有效的评价还能提高练习的密度。这种评价要及时、恰当，教师在理性上充分考虑学生由于对体育理解水平的局限，不能形成与教师预设的意图统一的具体情况，智慧性采取评价策略，帮助学生提高认识。

（五）对于突发事件老师应该怎样处理与评价

体育课是在一个复杂的环境里完成的，往往会受到外界环境、天气、人员的影响，而学生处于思维活跃好动的年龄，遇到这样的情况老师应该怎样及时地去处理与评价引导就尤为重要了。

例如，一堂《小篮球》课，在课上学生们精神抖擞，一切听从指挥，然而就在课上到重点时，突然天上飞过一群白鸽，孩子们都仰起了头，看着鸽子从头顶飞过，面对很多老师听课的场景，面对孩子们失控的场面，老师并没有生气地去阻止孩子们的举动，而是及时的和蔼地说："孩子们！你们想不想像白鸽一样翱翔天空啊"？孩子们争先恐后地回答："想！想!""那我们就要好好学习、锻炼身体，将来才能展翅高飞。那老师现在就要检查看谁掌握得好。"婉转的评价与引导使学生很快地接受并转移了注意力，使课程顺利进行。

三、结论与建议

（一）结论

学生的学习与教师随时随地进行即时评价，是一个不断更正错误、发扬优点的发展过程。这一过程中的即时评价，包括了学生的习惯、思想、思维方式、学习方法、做人等多方面。教师评价的有效性、运用的时机与想要达成的方向是紧密结合的，多了会占用学生学习时间，缺了不利于学生学习，教学效果必然不佳。只有恰如其分的评价才能拨打学生学习的心弦，才能激励学生的学习积极性，才能保持学生高度的学习热情和激发学生的积极情感，课堂的高效才会有落脚点，学生体育素养才得以更好地实现。

（二）建议

（1）评价语言应该从多层次多角度的进行，评价要具体，要以正确的评价、鼓励的评价为主，对待不同的学生可以采用表扬性、鼓励性、引导性、启发性等不同的评价。让激励的语言贯穿体育教学的全过程。

（2）教师一些引导式评价的引用恰恰为学生指明了方向，合理及时的评价去激发学生们的学习兴趣，从而提高教学质量和效率。

（3）教师应多注重学生练习时候的评价，而不是终结性的评价。新课程标准强调，评价重心应转向关注学生求知的过程、探索的过程、努力的过程。只有关注过程，评价才能深入学生发展的过程，及时了解学生在发展中遇到的问题、所做出的努力以及获得的进步，评价促进发展的功能才能真正发挥出来。

（4）根据课的不同内容，简洁的评价可以提高学生练习密度，增大练习强度。

参考文献

[1]《体育教育学》编写组．体育教育学．北京：高等教育出版社，1994

[2] 王伟民．学会评价一节体育课．辽宁师范大学学报，2008（6）

篮球游戏在史家小学体育教学中运用情况的调查分析

■ 杨　晨

一、研究目的

本文通过对史家小学体育教学中篮球游戏的运用状况的调查，在此基础上进行进一步的理论深入研究。旨在了解目前小学体育课篮球游戏运用现状；了解学生、教师对篮球游戏运用的相关看法；阐述篮球游戏实施的可行性；明晰篮球游戏实施中存在的问题并提出相应建议。

二、研究方法

（一）文献资料法

在图书馆以及中国知网查阅大量相关书籍、文献，并认真研读总结后获得了研究所需的理论基础。

（二）问卷调查法

1. 问卷设计

根据本研究需要，对史家小学的教师和学生进行系统抽样调查，就篮球游戏在体育课的运用情况，学生、教师对篮球游戏的认知和态度，以及他们对篮球游戏作用的观念等方面的问题进行了问卷设计。问卷分为学生卷和教师卷。

2. 问卷的发放和回收

2013 年 10 月，向史家小学四、五、六年级学生发放问卷 300 份，收回 300 份，学生均采用系统抽样的方式获得。抽样以各年级成绩册为基础，样本间隔为年级学生总数/样本容量，每个年级均以此获得样本。这一抽样避免了年级和学生成绩分布不均对调查结果带来的影响。其中有效试卷 283 份；向史家小学体育教师发放问卷 16 份，收回 16 份，有效问卷 16 份，回收率为 100%。为确保调查对象认真对待每一个问题，问卷调查是利用课间休息在任课教师的帮助下进行的。见表 1。

表 1　　问卷发放、回收情况统计表

调查对象	发放问卷	回收问卷	有效问卷	回收率	有效回收率
在校学生	300	300	283	100%	94.3%
体育教师	16	16	16	100%	100%

（三）数理统计法

问卷回收后，对所获取的各种原始数据进行归纳、整理、审核，使用了 Excel2000 将问卷调查所得的部分数据进行了统计分析。

三、结果与分析

（一）篮球游戏在史家小学体育课上的运用情况的现状分析

1. 学生喜欢的游戏类型的现状调查

为了进一步了解学生的爱好和需要，本文对学生喜欢的游戏类型进行了调查，统计（见表 2）后得出：27.7% 的学生喜欢接力类游戏，29.3% 选择了沙包类游戏，而 43% 的学生对篮球类游戏“情有独钟”。这也进一步说明了篮球类在学校普及程度和欢迎程度。

表 2 学生喜欢的游戏类型

	接力类	沙包类	篮球类	合计
频　数	78	83	122	283
百分比（%）	27. 7	29. 3	43	100

学生的喜爱程度应是选择课程内容的重要依据，对学生喜欢篮球游戏的程度调查如下（见表 3）。

表 3 学生对篮球游戏的喜欢程度

	喜欢	一般	不喜欢	合计
频　数	213	63	7	283
百分比（%）	75. 3%	22. 3%	2. 4%	100%

由表 3 可以看出，喜欢篮球游戏的学生比例最大，占 75. 3%。新课程理念要求教学要"以学生为主体"，通过学生积极地参与教学，在和谐平等的氛围下通过充分发挥学生的自觉能动性和创造性，更好地达到教学效果。可以看出，新的教学理念将"学生的需要"放在了首要位置，更加注重教学中学生积极性的调动，因此，教学内容的选择和实施应在合理满足学生需要的基础上进行。"学生的喜爱"是反映"学生需要"的一个重要内容，合理利用学生对篮球游戏的喜爱并实施到教学中既是对学生需要的满足，又是课堂内容多样化的体现，最终在学生积极参与中实现教学。

表 4 学生进行篮球游戏的目的

	娱乐	锻炼身体	缓解压力	合计
频　数	161	93	29	283
百分比（%）	56. 9%	32. 9%	10. 2%	100%

由表 4 可以看出，56. 9% 的学生认为体育教学中进行篮球游戏可以增加娱乐性，32. 9% 的学生认为篮球游戏可以达到锻炼身体的目的，而只有 10. 2% 的学生认为进行篮球游戏是为了缓解压力。这说明，处于小学阶段的学生，

更多的还是以自身的娱乐性为主，但是兴趣是最好的老师，这恰恰可以提高他们的能动性，为提高体质、达到教学目的起到积极的作用。有少数同学理解到篮球游戏能够很好地锻炼他们的体质，以锻炼体质为目的进行游戏，而小学阶段相对来说学习压力不是很大，所以只有很少学生是为了缓解压力而进行篮球游戏。

由表5得知，学生在体育课中进行篮球游戏时，69.3%的学生都抱着认真的态度进行篮球游戏，只有30.7%的学生在对待篮球游戏时态度一般，没有学生不认真地进行篮球游戏。这说明，学生对于篮球游戏有较大的兴趣，并且也对篮球游戏有着较高的认识，所以大部分同学抱着积极认真的态度对待篮球游戏。

表5　　学生进行篮球游戏的态度

	认真	一般	不认真	合计
频数	196	87	0	283
百分比（%）	69.3%	30.7%	0	100%

2. 体育教师对篮球游戏在课堂中运用的现状调查

篮球游戏在体育课运用的次数直接体现教师对篮球游戏的重视程度，是篮球游戏课堂价值体现的量化。对此调查如表6所示。

表6　　篮球游戏在体育课中运用频率

	经常	偶尔	从不	合计
频　数	2	8	0	10
百分比（%）	20%	80%	0	100

由表6可以看出，调查老师中偶尔使用篮球游戏的有20%。对教师进一步访谈询问得出，上课内容主要以跑步、拉伸练习开始进入技术教学。

教师在运用篮球游戏教学时，将其运用于体育课的不同部分，除了能反映出教师对篮球游戏的重视程度以外，更直接地体现了目前篮球游戏在体育课中的作用与价值。经过调查得知，教师在运用篮球游戏教学时，70%的教师将篮球游戏运用于准备部分，用于基本部分的有 20%，见表 7。

表 7　　篮球游戏在体育课中运用部分

	准备部分	基本部分	结束部分	合计
频数	7	2	1	10
百分比（%）	70%	20%	10%	100%

通过调查得知，教师在运用篮球游戏教学时，运用最多的是比赛形式，占到 60%，传球形式占到了 40%，这主要是因为比赛形式能够更好地调动学生的积极性，提高学生对体育课的兴趣，同时由于其竞争性，培养了学生勇于拼搏的精神，而传球形式能够提高学生的团队配合能力，使其具有集体意识。见表 8。

表 8　　篮球游戏运用形式

	比赛形式	投篮形式	传球形式	运球形式	合计
频数	6	0	4	0	10
百分比（%）	60%	0	40%	0	100%

（二）篮球游戏在史家小学体育课上的运用中存在的问题

1. 教师在运用篮球游戏中存在的问题

经过对教师的调查得知，在运用篮球游戏教学时，运用时间在 10 分钟以内的有 4%，10～20 分钟的有 6%，有人超过 20 分钟（见表 9）。经过进一步的调查访问，一个游戏从组织到施行，时间很紧凑，没有过于正规的篮球游戏教学。

表 9　　篮球游戏运用时间

	10 分钟以内	10～20 分钟	20 分钟以上	合计
频数	4	6	0	10
百分比（%）	40%	60%	0	100%

表 10 反映出教师在对篮球游戏的备课上明显不足，仅有 30% 对游戏的设置进行了备课，从数据上再反观其认真程度更是令人担忧。备课是课前教学

准备的重要内容，是上好课的前提，也是教师对待课程内容态度的重要体现。教师对篮球游戏备课的不足，直接反映了教师对篮球游戏的关注度不够，往往把它作为“偶尔”用来调节课堂气氛的手段，忽略了对篮球游戏综合体系式的运用。

表 10　　教师对篮球游戏的备课情况

	会	偶尔	从不	合计
频数	3	7	0	10
百分比（%）	30%	70%	0	100

通过对教师的调查，所有史家小学的体育教师都认为开展篮球游戏教学，学生具有很高的积极性，学校拥有三片篮球场，充足的篮球器材完全可以运用。但是 70% 的教师认为由于教学大纲的限制，使得他们不得不更多的以传统教学方式来授课，以达到学生体质达标的目的，还有 3 人认为即使教学大纲存在限制，也可以在传统教学以外施行篮球游戏，只是现在小学生一节课只有 40 分钟，课时限制又成了最大障碍（见表 11）。

表 11　　篮球游戏教学限制因素

	学生积极性	场地器材限制	课时限制	教学大纲	合　计
频数	0	0	3	7	10
百分比（%）	0	0	30%	70%	100%

四、结论及建议

（一）结论

（1）篮球游戏融“活动性”和“竞技性”为一体，使参与者在欢快气氛中进行竞争，增加了课堂内容的趣味性，教学形式更加多样化，能够充分调动学生的主体性。而技术教学的内容单一和反复练习单调乏味，不能引起学生的兴趣。在教学中合理运用篮球游戏，既能活跃气氛又能激发学生的学习欲望，从而进一步提高教学效果。

（2）调查中可以看出对篮球游戏持肯定态度的教师和学生所占比例最大，但教师备课情况的调查又反映出他们对篮球游戏的重视不够。目前学校体育教学“时间紧、任务重”以及对教学成绩过分看重，而技能作为考核教学成绩的最主要方面，自然成为教师关注的重点，最终导致教学预期与教学实施相偏离。

（3）篮球游戏在教学中的开展具有很大的可行性和必要性，但游戏的选择和运用也要具有其科学性：要与课程内容、教学任务相结合。游戏的安排应系统化，讲求循序渐进。

（二）建议

（1）游戏的选择与运用应与课程内容相结合。在实施游戏时，将游戏规则等相关注意事项交代清楚，同时应做好裁判工作，客观公正地评定游戏结果，保证游戏的教育作用顺利实施，提高学生的上课情绪。

（2）游戏的选择和运用应与课的各部分相结合。体育课教学的实施主要分准备部分、基本部分和结束部分三个内容，每个部分有不同的教学内容安排，在进行游戏的选择和运用时应充分考虑本节课所处的阶段，不同游戏的实施目的与不同阶段的教学目的相结合。

（3）游戏的数量与时间的把握。追求质量是教学的最终目标，而技能的学习又有其特殊的规律性，大部分的时间让学生在相对固定的条件下练习动作，随着动作的定型，游戏的内容和时间逐渐延长。

参考文献

[1] 李相如等. 北京市中小学体育现状与发展对策研究. 体育科技文献通报，2007（2）

[2] 李龙，王艺兵等. 对北京市小学体育发展现状的调查与研究. 四川体育科技，2001（12）

[3] 周健. 小学篮球游戏化教学探讨. 学科教学，2010（1）

[4] 田聚群，李相如. 北京市中小学体育传统项目学校现状调查与研究. 体育科学，2003（1）

[5] 李志军. 浅析篮球游戏在普通高校篮球课教学中的运用. 辽宁广播电视大学学报，2005（4）
[6] 张昆. 浅谈篮球游戏的基本特性及作用. 辽宁体育科技，2003（2）
[7] 喻梅. 论体育游戏在高校篮球教学中的效果和作用. 科技信息，2010（19）
[8] 许宗祥. 休闲体育概论. 北京：人民体育出版社，2007（4）
[9] 刘克. 低年级小学生小场地篮球游戏初探. 学科教学，2010（1）
[10] 高庆祥. 中学篮球教学中游戏对培养学生兴趣的作用. 教学园地，2010（8）
[11] 伍学明. 谈篮球教学游戏. 新疆师范大学学报，2010（9）
[12] 周健. 浅谈篮球游戏在小学体育教学中的运用. 学科教学，2009（7）
[13] 雷虎义. 浅析篮球游戏在青少年篮球教学中的运用. 教学改革，2011（3）
[14] 任慧琴. 浅谈篮球游戏在普通高校篮球课教学中的作用与运用. 经济与教育，2011
[15] 康建荣. 浅谈高职院校体育课篮球科目教学中篮球游戏的运用. 科教之窗，2010，21（10）
[16] 左庆生. 体育教学中的篮球基本功与篮球游戏. 遵义师范学院学报，2004（3）

浅析体育教学类微信公众号对小学体育教师素质提升的影响

——以史家教育集团体育教师为例

■ 张东海　何　群

前　言

（一）选题依据

1. 微信公众号现状

2015 年 4 月 20 日，中国新闻出版研究院公布第十二次全国国民阅读调查结果，微信阅读被首次纳入调查。结果显示，我国成年人手机阅读群体的微信阅读使用频率为每天两次，人均每天微信阅读时长超过 40 分钟。微信成为用户在移动端的一个重要信息接入口。而这其中来自于微信公众号的信息又占据了大部分比重。微信公众号依托多媒体图文推送、互动方便快捷等优势备受用户青睐。

2. 体育教师素质的新要求

体育与健康新课程实施后，教师不再是知识的占有者和传递者，而是学生发展的指导者和促进者。要从被动的“教书匠”转变为拥有先进的体育教育思想和观念，作为体育教学的指导者和实施者的体育教师，其综合素质直接影响着体育教育的成与败。体育教师素质的提升对小学体育教学有着重要的作用，体育教师的素质是课程创新的关键。史家教育集团体育教师的素质提升主要依靠教研活动和教师培训，而体育教学类微信公众号的出现，为教师队伍提供了信息的互动平台，为教师素质的提升提供了便捷，为即时跨地域的面对面教研交流提供了可能。

（二）研究目的

探讨微信公众平台对小学体育教师素质提升方面带来的机遇和挑战，对如何利用微信公众号做好小学体育教师素质培养提出对策。

（三）文献综述

目前，国内对于小学体育教师素质提升的研究并不多，并且研究的内容多集中在体育教师本身素质结构，对于如何应用新媒体创造性改变固有模式的相关研究，现今还处于空白。以下是对研究情况的概述。

彭新社在《试析中小学体育教师的素质结构及其培养途径》一文中指出，在素质教育的新形势下，面对新的体育教学目标，对中小学体育教师的素质结构及其能力提出了更新、更高的要求。其中提到“教育行政管理部门和学校职能部门除严格审核中小学教师的任职资格外，还应加大在职中小学教师的继续教育工作，开展多渠道、多层次、多途径与多方法的职后培训工作”。

一、研究对象和方法

（一）研究对象

1. 研究对象

研究对象是体育教学类微信公众号对小学体育教师素质提升的影响。

2. 调查对象

调查对象是史家教育集团39名体育教师。

（二）研究方法

1. 问卷调查法

发放自行设计的问卷调查表，面对面进行询问调查。本问卷调查共发放39 份，收回有效问卷 38 份，调查内容包括教师对微信公众平台的了解情况、使用情况、使用习惯、使用评价及影响使用的因素等方面。

2. 文献资料法

收集和阅读大量相关文献资料，总结公众号对教师素质提升影响的特征和一般规律，使整篇文章有充足的理论依据。

3. 数理统计法

根据统计学，对调查访问的有效数据进行整理。

二、研究结果与分析

（一）研究结果

将问卷调查的情况归纳汇总出统计数据，分别从教师队伍的特征、对微信公众号的认知度、体育教学类公众号使用状况和阅读频率以及对其实际教学产生的影响等方面，笔者做出如下统计。

1. 样本的教龄、性别以及文化程度进行统计

表 1 ~ 表 3 的统计结果表明，史家教育集团体育教师中青年教师居多，占总数的 86.8%；绝大多数为男性，占 65.8%；体育教师的文化程度多数为本科学历，占 86.8%。

表 1　　史家教育集团体育教师教龄统计表

	1 年	5 年以下（含 5 年）	5 ~ 10 年	10 年以上
人数	4	10	22	5

表 2　史家教育集团体育教师性别统计表

	男	女
人数	25	13

表 3　史家教育集团体育教师文化程度统计表

	本科以下	本科	硕士	博士及以上
人数	0	33	5	0

2. 样本对微信公众号的使用情况统计

从表 4 可以看出，史家教育集团体育教师全部使用微信公众号的功能。

表 4　微信公众号的使用情况统计表

	使用	不使用
人数	38	0

3. 对体育教学类公众号的关注个数、了解和添加途径的统计

表 5 的统计结果表明，在 38 名史家教育集团体育教师中，关注 3 个以上的体育教学类公众号的有 8 人，关注 3 个的有 10 人，关注 2 个的有 14 人，仅有 2 人没有关注过体育教学类公众号。从表 6 可以看出，体育教师通过朋友推荐的方式了解体育教学类公众号的人数较多，占 47.4%，通过关键字搜索的方式有 10 人，占 26.3%。

表 5　体育教学类公众号的关注个数统计表

	没有	1 个	2 个	3 个	3 个以上
人数	2	4	14	10	8

表 6　了解和添加体育教学类公众号的途径统计表

	朋友推荐	通过关键字搜索	偶然发现	其他
人数	18	10	5	5

4. 对体育教学类公众号的阅读时间段和阅读频率统计

从表 7 可以看出，史家教育集团体育教师利用上下班时间阅读的教师为 14 人，占 36.8%，业余休息时间阅读的教师为 15 人，占 39.5%。从表 8 可以看出，两三天只看自己喜欢的部分的教师占 47.4%，每天只看自己喜欢的部分的教师占 31.6%。

表 7　　体育教学类微信公众号的阅读时间段统计表

	课间休息时间	上下班时间	业余休息时间	无
人数	6	14	15	3

表 8　　体育教学类微信公众号的阅读频率统计表

	一更新就看	每天看全部内容	两三天看一次全部内容	每天只看自己喜欢的部分	两三天只看自己喜欢的部分	其他
人数	1	1	2	12	18	4

5. 体育教学类公众号对实际教学应用的影响情况统计

表 9 的统计结果表明，体育教学类公众号对实际教学应用的影响从三个方面来看，影响都较大。

表 9　　体育教学类公众号对实际教学应用的影响统计表

	非常大	较大	一般	无
对体育专业技能	5	15	10	8
对教学方法	3	14	13	8
对德育教育	7	13	10	8

6. 对体育教学类公众号希望推送的内容统计

表 10 的统计结果表明，史家教育集团体育教师对公众号希望推送的内容侧重在优秀教学设计及优秀课例、讲解体育技术动作及训练方法和最前沿的文献、论文上。

表 10　　对体育教学类公众号希望推送的内容统计表

内容	最前沿的文献、论文	优秀教学设计及优秀课例	运动损伤及护理方面的内容	讲解体育技术动作及训练方法	分享教学经验，传播先进事迹	其他
人数	8	10	3	9	6	2

7. 对体育教学类公众号总体水平评价统计

表 11 的统计结果表明，教师对体育教学类公众号总体满意，非常满意有 7 人，占 18.4%，满意有 16 人，占 42.1%，一般有 13 人，占 34.2%，不了解仅有 2 人，占 5%。

表 11　　对体育教学类公众号总体水平评价统计表

	非常满意	满意	一般	不了解
人数	7	16	13	2

（二）结果分析

通过上面的统计，我们可以将体育教学类公众号对史家教育集团体育教师的影响特征归纳为以下几点。

1. 史家教育集团体育教师队伍以青年教师为主，微信公众号使用普及度高

史家教育集团体育教师队伍以青年教师为主，男女比例适中，文化程度普遍集中在本科，文化程度较高，对于新鲜事物的接受能力较强。微信公众号作为一种新的自媒体形式，势必将成为下一阶段实现信息共享与人际交流互动的主打平台，为体育教师的教研、课程设计等方面提供更多的帮助。

2. 体育教师对教学知识需求的多元化

教师的教龄分布于各个年龄层，以青年教师为主，教师不仅要会上课，更要会设计课程、创新课程，同时在德育上也要表现出自身的能力。首先，必须加强对教育理论的研究，掌握心理学、教育学及体育教学法的基本理论。其次，必须加强对教学对象身心特点和教学规律的研究。另外，还应该掌握现代化教育技术手段，用多媒体教学手段处理信息、查阅资料、参与教学，提高教学效果和工作效率。

3. 体育教学类微信公众号应用广泛，对史家教育集团体育教师素质提升起到一定的影响

可以肯定的是微信公众号在教师的应用上还是起到了一定的作用。其内容也一定程度上影响着体育教师素质提升的三个方面：扎实的专业素养、创新的教学设计能力、良好的心理素质。

（1）具有扎实的专业素质。体育教师的专业素质是专业理论知识、专业技术和专业技能等要素的综合体现，是教师能否完成教学任务、实现教育目标的根本保证。拥有精湛的专业素质，是体育教师区别于其他教师的标志，也是体育教师安身立命之本。例如，2016 年 12 月 6 日“体育老师”微信公众号推送文章《800 米跑究竟该怎么分配体力，看完这篇文章你就该明白了》，文章从优秀选手 800 米跑体力分配情况作出统计分析，得出如何科学地分配 800 米跑体力，并且文章从训练依据、训练方法、练习参照表详细介绍了如何通过科学的训练来提高成绩。本文阅读量为 13337 次，读者也纷纷点赞留言表示支持，可以看出体育教师对自身专业素质的提升需求很大。

（2）具有创新的教学设计能力。目前，我国的中小学体育教师绝大多数都是在传统体育教育模式下培养出来的，新的教学观念要求创建适应信息时代、培养创新人才的教育，也是当今教育改革的真正目的。因此，每一个体育教师都有责任探索授课的新模式，设计好每一堂课。如 2016 年 12 月 10 日，“体育老师”微信公众号推送文章《跨越式跳高》教学设计及教案，文章从指导思想、教材分析、学情分析、教学目标、教学重难点、教法和学法以及教学流程等方面详细介绍了《跨越式跳高》的教学设计，这给小学体育教师提供了很好的借鉴和参考，实际指导意义很强。

（3）具有良好的心理素质。心理素质是评价一个人身体健康状况的主要因素之一。体育教师的心理素质，不仅直接关系到体育教师其他素质的形成与发展，而且直接影响着教育、教学活动的过程及效果。作为体育教师，要重视学生的心理健康教育，在授课过程中要使学生在身心愉悦的和谐运动环境中快乐的学习。

微信公众号的出现为体育教师专业素质的提升提供了海量的专业体育知识，体育教师可以随时随地通过手机了解最前沿的专业理论知识。微信公众号为教师的素质提升提供了便捷。

4. 体育教学类微信公众号仍需要进一步改进

现阶段体育教学类公众号的发展处于相对初级的一个阶段，用户服务、推送内容的质量等还存在着一定的问题，从满意度统计表中可以看到，有15人选择了一般及以下的评价，说明体育教研类微信公众号仍需要一段时间的磨合，从技术上、用户需求上着手进一步改进。

三、结论和建议

（一）结论

（1）小学体育教师对教学知识的需求多元化，微信公众号提供了丰富的信息平台。

（2）微信公众号对小学体育教师的素质提升产生了多方面的影响。

（3）体育教学类微信公众号仍需进一步完善，从而满足小学体育教师素质提升的需要。

（二）建议

（1）积极推进微信公众号对教师队伍进行职后培训，重视体育教师队伍专业素质的发展。丰富教研形式，促进教研形式多样化。

（2）以集团或地域为单位，依据自身教师素质和教学要求推出小学体育组内部的教学研究平台，如推出史家教育集团体育教学公众号。

致　谢

经过艰辛的努力，终于完成了此篇论文。首先要感谢北京体育大学曹森老师的悉心指导，在写作过程中，每每无法前行时，都给予了及时的鼓励，我的论文才得以完成。衷心感谢史家教育集团体育组的所有老师们，没有这些老师的悉心关怀，热情帮助，本文是难以完成的。最后要感谢给予过本文帮助的所有朋友们。

参考文献

[1] 中国新闻出版研究院．第十二次中国国民阅读调查数据．http：//www.199it.com/archives/341886.html，2015 年 4 月 21 日

[2] 黄楚新，王丹．微信公众号的现状、类型及发展趋势．新闻与写作，2015（7）

[3] 刘建坤．试谈中小学体育教师素质重构和体育教学观的重建．浙江体育科学，2003，25

[4] 依布拉因・卡米力．小学体育教师素质的提升探析．教育科学（英文版），2016（1）

[5] 彭新社．试析中小学体育教师的素质结构及其培养途径．福建体育科技，2004（2）

[6] 沈红萍，提升我国小学体育教师素质的对策研究．科学时代，2009（1）

[7] 冯建荣，当前我国中小学体育教师素质的再思考．体育世界：学术版，2014（6）

学思知行在小学体育课堂中的应用研究

■ 张　琪

学思知行即学思结合、知行统一。体育有别于其他学科，是一门以身体练习为主要手段，学习体育知识、技能与方法的课程。在以往的体育教学中，教师与学生更多的关注“练”，也就是“行”，而忽视了“思”。学生在进行体育锻炼和学习的过程中，表现出了思维惰性，他们不爱思考、不主动思考问题，一味地接受教师知识的灌输和技能的传授，盲目、机械的重复和模仿。在小学体育课堂中践行“学思知行”，就是在课堂练习的过程中，运用多种方法激发学生思维活跃，聚焦学生思维品质的培养，引导学生主动思考、自主练习。本文以北京版《体育与健康》二年级全一册《一带一跳短绳》为例，阐述在小学体育课堂中如何构建“学思知行”课堂，培养学生思维品质。

在体育教学中关注学生的思维，就是关注学生形象思维和逻辑思维相互配合、共同作用的结果。在《一带一跳短绳》这节课中，通过教师的讲解、示范在学生头脑中形成正确的动作表象，并与自己完成的动作进行对比、分析，找出动作重点，运用多种教法和学法（如口诀、教具的使用）使学生在模仿、练习的过程中不断强化正确动作，纠正错误动作，反复练习后最终形成正确动作通过肢体表达出来，形成学、思、知、行一个完整的闭环。

1. 启发诱导，发散思维

教师给学生传授知识、技能时要使其有所知，并且有所思，启发学生去钻研问题、发现问题，鼓励学生自己找到方法去解决问题。在《一带一跳短绳》这节课中，教师讲解、示范后，并没有直接告诉学生本课的重点，而是让学生带着问题模仿练习。学生通过自己练习、思考找出与老师动作的不同，对比、分析，用自己的语言说出动作的重点，顺学而导，从而更好地掌握了动作方法。

2. 提高兴趣，激发思维

在体育课堂中培养学生的思维，尤其针对低年级学生，首先要提高学生的学习兴趣，激发学生思维活跃。在《一带一跳短绳》这节课中，一个很有效的教具“节奏沙锤”既提高了学生的学习兴趣，又是学生思维迁移的一种体现。用沙锤打节奏，是学生在一年级音乐课中学到的内容，将音乐课学过的知识迁移到体育课堂中来，既是对学生思维的培养，也是跨学科融合的一种体现。学生在听的同时找节奏，感受同起同落、节奏一致，通过多种感知激发学生的思维，从而解决本节课的重点——“同起同落、节奏一致”，达到使学生掌握动作的目的。

3. 强化表象，启迪思维

在体育课堂教学中，利用学生动作表象练习时，学生首先利用位置、速度、顺序、方向、力量等因素，在头脑中形成对动作正确的记忆。然后在练习过程中，将自己所做的动作与正确动作进行对比，充分发挥学生的思维想象能力。《一带一跳短绳》课的设计中，为了强化学生动作表象、启迪思维，并结合二年级学生身心特点及认知规律，教师根据动作要领创编了口诀“持绳双臂伸向前，我俩距离不宜远，同起同落是关键，合作统一勇争先”。根据口诀的提示，学生在练习过程中大脑会重视一带一跳短绳动作手的位置、速度、力量、方法及同伴配合等感受，更有利于学生掌握一带一跳短绳的技术动作。

4. 对比分析，扩展思维

在体育教学与练习中，特别是在学习和练习的初期，学生必然会出现各种各样的错误动作，教师可采用对比分析的方法来扩展学生的思维。学生通过与教师示范动作的对比、小组间动作的对比、与自己之前动作的对比等方法，自己去分析错误所在，思考纠正方法，从而促进其对动作的掌握。在

《一带一跳短绳》这节课中，教师设计优生展示这一教学环节，请动作掌握较好的学生上前展示，其他学生通过对比自己的动作进行分析，强化正确动作，找到不足，纠正动作。随后进行的30秒“一带一”比赛，让学生在紧张的比赛中对比自己之前的动作，扩展思维，获得满足感，提升自信心。

5. 经验总结，延伸思维

体育运动的学习不是一朝一夕能够完成的，需要长时间的练习、反复积累，在这个过程中，对经验的总结就显得尤为重要。一带一跳短绳这个动作，不是一个人能够完成的，需要同伴间的默契配合，换人摇绳或换伙伴练习的方法，就是让学生对动作进行重新梳理、总结动作方法、重新配合找节奏，通过两人的讨论、尝试、合作完成动作。通过对学习方法的梳理，从而总结经验，为后续的学习打下坚实的基础。

在体育教学中，教师设计各种教学环节，其目的一是为了在学生的头脑中建立正确的动作表象；二是学生通过思维活动理解动作的实质、规则、要领及规律，通过肢体表达正确的动作。体育课不仅仅是教授学生体育知识、技能，更重要的是在教学过程中培养学生思维，使学生学会体育运动学习，养成终身体育的意识与习惯，从而真正的践行学思知行。

参考文献

[1] 吴华．小学体育教学中创造性思维的培养策略探讨．当代体育科技，2017，7（14）
[2] 黄慧容．浅谈体育教学中学生创新思维能力的培养．中华少年，2016（31）
[3] 陆宇鸽．小学体育教学中创造性思维的培养模式．科学大众（科学教育），2015（11）
[4] 易刚．试述如何在体育教学中培养学生的思维能力．当代体育科技，2014，4（7）
[5] 陆欢．在体育教学中培养学生发散性思维能力．小学科学（教师版），2013（5）
[6] 张磊．体育教学中学生思维能力培养的探讨．小学时代（教育研究），2013（5）
[7] 孙艳．体育教学如何培养学生的思维能力．科技创新导报，2012（33）

在“乒乓球”校本课程中努力培养学生的兴趣

■ 金久明

校本课程是新课程“三级管理”的一个重要组成部分。我们学校是一所只有3岁的新建校，但从建校起，学校就非常重视校本课程的开发。“乒乓球”课是我校开发的5类20余门校本课程中的一门，从一到六年级均开设了。我有幸被学校选做乒乓球课的主要教师（学校有30多个班，除我以外，还有两位体育教师兼少量乒乓球课），深知自己肩上担子的重量。

该怎样上好这门校本课程呢？

我感觉调动起学生对乒乓球的兴趣是至关重要的。《体育与健康课程标准》中强调：“运动兴趣和习惯是促进学生自主学习和终身坚持锻炼的前提。无论是教学内容的选择还是教学方法的更新，都应十分关注学生的运动兴趣，只有激发和保持学生的运动兴趣，才能使学生自觉、积极地进行体育锻炼。”

学习兴趣是学生基于自己的学习需要而表现出来的一种认识倾向。从表现形式上讲，学习兴趣是学生学习需要的动态表现形式，是社会和教育对学生的客观要求在学生头脑中的反映；从系统结构上讲，学习兴趣又可以说是学习动机系统中的一个子系统，它是学习动机中最现实、最活跃的成分，是力求认识世界、渴望获得科学文化知识的带有情绪色彩的认识倾向。苏霍姆林斯基说过：“学生带着一种高涨激动情绪从事学习和思考，对面前展现的真理感到惊奇甚至震惊；学生在学习中意识和感觉到自己智慧和意志的伟大感到骄傲。”这就是学生的学习兴趣。

乒乓球课是体育课的重要组成部分，但它又是一门专业性很强的课程。

每一个学生要想学好乒乓球，就要进行系统的训练，在小学一至六年级课堂中，也就是要培养每一个学生在乒乓球方面的技能。而动作技能的培养通常由一套序列动作组成，学习者必须知道这一程序性规则以便练习的继续，动作的作业水平才有所提高。此外，周期性练习又是培养动作技能学习的条件。从这里可以看出乒乓球动作技能学习之枯燥性。学生上这样的课，时间长了对乒乓球课的兴趣就会降低，其主动参与学习的动力就会消失。所以，在乒乓球课中，如何提高学生学习兴趣是首要解决的问题。

教学效果很大程度上取决于学生的内在心理状态，即学习的兴趣和求知欲。兴趣浓厚，则成效倍增，兴趣索然，则收效甚微。“兴趣”是学习的内驱力，学生的学习兴趣促使学生全身心地投入、积极地思考，甚至能以苦为乐，做到头悬梁、锥刺骨。学习兴趣就产生了巨大成就。诺贝尔奖获得者丁肇中教授回答记者的提问“是什么原因使你发现了J粒子?”他回答说“是兴趣”。因此，我们在落实“新课标”精神、落实素质教育时，首先要想到在教学中如何激发和提高学生的学习兴趣，从而调动他们学习的积极性。

下面，谈一谈乒乓球课中运用多种方式提高学生的学习兴趣。

一、运用“多元智能”理论提高学生学习兴趣

多元智能理论告诉我们，每个人都同时拥有9种智能：身体运动智能、语言智能、数理逻辑智能、人际交往智能、视觉空间关系智能、音乐节奏智能、自我反省智能、自然观察者智能以及存在智能。这些智能在不同人身上以不同方式和不同程度组合起来，从而使得每一位学生都具有独特之处，有着不同于他人的智能结构和水平。我校大胆进行课程改革，在同一课时中安排2～3门课供学生选择，即形体课、乒乓球课和国际象棋课，这样做学生可以充分根据自己的学习兴趣进行选择，这有利于提高学生的学习效果。单从乒乓球课的角度谈，学习乒乓球的学生都可称自己为“乒乓球爱好者”，对乒乓球的学习有着极大的兴趣。但是，以学生为本位，以发展为本位，就会了解到学

生的兴趣具有一定的肤浅性、暂时性、权益性特点。在这种情况下，学生学习的兴趣就不一定是他们主体参与学习的兴趣。只有将学生的学习兴趣转化为学生参与学习的兴趣，学习兴趣才能成为学生发展的倾向性动力。所以，我在乒乓球课中仍然有必要研究学生的学习兴趣，更应该应用多元智能理论来提高学生参与学习的学习兴趣。

（一）利用视觉－空间智力提高学生学习兴趣

"加速学习理论"（Accelerated learning theory）表明，通过外围刺激可以提高学习兴趣，并能很快提高学习的速度和质量，同时，人类对外界环境的感知可以知道和帮助长期记忆。加速学习方法的发明者乔治·罗扎诺夫（Georgi Lozanov）博士认为，外部视觉材料在大脑中被潜意识地记录下来，并且在以后的课堂上受到启发时可以很快地回忆起来。教师可以鼓励学生用图片、曲线图或生动的图形来感知、处理和证实他们的学习。学生的视觉－空间智力也可以获得发展，从而提高学生的学习兴趣。

在乒乓球课中，教师鼓励学生通过制作幻灯片、图片、计算机和视图材料等方式进行学习，对许多有视觉学习趋向的学生来说对学习兴趣的提高效果甚好。例如，在高年级教学中，一方面让学生课下充分利用体育信息资源，自己动手去获取有关乒乓球方面的知识，并制成幻灯片，在课上让他们进行展示，从而培养学生收集综合信息的能力，使信息技术成为学生的学习工具。另一方面，课上教师将乒乓球的技术动作要领或是难理解的知识点制成幻灯片或是动画课件的形式进行课堂教学。这种课堂教学整合形式新颖，使学生乐学、爱学、想学，充分调动了学生学习乒乓球的积极性，提高了学生学习兴趣。

（二）利用言语－语言智能提高学生学习兴趣

1. 讲故事提高学生学习兴趣

在各学科领域采取讲故事的方法都能激发学生的兴趣，并能促进学生的学习。当以故事的形式加以讲述时，所有的学习主题与科目都会因而变得栩栩如生。在课堂中，言语－语言智力强的学生讲有关乒乓球内容的故事。这既满足了言语－语言智能强的学生的需要——他们很乐意为其同伴讲故事，并表现出很高的热情，同时又满足了听力能力强的学生的需要。采用信息编成故事的方式，更利于学生记忆，提高他们的学习兴趣。

2. 编儿歌提高学生学习兴趣

儿歌文字简练，通俗易懂，朗朗上口，易读好记。在小学乒乓球教学中，将校本教材的主要动作技术等基础知识、基础技能，从实际出发编成儿歌让学生学习。例如，在教学生正手攻球动作时，学生可以自己根据动作要点编出“两脚平行站；重心要在前；转腰、引拍不过腿；收鼻、转腰鼻子前”。这种方式可以概括知识要点、揭示规律、简化学生思维，帮助他们记忆，提高他们的学习兴趣。

（三）利用人际交往智能提高学生学习兴趣

美国总统罗斯福曾说过这样的话：“如果要想使文明得以继续，我们就必须发展人类关系科学——使所有人、所有物种和平共处于同一世界的能力。”其实每一个人都具有人际交往智能，只不过强弱不同而已。在乒乓球课中，利用这一智能，创造合作的机会，提高学生学习兴趣。例如，学生在做挥拍练习时，自动分为4人一组，进行合作练习。其中，一人做挥拍练习；一人站在挥拍者的右后方，防止挥拍过腿；一人站在挥拍者的正前方，举起球拍放在挥拍者的鼻子前，防止挥拍过鼻子；一人喊口令并且强调动作要点。学生根据自己人际交往的实际能力，在小组中安排各自的角色，在练习的过程中，兴趣高涨，积极参与，并对学习任务承担责任。这一做法不仅提高了练习的效果，同时还大大提高了学生的学习兴趣。

二、运用评价方式提高学生学习兴趣

“新课标”中提到要通过注重发展性的评价进行教学工作。在评价中充分重视学生的反应。教师适时适度的评价可以在教学中激发和培养学生的学习兴趣，增强学生的学习自信心，让学生在学习过程中获得成功感。

（一）表扬性评价方式提高学生学习兴趣

表扬性评价就是让每一个学生通过评价都能获得成功感，在成功中找到快乐，从而提高学生的学习兴趣。心理学实验表明，学生极度疲劳往往是由于经常失望和失败造成的。如果能使学生看到成功的希望，他们便会爆发出蕴藏在自身的一股巨大学习力量。正如苏霍姆林斯基所说：“成功的欢乐是一种巨大的情绪力量。”在学习中，学生如果获得成功，又经常获得表扬和鼓励的强化，他们克服困难的劲头和学习积极性就会不断提高。

例如，我在训练中利用发多球训练的机会表扬、鼓励学生，使他们获得成功感，从而提高学生的学习兴趣。先让学生练习自己熟悉的动作，因为这样的动作他们最有自信，完成得非常好，我鼓励他们：“完成得真棒！就照这样打，继续，你还能做得更好。”此时，孩子的脸上会露出非常骄傲的笑容并朝我点点头。接下来练习的内容是学生经常出现错误的动作。首先我让他们做原地摆臂强化动作的练习，使动作具有稳定性不变形，这样他们便有些自信，觉得自己完成得还不错。然后再让他们击球，在击球中体验做动作和击球的感觉，提高动作的协调性、连贯性，借此对学生进行及时有效的表扬。最后我将这两部分内容合并起来练习，加强学生的应变能力。在训练中多鼓励他：“这个球打得真好！”“你看这个球步法正确而且移动到位了，球就打过来了。”“不错！继续。”在训练中及时发现学生的优点，适时适度地加以表扬、鼓励，可以给他带来愉悦的心情，增强学生打乒乓球的自信心，从而激发一种持久的学习兴趣。

如果班里有学习能力比较弱的学生，教师更应关注他们。当他们做不好规定动作时，教师要用期待、关注的目光使他们用心回忆动作要领，鼓励他们努力去做。当他们在练习中遇到困难时，教师应耐心帮助，等学生经过努力完成任务后，教师应给予赞许的点头和会心的微笑或口头表扬，使学生感到自己具有成功学习的能力。一旦学生获得了这种期望的信息后，便会形成一种心理上的强化，从而在获得成功后，不断地去追求更多的成功。这种方式就是让学生在学习的某一方面获得成功，激起学生们极大的学习兴趣，形成“成功——兴趣——成功”的良性循环状态。

（二）自我评价与他人评价相结合的方式提高学生学习兴趣

在体育课程评价中，传统的评价为一般标准评价。它是教师以统一的标准衡量所有的学生。这是很不公平的，它完全忽视了学生的个体差异。过去我们认为“成绩面前，人人平等”，但从来没有考虑过，学校体育课程和教学与竞技运动完全是两回事，学校体育课程追求的是对人的培养，而竞技运动则是追求胜负。把学校体育课程教学与竞技运动混为一谈，这对学生来说是很不公平的。所以，《体育与健康课程标准》中强调：“学习的评定应采用绝对性标准和相对性标准相结合的方法进行，如在体能成绩评定中可参照《学生体质健康标准》，结合每一位学生的基础及提高的幅度进行评定。运动技能的评定，可采用定量评定与定性评定的方式结合进行。”“根据学生年龄、学段的特点，体育与健康课程学习成绩评定方法应有所差异。”教师按照“新课标”的要求在课堂上进行实践，这对学生的学习评价起到了良好的效果，激发了每个学生的学习兴趣。

但是，有时在小学三至六年级阶段也会出现一些问题。教师对学生的评价结果，有时学生不能理解，也不接受，进而影响学生的学习兴趣。我想，如果教师能指导和帮助学生去正确地进行自我评价，让每个学生都能通过自我评价来更好地看到自己的进步或不足的话，更能激励自己，更有效地提高他们的学习兴趣。当然，不可否认教师评价的重要作用，所以我采用自我评价和他人评价相结合的评价方式来避免由于学生不理解教师而造成学习兴趣降低的问题出现。

评价不仅仅是指他人对自己的评价，也包括被评价者自己在内。可以将自我评价分为三部分：一是事前评价，也就是对自己能达到的结果进行预测、提前评价。二是事中评价，在做事情的过程中，学生对自己进行评价，目的是自己对事情阶段完成后的真实评价和对事情未完成阶段的自我勉励。三是事后评价，即完成事情全部过程的评价。这样做就是把学生的学习和评价结合在一起，从而提高学生的学习兴趣。

例如，在乒乓球练习中，我指导学生学习拉弧圈球的动作要领，虽然学生在练习中在教师的指导下可以学习这种动作技巧，但要想完全掌握还需通过自己努力练习。因此我教完他们动作后，我请他们预测自己能够多长时间内将动作完成好，给自己打个成绩，并记录在一张纸上。如“我不怕困难，不怕累，抓紧时间，认真练习。在一个月内将动作练好。能让老师表扬我，我给自己的评价是优秀”。再让学生将纸条贴在墙上。在这一个月的时间里，每当学生做不好动作或是累了不想做时，我都让他们看看那张纸条。看后他们都很兴奋，抖擞精神继续练习。一个月后，当我检查学生拉弧圈球的动作时，他们确实进步很大，我对他们连声表扬。学生们高兴得手舞足蹈大声地喊：“我成功了，成功了。”喊完后他们便跑了。在我正琢磨他们上哪儿去了的时候，他们又突然出现在我面前，手拿着那张纸条。有个学生笑着对我说：“老师，这个动作我完成好了。我说到做到。您现在想在这张纸条上，给我写个什么成绩。”我接过那张纸条，写上了“优秀”两个字。学生拿起纸条对我说：“我要把它保存好。”……小小的纸条在学生的学习过程中起了多么大的作用，它是孩子心中的标尺，它是孩子获得成功的礼物。这种自我评价与他人评价相结合的方式，解决了他人评价与自我评价不一致而造成的矛盾。同时，将学生的自我评价作为其主动学习的一部分，大大提高了学生的学习兴趣。

三、运用游戏教学方式提高学生学习兴趣

游戏是儿童的天堂。一、二年级学生的特点是好奇好动。虽然他们已经是一名小学生了，但是他们仍保留着学前期儿童具有的对游戏的兴趣，甚至期盼游戏活动。低年级学生的注意（有意注意）只能保持 15 分钟左右，但是，当教师组织他们做游戏时，就能吸引他们的注意力，几个小时都能保持。心理学研究也表明，游戏是儿童最熟悉、最乐意参加的。这个阶段的学生主要是通过游戏来认识社会、熟悉自然、获得信息、增长才干的。因此，在一、二年级乒乓球教学中，设计一些他们喜闻乐见的游戏，把知识寓于游戏当中。它能使课堂气氛妙趣横生，充分调动学生的主动性、积极性，提高学生的学习兴趣。

例如，在一年级的乒乓球课教学中，首要做的事就是引导学生通过掂球训练来熟悉球性为下一步学习奠定基础。如果课上的大部分时间都用来掂球，学生的学习兴趣就会消失。因为对于大多数学生来讲初次掂球时，一次性也就能掂上 1 ~2 个球；好一些的，能掂上 3 个球；而稍差一些的，一个球也掂不到。正是如此，长时间的掂球，会使学生的学习兴趣大大降低，甚至消失。我便根据学生这一特点，组织学生做掂球游戏。游戏名字为“升官”。起这样的名字是因为现在的学生都是独生子女，在家娇惯，总想管着他人、指挥他人，所以起这样的名字来吸引他们，提高他们的兴趣。游戏的方法是：累计掂球够 8 个为小官；一次性掂球够 10 个为中官；一次性掂球够 15 个为大官。随着学生掂球水平的提高，在游戏中学生掂球的数量、标准还可进行调整。凡升入大官的学生会得到一种特殊的待遇。这一游戏把单调乏味的练习过程变为趣味的游戏教学，它使学生的学习由被动变为主动；课堂上保证了学生充分的练习时间，这有利于学生练习巩固，使学生产生浓厚的学习兴趣。

总之，兴趣一旦发生，它就成为进一步激起认知加工、进行评价和问题解决、进行判断和推理、寻求结果的动力条件。学习兴趣是人才成功过程中

的必要条件，是形成学习动机的重要内因，是推动认识活动的重要动力，是影响学习效果的重要因素。兴趣驱使人指向所愿意接受的对象，驱策人对事物进行钻研和探索，给人以机会发现事物的新线索，从而有利于人进行建设性的、有新意的活动，正如俄国大教育家乌申斯基曾指出："没有丝毫兴趣的强制性学习，将会扼杀学生探求真理的欲望。"为了培养学生终身体育的意识，就必须提高他们的学习兴趣。常规课程需要培养学生的兴趣，作为以发展学生个性、差异性，满足学生多样化需求为特征的"校本课程"，就更要努力培养学生的兴趣！

参考文献

[1] 刘显国编著．激发学习兴趣艺术．北京：中国林业出版社，2004
[2] 董奇主编．有效的学生评价．北京：中国轻工业出版社，2003
[3] 体育与健康课程标准（实验稿）．北京：北京师范大学出版社，2012
[4] 沈德立编著．学习能力发展心理学．合肥：安徽教育出版社，2003
[5] [美] Linda Campbell，Bruce Campbell，Dee dickinson 著．霍力岩，沙莉等译．多元智力教与学的策略（第三版）．北京：中国轻工业出版社，2004
[6] 王升编著．主体参与型教学探索．北京：教育科学出版社，2003

小学初学跳绳教学方法的有效性研究

■ 孙　彭

前　言

跳绳运动因器材简单，形式与动作多样，不受场地限制，人人参与等特点成为小学体育课常见的教学内容之一。其中“1 分钟跳绳”是《国家学生体质健康标准（2014 年修订）》规定的小学生必测项目。经常练习跳绳，可以发展学生的弹跳、耐力、力量、协调、灵敏等多项身体素质，对于培养学生勇敢、顽强的意志品质以及团结协作的团队精神具有积极的意义，还能有效培养学生的自尊、自信等心理品质。本文试图从教学实践入手，在小学体育教学过程中，面对低年级学生，如何正确运用合理的教学方法，引导教授孩子们学会并乐于接受跳绳运动进行探讨研究。下面结合实际跳绳教学过程中的问题进行讨论、总结，并提出有针对性的教学方法策略，以提高跳绳教学的效果。

一、研究对象与方法

（一）研究对象

对东城区某小学 2016 年 9 月 1 日新入学学生 238 人进行调查研究，其中男生 113 人，女生 125 人。根据调查结果得出相关结论并提出建议。

（二）研究方法

1. 文献资料法

查阅与本文相关的研究资料和参考文献。主要查阅了图书馆文献、中国学术期刊网以及相关网站资料，全面了解跳绳教学过程中的问题并进行讨论、总结，为本文的进一步研究提供理论参考与依据。

2. 调查法

以东城区某小学2016年9月1日入学的一年级学生238人为例，通过调查对象的初期现状，得出相关数据，以便对照后研究。

3. 实验法

通过6次跳绳课教学，针对不同水平学生采用不同的教学方法进行实验研究，得出实验结果并总结。

4. 数据统计法

对调研过程中收集到的数据进行整理和统计。对统计结果进行数理分析，统计各种因素百分比，探讨教学方法的有效性。

二、研究结果与分析

（一）研究结果与分析

1. 学生跳绳初步情况统计

以东城区某小学2016年9月1日入学的一年级学生238人为例，跳绳基础水平参差不齐。进入小学前已经学会简单跳绳的学生129人，占全年级总人数的54.2%。在不会跳绳的109个学生中，没学习过跳绳的学生32人，学习一段时间也没有学会跳绳动作的有71人，其中有1人身体残疾，没有试过练习跳绳的学生6人，其中有1人恐惧跳绳。

2. 学生跳绳水平存在差异

学生跳绳学习能力、身体素质、学习态度和心理等方面存在个体差异。学习能力强的学生很快学会新动作，学习能力弱的学生需要花更多的时间；有的学生力量和耐力强，轻松跳绳上百次，有的学生跳绳三十几次就跳不动了；有的学生能主动学习完成学习任务，有的学生学习态度消极，还有极个别学生害怕跳绳打到自己。跳绳水平的参差不齐加上人数众多，导致教师在教学中难以顾及所有学生。所以针对学生差异采取不同的教学方法成为跳绳教学有效性的重点研究。

3. 教学方法实验研究

（1）学生们对跳绳运动建立初步的概念。通过学生们观看各种跳绳技术动作时表现出的惊叹，能够看出他们对新鲜事物认知学习的渴望，从而建立起学习跳绳的兴趣和愿意接受这项运动的意愿。其次，老师建立规范示范动作，多鼓励多表扬，让学生们建立学习的信心。

（2）跳绳教学方法。在 6 次课的教学实验中，遵循由浅入深、由易到难、循序渐进的跳绳教学方法和教学原则，各种方向左、右手摇短绳，体验手腕对绳子的方向、速度、力量的把握。左、右手向前摇长绳，学生根据跳绳打地的节奏进行有节奏地跳跃，并把握好跳绳过程中跳跃的最佳时机，由慢变快摇绳，把握跳跃节奏。双手向前摇长绳，学生根据跳绳打地的节奏进行有节奏地跳跃，由慢变快摇绳。教师进行动作示范后，利用口令让学生们集中练习。针对不同学生身体协调性、体力以及跳跃能力等特点因材施教，开展差异化教学。对不同学生特点实施阶梯教学目标，使学生获得成功感。

（3）学习跳绳后的统计结果。跳绳教学 6 次课后进行测试：学会简单跳绳的学生 228 人，占全年级总人数的 95.8%，会跳跳绳人数提高了 41.6%。不会跳绳的 10 个学生中身体不协调导致有 8 人，1 人身体残疾，1 人心里恐惧。

三、结论与建议

（一）结论

学生跳绳学习能力、身体素质、学习态度和心理等方面存在个体差异。通过观看各种跳绳技术动作视频、教师示范、教师鼓励、学生间的模仿等，从而建立起学习跳绳的兴趣和接受这项运动的意愿。

通过跳绳由浅入深、由易到难、循序渐进的教学方法和教学原则，在6次课的教学实验中，会跳跳绳的学生人数增长了41.6%，说明各种手摇跳绳可以让学生们有节奏地跳跃，并且体验到如何更好地手脚配合好。完整跳绳体验是跳绳教学过程中至关重要的阶段，如果这个阶段学生们能顺利完成，对以后的跳绳将会奠定良好的基础。这样，跳绳教学方法确实起到了有效性。

（二）建议

（1）学会跳绳是一个相对简单的阶段，教师不能忽略了学生学习的兴趣，而要更好地鼓励和引导。

（2）学跳绳初期是学生战胜自己心理因素的关键时期，设立简单易完成的教学目标使学生获得成功感，增加学习的信心。

（3）教学方法遵循由易到难、循序渐进的原则，具体问题区别对待，才能更快地学会跳绳。

（4）针对不同学生身体协调性、体力以及跳跃能力等特点因材施教，开展差异化教学。

（5）针对学生特点实施阶梯教学目标，使学生获得成功感。

参考文献

[1] 沈艳凤．大班幼儿跳绳活动的实践研究．教育科研论坛，2009（11）

[2] 单奕伟．小学跳绳教学课堂有效性的提高初探．华章，2012（30）

浅谈低年级学生自主探究能力对体育课的意义

■ 胡　光

前　言

（一）选题依据

为适应现代社会的要求，学生需要德、智、体、美、劳全面发展，因而体育课越来越受人关注。如何提高学生体育课的时效性成为重点。本文通过研究，发现在低年级时期培养学生的自主探究能力，引导学生在探究中喜欢体育课，从而提高教学效果。

（二）研究目的、意义

本文目的在于研究何种教学方法适合学生掌握体育技能，教师如何教学可以提高学生掌握体育技能的时效性，从而提高学生体质发展的时效性，提高学生的体质，指导教师更好地完成体育教学工作。

一、研究对象与方法

（一）研究对象

东城区某小学低年级学生。

（二）研究方法

1. 文献资料法

查阅了与本文有关的体育教法文献资料与文章，同时还阅读了相关新闻和报道。

2. 问卷调查法

根据本文的研究设计，采访各位名师及其他区县体育同仁，通过电话及实地访问的形式，采访长期从事体育教学、科研的学者教授，就本课题所涉及的内容听取专家的意见。并通过课上研究的方式尝试各教法对体育课的影响。

3. 逻辑分析法

主要通过归纳演绎等逻辑学原理的运用，使研究系统化、理论化，并得出真正的研究结果。

4. 数据统计法

对学生不同教学方法下掌握运动技能所需课时数进行相关的数据统计。

三、结果与分析

（一）课堂研究

孩子是一个家庭的重要成员，更是国家的希望、民族的未来，所以孩子的健康状况至关重要。现如今我国儿童体质面临两大问题：缺乏锻炼而导致的肥胖儿童增多和身体消瘦体质差。儿童是国家的未来，儿童的健康问题日益显现，正成为我国社会的一个隐患。很多家长意识到了这个问题，开始选择体育锻炼来增强儿童体质。作为一名体育教师，如何提高学生在体育课上的教学质量，从而达到学生锻炼目的提高学生成绩成为笔者研究的重点。为此，我对东城区某小学分校二年级的学生进行了课堂研究。通过不同的教学方式，统计学生完成教学计划、掌握体育技能的课时数。

表 1　　东城区某小学二年级学生体育课教学方式

班　级	二（1）班	二（2）班	二（3）班
教学方法	自主探究法	讲解示范法	挂图法

通过表 1 可以看到，分别对二年级的三个班进行不同的运动技能学习，二（1）班通过设置情境使学生进行自主探究，达到教学目的；二（2）班通过教师的讲解进行学习，达到教学目的；二（3）班通过学生观看挂图了解动作方法进行学习，达到教学目的。

利用二年级学生学习足球的常态课开始研究。首先为二（1）班同学设置情景，让他们探究正确的踢球动作，让他们自己寻找最合适的踢球方法，从而掌握正确动作。例如，本堂课的主题是小足球脚内侧踢球。我的教学方法是学生自主探究学习。教师只需要：第一，把本堂课的主题告诉学生，让他们自己去寻找方法；第二，学生自己研究哪是脚内侧，脚内侧踢球时应该注意哪些问题；第三，学生通过自己的探究，把自己的理解和大家分享，不管对与错，勇于发表自己的见解，有自己的想法就是胜者。这样的教学有利于学生理解，记忆深刻，避免了教师问学生回答得很死板的现象。

对二（2）班进行另一种方式的教学，为学生做示范动作，让学生先观察后模仿，从而掌握正确动作。例如，本堂课教学主题是小足球脚内侧传球，教学方法是教师通过示范讲解法让学生了解技术动作，从而学会技术动作。这种教学方法的弊端是教师教给学生多少知识学生就学会多少，没有自己的想法，只是盲目地去练，再延伸一点就不会使用。这就剥夺了学生的想法，从而让他们失去了学习的兴趣。

最后对二（3）班进行挂图教学，让学生看挂图上的标准动作，并进行一定讲解，然后让学生联想，完成动作。通过看图让学生了解技术动作，从而掌握。这样的教学方法不仅枯燥、乏味，学生也失去了练习兴趣。因为学生根本不需要动脑，只是一直在听教师的讲解和看图。

经过上述三个班的研究，得出以下结论，如表 2。

表 2　　东城区某小学二年级学生完成体育教学所用课时数

班　级	二（1）班	二（2）班	二（3）班
课时数	6	8	10
完成比例	95%	85%	80%

通过表 2 可以看出，东城区某小学二年级的学生在不同教学方式下，学习情况也是不同的，二（1）班只用了 6 个课时就基本掌握了这项技能，95% 的同学能够完成。二（2）班用了 8 个课时基本掌握了这项技能，其中 85% 的同学能够完成技术动作。而二（3）班用了 10 个课时掌握了这项技能，其中只有 80% 的同学可以完成技术动作。

（二）对某小学二年级学生体育课完成技能情况进行分析

首先通过自主探究，学生产生了一定的好奇心，可以跟着老师的思路进行学习，继而对这项运动产生兴趣，也就是说对这项运动产生的兴趣促使学生掌握这项技能。大家都知道，兴趣指一个人对学习的一种积极的认识倾向与情绪状态。有了这种情绪，学生参加体育锻炼会变得十分主动，这样锻炼起来事半功倍。

另外一些学生在老师的指导下学习。这部分学生在老师的引导下锻炼，没有一个良好的锻炼动机。从根本上来说，他们不能长时间保持对这项技能的学习兴趣，所以在锻炼时会出现抵触情绪。试想，让一个儿童去做他不想做的事，怎么会顺利完成呢？更不要说有效率地完成预期目标了。但是由于老师的监督和督促，还是有 85% 的学生掌握了这项运动技能。

最后一部分学生只是跟着挂图进行自己学习，由于低年级的学生无法保持长时间的注意力，加之缺少老师指导和督促，从而只有 80% 的学生能够掌握运动技能。

（三）对上述问题的相关对策

对于上述问题，通过对相关专家访谈，以及查阅相关方面的资料，针对存在的问题，建议教师在为学生上体育课的时候可以分为三步走。

第一步：在上课开始时提出相关的问题，设置情境，让学生产生一定的疑惑，带着这些疑惑进行教学。

第二步：在学生练习动作时教师引导学生，让学生自己解决问题，掌握这项运动技能。并且多鼓励学生，可以提供一些小奖励。也可以通过其他方式方法间接地提高孩子参加体育课的兴趣。

第三步：在完成教学任务后，进行总结，让孩子进行反思，给他们树立这个问题是我自己解决的、是我通过钻研掌握的这一意识，使学生建立一定的自信和兴趣。但是注意掌握尺度。

三、结论与建议

（一）结论

通过对东城区某小学二年级进行的课堂研究，二（1）班运用自主探究的学习方式，通过 6 个课时基本掌握技术动作，95% 的学生能够独立完成技术动作。这样上课时效性好，学生很有兴趣。

通过对东城区某小学二年级进行的课堂研究，二（2）班运用讲解示范的学习方式，通过 8 个课时基本掌握技术动作，85% 的学生能够独立完成技术动作。这有一定的时效性，但是学生对继续学习缺乏兴趣。

通过对东城区某小学二年级进行的课堂研究，二（3）班运用挂图的学习方式，通过 10 个课时基本掌握技术动作，80% 的学生能够独立完成技术动作，但只是简单掌握动作。学生机械性地完成教学计划。

综上所述，东城区某小学二年级学生通过自主探究的方式，很好地掌握了体育技能。所以，通过教师诱导学生进行探究的方式，对体育教学有一定促进作用。对运动有兴趣，才更容易达到预计目标。教师的督促与监督也能提高锻炼的效果。但学生对技术动作产生疑问，并且在教师的引导下自主探究掌握运动技能，这种方法是最有效的。

（二）建议

通过研究不难发现，虽然东城区某小学的学生通过各种学习方法都能完成技术动作，但是掌握这项技能所需要的课时数和达到的效果截然不同。在综合各位教师访谈意见基础上，提出如下建议。

（1）了解教材中技术动作的重难点，可以先让学生对学习的技能产生一些疑问，了解学生对该项技能有何种疑问。引导学生自主地去找寻解决疑问的方法，从而培养其兴趣。如果孩子喜欢，可以放宽教学尺度，让孩子在学习体育技能中体会乐趣。如果学生对自主研究没什么兴趣，可以设置情境进行诱导。

（2）在观察上课情况的同时，了解学生回家后对体育课的想法和意见，及时和家长进行沟通，掌握孩子的锻炼效果。并且多督促和鼓励孩子。

（3）选择适合孩子的锻炼方法。如果孩子喜欢和其他小朋友一起锻炼，可以增加团队探究的内容。如果孩子比较内向，可以通过教师一对一有针对性的教学或者带着孩子进行探究。只要能够起到锻炼的目的，最适合孩子的锻炼方法才是好方法。

致　谢

感谢东城区某小学二年级学生的配合，感谢资深体育前辈们和组内老师的指导与帮助。

参考文献

[1] 李韩伟．小组合作让学生“学会、会学、乐学”．语文天地，2016（12）
[2] 谢永春．刍议小学生养成教育“四结合”．上海教育科研，2009（2）
[3] 沈清楼．自主探究学习　提高课堂效率．教育教学论坛，2015（46）
[4] 林小云．培养学生自主探究学习的能力之我见．小学教学参考，2016（8）

[5] 王宏庆．小学科学课教学中如何发展自主探究学习．新课程（上），2016（1）
[6] 姚远．让学生自主探究学习．新课程（上），2015（10）
[7] 胡明进，廖芳．小学教师形象的调查分析．教学与管理．2010（30）
[8] 李琼．学生心目中的教师形象：一个跨文化的比较．比较教育研究，2007（11）
[9] 田澜，张大均，陈旭．小学生学习适应问题的整合性教育干预实验研究．心理科学，2004（6）
[10] 田澜．小学生学习适应问题及其教育干预研究．西南师范大学，2002
[11] 杨婷兰．小学生挫折感的现状、成因及教育对策．江苏教育学院学报（社会科学版），2009（5）
[12] 魏莉．城市小学生挫折教育现状及对策研究．四川师范大学，2012
[13] 聂衍刚，刘毅．小学生学习适应性状况的研究．教育研究与实验，2004（4）
[14] 杨卫国．小学体育教学内容选择之我见．文学教育（中），2010（9）
[15] 彭玫，李海燕．兴趣对培养儿童体育能力和习惯的影响．南京体育学院学报，2001（1）
[16] 宋慧敏．浅谈小学生体育兴趣的激发与培养．延边教育学院学报，2010（1）

针对北京市某小学一年级学生体育课兴趣的研究

■ 李　洁

前　言

众所周知，教师的教育教学方法很重要，但是往往教师在教学过程中一味地让学生死记硬背或者是“填鸭式”教学，而忽略学生的学习态度、吸收能力等。然而学生的学法至关重要，学生更注重自主学习、合作学习、创造性学习、探究式学习。国务院召开了全国基础教育工作会议，并做出了《国务院关于基础教育改革与发展的决定》，其中提出要“制定并实施学生体质健康标准”。2006 年 12 月 23 日，全国学校体育工作会议在北京隆重召开。国务委员陈至立在大会讲话中指出：“这次会议十分重要，是我们在新世纪新阶段全面加强学校体育工作，提高青少年健康素质的重大举措。培养具有强健的体魄、健康的心理、坚强的意志品质和昂扬的精神的青少年一代，是素质教育的应有之义，切实加强学校体育工作是实施素质教育的重要切入口。”学生体质健康已经是国家、社会、学校、家长以及学生甚是关注的问题。随着社会的发展，国民生活水平的提高，人们的身体形态也是多种多样，肥胖儿、超重、营养不良都是身体不健康的表现。为了落实新课标、中央七号文件精神，改善学生体质成为教育工作者应尽的义务和职责。“国家兴亡，匹夫有责”。作为一名小学体育教师，应发挥学生的主观能动性，引导学生让其更加明确健康的重要，懂得终身锻炼对自身的价值，针对学生的身体状况做出有效的锻炼方案和计划。尤为重要的是在实践过程中，我发现学生体质健康问题不是一朝一夕能够达到健康标准的，而好的身体需要自己去爱护，自己去锻炼，而且也是需要一个很漫长的实验过程。所以我也针对学生发展运动兴趣，提高学生健康意识，身体形态美和学生学法之间的关联进行总结和研究，以期达到育体、育心、育人的目的。

一、研究对象与方法

（一）研究对象

选取北京某小学 2017 级一年级学生 232 人，其中男生 102 人，女生 130 人作为研究对象。

（二）研究方法

1. 资料法

2016～2017 学年北京市某小学学生体质健康测评结果，为本文提供了重要依据；以及与学生体质相关的书籍，文件等。

2. 分析法

运用自身的上课经验进行分析研究。如直观性（教师示范、学生示范）一帮一法、竞赛法、晋级法、儿歌口诀法、榜样法、自主学习法、互评法、表扬法等。

三、结果与分析

（一）综合性

直观性可以分为教师示范、优秀学生示范、集体展示等。在一年级刚入学时，我通过关节部位操（指关节、肘关节、腕关节、肩关节、髋关节、膝关节、踝关节）作为准备活动和关节知识的融入，让学生从关节认识，到活动充分，配合教师和学生的声声互动，调动学生学习的积极性。一年级学生幼小衔接是很关键的阶段，直观的动作模仿能够让他们成功地记住关节的位置，也让他们有成功感，激发他们的兴趣。若再请优秀学生上前带领全班同学一起做，就更加激发起学生认真学习的欲望和渴望展示自己的迫切感。学生在学习广播操时也是主要靠观察、记忆来熟悉动作然后展示。我更倾向于把小动物的模仿和小动物的叫声穿插到学习练习中去，如我们跑步逛动物园，第一个来到老虎的笼子面前，学生可以模仿老虎，很生动，又到了猴子、大象等笼子面前学生争先模仿，并相互比较看谁模仿得像。这节课本来是 300 ~ 500 米的走跑接替就变成了游动物园。学生觉得很开心，并没有感受到累或说是枯燥的跑。

（二）一帮一方法（促进学生相互学习的方法）

一帮一方法是通过学生之间的相互帮助，培养同学之间的团结互助，相互信任，相互协作，两人共同纠正，共同提高自身的能力的一个很好的方法。

学生因为年龄特点、身体特点，在学习上会出现参差不齐的情况。我在教学过程中，学生学习时就出现了这样的问题，如沙包掷准刚入门时需要学生动作必须标准，需要反应快、准确、力量、角度等，而一年级刚入学的学生很难控制自己动作的稳定性和角度，所以我规定，肩上屈肘，肘向前。而且我发现分组练习中，一组练习中，后面一组可以充当小教练纠正投掷者的动作。我发现他们很负责，这样依次循环下去，学生之间不断帮助提醒，不断相互鼓舞，形成了一个良性的学习帮助氛围。学生知道动作的标准而且会相互指导，既加深了动作印象又提高了对别人学习帮助的责任意识。

表 1 为沙包掷远项目在学生入学不久进行测试和学年结束测试对比数据。

（三）竞赛法

低年级学生因心理生理特点，大多数好奇心重、不服输、喜欢展示自我、

表 1　　沙包掷远项目在入学及学年结束时测试的情况

时　间	不及格	不及格	良　好	优　秀
入　学	30%	55%	10%	5%
一个学年	0	60%	28%	22%
上　升	0	5%	18%	17%
下　降	30%	0	0	0

喜欢游戏、喜欢新鲜的事物等。我抓住这些特性，把他们的这些特性变成他们的特长，学生经过体育课上学习开始喜欢跳绳、跑步等。我也组织学生进行分组比赛跑步、比赛跳绳，然而开始时学生都不会摇绳，到最后的一分钟能够跳够 90 个以上，并且还总是追着我问"老师您看我跳的对吗?"我心里特别高兴。他们喜欢比赛，喜欢争小组第一、班级跳绳冠军等。所以无论什么项目，他们喜欢竞赛，在家里或在课间都会很刻苦地练习。家长在家里帮助孩子跳绳，孩子从闭塞到喜欢和我说话，因为通过和家长共同学习，学生得到了成功的满足，也就认识到自己通过努力是如此的棒。

表 2 为学生跳绳项目入学测试成绩和一个学年后测试结果对比。

表 2　　跳绳项目入学测试成绩和一个学年后测试结果对比

时　间	不及格	及　格	良　好	优　秀
入　学	10%	76%	6%	8%
一个学年	0	15%	30%	55%
上　升	0	0	24%	47%
下　降	10%	61%	0	0

（四）晋级法

晋级法是我在深入了解一年级孩子以后发现的一个很巧妙地激发他们自主学习的方法，就是设立级别，学生挑战成功后就可以上升一级，这样也就激发了学生的兴趣和不服输的心理特点——谁也不想成为最后的那个级别，所以都会在练习时间认真练习。在立定跳远时就是分等级练习，跳过及格线的，就可以晋级良好级，然后晋级优秀级，最后比赛看谁跳的是全班第一名。这样谁也不想成为最后一个等级，都不想落在同伴后面。

（五）儿歌口诀

小孩子都喜欢新鲜事物，喜欢有趣的事情，所以我们就会编一些儿歌口诀，把注意力吸引到集体说儿歌，看谁背诵得熟练。我们的关节部位操就是口诀串联的。其口诀是这样的：（教师）“请你跟我一起做，活动活动指关节。”（学生）“嘿、嘿、嘿。”学生都积极认真地模仿，跟随着教师一起说，一起做动作。学生所感受到的不是自己在练习，而是在和老师互动。

（六）榜样法

标兵是我们班里学生的光荣称号，能够成为标兵就是自己在班里至高无上的荣誉，自己也会保持好作风，因为标兵必须以身作则，只有这样才能不愧这个称号。我也经常会以这样的称号来不断评比，同学之间也会监督。我从开始上课就进行评比，如站姿标兵、做操标兵、纪律标兵等。学生的好胜心往往都强，于是我就利用学生的这个心理。当学生见到标兵后都立刻模仿标兵，因为他们有了榜样，也就都会学着标兵的动作去做。这样就形成了一个模式：学生都想和小榜样一样，争做最好的标兵。标兵会在班中的体育光荣榜中加分，学生关注自己的得分情况，所以每次上课后都会看墙上的光荣榜自己是否加分，这也是学生养成好习惯的方法。

（七）自主学习法

学生喜欢相互比赛，不服输，只要学生的积极性被激发起来，他们就会时刻提醒自己要达到自己的一个目标。学生在学习单摇跳绳时，由于先天遗传的协调性和力量、柔韧都是不一样的，所以在项目上就会有体现，出现有些学生不会摇绳、有些上下肢不协调等。有些学生看到身边的同学能够连着跳 10 多个都不停顿，就会很羡慕。第二天上课就让我检查，我发现很多学生进步很大，后来得知他们在家里练习了，家长也给予了帮助。我感到其实每个人都有能力，只是没有激发起他们自主学习的兴趣。我们采用了竞赛的方法让学生课间操到操场进行练习或者是同水平的学生经过一段时间进行测试比赛等，都激发了学生的锻炼欲望和兴趣，成绩也在不断提高。学生体会到了成功就更加希望展示自我，最后在班中进行“进步的展示”。

（八）表扬法

低年级学生喜欢听到称赞，尤其是老师和家长的夸奖，能够达到内心深处的满足感，他们渴望得到认可。其实无论谁都喜欢听到表扬。所以，学生在完成教师的每个口令后我就会进行评价和表扬，让学生体会到自己的付出是有收获的，这样他们也都希望得到表扬。而我们全班受到表扬后，我还希望他们自己给自己表扬，更加激发他们的成功心理。“嘿嘿，我真棒！”经常在课上出现。因为他们太渴望夸奖了，那么就满足他们。他们也会相互表扬，“嘿嘿，你真棒！”是评价同学的。这样也能够锻炼学生相互称赞的能力和评价的能力。将内心深处对同学的羡慕或者是自己的成功表现出来，张扬自己的个性，学生通过这些在德育渗透方面得到很大提高。

（九）游戏法

低年级学生喜欢游戏，教师把练习内容——体育中的拼搏、团结、友爱、好学、组织性、纪律性等通过游戏的方式表现出来。例如，让学生进行跳绳游戏赛，老师进行模仿兔子跳的样子吸引学生注意力，让学生快乐地体验跳的方法，学生可以不断提高。

三、结论与建议

（一）结论

（1）学生更加乐于参加各种游戏活动，认真上好体育课。通过教师的引导，学生能够对体育课产生兴趣，由兴趣发展到一门爱好，而且让他们树立目标，有竞争地去完成自己的任务，建立和谐的人际关系、良好的合作精神和体育道德。他们可以认识到体育课带给他们的成功和满足，即不仅能够锻炼身体，还能认识更多的伙伴和锻炼顽强的意志品质等。

（2）体育能促进学生和教师之间的关系，学生也更加信任教师，愿意跟教师进行沟通，向教师请教他们不会或者掌握不好的动作。

（3）学生达到了喜欢参与体育课的目的。他们会高兴地问："老师，今天我们玩什么?"而不是愁眉苦脸地说："老师，今天我们练习什么?"让学生在玩中学，学中乐，乐中掌握知识并培养锻炼习惯。

（二）建议

（1）每天教师应该给学生设置目标或任务，学生有了明确的目标后就会向目标看齐，更快地达到或接近目标。

（2）抓好每天上课的时间，合理地安排强度和密度。让学生可以很好地利用课上的时间进行锻炼，因为一年级学生毕竟还小，所以衔接与联系是很重要的。

（3）学生的健康水平、体质水平都是不一样的。对于体质较差或先天性不足的学生，需要区别对待和培养。

（4）学生学习的过程中不要一味地去要求，还可以探寻他们心里想到的或者他们对练习的看法，这样他们就会感受到尊重和兴趣。

（5）低年级学生是最容易练习柔韧性的，所以给他们布置作业，或者与家长、社区联系，共同关注学生体质健康，促进学生进步。

体育训练

专项运动队是在学校教学基础上不断发展和形成的。其目的是为学生进一步发掘自身能力、兴趣创造个性化的平台，并有针对性地发展学生身体机能，提高运动技能。

史家教育集团致力于学生兴趣、能力向纵深发展，多年来逐步组建了包含足球、篮球、游泳、健美操等 13 支专项运动队，而针对运动项目特点、训练方法、训练手段的理论探索对运动队发展至关重要。集团体育部教师、教练员不断在专项运动队中探索和尝试的训练方法、手段，在充分尊重学生身体生长发育特点以及身体素质差异的前提下，有效提高学生专项水平。

小学体育课程引入足球运动初析

■ 徐礼峥　张　凯　臧景一

一、小学体育开展足球教学具有重要意义

随着世界足球运动的高速发展和竞赛激烈程度的不断加剧，各国都越来越重视从小培养后备人才。我国小学在体育教学中将足球引入课堂，不仅是为了给我国的足球事业发展培养新的人才，更重要的意义是足球运动促进小学生的全面发展。足球运动不仅可以锻炼小学生健康的体魄，提高小学生的综合身体素质，还培养小学生团结合作、积极向上、顽强拼搏的精神。总之，在小学体育课堂中开展足球教学对推动小学生的身心健康发展有重要的意义。

1. 强健小学生体魄

足球是广大青少年喜爱的一种体育活动，它能使人体机能得到全面的锻炼。小学生在参加该项运动的过程中，既要锻炼长跑的耐力，又能锻炼短跑的速度；既要锻炼大力射门，又能锻炼头球弹跳……通过足球这项体育运动的锻炼，会增进小学生的食量，加快新陈代谢，增强身体抵抗力。小学生参加足球运动，能使肌肉纤维变粗，肌肉收缩力增强，使得肌肉强壮。足球作为一项全身性的体育活动，还能促进骨骼生长，骨密度增大，骨骼的直径增粗，骨重量增加。据科学测定，一般儿童的肌肉重量占体重的40%左右，而经常参加体育锻炼的儿童，肌肉重量能达到体重的45%～50%。一般7～10岁儿童身高年增长5厘米左右，而经常参加锻炼的儿童，年增长能达到5.6～6厘米。青少年经常参加足球运动，将能促使其行动迅速，视野开阔，反应敏捷。

2. 足球教育促进小学生健全人格

足球在小学生意志培养方面所起到的积极作用是其他体育项目难以达到的。足球运动可以培养学生们顽强拼搏、团结合作的品质，这些不仅是优秀运动员，更是青少年都应具备的良好品质。在比赛过程中，队员要有一定的灵活性和应变能力，经过足球课程的教学和训练，有利于锻炼学生各方面的能力，健全学生的人格。

足球运动在进行中，还需要具备“分配注意力”的能力，比如一边运球，一边还要考虑把球传给谁有利于进攻，还要同时注意不同对象的能力。这种能力小学生很差，因此，要重点培养。通过这些训练，提高了学生的独立判断能力和解决能力。

足球是一项竞技性比赛，比赛的结果具有不确定性，只有学生敢拼、敢踢、方法得当、团结协作、开动脑筋，才能创造更多进球的机会。经常参加足球运动，可以培养勇敢顽强、不断进取、坚忍不拔、胜不骄、败不馁等品质，使学生更具探索性、自主性、独立性，这也是素质教育的要求。

3. 在足球教学中培养团结协作精神

集体主义是社会主义精神文明的灵魂，也是学校德育的基本原则。足球运动是团队活动而非个人运动，靠的就是成员之间的协作和配合。当学生们因为配合进球了，几个队员欢呼簇拥在一起庆贺，或者是因为输球而相互安慰鼓励，这就是足球的力量，它可以让松散的人群变成团结的集体，培养学生的集体精神。在足球训练中建立起来的团结协作的精神，也势必会迁移到学生们的学习和生活中去。

二、根据小学生身心特点进行教学

小学体育课堂中，对于培养小学生健康的身体素质及小学生的社会化起着十分重要的作用。但是，要将足球课程引入到小学课程体系中，必须遵循一定的原则和方法，才能发挥出足球运动对小学生成长的促进作用。

1. 利用信息技术激发热情

信息技术已经广泛应用于各学科的教学，信息手段不仅符合小学生求知、求新、求趣的心理特点，又能帮助体育教学创设情境、调动学生情绪，引起小学生的注意和兴趣，从而激发学生进行学习的热情，调动学生的积极性。比如，在足球课上，可以让学生观看一些著名足球赛事中的精彩片段，学生们耳熟能详的足球明星，精彩的过人和射门，总是能引得学生阵阵惊呼，让学生有跃跃欲试的冲动，激发了学习足球技能的兴趣。

2. 游戏教学，培养兴趣

兴趣是所有学习行为的内在动力，只要学生对足球产生兴趣，就不愁学不会技能、提高不了水平。小学生，特别是低年级学生，对于单调重复性的练习容易感到厌倦。所以在进行足球教学时，需要使教学内容丰富多样，新颖、有趣，利用多种教学方法与手段，保持他们对足球练习的兴趣。小学生的思维特点是依靠有情节的情境或者生动的形象去认识事物，因此，在足球教学中，游戏是最好的辅助手段，在教学实践中，把玩球、带球、停球、熟悉球性等技术，编成各种小游戏，改变枯燥的动作教学，让教学内容丰富多彩、充满乐趣。

（1）在准备环节，应选择简单、趣味性较强的游戏，让学生在趣味性的游戏吸引下，心情愉快地学习基本的球性练习和身体素质练习，尽量体验到足球带来的快乐，为后面的教学打好基础。

（2）初步掌握足球的基本技术动作后，可多安排一些密度大而强度小的足球游戏，如“圆圈抢球”等对抗性的足球游戏，来激发学生的参与兴趣。同时，在游戏中让同学们互相纠正错误，使学生理解动作要领。

（3）课程结束部分，应安排运动量小、舒缓精神的游戏，让学生在轻松愉快的氛围中结束一堂足球课的学习。

3. 教学方式和内容要适合小学生

小学生认知水平有限，教师进行足球动作和要领的讲解时，如果语言太成人化，那么小学生特别是低年级小学生，理解起来会有一定困难，所以教师进行足球教学时，要适度让语言儿童化，比如在进行射门教学时，使用“站得稳、看得准、起脚快、下脚狠”的顺口溜使学生一听就明白。此外，小学生善于直观模仿，所以教师要多示范、少讲解，并且示范动作和姿势要正规。

不同年级学生的认知特点存在着明显差异，根据不同年级的学生特点，应该选择不同的足球教学内容。低年级的足球教学重点放在“玩”，玩中学，玩中练，玩中乐，玩中熟悉球性，玩中培养兴趣；高年级的足球教学重点应该放在学习简单基本的足球技术，例如运球、带球、停球、射门等技巧，借助适当的教学竞赛，体会足球的魅力。

4. 教学过程要循序渐进

学习足球，不是一蹴而就的，有些学生想一下子学会很多足球技巧，但由于刚开始学踢球，控制不住球，就容易失去信心或烦躁厌学，渐渐失去了对足球的兴趣。所以，足球的教学，应该从熟悉球性开始练习，逐渐提高学生足球兴趣。足球常规教学模式是先教某一种脚法踢球，再教踢球。

要合理安排足球课程的教学进度，有利于小学生各方面的协调发展及技能形成。教学进度的安排，要遵循“从易到难、从简到繁、从慢到快”的循序渐进原则，在教学过程中结合教学进度，逐渐提高足球教学的难度。例如练习“带球突破动作”，让学生先“原地学习”再“行进中练习”，先“慢动作”再“快速突破”，先“非对抗”再“对抗突破练习”。

小学生的抽象思维能力还处于初级发展阶段，学生的理解能力有限，因此在进行教学时要通过形象的方式去引起学生的注意，让学生能够渐渐、主动融入足球课堂中来。对于小学生而言，反复的技能和动作训练，往往会引起学生对足球学习的排斥，所以，足球教学切忌练习过急、过早学习高难度动作。

5. 重视场地、器材和教具的选用

“工欲善其事，必先利其器。”正规的足球教学，就应该具备正规的教学场地、器材和教具，这样才能够让学生正视足球运动。课前场地器材的布置将直接影响学生的情绪和兴趣。如果学生使用的球气压不足或过硬，也没有较宽阔平整的练习场地，或者球门球网破烂不堪，那么学生对足球课程也就没有兴趣可言了。另外，教学中要善于灵活运用黑板、旗杆、标志物、足球墙、人墙模具等多种多样的辅助教具，经常给学生以新的刺激，不使其产生千篇一律、单调乏味的感觉。这也是使学生长期保持兴奋的手段之一，如果每次都是固定的教具，固定的讲解、示范、练习三部曲，没有一点变化和新意，学生就会感到枯燥、丧失兴趣。

三、对小学足球课程的展望

1. 建立小学足球专业化的师资队伍

校园足球运动能否更好、更长久地发展，很重要的一点是取决于学校对足球教师队伍的加强。学校可在原有的基础上，引进一些经验丰富、球技精湛的足球教师，让这些教师来带动校园足球的发展。

2. 场地建设

为了能使校园足球的教学和训练能够更好地进行，必然需要有合适的训练场地，并保障训练场地的合格，建设专用球场。这就需要学校的大力支持和投资。足球场地的质量直接影响小学生进行运动的兴趣，在平整、柔软的场地上踢球，不仅能够减少意外伤害的发生、促进足球技术水平发挥，还能够让学生们体验到足球带来的快乐。

综上所述，将足球体育引入小学体育课堂之中，对于促进小学生的健康成长，培养小学生健全人格、优秀品质起着十分重要的作用。同时将足球教学引入小学教育中，也可以促进我国体育足球事业的发展，为我国足球事业培养后备力量。但是，在进行小学体育教学的过程中，我们始终要尊重小学生认识发展的规律，依据小学生的认知特点进行小学足球教学工作。

参考文献

[1] 严大方．对小学足球教学的研究．体育科研，2002（2）
[2] 薛伟．浅析足球游戏在足球教学中的合理运用．井冈山医专学报，2007，14（4）
[3] 陈学冬．体育教学中学生足球兴趣的培养．内江科技，2010，31（4）

关于小学生速度轮滑的起跑技术和训练研究

■ 徐礼峥

前　言

自从1983年速度轮滑在中国成为正式竞赛项目以后，至今已经有30多年的历史。在这30多年中，我国运动员在世界大赛中获得的300米、500米比赛奖牌极少，近几年的世界和亚洲比赛中，仅有两名女运动员获得过奖牌。这些年由中国轮滑协会和各区县教委组织的中小学全国、区县比赛也很多，速度轮滑也深受中小学生的喜爱，逐步成为一项热门体育项目。我校轮滑队队员多次在全国及北京市比赛中取得优异成绩，笔者根据多年对速度轮滑训练的实践，对其起跑技术做一深入论述，并对提高速度轮滑起跑能力的训练方法做一介绍。

一、速度轮滑起跑技术

（一）起跑技术的重要性

速度轮滑项目起跑技术主要运用于短距离项目，也就是场地赛300米和500米，公路赛200米和500米，以及接力项目。小学比赛会根据学生的年龄分为甲、乙、丙三组。在速度轮滑500米比赛中，对于优秀选手来说，如果起跑发挥得好，占据领先位置，就可以不受他人干扰，一路领滑夺取最后的胜利。对于实力较弱的选手，如果起跑技术好，则可以抢占有利位置，进而控制比赛节奏，取得最佳成绩。300 米和 200 米比赛是个人计时赛，虽然没有他人干扰，但是由于距离短，更加显现出起跑的重要性。往往很多优秀的 500 米和 1000 米选手都是因为在起跑 100 米上早早就输给了对手而不能站在更高的领奖台上。

（二）起跑技术的构成

1. 起跑的预备姿势

目前在我国优秀选手中 300 米和 200 米起跑姿势都是采用正面摆动式起跑；500 米多半是采用斜面跨越式起跑，身体呈半蹲式，左脚膝盖斜面前弓，轮尖向内呈 45 度角。右脚侧放，轮尖呈外八字形，用轮子内刃卡住地面；左臂在前，右臂在后。

2. 起跑的启动技术

斜面跨越式 500 米起跑时，左脚轮外刃（偏中间）用力蹬地（利用体重），右脚迅速跨越过左腿，呈外八字向正前方落脚。重心向前倾斜，不能向后厥屁股。

200 米和 300 米个人计时赛中，左脚呈外八字，与起跑线呈 20 ~ 30 度角，右脚卡在左脚第四轮的位置上，双脚呈 T 形站好。双手放在胸前，双膝外八，蹲屈后身体重心放在左脚上，右腿向后伸到离前脚 60 公分左右的位置上，然后身体重心由左脚移到右脚，通过大幅度地摆动后迅速从后向前移动体重，利用左脚发力开始起跑动作。头部不能抬得太高，不能向后撅屁股，摆臂尽量在腰部上下。

在整个起跑动作中，第一步是至关重要的。它能使运动员迅速地占据有利位置和空间，也更有利于第二、第三步的技术发挥，从而获得更高更快的速度。因此，起跑第一步的反应速度直接影响到整个起跑的速度。

3. 起跑的疾跑技术

疾跑技术很重要的一点就是步频和步幅及节奏，它们直接影响到起跑的速度。每一步的时间越短则步频越快，频率越快则起跑速度就越快。在每一步落脚时要很好地运用第一个轮子，双脚呈八字形，重心向前提，膝盖和大腿部分向前抬高，膝盖和脚抬起时要冲着正前方，落脚时形成外八字，很好地运用腰部和上体的力量。从启动开始到入弯道，一般专业运动员需要用7步，运动员在接近入弯道时，重心要逐渐降低，逐渐进入滑跑姿势。起跑的摆臂协调运用也很关键，主要是配合整个身体，使力量能够集中，得以更好的发挥。在平时训练中应加强反应速度训练，加强起跑中的抗干扰能力的训练，这都会在实践中收到很好的实效。

4. 疾跑入弯道的衔接技术

由于速度轮滑项目是几个人竞争一条跑道，这也是与大道滑冰和田径项目起跑的不同点，所以在疾跑入弯道的衔接技术很关键。疾跑从直线入弯道的衔接过程中，整体重心应逐步降低，大腿角度也逐步呈半蹲的滑行姿势。在入弯道过程中，应先向弯道倾倒身体，上下肢协调动作，提高滑跑频率。要敢于竞争，敢于抢占有利位置，脚下动作一定要果断、协调、迅速。

二、起跑技术的训练方法和起跑动作的训练手段

（一）起跑技术的训练方法

1. 皮筋牵引练习

在训练中运用皮筋或布带等，2个人为一组。一个人做起跑基本姿势，向前疾跑，姿势较低，身体呈半蹲式，双脚外八，脚跟抬起，尽量不着地，向侧向用力，大腿带动小腿抬起，运用肩、腰、上体和摆臂的协调力量提高步频。另一个人则用反拉力，给前者带来相反的阻力，增加难度。

2. 听力训练

几个人一组，站在起跑线上，教练员可以采用哨声来训练队员的反应能力和动作速度。做这种练习时要重点强调第一步的速度以及步幅。

3. 爆发力跳跃练习

结合轮上起跑专项技术动作，反复做具有专项性的高抬腿跳跃，双脚勾胸跳，侧前方向滑跳等爆发力跳跃练习。

4. 推墙式练习

身体与墙呈 45 度角，双手推墙，脚尖着地，单腿快速收缩 20 ~ 30 次。

5. 轮上基本功

第一个轮子着地，双脚呈八字，落脚时身体稍向前倾斜，大腿抬起时膝盖和脚尖必须向前，落脚时向外侧掰开落地。

（二）速度轮滑起跑动作的训练手段

1. 负重力量训练

2. 增加起跑距离训练

3. 强化起跑中的反应速度训练

4. 加强起跑中抗干扰能力训练

由于小学这一年龄段骨骼与肌肉发展还不健全，力量训练时不宜负荷过大，要根据学生的年龄、身高、体重合理安排训练强度。

三、建　议

速度轮滑项目战术复杂，对心理素质能力要求高，比赛中偶然事件发生频率很高。为了更好地提高我国运动员的起跑能力，提出以下建议。

第一，在平时训练中应加强反应速度训练，加强起跑中的抗干扰能力的训练，将会在比赛中收到很好的实效。

第二，重视运动员抗干扰的心理能力训练。在运用各种不同的实践训练方法中，增加抗干扰的心理训练内容，克服和加强运动员的心理抗干扰能力。

第三，作为教练员应及时掌握并分析国内外优秀运动员当前起跑的先进技术动作，抓住其特点，进行有针对性的训练和研究，并积极运用到实践中。

第四，应积极配合科研人员进行好调研工作。

第五，注意结合年龄、心理、生理特点选择科学的运动负荷。

史家胡同小学篮球队得分后卫进攻技术对比分析

■ 陈　凯

在篮球比赛中每个球队的后卫队员都有比较强的得分能力，在投篮过程中，体现了“变、快、巧、稳”的特点；后卫队员的任务多是攻击，具有更多投篮的次数，造成对方犯规的能力更强；在传球上控球后卫的传球效率和稳定性更好，但是从场均助攻与场均传球次数上看，得分后卫的效率更高，这反映了后卫队员传球给队友直接投篮和攻击性传球以及篮下近距离投篮的机会更多。

篮球理论界对于后卫进攻有很多不同的说法，本文通过对史家胡同小学得分后卫的进攻技术进行量化分析，试图找出得分后卫的进攻技术特征，进而为提高我国篮球得分后卫制定出更加科学的训练计划提供借鉴和参考。

一、研究对象和研究方法

（一）研究对象

本文以史家胡同小学得分后卫胡兆炎和赵一风的进攻技术对比为研究对象。

（二）研究方法

1. 文献资料法

根据本次研究的需要，查阅相关文献资料，通过对查阅的文献资料进行总结分析，为本文的写作打下了良好的理论基础，使本文的后续写作能够更好地完成。

2. 录像观察法

通过对东城区小学篮球比赛的录像资料进行研究分析，通过慢放、重放和定格等手段观看在比赛中赵一风和胡兆炎进攻技术的运用，将所得数据进行收集及对比分析。

3. 数理统计法

通过以史家胡同小学得分后卫进攻技术对比为研究对象，对东城区小学篮球比赛的录像资料进行观察，得出相关数据，将搜集来的数据系统地做成表格的形式，便于进行直观的比较和研究处理。

4. 对比分析法

通过对胡兆炎和赵一风的进攻情况进行对比分析，发现两队后卫队员进攻的优势和不足。

二、研究结果与分析

（一）后卫进攻在篮球比赛中的重要性

在篮球比赛中，后卫进攻具有十分重要的影响。在激烈的篮球比赛中，后卫进攻是比赛双方队员攻防角色转换的有效途径，只有主动掌握了进攻权，才能有效地进行投球得分。由此可以看出，后卫进攻在篮球比赛中具有十分重要的作用。

（二）两个后卫的投篮技术分析

通过观看东城区小学篮球的录像视频，将所需要的数据整理后得出胡兆炎和赵一风的投篮情况统计表（见表 1），从表中统计的数据可以看出胡兆炎共投篮 15 次，命中次数是 6 次，命中率为 30.9%；赵一风共投篮 10 次，命中次数是

3 次，命中率为 29.6%。从统计的数据可以看出胡兆炎相对于赵一风来说投篮次数较多，命中率较高，这说明胡兆炎的投篮能力相对于赵一风要好。

表 1　　两个后卫的投篮情况统计表

	投篮次数	投篮命中次数	命中率
胡兆炎	15	6	30.9%
赵一风	10	3	29.6%
绝对差值	5	3	1.3%

投篮就是在篮球比赛中队员采用各种合理的技术性动作把球投入到对手的球篮中。投篮得分在篮球赛中是最重要的得分手段。目前随着篮球运动的迅速发展，篮球队员的身高和身体素质以及技术水平的提高，导致投篮技术也在迅速发展：出手的部位从低到高，出手的速度从慢到快，投篮的方式也越来越多，投篮的命中率在不断提高。

1. 两个后卫的 2 分球技术

通过对东城区小学篮球比赛的比赛视频进行观看，对胡兆炎和赵一风的 2 分球投球次数和命中次数分别进行统计，得出表 2 数据。通过表 2 可以看出，胡兆炎的 2 分球投球次数是 5 次，命中次数是 5 次，命中率为 100%；赵一风 2 分球的投球次数是 3 次，命中次数是 2 次，命中率为 88.0%。由此可以看出，胡兆炎的 2 分球投球次数相对于赵一风来说是比较多的，命中率也比较高，说明胡兆炎的 2 分球投球技术、投球得分能力优于赵一风。2 分球是在篮球比赛中比较容易得分的篮球技能，相对于 3 分球来说，投球的位置也没有很大的限制，但是 2 分球的得分相对于 3 分球来说，是比较低的。因此应加强对投篮技术的训练，提高后卫队员的投篮技术。

表 2　　两个后卫的 2 分球情况统计表

	投 2 分球次数	2 分球命中次数	命中率
胡兆炎	5	5	100%
赵一风	3	2	88.0%
绝对差值	2	3	12.0%

2. 两个后卫的3分球技术

通过对东城区小学篮球比赛的比赛视频进行观看，对胡兆炎和赵一风的3分球投球次数和命中次数分别进行统计，得出表3数据。通过表3可以看出，胡兆炎的3分球投球次数是3次，命中次数是1次，命中率为30.1%；赵一风3分球的投球次数是2次，命中次数是2次，命中率为100%。由此可以看出赵一风的3分球投球能力和进球能力明显优于胡兆炎。

表3　　两个后卫的3分球情况统计表

	投3分球次数	3分球命中次数	命中率
胡兆炎	3	1	30.1%
赵一风	2	2	100%
绝对差值	1	-1	-69.9%

后卫分为组织后卫和得分后卫两种，在篮球比赛中占据着十分重要的地位，后卫队员不只是得分的主要力量，还被称为“球场上的教练员”。胡兆炎在本次比赛中3分球的投球能力和进球能力明显不足，因此为了保障后卫队员在今后的比赛中不再处于劣势，教练员应该加强训练后卫队员的投球能力和进球能力，保障今后能够更好地进行比赛，促进篮球运动和运动员的发展。

3. 两个后卫的罚球技术

通过对东城区小学篮球比赛的比赛视频进行观看，对胡兆炎和赵一风的罚球次数和命中次数分别进行统计，得出表4数据。通过表4可以看出，胡兆炎的罚球次数是5次，命中次数是3次，命中率为60.1%；赵一风的罚球次数是6次，命中次数是5次，命中率为81.2%。由此可以看出，赵一风的罚球进球能力明显优于胡兆炎，说明胡兆炎有一定的篮球技能基础，但是在技术运用和战术配合上比较欠缺。

虽然没有防守，但是在激烈的比赛中，运动员高度紧张的精神也会造成投球的失败，罚球进球率的高低，对比赛结果也产生着一定的影响。通过对胡兆炎和赵一风的罚球情况进行对比分析，可以发现，赵一风的罚球次数明显多于胡兆炎。这说明胡兆炎虽然具有一定的篮球基础，但是在技术和战术的配合运用上有一定的差距。赵一风的罚球能力相对于胡兆炎的罚球技能更为优异。

表 4　　两个后卫的罚球情况统计表

	罚球次数	罚球命中次数	命中率
胡兆炎	5	3	60.1%
赵一风	6	5	81.2%
绝对差值	-1	-2	-19.9%

（三）两个后卫的助攻技术

通过对东城区小学篮球比赛的比赛视频进行观看，对胡兆炎和赵一风的助攻情况进行统计，得出表 5 数据。通过表 5 可以看出，胡兆炎的助攻次数是 8 次，场均是 4 次；赵一风的助攻次数是 6 次，场均是 3 次。由此可以看出，胡兆炎的助攻次数比赵一风具有明显的优势。助攻在篮球比赛中是比较关键的篮球技术，只有通过队员之间互相的合作，比赛才能够取得最终的胜利。因此赵一风在日常的训练中应该加强队员之间的配合能力，争取在今后的比赛中能够取得优势。

表 5　　两个后卫的助攻情况统计表

	助攻次数	场均次数	成功率
胡兆炎	8	4	100%
赵一风	6	3	80%
绝对差值	1	1	20%

（四）两个后卫的失误

通过对东城区小学篮球比赛的比赛视频进行观看，对胡兆炎和赵一风的失误情况进行统计，得出表 6 数据。通过表 6 可以看出，胡兆炎的失误次数是 7 次，场均是 3.25 次；赵一风的失误次数是 5 次，场均是 1.4 次。胡兆炎的失误次数比赵一风多。由此可以看出，胡兆炎虽然在各项能力上都比较优秀，但是在比赛过程中容易失误，在比赛中容易被动。因此，为了今后在比赛中能够得到更多的控球权，在今后的训练中应该针对失误情况采取措施，减少失误次数。

表 6　　两个后卫的失误情况统计表

	失误次数	运球失误次数	传球失误次数
胡兆炎	7	4	3
赵一风	5	2	3
绝对差值	2	2	0

在篮球比赛中，运球失误就是在运球的过程中因为队员本身发生的错误导致球队失去控球权。从表 6 能够发现，在本次比赛中胡兆炎的运球失误次数与赵一风没有特别显著的差异，但是赵一风更具有优势。

（五）两个后卫的前场篮板球技术

通过对东城区小学篮球比赛的比赛视频进行观看，对胡兆炎和赵一风的前场篮板球情况进行统计，得出表 7 数据。通过表 7 可以看出，胡兆炎的前场篮板数是 3 个，场均是 1.25 个；赵一风的前场篮板数是 1 个，场均是 0.5 个。由此可以看出胡兆炎的抢前场篮板能力明显优于赵一风。

表 7　　两个后卫的前场篮板球情况统计表

	前场篮板数	场均篮板数
胡兆炎	3	1.25
赵一风	1	0.5
绝对差值	2	0.75

前场篮板球又叫进攻篮板，是篮球运动员进攻能力的直接体现，也是在篮球比赛中攻防角色转换的重要途径。通过对胡兆炎和赵一风的前场篮板球次数进行对比分析可以看出，相对于赵一风来说，胡兆炎的抢前场篮板球的能力更为优秀，胡兆炎在比赛中掌握着多数的进攻主动权。

（六）两个后卫的持球突破技术

持球突破技术是篮球比赛中运用非常广泛的进攻技巧之一，也是后卫队员运用比较多的进攻技术和方法，受到传统篮球理念以及战术思想的熏陶和影响，我国篮球发展一直主张中锋和前锋才是比赛中的主要进攻力量，是整支队伍的得分核心，而后卫所担负的任务是把球供给处在得分位置上或者有能力创造得分机会的中锋和前锋。在日常篮球训练和模拟比赛中，后卫队员的攻击力量总是不被重视，同时后卫队员自身的冲击内线突破意识也不够明确。这就需要处在外线的后卫球员，找准机会，持球突破，冲击对手的内线防守，并寻找机会得分或传球，以打破进攻时的阻碍和困境。

三、结　论

（1）在篮球比赛中，后卫进攻具有十分重要的影响，只有掌握了控球权，才能为下一步的进球打下基础。阻碍对手投球得分的一个有效方法就是掌握篮球后卫进攻的控球权。

（2）在本次比赛中胡兆炎相对于赵一风来说，投篮命中率较高，说明胡兆炎的投篮能力相对较好。

（3）胡兆炎的 2 分球投球次数相对于赵一风来说是比较多的，命中率也比较高，说明胡兆炎的 2 分球投球技术、投球得分能力优于赵一风。

（4）赵一风的 3 分球投球能力和进球能力略微优于胡兆炎。

（5）赵一风的罚球进球能力优于胡兆炎，胡兆炎虽然有一定的篮球技能基础，但是在技术运用和战术配合上相对来说比较欠缺。

（6）胡兆炎的助攻次数比赵一风具有些许的优势，胡兆炎和队友之间的配合是非常成功的，能够很好地服从篮球比赛过程中的战术配合。

（7）胡兆炎在各项能力上都比较优秀，但是在比赛过程中容易造成失误，在比赛中容易被动。

（8）胡兆炎的抢前场篮板能力优于赵一风。

（9）虽然赵一风在整个比赛中表现得可圈可点，但是胡兆炎表现得更加出色，这也决定了在整个比赛中胡兆炎成为最有价值球员。

参考文献

[1] 陈国瑞．我国男篮甲级队优秀后卫身体条件及攻击能力现状探析．北京体育大学学报，2011（19）

[2] 赵燕，聂连福．对第28届奥运会中国男篮后卫进攻能力的分析与研究．成都体育学院学报，2012（2）

[3] 曹芳平．中外男篮优秀后卫的比较研究．徐州师范大学学报（自然科学版），2012（4）

[4] 夏崇德，陈颇．世界男子篮球锦标赛中国队技术统计结果分析．中国体育科技，2013（1）

[5] 袁凤生，程亚飞．论篮球运动优秀组织后卫能力的培养．中国体育科技，2013（4）

[6] 柏杨等．世界女子篮球锦标赛中外后卫能力的比较研究．西安体育学院学报，2013，20（6）

[7] 董伦红等．世界优秀女篮后卫队员身体形态与技术特征分析．山东体育科技，2012，27（3）

不同手出水姿势对7～9岁儿童初学仰泳教学的影响

■ 史定宇

前　言

（一）选题依据

随着中国竞技游泳水平的不断提升及其影响力的扩大，热衷游泳运动的人也越来越多，各种游泳培训机构也如雨后春笋般在各地开展起来，大众对于游泳的需求也从简单的生存需求提高到掌握多种泳姿层面。相对于其他泳姿，游仰泳时仰卧在水面，臂、腿轮流交替划水和打水，呼吸容易掌握，动作简单易学，一直是比较受欢迎的泳式，尤其是被年老体弱及浮力较好的妇女儿童所喜欢。因此，各个培训机构在初学蛙泳之后追加了仰泳教学。

这些培训机构主要有两种类型，一类是以培养运动员为主，另一类是以开展全民健身游泳活动为主。正因为教学目标的不同，在进行仰泳出水动作教学时产生了分歧，出水技术分为三种，即大拇指领先出水技术、手背领先出水技术和小拇指领先出水技术。手背领先出水技术在实践中应用较少，大拇指领先出水和小拇指领先出水被普遍接受。

在竞技游泳方面，随着仰泳技术理论和实践的不断发展，世界高水平运动员更愿意采用大拇指领先出水。在全民健身游泳方面，小拇指领先出水被广泛应用于初级教学中。

针对这种分歧，笔者在实践中将不同的仰泳手出水技术运用在 7 ~9 岁仰泳初级教学中，通过对比不同仰泳手出水姿势对 7 ~9 岁初级仰泳教学中学生的学习进度以及最终的教学质量，分析不同手出水姿势对 7 ~9 岁仰泳初级教学的影响，找出适合于 7 ~9 岁年龄段初级仰泳教学的方法，对今后初级仰泳教学提出意见、提供参考方法。

（二）文献综述

1. 竞技游泳中手出水姿势的选择

傅延浩在《中外优秀仰泳运动员手出水姿势的研究》一文中指出：在仰泳技术中，手出水这一看似小的环节始终没受到太多的重视。在实际应用当中教练员的说法不一，运动员的做法也不同。总体来讲，游泳界广为流传的出水姿势有三种：手背领先出水、大拇指领先出水、小拇指领先出水。大拇指出水已被世界优秀运动员实际证明符合游泳运动的走向规律。我国优秀运动员与业余体校少儿运动员之间出水姿势大致相同，60% 以上是手背出水，小拇指出水业余体校学生占 20%，大拇指出水优秀运动员占 20%。

朱丹、孙雪梅在《仰泳运动员划水路线和出水技术的初步分析》中写到，按传统观念人们认为第二次上划是出水和空中移臂的开始，是不产生推进力的。但有些研究发现，此时也有推进力产生，因为这个阶段非常短暂，而且许多运动员是无意中做出来的。产生推进力的原因是一些运动员在鞭状下划阶段手比较靠外，在手掌准备出水而从向下到向内转动的过程中，由于手的攻角的改变，以及手臂从较靠外到贴近身体出水的动作类似于横向划水，可能无意中产生升力型推进力。但并不是所有运动员都能做到这个动作并获得推进力的。所以一些运动员划水路线较窄，便于鞭状下划后出水，从而得不到第二次上划的升力。

2. 初级教学中手出水姿势的选择

刘秋苹在《浅谈仰泳转肩在少儿仰泳技术教学中的作用》中提出，转肩动作好坏，对仰泳技术有着非常重要的作用。因此，用什么方法手段让少体校学生掌握正确的仰泳转肩技术，使其仰泳成绩较快提高，并为今后进入专业训练打好扎实的技术基础，显得非常重要。

沈君平、王新满在《儿童仰泳技术训练初探》中指出：手臂技术是关键，技术过程是先单手直臂移臂，手紧靠肩的延长线，小拇指领先切入水，手入水后向前下方伸抓水，回手向上抱水到大腿向下推压水。抓水、抱水和推压水及提肩整个动作连贯自然。要强调抓水、抱水效果和推压水用力加速及身体游进中转动和肩部动作转动，手掌不断变化对水方向都很重要。

3. 儿少初级教学的特点

陈永欣、李辉在《不同年龄初学游泳者教学方法与策略的分析》中写道，儿童时期初学游泳的目的性不强，儿童的出发点是玩耍或游戏，学习的参与主要是家长的意愿，学习不具有主动性，容易出现恐惧心理。儿童在学习游泳过程中注意力难以高度集中，抗干扰能力低，在学习游泳过程中理解语言能力、动作表象的形成、动作的模仿能力较差。

根据儿童的身心特点，在教学中要采取具有针对性的教学方法。第一，应多采取游戏与心理诱导法。儿童因身材矮小，入水后会感觉与陆地有很大的区别，如行走、呼吸困难，对水环境的陌生感使儿童产生恐惧心理，恐惧心理的消除是初学游泳过程的关键环节。儿童游泳教学开始阶段，要避免学员呛水，调动其积极性，使其喜欢游泳，诱导其对学习游泳的兴趣，让其感觉学游泳是一种有趣的事。第二，当其对水的恐惧逐渐消失，多采取语言鼓励、物质奖励、优差对比的教学方法，激励学习的勇气和劲头。第三，为了避免危险的发生和养成爱玩不爱学的习惯，要在教法上加以调整，要采取鼓励和批评相结合的教学方法和对策。

白秀芬在《儿童的仰泳术训练》中提到，8 ~ 10 岁儿童是开始掌握正确技术的最佳年龄。因为这一阶段儿童的模仿能力最强。这时正值小学二年级，已经过了一年的正规学校学习，已有较好的理解能力。

一、研究对象与方法

（一）研究对象

不同手出水姿势对 7 ~9 岁儿童初学仰泳教学的影响。

（二）研究方法

1. 文献资料法

阅读近十年的相关文献并检索中国知网中的相关文献，对以上文献进行筛选以及分类总结。这些资料确定了此次研究的主要方法和认识问题、解决问题的基础理论，并为研究的顺利开展奠定理论基础。

2. 实验法

实验选定北京市东城区史家小学游泳队，共 20 人，年龄 7 ~9 岁。要求：独立完成 25 米蛙泳配合。实验采用随机分组，利用校队训练时间周一至周五 16：00 ~17：30，周六 9：00 ~10：30（对照组 10 人，实验组 10 人）。每周训练 6 次，每次训练 90 分钟。

实验共进行两周 12 节训练课，周一至周六训练，周日休息一天。对照组仰泳教学中教授小拇指领先出水，试验组教授大拇指领先出水；实验中为两组学生安排相同的教学进度及训练计划，同时严格要求出勤率并给学员回家进行课外仰泳手臂技术陆上模仿练习。

在教学过程中，记录学生腿部动作、臂部动作、手腿呼吸配合的学习进度；评估标准参照《游泳年龄组教学训练大纲》中“7 ~8 岁儿童仰泳教学重点”，如表 1 所示。

在为期两周的教学课程结束后安排实验组和对照组进行仰泳测试。能力测试：是否独立完成 25 米仰泳；技术评估：良好，一般，差。如表 1 所示。

表 1　　7～8 岁儿童仰泳教学重点

腿部动作	臂部动作	配合手、腿	身体姿势及位置
大腿带动小腿，有鞭状上踢动作	1. 直臂移臂，肩贴耳朵入水 2. 小指入水，大（小）拇指出水 3. 曲臂划水	手腿动作连贯	身体姿势平直，头保持稳定

表 2　　7～8 岁儿童仰泳技术训练要求

项目	良好	一条为一般，两条以上(含)为差
腿部动作	大腿发力，加速屈腿上踢，踢在一个点上	1. 蹬自行车，膝关节弯曲出水面 2. 大腿不动，小腿下沉 3. 在水面踢水
臂部动作	小指入水点在肩的延长线上，抓水深	1. 移臂弯曲 2. 划水路线短、浅 3. 直臂划水
手、腿、呼吸配合	身体平稳，打腿和划水均匀协调；一臂入水吸气，另一臂出水呼气	1. 身体下沉 2. 入水和出水浅，有停顿
身体姿势	头和肩部稍高于髋部，颈部肌肉放松，后脑浸入水中，自然平直仰卧水中，呈流线形	1. 摇头摆尾，坐姿 2. 身体上下起伏，晃动 3. 身体倾斜

3. 专家访谈法

对北京体育大学老师进行访谈，通过访谈了解他们对仰泳技术和教学、不同手出水姿势在仰泳教学应用中的看法，以及他们认为存在的问题。

4. 数理统计法

完成试验、获得原始数据，将原始数据进行归纳、整理，运用 Microsoft Exce 2007 进行数据处理，对调查结果进行分析和论证。

二、研究结果与分析

（一）不同手出水姿势的特点

不同的手出水姿势是由不同出水动作造成的，不同的动作则会产生不同的影响；只有分析不同仰泳手出水的特点，才能进一步对比其对 7 ~9 岁儿童初学仰泳教学的影响。

1. 小拇指领先出水的特点

小拇指领先出水是由于在仰泳划水完成以后，手臂内旋形成的，此时掌心朝向身体外侧，形成小拇指朝上的状态，继而在进行出水动作时，表现为小拇指领先出水。这使得在移臂过程中不需要转动手臂，为小拇指入水做好准备，而且小拇指领先出水可以强化下划动作从而有效提升身体位置。与此同时，由于手臂的内旋使得肩部内旋，而肩部内旋一方面会使得肩关节被动上提，从而带动肩部和身体的转动，另一方面会造成臂部肱三头肌的收缩，这使得肱三头肌参了手臂提拉出水的过程，分担了肩部肌肉和躯干的负担，使得手臂出水速度更加迅速，身体的稳定性也大大提高。

2. 大拇指领先出水的特点

大拇指领先出水的技术是由仰泳的划水阶段完成以后，手臂外旋形成的，此时掌心向内，形成大拇指朝上的状态，继而在进行出水动作时，表现为大拇指领先出水。在手臂外旋的同时因为手掌攻角的改变也会产生一定的升力，但是这个动作对 7 ~9 岁儿童而言很难掌握，更有甚者忽略了下划动作，因此整个动作缺少了一个改善身体姿势的升力。而 7 ~9 岁学生的肩带以及躯干力量较差，一方面会造成出水时身体可能过分倾斜或者导致曲臂移臂，另一方面会造成学生没有转肩动作，影响整个出水和空中移臂动作的流畅。

（二）实验组与对照组学员学习进度对比分析

1. 腿部动作

经过四天的仰泳腿教学，对照组 10 人、实验组 10 人掌握腿部动作，所有学生能够掌握仰泳腿部技术。通过对数据进行进一步的分析，对照组 10 人掌握腿部动作的平均时间为 2.6 节课，而实验组 10 人掌握腿部动作的平均时间为 2.4 节课，两组学生掌握情况相同。对照组和实验组学生的学习速度，较为客观地反映了两组学生的学习能力。可见，两组学生的学习能力相似。

2. 臂部动作

对照组第七节课有 8 人掌握，优于实验组的 6 人。对照组为小拇指出水，而入水动作要求小拇指领先入水，在空中移臂的过程中手的姿势不变，因此便于 7 ~ 9 岁儿童模仿。对照组未掌握学生在游进时选择手背出水，这是因为对照组要求小拇指出水，而此时肩关节处于反关节位置，如果身体不能配合进行转动，学生不能做出动作。

实验组大拇指出水肩关节处于正常位置，因此全部掌握了大拇指出水动作。但是，大拇指出水需要在移臂过程中转变手的姿势，使其变为小拇指领先入水，学生掌握得较慢，在经过 3 节课的反复练习之后，仍有 3 人以手背拍水方式入水。实验组 2 人因为肩部转动不充分导致入水时大臂未能贴紧耳朵。大拇指领先出水需要学员主动进行肩部的转动，而转肩势必引起躯干的侧转，不能掌握肩部的转动。

3. 配合手、腿

手、腿的配合是仰泳学习的关键环节，对照组在 11 节课时 10 人全部能够掌握手、腿的配合。这是因为对照组采用小拇指出水时，推水动作后手臂的内旋会产生升力，能够在一定程度上改善身体位置，而由于臂部肌肉参与了移臂过程，出水动作更加迅速，空中移臂没有明显的停顿，身体位置保持得较好，这使得对照组学生较快地掌握仰泳的配合技术。

实验组手、腿配合因为采用大拇指出水，未能有效利用下划产生的升力，出水的同时带动的身体围绕身体纵轴的转动更加强烈，不利于身体位置的保持；空中移臂时，在由掌心朝内转变为掌心朝外时容易产生停顿。综合来看，实验组学生在学习手、腿配合时出现了较为强烈的反复，学习的速度也受到影响。

（三）实验组与对照组教学效果的对比分析

1. 实验组与对照组能力测试

在全部 12 节课结束之后，对学生进行独立完成 25 米仰泳的测试。独立游进 25 米是检验学生是否掌握仰泳技术的必要条件，表 3 为对照组和实验组 25 米仰泳的完成情况。

表 3　　实验组与对照组 25 米仰泳完成情况（N =20）　　单位：人

	对照组	实验组
独立完成	10	8
未能独立完成	0	2

从表 3 中我们看出，在全部 12 节课之后，对照组 10 人全部独立完成 25 米仰泳，而实验组只有 8 人完成。对照组学生掌握技术所用的时间较少，在掌握技术之后才能够进行独立的游泳，进而在这种反复的练习中形成动力定型，进一步提高动作质量以及体能。而实验组学生在学习过程中未能快速有效地掌握所教授的技术，教学时间过多的用于错误动作的纠正，这就影响了学生独立练习的时间，练习时间的减少使学生不能在平时的练习中提高动作的熟练程度和增进体能水平。

2. 实验组与对照组技术评估

在学生进行独立 25 米仰泳游进的同时，对学生的仰泳技术进行评估，评估从腿部动作、臂部动作、配合手腿以及身体位置四个方面评价学生最终的学习成果，并将评估结果记录如下，如表 4。

表 4　　实验组与对照组技术评估结果（N =80）　　单位：人

	腿部动作		臂部动作		配合手、腿		身体位置	
	对照组	实验组	对照组	实验组	对照组	实验组	对照组	实验组
良好	8	8	8	5	7	6	4	7
一般	2	2	2	3	3	3	6	2
差	0	0	0	2	0	1	0	1

如表 4 所示，对照组与实验组的腿部动作完成得较好，都有 8 人达到良好；对照组有 2 人虽然腿部动作完成得一般，但通过其他技术的弥补也顺利掌握了仰泳技术，独立完成了 25 米仰泳；而实验组 2 人因为腿部动作一般，最终影响到其仰泳的学习，以至于未能独立完成 25 米仰泳。

对照组臂部动作出现错误 3 次，优于实验组的 7 次。对照组学生 2 人依旧采用手背出水，小拇指出水使得肩部处于反关节的位置，导致学生主观地选择较为自然的手背出水；实验组较好地克服了手背入水的错误动作，但最后的测验中还有 2 人存在手背入水的问题；实验组还出现了移臂弯曲和直臂划水的错误，小拇指入水后，保持直臂划水会自然形成大拇指出水。

手、腿配合中对照组主要的错误集中在出水停顿上，这是由于手臂在出水前多了一个内旋的动作，学生动作不熟练容易在出水时形成停顿。实验组错误产生在身体下沉，大拇指出水前手掌侧滑，此动作产生升力的大小受手掌攻角变化的影响大，7 ~ 9 岁儿童不能很好地感受攻角的变化，因此身体下沉；同时大拇指领先出水时，学生在移臂过程中需要将手转换为掌心向外，此时移臂的连贯性容易遭到破坏，手臂会在空中产生停顿。

对照组的错误集中在身体起伏晃动，因为小拇指出水虽然能较好地利用下划产生升力，但这个力量并不是均匀的，在空中移臂时身体位置下降较多。实验组的主要错误在身体倾斜，大拇指出水会导致身体的转动幅度变大，学生不能很好地控制身体的转动就会出现身体晃动，而且移臂过程中手臂的停顿会造成身体位置的下沉。

从表 5 中综合四项技术的评估结果，我们看出对照组整体的技术水平高于实验组，并且没有一项技术评为差，说明对照组学生整体掌握得较好，这是由于小拇指出水易于此年龄段学生学习，在快速掌握之后可进一步提高动作的质量。但是对照组得到 13 个一般，高于实验组的 10 个，这说明小拇指出水存在一些缺陷，即使肩部处于反关节位置，这个缺陷阻碍了学生克服错误动作。另一方面，实验组获得 26 个良好，少于对照组的 27 个，但是考虑到实验组有 2 人未能独立完成 25 米仰泳的情况，说明在能完成 25 米仰泳的学生中，实验组对技术掌握得更好。

表5　　对照组与实验组总体评估结果（N=80）　　单位：人

	对照组	实验组
良好	27	26
一般	13	10
差	0	4

三、结论与建议

（一）结论

（1）在7～9岁儿童初级仰泳教学中，小拇指出水有助于学生快速、准确地完成臂部动作教学任务，在配合游中腿部动作和臂部动作较少出现反复，这极大地激发了学生的学习兴趣，提高了学习速度。

（2）在7～9岁儿童初级仰泳教学中，大拇指出水需要学生在不断的练习中逐步掌握臂部动作教学中的重点，手、腿配合教学中，大量练习之后虽然能够较为流畅地完成配合动作，但是腿部动作和臂部动作极易出现反复，使学生感到自己“退步”，影响学生的学习兴趣，进而影响学习进度。

（3）在7～9岁儿童初级仰泳教学中，采用小拇指出水使得学生较好地弥补了腿部动作和手、腿配合中的不足，学生全部完成教学任务；但小拇指出水自身的“缺陷”使得学生在学会仰泳之后，仰泳技术并没有进一步的提高。

（4）在7～9岁儿童初级仰泳教学中，采用大拇指出水对学生的单项动作要求较高，任何单项动作的不足都可能导致无法完成教学任务；但大拇指出水能使单项动作的优势发挥出最大的效益，学生在学会仰泳之后，仰泳技术进一步提高。

（二）建议

（1）在 7～9 岁儿童初级仰泳教学中，学生恐惧心理强烈、学习兴趣不高、动作生疏、技术粗糙，应采用小拇指领先出水教学以保证教学任务的顺利完成。

（2）在 7～9 岁儿童初级仰泳教学中，学生动作熟练，技术精确，应该采用大拇指领先出水教学。

（3）在 7～9 岁儿童初级仰泳教学中，两种出水动作各有其长处和不足，因此教练员在实际教学中应该从实际出发，结合学生的学习情况因材施教。

（4）教练员应明确，两种出水动作中，大拇指领先出水符合当今仰泳技术发展的趋势，在因材施教地完成初级教学任务之后，应不失时机地教授大拇指领先出水动作。

参考文献

[1] 全国体育院校教材委员会．游泳运动．北京：人民体育出版社，2001
[2] 傅延浩．中外优秀仰泳运动员手出水姿势的研究．游泳季刊，1998（4）
[3] 朱丹，孙雪梅．仰泳运动员划水路线和出水技术的初步分析．辽宁体育科技，2007（1）
[4] 刘秋苹．浅谈仰泳转肩在少儿仰泳技术教学中的作用．游泳季刊，2003（3）
[5] 沈君平，王新满．儿童仰泳技术初探．游泳季刊，2011（2）
[6] 陈永欣，李辉．不同年龄初学游泳者教学方法与策略的分析．游泳季刊，2005（1）
[7] 白秀芬．儿童的仰泳术训练．游泳季刊，1994（2）
[8] 中国游泳协会．游泳年龄组教学训练大纲．北京：人民体育出版社，2005

PNF 牵拉法对小学健美操初学者柔韧性影响的实验研究

■ 王姣姣

前　言

（一）选题依据

PNF 法（Proprioceptive Neuromuscular Facilitation）也译为促通疗法，“本体感受改善神经肌肉法”，也就是现在的对抗性牵拉法。在健美操这个项目中，良好的柔韧性可以保证运动员高质量完成多种难度动作，有利于防止拉伤等伤害事故的发生。研究发现，PNF 牵拉法对人体的柔韧发展有很好的帮助，因此在这里运用这种方法进行实验研究，得出此方法是否对健美操初学者柔韧起到重要的影响作用。通过对 PNF 对健美操初学者柔韧影响的实验研究，可以为各大中学开展用 PNF 对健美操初学者柔韧的提高提供必要的理论和数据支持，分析这种方法与传统的静力拉伸法相比，对健美操学生的柔韧是否有更大的促进作用，为寻找一种发展健美操初学者柔韧更加有效的方法提供一定的参考依据，并提出一些可行的建议。

（二）文献综述

1. 健美操柔韧素质的概念及作用

健美操柔韧素质是指肌肉、韧带的弹性和关节活动范围及灵活性。人们通常把柔韧素质简称为柔韧性。柔韧素质无论在竞技健美操还是在大众健美操中都是尤为重要的一项身体素质。良好的柔韧性是提高运动幅度、动作速度、动作力量以及完成一些难度动作和高质量动作的基础，同时在减少运动性损伤、保持肌肉的弹性和爆发力、维持身体姿态和延长运动寿命等方面都具有重要意义。因此提高运动技术水平，柔韧素质很重要。

2. PNF 拉伸法的研究

PNF 法是一种多方面的运动治疗方法，最初用于对各种神经肌肉瘫痪病人的治疗，被证实非常有效，也译为促通疗法，作为牵伸练习、康复方法的一部分。人体肌肉和肌腱中，有感知肌肉伸缩的器官，叫固有感受性感受器，由它向专管全身运动的中枢神经传递信号，反复刺激该器官，它会反复传递信号，从而使运动神经的功能得以改善，是各种神经发育促进技术的一种，对具有神经功能障碍肌肉的治疗有促进瘫侧肢体运动并有助于运动功能恢复。

PNF 法的基本原理是所有人具有尚未被利用的潜能，其主要目标是帮助练习者达到他们功能的最高水平。PNF 技术通过对肌群的促进、抑制、增强肌力、放松来达到提高功能活动的目的。包括四个阶段：开始缓慢的简单肌肉拉伸（约 5 秒）—由同伴施加阻力的肌肉最大等长收缩（逆向运动，保持 6 秒）—5 秒钟的放松—15 秒钟的助力拉伸。完成一次整个过程约 30 秒钟，可反复进行，逐渐加大动作幅度。PNF 拉伸法目前在我国田径、武术以及康复等项目中有了一定的研究，但在健美操项目中的研究相对较少。

3. 健美操柔韧素质的研究现状

在《PNF 伸展和静态伸展对女大学生身体柔韧性的影响》中研究了一次急性和慢性的静态伸展和 PNF 伸展（本体感觉神经肌肉促进）计划对改善大学女生身体柔韧性的作用，结果显示，一次性 PNF 伸展就可以提高柔韧性，静态伸展没有观察到显著的急性差异。实验还观察到 10 周的 PNF 伸展和静态伸展都可以提高柔韧性，但是 PNF 伸展的效果比静态伸展明显。

曾小玲在《提高竞技健美操运动员柔韧性的作法和体会》中提到：全面发展身体各部位的柔韧性，是保证动作质量的重要条件。在竞赛时，我们看到有的运动员动作幅度小和动作姿态产生错误，往往与柔韧性不好有关。柔韧素质主要表现在各种关节的运动幅度上。

《健美操教学中发展柔韧素质的新方法》指出：PNF 法的基本原理是所有人具有尚未被利用的潜能，其主要目标是帮助练习者达到他们功能的最高水平。PNF 技术通过对肌群的促进、抑制、增强肌力、放松，来达到提高功能活动的目的。

4. PNF 拉伸法对运动员柔韧影响的研究

关于 PNF 拉伸法对运动员柔韧影响的研究文献不是很多，资料表明 PNF 拉伸法对运动员的柔韧有着积极的影响，与传统的拉伸方法相比较，PNF 拉伸法效果更加明显，更能调动运动员的积极性，同时降低了运动员练习时的枯燥感和艰辛程度。

常颖、王晓东在《PNF 法拉伸和静力拉伸练习对改善跨栏运动员的髋关节柔韧性作用的比较》中阐述：实验结果显示，PNF 法拉伸后，所测定的关节运动幅度显著高于静力拉伸组。另外，由于 PNF 的联系过程包含静力伸展和肌肉的最大等长收缩这两个过程，PNF 法实际上将柔韧训练和力量训练结合了起来，PNF 法拉伸不再使练习者觉得过于单调枯燥。

《PNF 法对改善柔韧性的作用》中指出：PNF 法的作用主要有减轻疼痛和疲劳、增强肌力、增强柔韧性、提高协调和控制的能力、提高稳定和平衡的能力及增强耐力；PNF 伸展比传统的静力性伸展和弹性伸展对促进柔韧性的提高更有效；PNF 法在一次性的伸展过程中可以大大提高关节运动幅度。

一、研究对象与方法

（一）研究对象

PNF 牵拉法对小学健美操初学者柔韧性影响的实验研究。

（二）研究方法

1. 文献资料法

查阅国内外 PNF 拉伸法、健美操柔韧的相关文献 30 余篇。通过研究分析，从理论上对该实验进行指导，为该实验的调查设计、操作等提供理论依据。

2. 实验法

实验时间：2016 年 3 月 16 日到 5 月 19 日，共 8 周 24 次课。

实验对象：小学健美操初学者 30 人。

实验设计：

（1）分组。实验分两个组进行，一组是 PNF 牵拉法实验组，另一组是常规拉伸对照组。30 名学生，按随机进行分组，按大小个站成 4 排，男生 2 排，女生 2 排。第一排男生与第一排女生为 PNF 牵拉法实验组，第二排男生与第二排女生为常规拉伸法对照组。

（2）严格控制实验因素。学生除在柔韧练习方法上有所区别外，教学条件、教学环境、授课教师等因素完全相同，并且他们上课的内容、时间、场地都不变。在基本热身结束后会测量一次没有进行任何拉伸法的数据作为参考，在即将结束的时候进行试验。

（3）测量。对 PNF 拉伸组与常规拉伸组分别进行相关知识的讲解，并进行实际操作，使两组学生充分了解掌握各自的练习方法。实验对学生的两腿纵劈腿和坐位体前屈进行测量，每次实验课两组学生首先进行同样内容的热身活动，时间约为 20 分钟。之后相同时间内对照组学生以常规的柔韧练习手段进行柔韧性拉伸练习，而实验组学生以 PNF 拉伸法进行相同部位的柔韧练习，其余时间两组学生都进行相同内容的训练练习。课后时间两组学生都不进行这方面的练习。在进行 8 周的实验后，在相同条件下和相同时间段以相同的方法分别对两组实验对象的柔韧性进行测量。

3. 数理统计法

采用 Excel 软件包对实验数据进行统计分析处理。

表 1　　实验前学生的基本情况（N =15）

组别	年龄（岁）	身高（厘米）	体重（千克）
对照组	7 ±1	123 ±9	23 ±12
实验组	7 ±1	123 ±6	21 ±11

4. 观察法

在进行实验时，对两组同学进行观察，进一步分析结论。

二、结果与讨论

（一）实验过程

1. 实验前实验对象的数据

实验前对学生两腿纵劈腿和坐位体前屈数据进行了统计，由表 2、表 3、表 4 可知两组学生在实验前原始条件无显著性差异，可以进行实验。

表 2　　实验前两组学生优势腿纵劈腿数值比较　　单位：cm

	均值	标准差	P
实验组	17. 48	6. 89	>0. 05 差异不显著
对照组	17. 85	6. 64	

表 3　　实验前两组学生非优势腿纵劈腿数值比较　　单位：cm

	均值	标准差	P
实验组	19. 84	6. 89	>0. 05 差异不显著
对照组	22. 42	7. 10	

表 4　　实验前两组学生坐位体前屈数值比较　　单位：cm

	均值	标准差	P
实验组	7. 51	4. 89	>0. 05 差异不显著
对照组	7. 72	5. 02	

2. 实验的结果

经过 24 次课的实验将所有成绩进行统计，两组学生两腿纵劈腿和坐位体前屈数值见表 5、表 6、表 7 中可以看出：优势腿纵劈腿实验组和对照组的平均成绩为 9. 68 厘米和 10. 14 厘米，非优势腿纵劈腿实验组和对照组的成绩分别为 15. 06 厘米和 17. 84 厘米，这两组数据均没有显著性差异。但是两组实验数据和各自之前数据相比，差异显著，说明学生的两腿纵劈腿都有很明显的提高，PNF 拉伸法对学生纵劈腿有很好的促进作用；坐位体前屈实验组和对照组的平均成绩为 14. 50 厘米和 12. 16 厘米，两组差异显著，实验组和对照组进步都很明显。其结果表明：PNF 拉伸法对健美操学生柔韧也有很好的促进作用，此方法应该应用于健美操柔韧练习中。

表 5　实验后两组学生优势腿纵劈腿数值比较　单位：cm

	均值	标准差	P
实验组	9. 68	6. 42	>0. 05 差异不显著
对照组	10. 14	6. 70	

表 6　实验后两组学生非优势腿纵劈腿数值比较　单位：cm

	均值	标准差	P
实验组	15. 06	7. 06	>0. 05 差异不显著
对照组	17. 84	7. 39	

表 7　实验后两组学生坐位体前屈数值比较　单位：cm

	均值	标准差	P
实验组	14. 50	4. 02	<0. 05 差异显著
对照组	12. 16	4. 08	

（二）分析与讨论

1. PNF 拉伸法对学生纵叉的促进效果

如图 1 所示，实验前两组学生的优势腿柔韧成绩平均值分别为 17. 48 厘米和 17. 85 厘米，没有显著差异（P >0. 05），实验后两组的柔韧指标成绩与各自实验前相比，均差异显著（P<0.05），说明 PNF 拉伸法与常规拉伸方法都能有效地发展柔韧性。实验后两组相比没有显著差异（P>0.05），两组学生都进步了 7.7 厘米左右，说明 PNF 拉伸法对学生优势腿的促进作用和常规拉伸法基本相当。造成这种现象的原因是：常规柔韧练习方法本身有其科学性，由于学生自身柔韧水平较差，静力拉伸练习时，通过吸气呼气能明显看到重心下降；又因为是优势腿，加上练习进步大，学生自信心和练习的积极性都有所提高，更加促进了学生的柔韧进步。

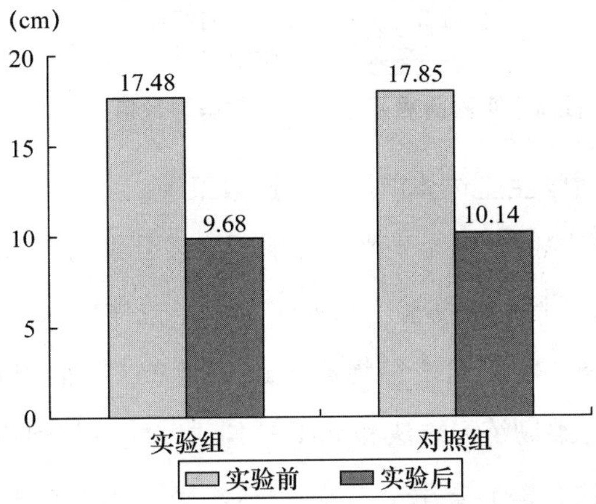

图 1　实验前后两组学生优势腿数值比较

如图 2 所示，实验前两组学生的非优势腿柔韧成绩平均值分别为 19.84 厘米和 22.42 厘米，没有显著差异（P>0.05），实验后实验组和对照组的柔韧成绩分别为 15.06 厘米和 17.84 厘米，与实验前相比，两组均差异显著（P<0.05），说明 PNF 拉伸法与常规拉伸方法都能有效地发展柔韧性。实验后实验组与对照组相比没有显著差异（P>0.05），但是与优势腿相比，非优势腿的进步幅度较小。对于大部分学生而言，柔韧练习会有较明显的痛感，无形中就形成了一种心理压力，因此会产生一种现象：学生用较多的时间压优势腿，而用较少的时间压另一条腿，这是造成两腿进步不均匀的原因之一；再有，有些同学认为练习时痛感加重就是肌肉已经拉伤，便停止练习，这也是造成上述结果的原因。

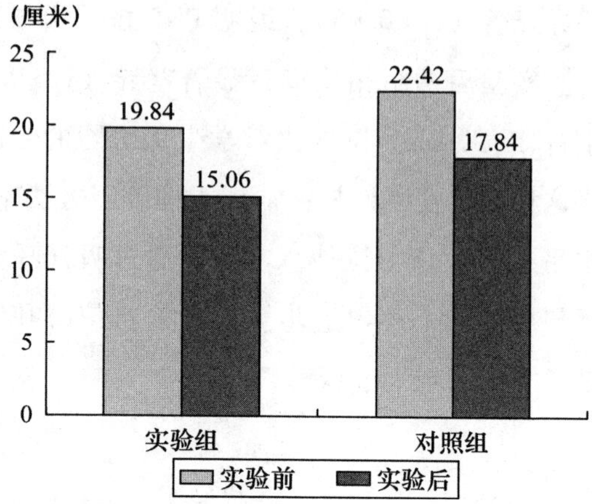

图 2　实验前后两组学生非优势腿数值比较

2. PNF 拉伸法对学生坐位体前屈的促进效果

如图 3 所示，实验前两组学生坐位体前屈成绩分别为 7. 72 厘米和 7. 51 厘米，没有显著差异，8 周伸展实验前后两组学生坐位体前屈测试结果表明，两组的柔韧性都有提高。实验组成绩提高了近 7 厘米，对照组提高了近 4. 5 厘米，说明采用常规的柔韧练习方法和 PNF 拉伸法都能有效促进柔韧性的提高。实验组与对照组相比，差异显著（$P<0.05$）。坐位体前屈的姿势便于操作，容易掌握用力方向和力度，被试者肌肉放松的同时加上同伴给予的助力，在更大程度上增加了学生上体前进幅度。

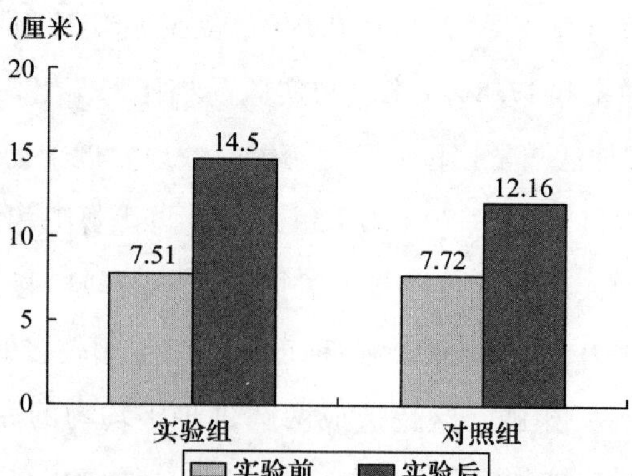

图 3　实验前、后两组学生坐位体前屈数值比较

3. PNF 拉伸法与一般柔韧方法相比更能调动学生的积极性

在教学实验中观察到，对照组的学生在进行拉伸过程时，表情比较痛苦，没有与其他同学进行沟通与对话的过程，同学基本上都不积极配合；实验组的同学在此环节表现得很积极，而且，基本上都在互相交流、沟通。到下次课时，对照组的学生因为上次拉伸时产生的肌肉疼痛感而影响到了训练的进度，动作不能按要求做到准确的位置，甚至有个别同学因为拉伸时肌肉受到损伤而无法进行常规训练；实验组学生拉伸的疼痛感较轻，没有影响训练，并且所有训练内容均达标完成，也没有学生因拉伸而导致肌肉受损。从而发现，采用 PNF 拉伸法通过同学之间的配合，加深了彼此之间的沟通，降低了枯燥感，更能调动学生的积极性。

三、结论与建议

（一）结论

（1）PNF 拉伸法对学生坐位体前屈的促进作用与常规拉伸法相比差异显著，大约是对照组的 3 倍，效果优于常规拉伸法，有很好的促进效果。

（2）PNF 拉伸法需要通过同伴之间的密切配合，能克服由于长期单调枯燥的柔韧性练习带来的心理疲劳，提高练习者的兴趣，使得这一训练过程变得更具趣味性，更能调动学生的积极性。

（二）建议

（1）PNF 拉伸法是健美操运动中发展柔韧素质比较好的方法，应该在教学或训练中与静力性拉伸和动力性拉伸方法结合使用。

（2）使用 PNF 拉伸法时，教师或教练员要根据所要练习部位合理地设计两个人的位置及用力方向与时间，减少学生柔韧练习的心理压力，提高练习效率。

（3）如果学生本身的肌肉有伤，将不建议进行 PNF 拉伸。其拉伸会使肌肉失去疼痛感，进而想要达到好的拉伸，从而使肌肉加重伤痛。

北京市部分区县中小学舞龙运动的发展现状调查

■ 王金斗

前言

（一）选题依据

舞龙运动是一项独具魅力的民族传统体育项目及一种宝贵的传统文化遗产，在我国一直都有着极其重要的影响和地位，受到越来越多人的关注和喜爱。舞龙运动之所以受到人们的喜爱，是因为它具有显著的民族特色，其产生与发展是与中华民族的传统文化一脉相承的，它与人们的生活息息相关，是历代劳动人民对自己的宗教信仰、民族文化、风俗习惯的一种寄托及表达方式。因此，舞龙运动在我国拥有非常深厚的群众基础。

党的十六大报告指出："必须把弘扬和培育民族精神作为文化建设极为重要的任务，纳入国民教育全过程，纳入精神文明建设全过程，使全体人民始终保持昂扬向上的精神状态。"舞龙运动在华夏大地上绵亘数千年，已成为凝聚华夏民族精神的一种象征，成为华夏民族的精神纽带。

2016 年 4 月 11 日北京市教委下发了《关于做好 2016 年高级中等学校招收体育艺术科技特长生工作的通知》。根据通知，体育特长生的招生项目中增加了舞龙、舞狮等民族传统体育项目。由此可见，舞龙运动得到了国家重视与保护。学校招收体育特长生的这项通知，会让北京市更多的中小学把舞龙运动融入学校体育的教学中，这样会吸引更多的中小学生去学习舞龙运动，恰好可以弥补现今学校体育教学内容的欠缺，培养他们的民族情感，弘扬中华民族文化。

（二）研究目的与意义

1. 研究目的

本文旨在通过对北京市已开展舞龙运动的部分中小学的发展现状进行调查研究，并对研究过程中所发现的问题，有针对性地提出相应的对策与措施，为舞龙运动能够迅速地在北京市中小学以及全国各地的中小学开展普及提供一定的理论支撑，期待在不久的将来，舞龙运动能够纳入正规的中小学体育课程。加快舞龙运动的发展，最主要的目的就是把舞龙运动发展壮大起来，并以校园、俱乐部等形式在我国迅速普遍地开展起来，使我国的传统体育项目得到传承和发展。

2. 研究意义

现在的中小学生对民族传统文化的认同感受受到诸多外界因素的影响呈逐渐下降的趋势，如何改变此现状成为重要的议题。本研究通过对北京市部分已开展舞龙运动的中小学的现状进行分析，结合北京市的情况，提出适合北京市中小学舞龙运动的发展及建议；研究成果将对北京市中小学舞龙运动的发展以及舞龙运动纳入正规的校本课程起到推动作用，为寻找一条适合北京市中小学舞龙运动发展的道路，为我国其他地区中小学舞龙运动提供理论指导与实践参考。

一、研究对象及研究方法

（一）研究对象

本文的研究对象是北京市部分中小学舞龙运动的发展现状，调查对象是以怀柔、顺义、海淀、朝阳等 4 个区开展舞龙运动的部分学校为例对本课题进行调查研究。

（二）研究方法

1. 文献资料法

通过中国知网查阅近年来有关舞龙运动的相关书籍、杂志和报纸，以及舞龙运动相关的学术论文，比较全面地分析了舞龙运动目前的发展状况和研究动态。

2. 问卷调查法

对北京市部分中小学的老师发放问卷。怀柔区北房镇中心小学发放 10 份，北房中学 10 份；海淀区中关村中学 10 份，清华附小 10 份；朝阳区化工大学附属小学 10 份，十八里店中学 10 份；顺义区杨镇中心小学 10 份，马坡第二小学 10 份。共 80 份，回收问卷共 79 份，其中有效问卷 79 份。这 79 份有效问卷来自于已开展舞龙运动的中小学，问卷回收率为 98.75%，因此，可以为本研究提供依据（见表 1）。

表 1　问卷的发放与回收情况一览表

	发放	回收	回收率	有效问卷
顺义区	20 份	20 份	100%	100%
朝阳区	20 份	19 份	95%	95%
海淀区	20 份	20 份	100%	100%
怀柔区	20 份	20 份	100%	100%

3. 观察法

对中小学学校体育的开展现状以及舞龙运动在学校中的开展现状进行实地调查。

二、研究结果与分析

（一）北京市部分中小学舞龙运动的发展现状

1. 北京市部分中小学开展舞龙运动的课程现状

通过图 1 所示可看出，北京市海淀、怀柔、朝阳、顺义这 4 区中，已有 44% 的学校把舞龙运动纳入了校本课程，37% 的学校正在准备将舞龙运动纳入学校的校本课程，由此可见，在中小学开展舞龙运动得到了大多数学校的认可，只有 19% 的学校没有将舞龙运动纳入校本课程。舞龙运动不仅能增强中小学生的体质健康，而且还丰富了他们的课余生活，更培养了他们的团队合作精神与审美情趣。因此，将舞龙运动融入校本课程，可让舞龙运动成为校园里一道亮丽的风景线。

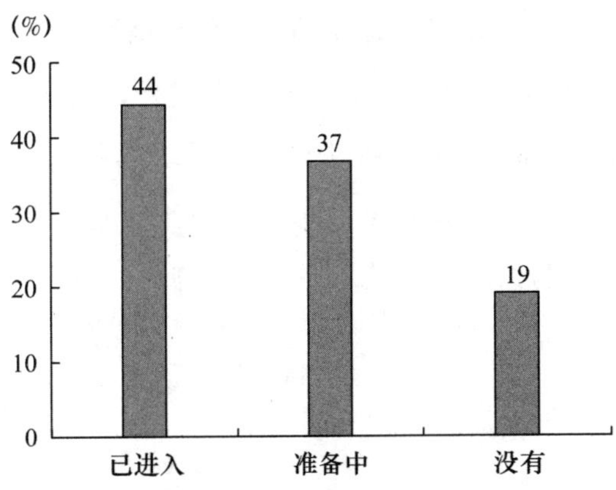

图 1　舞龙运动是否已进入校本课程

2. 北京市部分中小学开展舞龙运动的师资情况

教师是知识的传播者，在学校教学中扮演着重要的角色。舞龙运动是最近几年才发展成体育课程中的一项体育项目，对教师素质的要求较高。而通过对 4 区部分学校师资情况的调查，如图 2 所示，在学校任教的舞龙专业教师占总数的 47%，民间聘请的老师占总数的 32%，而普通的体育老师占总数的

22%。由此可见，民间社会聘请与普通体育老师的比例占大半部分，这种状况反映了北京市中小学舞龙运动师资力量专业性的不足，对舞龙运动的专业知识掌握得还不够透彻，因此，导致舞龙运动在中小学得不到更好的发展。所以说，北京市中小学舞龙教师的理论知识和技术水平均有待提高。

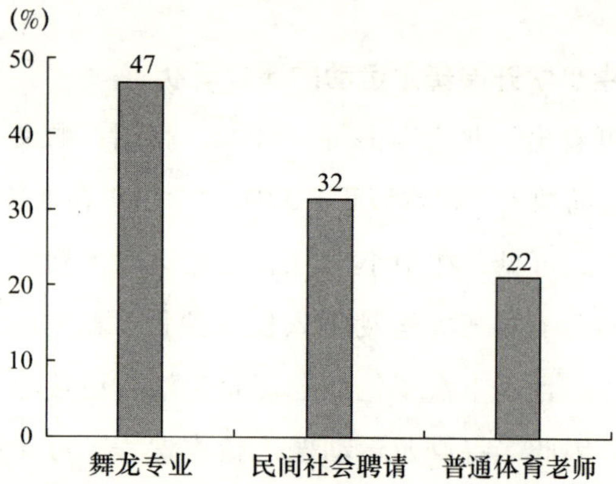

图 2　舞龙运动教师的来源

3. 北京市部分中小学开展舞龙运动的场地器材情况

通过图 3 的现状调查分析可看出，学校的学生人数众多，为开展舞龙运动提供了充足的人力资源；同时舞龙运动对运动场地的要求弹性较大，我们可以充分利用学校的田径场、体操馆、篮球馆等场地资源，因此开展起来比较方便。器材方面，学校购买的占总比例的 63%，师生自制的占 11%，商业赞

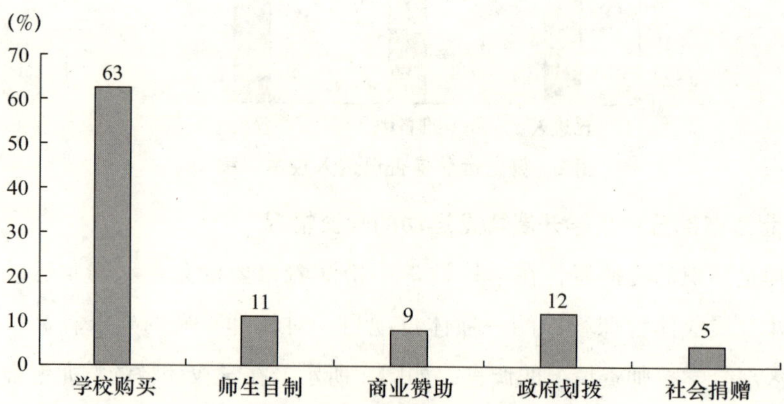

图 3　舞龙运动的器材来源

助的占 9%，政府划拨的占 12%，社会捐赠的占 5%。从图 3 可看出，大部分的舞龙器材都是由学校购买的。而舞龙运动的器材是比较昂贵的，对于部分中小学而言，是其无法支付的。

4. 学校领导对舞龙运动开展的重视程度分析

通过图 4 所示的现状调查分析可看出，学校领导非常重视的占总比例的 35%，重视的占 29%，比较重视的占 20%，一般重视的占 13%，不重视的占 3%。得到了学校领导的重视，学校就会花更多精力去聘请专业的舞龙教师，会花更多钱去购买舞龙运动所需器材。因此，我们应该加大舞龙运动对中小学生益处的宣传，让不重视的学校领导们明白其作用，从而促进舞龙运动在学校的开展。

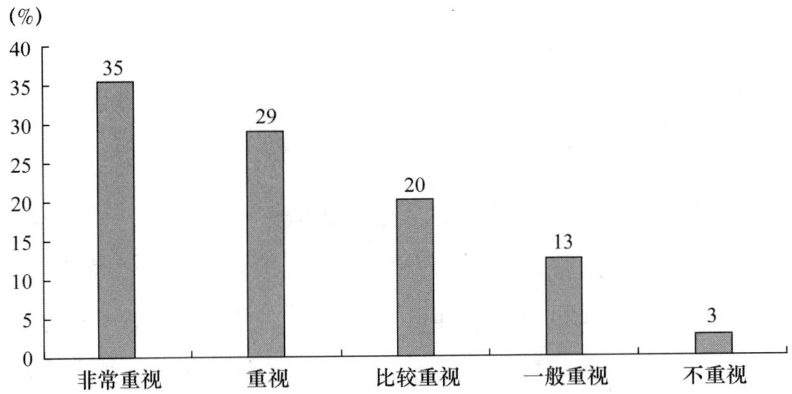

图 4　学校领导对舞龙运动的重视程度

5. 参加舞龙比赛或表演活动的情况

通过图 5 所示的现状调查分析可看出，学校舞龙队参加国家级比赛的学校占总比例的 33%，参加省市级比赛的学校占 10%，参加区级比赛的学校占 14%。由此可见，学校舞龙队参加国家级、省市级、区级比赛的学校占总比例的大部分，说明舞龙运动在北京市中小学开展是有一定基础的，但是没有参加过比赛的学校占总比例的 43%，从而反映出学校舞龙队整体水平的不足，从侧面可以看出可能是学校的师资、社团活动的经费不够充足。表演活动的情况如下：参加大型活动的，一般都是受当地政府的邀请参加省级、市级、区级的运动会，为运动会做开幕式的演出；参加小型活动的，一般是参加学校举办的一些小型运动会及六一儿童节的表演项目，让更多的孩子们在舞龙运动中找到乐趣。

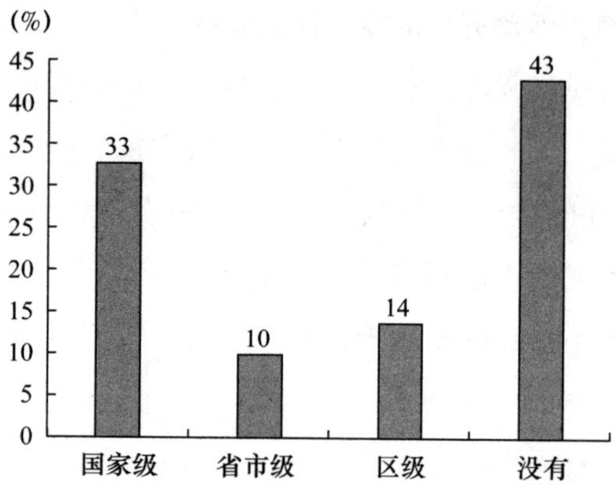

图5　参加舞龙运动最高级别比赛、表演

（二）影响和制约北京市中小学舞龙运动开展的因素

1. 舞龙运动教师的专业水平有限，创新性不够

通过图6所示的现状调查分析可以看出，经过专业培训的舞龙教师占总数的16%，没经过专业培训的舞龙教师占84%，大部分的舞龙教师都来源于普通的体育教师和民间聘请的教师，他们的专业水平是有限的。舞龙专业教师

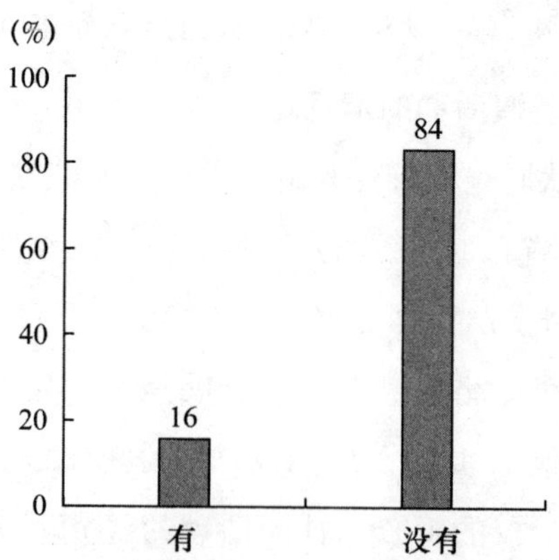

图6　是否经过专业的舞龙运动培训

的缺乏，导致开展舞龙运动课程的学校很少，从而抑制了学校舞龙运动的发展。单一的教学内容只会使学生对舞龙运动缺乏兴趣。

2. 专业教材的缺乏

绝大多数的中小学在舞龙训练过程中，训练内容大部分都是民间的一些传统项目的内容，国家规定的极少，从而反映出我国在舞龙这块没有专用教材。教材是教师教授知识的指导方针，没有正规的教材，教师在教学、训练过程中就没有参考依据，只能凭着自己的经验教学、训练，这样就会导致舞龙教学没有统一标准，也不够科学。因此，教材的缺乏也是导致舞龙运动在中小学未能得到很好发展的另一个原因。

3. 训练经费的不足

舞龙运动在中小学得不到很好发展的最主要影响因素是经费问题，经费是一切体育教学和训练活动开展的首要条件。由以上的调查结果可知，舞龙运动器材的配备、师资的培养、体育活动的开展、舞龙队的训练、参加各级各类的比赛等都是需要足够的资金作为保证的。没有了资金，一切体育活动的开展就像无源头的水，导致舞龙运动在学校不能完全得到开展。

（三）北京市舞龙运动推广的策略

根据对北京市部分中小学舞龙运动的现状调查分析得知，影响和制约北京市中小学舞龙运动开展的因素主要有：学校领导的重视程度、师资力量的缺乏、场地器材的限制、训练经费的不足、舞龙专用教材的缺乏等。针对以上影响因素，我们制定了以下几项应对策略。

1. 培养舞龙运动专业的教师队伍，提高舞龙运动的教学质量

学校领导应该认真贯彻国家法规，加强师资队伍的建设工作，引进一些高校毕业的舞龙专业性人才，并对现有教师的学习和进修给予精神、物质上的支持，充分调动他们教学的积极性。因此，学校领导要重视舞龙运动在学校的开展，多投入经费，提供充足的场地器材，使得舞龙运动能够得到很好的开展。

2. 编写舞龙教材，注重理论传授

教材是教学的根基，也是学生掌握舞龙技能和锻炼方法的向导。因此，要在中小学推广舞龙运动，创编舞龙运动教材是必不可少的。在教材编写时应注意：发展健康体育为主，实践为主，注意舞龙教学的娱乐性、趣味性。在中小学的舞龙教学中，应以游戏为主，使学生在学中玩、玩中学，达到娱乐性与趣味性相结合，从而达到强身健体的目的。所选内容一定要遵循学生的年龄特点，同时在舞龙道具、规格的选择上也应与青少年儿童的生理特征相适应。

三、结论与建议

（一）结论

（1）怀柔、顺义、海淀与朝阳 4 区已开展舞龙运动的学校中有四成中小学将舞龙运动纳入校本课程；学校聘请专业舞龙教师与民间舞龙教师进校园，弥补了学校体育老师的不足；学校领导对舞龙项目重视，大部分学校舞龙器材的来源为校方出资购买；所有学校都参与规模不等的表演，但近一半的学校未参加过任何比赛。

（2）制约北京市舞龙运动开展的因素有：师资的专业水平有限，创新性不足；专业教材的缺乏以及训练经费的不足。

（3）提升舞龙运动在北京市中小学的水平，可以采用以下策略：培养专业舞龙教练，提高舞龙教学质量；增加财政投入，同时开展演出服务拓展经费来源；编写舞龙教材，规范理论传承。

（二）建议

（1）中国大学生体育协会舞龙舞狮分会训练基地设立在首都体育学院。可以充分利用首都体育学院这个平台，对开展舞龙运动的学校教师采用培训

班、专题讲座等形式进行舞龙师资的培训，为舞龙运动的开展提供师资保障。

（2）舞龙运动的器材比较昂贵，因此，学校应该充分利用中小学生们兴趣爱好广泛、动手能力强的特点，让学生们自己动手制作出简易的舞龙器材。这样不仅能增强学生们的团队合作能力，还可以让学生们更加爱护舞龙器材。

参考文献

[1] 段全伟，吕韶钧，雷军蓉．高等院校《舞龙舞狮》课程开展现状．北京体育大学学报，2012（5）
[2] 陈毕栋，刘军．开展舞龙舞狮运动弘扬民族传统体育．甘肃联合大学学报，2010（6）
[3] 张继生，雷军蓉．舞龙运动发展与前瞻．北京体育大学学报，2003（5）
[4] 雷军蓉．中国舞龙运动的社会特性和价值功能．北京体育大学学报，2004（10）
[5] 雷军蓉．舞龙运动．北京：北京体育大学出版社，2004
[6] 常明礼，卫志强．中小学推广舞龙运动的可行性研究．搏击·武术科学，2007（6）
[7] 段全伟，王辉．现代中国舞龙运动的社会文化学研究．北京体育大学学报，2005（4）
[8] 雷军蓉．中国舞龙运动的社会特性和价值功能．北京体育大学学报，2004（10）
[9] 吕韶钧，彭芳．舞龙运动的文化内涵与中华民族的精神纽带．北京体育大学学报，2004（9）
[10] 黄锦辉．广东省小学龙狮运动的开展现状及推广策略的研究．广州大学，2012
[11] 鲁丰．中学舞龙舞狮教学现状与推广对策研究．中南大学，2013
[12] 陈堂．舞龙运动对13～20岁青少年民族文化认同促进作用的实证研究．北京体育大学，2011
[13] 葛国政．我国高校龙狮运动的现状及发展对策研究．南京师范大学，2008
[14] 毛梦玲．我国中小学开展龙狮运动的SWOT分析．福建体育科技，2016（3）
[15] 马文杰．影响中华民族舞龙运动发展因素的研究．苏州大学，2006
[16] 钟兴．民族传统体育校本课程开发研究．湖南师范大学，2010

北京市史家小学田径队 FMS 测试结果与分析

■ 王瑞晨

前　言

在田径训练过程中运动员每天都会重复一些动作，动作重复多了，身体上力量比较薄弱的地方会受伤。运动员身体部位一旦受伤，在做动作的时候就会通过补偿性技术去补偿薄弱环节，从而导致动作变形所引起的伤病，而 FMS 测试就是对身体灵活性、稳定性、柔韧性等机能的检测，它适合各种人群，有助于教练员在制定训练计划时提供参考，也有助于纠正运动员的错误动作，从而减少伤病。

一、研究对象与方法

（一）研究对象

本研究以北京史家小学田径队队员 FMS 测试结果为研究对象。测试对象为田径队 6 名业余训练运动员，见表 1。

表 1　　史家小学田径队队员信息一览表（N =6）

序号	姓名	性别	年级	年龄	训练年限
1	辛　情	女	五	11	3
2	朱子沐	男	五	11	2

续表

序号	姓名	性别	年级	年龄	训练年限
3	富奕霖	男	五	11	2
4	陈天瑞	男	五	11	2
5	孟家屹	男	五	11	1
6	张皓然	男	五	11	2
平均值				11	2

（二）研究方法

1. 文献资料法

通过首都体育学院和国家图书馆的 CNKI 文献资料查询系统，查阅 2013 年 1 月至 2015 年 12 月关于 FMS 测试技术的文献资料，了解目前我国关于 FMS 测试的应用方法和研究现状，为正文分析提供参考依据。

2. 测试法

（1）测试目的：对史家小学田径队队员进行 FMS 测试，获取第一手数据。

（2）测试内容：深蹲动作、跨栏步动作、直线弓步蹲动作、肩部灵活性动作、直腿主动上抬动作、躯干稳定性动作、旋转稳定性动作共 7 个动作。

（3）测试时间：2015 年 12 月 28 日。

（4）测试地点：史家小学篮球馆。

3. 数理统计法

对史家小学田径队队员 FMS 测试的指标进行统计学处理，为正文分析提供定量评价依据。

4. 比较分析法

对史家小学田径队队员 FMS 测试结果进行比对分析，为正文提供定量评价依据。

二、研究结果与分析

（一）史家小学田径队队员基本情况分析

田径队队员在平时的训练中，伤病是我们不希望看到却难以避免的，一旦受伤，学习、生活都会受到较大影响。在长短跑过程中，常发生拉伤、扭伤等问题，所以田径队员的主要伤病在股三头肌、股四头肌、脚踝关节等位置。怎样保护自己的身体是我们所面临的问题。通过 FMS 测试，知道了哪方面需要增加力量及灵活性，从而可保证减少伤病的发生。

（二）FMS 测试的功能

FMS 测试即功能性运动测试，是在其他技能测试方法的基础上发展而来，包括核心训练、神经、肌肉反应训练 3 个部分，FMS 测试采用特有的测试方法，发现运动员运动过程中存在的薄弱环节和局限性因素，针对性地提出相应的解决方案，通过安排特定的训练弥补动作缺陷，在避免运动损伤的同时，科学地提高运动成绩。

1. 关于 FMS 测试的功能

（1）找出身体的肌肉弱链。FMS 测试包括 7 项基本动作模式，其中深蹲、躯干稳定性俯撑是对称性动作，而过栏架步、前后分腿蹲、肩部灵活性、主动直膝抬腿和转动稳定性 5 个动作测试为非对称性动作，需要左右测试，肩部灵活性、躯干稳定性俯撑和转动稳定性附有 3 个伤病排查动作。

（2）确定潜在的运动损伤风险。根据调查研究可以得出，一些之前成绩较好的队员仍不能很好地完成简单的动作，究其原因，是因为他们在做动作时候，由于力量、能量在传递过程中存在消耗，他们会通过一些动作来弥补这些消耗，降低了动作的有效性，长此以往会导致一定的隐患存在。通过

FMS 测试，可以科学地为运动员提供矫正训练，在避免动作风险的同时，为队员制定科学的训练计划，提高比赛成绩。

（三）FMS 测试的动作方法与评分标准

1. FMS 测试的动作方法

（1）深蹲动作的测试方法。

①运动员以双足间距稍宽于肩宽站立，同时双手以相同间距握杆，保持肘与杆成 90 度；

②然后双臂伸直向上举杆过顶，慢慢下蹲至深蹲位前尽力保持双足后脚跟着地；

③保持面向前抬头挺胸，杆保持在头顶上，允许试 3 次，如果还是不能完成这个动作，在运动员的脚后跟下垫 5 厘米厚的板子再完成以上动作。

（2）跨栏步动作的测试方法。

①运动员双脚并拢并脚趾处于栏架下方；

②调整栏架与测试队员胫骨粗隆位置，双手握杆至与颈后肩上保持水平；

③运动员缓慢抬起一腿跨过栏杆，并以脚后跟着地，同时支撑腿保持直立，重心放在支撑腿上，并保持稳定；

④缓慢恢复到起始姿势，运动员有 3 次机会完成测试；

⑤另一条腿重复以上动作，记录最低分。

（3）直线弓步蹲动作的测试方法。

①测量运动员胫骨长度；

②运动员以右脚踝在一块测试版末端，在身体后方以右手在头后，左手在身后下方握住一根长杆，保持杆紧贴头后和脊椎；

③从右脚尖向前量取与胫骨相同的长度并标记，然后左脚向前迈出到标记上，随后下蹲让后腿膝盖在前脚跟后触板，始终保持双脚面向前呈直线，有 3 次机会完成测试；

④双侧上下肢交换，再次完成测试，取 2 次测试的低分记录。

（4）肩部灵活性动作测试方法。

①运动员站立，一只手由下向上以手背贴后背部，沿脊椎尽力上摸握住木尺；

②另一手由上向下单手以手掌贴后背部，握木尺从上向下尽力滑动；

③记录两拳间尺子的距离（由测试者协助握好尺子，垂直地面）；

④上下交换双手位置，重复以上测试，取低分位测试得分。

（5）直腿主动上抬动作测试方法。

①运动员双手置于身体两侧仰卧，掌心向上，头平躺在地上，一侧膝盖下放置测试版；

②被测腿上抬，踝背屈，膝关节伸直；

③保持异侧腿与木板接触并伸直，且身体平躺在地面，随后以木杆放在踝关节中央，并自然垂下，与地面垂直做标志；

④换另外一侧腿完成测试，记录最低分。

（6）躯干稳定性动作的测试方法。

①运动员俯卧，双脚尖着地，双前臂稍宽于肩撑地。

②双手大拇指与头顶保持在一条直线上，同时双膝关节尽力伸直，女性运动员双上臂可稍微下移，使双手拇指与下颚保持在一条直线上。

③腰椎保持自然伸直。

④运动员向上撑起使身体整体抬起，完成动作全过程腰部不可晃动，保持腰椎自然伸直姿势。

⑤男性运动员如果不能从起始姿势完成此动作，可以上臂下移使双手拇指与下颚保持在一条直线上，再完成一次动作；女性运动员如果不能从起始姿势完成此动作，可以双上臂下移使双手拇指与颈部保持在一条直线上再完成一次撑起动作。

（7）旋转稳定性动作的测试方法。

①运动员肩与躯干上部垂直，髋和膝盖 90 度，大腿与躯干下部垂直，足背屈；腰椎保持自然伸直姿势。

②拿一块测试板放在手与膝之间，使双手与双膝都可以触到板。

③肩后伸，同时伸同侧髋与膝关节，运动员抬起手和脚并离地约 6 英尺，抬起的肘、手和膝必须与测试板的边线保持在同一平面内，躯干保持在测试板平行的水平面内，全过程保持腰椎自然伸直。

④运动员肘与膝在平面内屈收靠拢。

⑤运动员可以尝试 3 次来完成测试动作。

⑥如果运动员得分在 3 分以下，以同时上抬对侧肢体的方式（成对角线）完成测试动作。

⑦运动员换用对侧肢体完成相同测试动作，记录最低得分。

2. FMS 测试的评分标准

（1）3 分的评分标准：受试者能高质量地完成动作。

（2）2 分的评分标准：受试者能够完成整个动作，但完成的质量不高。

（3）1 分的评分标准：受试者无法完成整个动作或无法保持起始姿态。

（4）0 分的评分标准：测试中受试者部位出现疼痛。

（四）史家小学田径队队员 FMS 测试结果与分析

1. 深蹲动作得分结果与分析

深蹲测试时，运动员主动用到脚踝的闭式运动链背曲、膝关节、臀部弯曲、肩关节内收和外展。被测试 6 人中，只有 1 人得到 3 分，占比 16.7%，其他都是 2 分，占比 83.3%（见表 2）。数据显示，田径队队员对于深蹲动作的完成不是很好，是由此年龄段学生的腿部肌肉力量不足导致。

表 2　　　　深蹲测试结果一览表

辛晴	朱子沐	富奕霖	陈天瑞	孟家屹	张皓然
3 分	2 分	2 分	2 分	2 分	2 分

2. 跨栏步动作得分结果与分析

通过跨栏步动作测试，评定髋、膝、踝关节的稳定性和两侧功能的灵活性。在跨栏步动作测试中，同样只有1人得3分，占总人数的16.7%，2人得2分，占33.3%，3人得1分，占50%（见表3）。数据显示，田径队队员并不能出色地完成跨栏步，髋、膝、踝关节的稳定性较差。

表3　　跨栏步测试结果一览表　　单位：分

	辛晴	朱子沐	富奕霖	陈天瑞	孟家屹	张皓然
左	3	1	1	2	1	2
右	3	2	1	2	2	2
总分	3	1	1	2	1	2

3. 直线弓步蹲动作得分结果与分析

通过直线弓步蹲测试，评价髋部的稳定性与活动能力，股四头肌的柔韧性以及膝踝关节的稳定性。直线弓步蹲动作测试中，被测6人中5人得3分，1人得2分（见表4）。数据显示，田径队队员基本都可以出色地完成直线弓步蹲动作，髋部的稳定性与灵活性较强，股四头肌柔韧性较好。

表4　　直线弓步蹲测试结果一览表　　单位；分

	辛晴	朱子沐	富奕霖	陈天瑞	孟家屹	张皓然
左	3	3	3	3	3	3
右	3	3	2	3	3	3
总分	3	3	2	3	3	3

4. 肩部灵活性动作得分结果与分析

通过肩部灵活性动作测试，可以评价运动员的肩关节内旋、后伸及内收能力。被测试6人中所有人得3分（见表5）。数据表明，田径队队员们的肩关节非常灵活，内旋、后伸及内收能力较强。

5. 直腿主动上抬动作得分结果与分析

在直腿主动上抬测试中，被测6人中，2人得3分，3人得2分，1人得1分（见表6）。数据显示，队员大部分骨盆稳定性较好，异侧腿主动伸张能力较好，部分队员较差。

表 5 肩部灵活测试结果一览表 单位：分

	辛晴	朱子沐	富奕霖	陈天瑞	孟家屹	张皓然
左	3	3	3	3	3	3
右	3	3	3	3	3	3
总分	3	3	3	3	3	3
排除	—	—	—	—	—	—

表 6 直腿主动上抬测试结果一览表 单位：分

	辛晴	朱子沐	富奕霖	陈天瑞	孟家屹	张皓然
左	3	2	2	2	3	2
右	3	2	1	3	3	3
总分	3	2	1	2	3	2

6. 躯干稳定性动作得分结果与分析

通过躯干稳定性测试，可以测出躯干水平面内的稳定性，同时直接测试肩胛骨的稳定性。被测试 6 人中无人得 3 分，5 人得 2 分，1 人得 1 分（见表 7）。数据显示，田径队队员只能基本完成躯干稳定性动作，表明队员们躯干水平面的稳定性一般，肩胛骨稳定性一般，部分队员躯干水平面稳定性较差，肩胛骨稳定性较差。

表 7 躯干稳定性测试结果一览表 单位：分

	辛晴	朱子沐	富奕霖	陈天瑞	孟家屹	张皓然
得分	2	2	1	2	2	2
排除	—	—	—	—	—	—

7. 旋转稳定性动作得分结果与分析

通过旋转稳定性动作测试，可以测试躯干的多向稳定性，被测 6 人中全部得分为 1 分（见表 8）。数据显示，队员们的躯干多向稳定性较差，部分队员右侧转动稳定性高于左侧，还有部分队员左侧转动稳定性高于右侧。要注意旋转稳定性，避免受伤。

表 8　　　　旋转稳定性测试结果一览表　　　　单位：分

	辛晴	朱子沐	富奕霖	陈天瑞	孟家屹	张皓然
左	2	1	1	1	1	2
右	1	2	1	2	1	1
总分	1	1	1	1	1	1
排除	—	—	—	—	—	—

三、结论与建议

（一）结论

（1）深蹲动作测试只有 1 人得到 3 分，占测试总人数的 16.7%，得 2 分的占 83.3%，反映出田径队队员的深蹲动作完成情况不是很好，其原因在于学生的腿部肌肉力量不足。

（2）跨栏步动作测试只有 1 人得 3 分，占总人数的 16.7%，2 人得 2 分，占 33.3%，3 人得 1 分，占 50%，反映出田径队队员髋、膝、踝关节的稳定性较差。

（3）直线弓步蹲动作测试有 5 人得 3 分，占总人数的 83%，1 人得 2 分，占总人数的 17%，反映出田径队队员髋部的稳定性与灵活性较强，股四头肌柔韧性较好。而且全部队员的肩部灵活性动作测试均得 3 分，反映出田径队队员们的肩关节非常灵活，内旋、后伸及内收能力较强。

（4）直腿主动上抬动作有 2 人得 3 分，占总人数的 33%，3 人得 2 分，占总人数的 50%，1 人得 1 分，占总人数的 17%，反映出大部分队员的骨盆稳定性较好，异侧腿主动伸张能力较好。

（5）躯干稳定性动作无人得 3 分，5 人得 2 分，占总人数的 83%，1 人得 1 分，占总人数的 17%，而且旋转稳定性动作测试所有队员均得 1 分，反映出田径队队员躯干支柱力量较弱，肩胛骨稳定性一般，躯干旋转稳定性较差。

（二）建议

（1）加强腿部力量的练习和髋、膝、踝关节稳定性的练习，同时注意继续保持柔韧性练习，改善关节灵活度和活动范围。

（2）加强躯干支柱力量和肩胛骨稳定性训练，提高躯干核心部位肌群的力量，尤其要加强躯干支柱旋转稳定性练习，避免受伤。

参考文献

[1] 田麦久．运动训练学．北京：人民体育出版社，2005

[2] Bill Foran. 袁守龙，刘爱杰译．高水平竞技体能训练．北京：北京体育大学出版社，2006

[3] Michael Boyle. Functional Training For Sports. HumanKinetic，2003

[4] 喻林，李青．关于功能性动作筛查（FMS）的概述．当代体育科技，2014，24（6）

[5] 孙莉莉．美国功能测试（FMS）概述．体育科研，2011，32（5）

浅析少儿游泳运动员（9~10岁）有氧训练

■ 张少慧

前　言

有氧训练一直是游泳运动员训练的基础，许多优秀的游泳运动员常年接受大负荷和高强度的训练，这就需要有良好的有氧能力和身体素质。多位世界著名的游泳运动员在刚出道时都是长距离运动员。由于他们在青少年时期奠定了良好的有氧基础，才能在后来取得辉煌的成绩。我国近年来涌现出的优秀运动员也证明了这一点，如孙杨、张琳等。这些都说明了耐力素质的重要性。游泳运动员承受巨大氧债的能力，多半取决于他的有氧能力，由此可见有氧耐力训练的重要性。

由于儿童少年的心脏血管正处在发育之中，与成人相比，他们心脏的心肌纤维短而细，弹性纤维分布较少，心脏发育还不完善，心脏的容积、重量都比成年人小，从而心脏收缩力较弱，心脏的每搏出量和每分搏出量都比成年人小。根据儿童少年心血管系统这一特点，耐力训练应发展以有氧耐力为主的训练，用以改进氧气输送系统和肌肉代谢系统的功能，发展心血管系统功能，逐步提高运动成绩。在儿童游泳的基础训练时期，突出其有氧耐力的培训，不失时机地发展有氧耐力，打好坚实的耐力基础就更为重要。

进行有氧训练，在传统的训练计划中都是枯燥的，由于距离较长，轻度较低，使运动员在训练时缺乏兴趣，使得训练效果大打折扣，更容易导致技术变形、重复错误动作等不利影响。

为避免这个现象发生，本文将尝试一种新的练习方法，将长距离训练手段改为短距离、多次数、一定的强度、一定的间歇时间，使得训练更有效率，以提高训练效果。

一、研究对象与方法

（一）研究对象

业余训练 2 年以上，年龄 9～10 岁，具备三级以上运动水平的男、女运动员共 10 名。

（二）研究方法

1. 文献资料法

利用数据库中的资源检索和查阅了大量和本研究有关的期刊论文、硕士博士论文、报纸全文和新闻资料等，收集了有少儿游泳运动员有氧训练的材料。并对这些资料进行整理、归纳、总结与分析，为本文的设计、研究提供理论依据和参考。

2. 数理统计法

对所收集和获得的数据利用 Microsoft Excel 进行处理统计并分析，为研究进一步提供依据。

3. 实验观察法

10 名运动员随机分配为以 5 人为一组的实验组和对照组。以 2011 年 9 月至 2012 年 1 月大周期训练中的训练负荷，观察训练效果。对照组采用传统一周 2 次“4 组 400 米自由泳间歇游”的训练手段。实验组采用“4 组 8×50 米爬泳间歇游”的训练手段。进行为期 4 个月的训练后，通过测验提取 400 米自由泳项目比赛成绩进行比较，检验有氧耐力能力。

4. 跟踪测量法

有氧训练期间对参加测试的运动员每日训练前进行安静心率的测量，测量时间为 1 分钟，为期 16 个星期，每个星期统计 1 次，求出平均值，以观察运动员的心率变化。

5. 逻辑分析法

采用逻辑学中的定义法、归纳法等方法对所获得的各类数据和相关资料进行分析研究。

二、结果与分析

（一）不同训练手段的效果和手段

由表 1 所示，通过 4 个月的有氧耐力训练，实验组在实验前 400 米爬泳平均成绩从 6 分 35 秒 8 到 6 分 08 秒 5，提高了 27 秒 3；对照组的平均成绩从 6 分 35 秒 1 到 6 分 16 秒 4，提高 20 秒 7。相比之下，实验组比对照组在 400 米成绩上多提高了近 8 秒。两种训练手段效果比较（将数据进行统计学处理，$P<0.05$ 呈显著性差异），说明新的训练效果明显优于传统训练手段。

表 1　两种训练手段效果对比

组　别	实验前 400 米爬泳平均成绩	实验后 400 米爬泳平均成绩	提　高
实验组	6 分 35 秒 8	6 分 08 秒 5	27 秒 3
对照组	6 分 35 秒 1	6 分 16 秒 4	20 秒 7

表 2　两种训练手段对比

组别	训练项目	间歇时间	训练要求	训练强度
实验组	4×（8×50 米） 爬泳、爬手	10 秒	4 组平均速度， 5 次动作 1 次呼吸	80%
对照组	4×400 米 爬泳、爬手	1 分钟	4 组平均速度， 5 次动作 1 次呼吸	80%

采用较短距离的训练方法，将较长的距离分为若干个阶段，多次重复，对游速有严格的控制，在避免大量乳酸产生的前提下使得训练更加有效。当然，在间歇上要符合儿童生长发育的特点，避免对身体产生的刺激过大，从而影响其发育。

有氧耐力是指肌体在有氧环境下长时间持续地进行肌肉运动能力，碳水化合物、脂肪和蛋白质经有氧氧化分解释放能量供运动需要。对于有氧耐力的效果，有人用气体代谢参数和血乳酸浓度的变化来评定运动员的耐力水平，确定训练强度并观察。短距离的训练方法能够达到有氧训练的目的，因为训练过程中可以有效地控制训练的强度及乳酸的变化，并且有一定的间歇时间保证了运动员气体代谢参数值的恒定，同时以强度训练后即刻心率来控制运动员的训练强度。

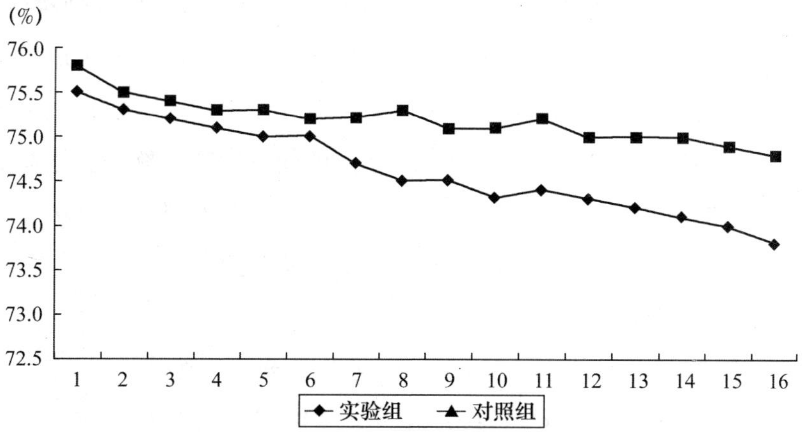

图1　训练前安静心率平均值

由图1我们可以看到，两种训练手段对少年儿童的心率功能的比较。用心率作为比较的指标，是由于游泳项目比赛竞争激烈，强度较大，持续时间较长，是一项速度耐力的比赛项目。有氧训练主要目的在于发展和提高心血管系统的机能水平。通过心率的比较更能说明较短距离的训练方法的优势。少儿冠状动脉的内腔大，血液循环快，血管弹性大、大血管和毛细血管的口径相对较大，心脏有相当大的耐力，少儿运动时主要靠增加心输出量，以适应肌肉活动，所以说心率有规律，逐步地降低次数，可以说明其心血管系统机能加强。根据这个理论，从图 1 中可以看到实验组的训练前安静心率的平均值要明显低于对照组，足以说明通过较短距离的训练的方法使实验组运动员的心血管系统机能好于对照组。

（二）较短距离的训练方法适合有氧耐力训练

较短距离的训练方法符合少儿运动员的心理特点。少儿时期的心理特点如下：第一信号系统发育较早，模仿能力强，好动；第二信号系统发育较晚，故抽象思维能力、理解能力较差；此外，好胜心强，注意力易分散，不能持久。而较短距离的训练方法可以避免训练中的枯燥性，使得训练更加有效，对训练计划的实施和质量更加有保障。

较短距离的训练方法有利于教练员及时掌握训练强度，控制训练效果。少儿运动员的兴奋性很好，反应速度快，但神经系统的兴奋和抑止均衡性较差，神经过程脆弱，而且运动员在游进中教练员的训练意图不易直接快速传给运动员。较短距离的训练方法，由于有一定的间歇空隙，教练员能根据秒表掌握训练成绩完成情况，以及运动员的个性特点、个人训练百分比强度的要求，可及时反馈给运动员，既培养了运动员的速度感，又能及时控制训练，掌握训练强度，控制训练效果。

较短距离的训练方法有利于防止动作变形和积极、快速技术风格的形成。由于年龄特点，少儿在训练时注意力无法长时间的集中，如果长时间进行单一的训练方法，必然会造成注意力分散，致使原有的正确动作变形，再加上距离较长无法及时纠正错误，导致形成错误动作定型。而较短距离的训练方法，运动员注意时间相对短而集中，加上中间有一定的间歇时间，可得到放松、调整，教练员也可以在间歇时及时地纠正错误动作，强调动作的要点。

较短距离的训练方法有利于提高训练兴趣，避免疲劳的产生和积累。训练计划距离缩短，组数多，重复次数多，可以进行划手、打腿、分解、分配等各种组合，内容丰富多变，避免了训练的枯燥性，这使得少儿更容易接受，使技术训练融于有氧耐力训练之中，一举多得，事半功倍，在训练风气上有明显提高。

三、结论

第一，根据实验观察和跟踪测量，较短距离的训练方法使运动员在训练成绩和心血管系统机能上较对照组有明显提高。

第二，较短距离的训练方法避免了传统训练枯燥、单调的特点，在达到发展儿童有氧耐力的目的同时，符合少儿心理的特点。

第三，较短距离的训练方法符合少儿运动员的心理特点，可以避免训练中的枯燥性，使得训练更加有效，对训练计划的实施和质量更加有保障。儿童少年在耐力训练时，应注意男女区别对待。提高学生的兴奋性和积极性，完成训练任务，提高耐力素质和运动成绩。

第四，较短距离的训练方法，有利于教练员及时掌握训练强度，控制训练效果。儿童少年在进行耐力训练时，运动时间不宜过长，运动量和强度不宜过大，必须严格地控制训练的时间、量和强度，在实际应用时要合理地控制训练间歇和强度，避免强度过大对少儿造成过度训练。

第五，较短距离的训练方法有利于提高训练的兴趣，推迟疲劳的产生和积累，使训练风气积极向上。

对东城区某小学学生参与足球运动现状的调查分析

■ 吴　强

前　言

对于普通学校而言，开展体育教学的最主要目的就是为社会培养出具备德、智、体、美四项素养全面发展的优秀人才，帮助学生拥有良好的身体素质，同时具备基础的体育运动技能，能够让学生更好地适应未来社会的发展。我通过走访调查了解到，北京某小学在日常的体育教学中对于足球教学存在重视不够的现象，具体表现为课时较少，相应的体育教师水平不够、足球课内容开展有限等等。这对于学生的发展是极为不利的。现如今，学校教育越来越多样化，每所学校为了提升学生的素养，在体育运动中致力于打造符合自身校园文化的标准。尢其是小学生自己年龄、生理的特点，对于足球运动爱好比较广泛。另外，作为世界第一运动，足球是迄今为止在体育运动中最具影响力的项目之一，足球运动自身独特的魅力吸引了越来越多的人参与到其中。虽然说部分小学并没有将足球运动列入体育课堂教学的授课内容，但是由于其较大的影响力，有很多学生自发地通过各种渠道了解并接受了足球信息。所以说足球运动作为全民性质的运动，应该在小学体育课堂上占据一席之地，发挥出自己应有的作用。

本文对东城区某小学三至六年级学生参与足球运动情况进行调查分析，通过运用文献法、调查问卷法、数理统计分析法，对学生参与足球运动的现状与发展提出合理性的意见和建议，以促进足球运动在校园的可持续发展及更多的学生参与足球运动。

一、研究对象与方法

（一）研究对象

对东城区某小学足球开展情况、学生参与情况、体育教师现状、家长对学生参加足球运动的态度以及学校领导对足球运动开展的态度做调查研究，根据调查结果得出相关结论并提出建议。

（二）研究方法

1. 文献资料法

查阅与本论文相关的研究资料和参考文献。主要查阅了图书馆文献、中国学术期刊网、中国知网及相关体育统计资料，全面了解足球的发展现状及学校开展足球课的情况，以及有关专家对已进行的足球改革措施的总结和体会，为本论文的进一步研究提供理论参考与依据。

2. 问卷调查法

研究采用问卷调查法，设计了调查问卷，对学校不同年龄的在校生随机抽样发放调查问卷，调查内容涉及足球运动的目的、训练时间、参与动机、师资结构等。对参与足球运动的学生发放 110 份调查问卷，回收 108 份，有效问卷为 100 份。

3. 访谈法

通过对东城区某小学体育老师的访谈沟通，了解东城区某小学的师资情况。

4. 数据统计法

对调研过程中收集到的数据进行整理和统计。对统计结果进行数理分析，统计各种因素百分比，探讨东城区某小学学生参与足球运动的情况。

二、研究结果与分析

（一）学生课余时间参与足球运动的调查与分析

1. 学生参与足球运动的男女生情况调查与分析

从表 1 中的数据可以看出，东城区某小学学生参与足球运动中男女生的人数差别较大，其中男生参与足球运动的人数为 75 人，占据了调查总人数的 75%，而女生参与足球运动的人数仅有 25 人，占 25%。之所以产生这么明显的差距，主要是由于足球运动的性质以及在小学阶段男女生的生理、心理条件差异导致的。

表 1　　学生参与足球运动男女生情况（N = 100）

性　别	参与人数（人）	百分比（%）
男	75	75
女	25	25

表 2　　东城区某小学学生喜爱的运动项目排名（多选）

名　次	1	2	3	4	5	6	7
项　目	篮球	足球	乒乓球	羽毛球	健美操	跑步	其他
人　数	56	52	43	36	24	17	6

从表 2 可以看出东城区某小学学生喜爱运动项目的排名情况，排名第一的是篮球，在学校篮球场地比较充足，运动起来也比较方便，而且篮球是集体项目，所以很多同学喜欢；足球排在了第二位，共 52 人次，可见足球运动也有着很大的魅力。足球运动本身集速度、力量、灵巧、视野、反应、团队协作、战术变幻莫测等多种特点于一体，这让足球运动魅力无限。踢过球的人都知道参与这项运动时总能找到成就感，一次射门，进球，一次较好的传球，助攻，一次美妙的停球，一次抢断、救球等等都会让你获得很大的满足感；

踢球的人一旦入门就根本停不下来，就会爱上这项运动，足见其魅力确实不凡！

2. 学生对足球运动兴趣的调查与分析

通过对学生参与足球运动的兴趣情况进行调查，可以发现大多数学生对参与足球运动是比较感兴趣的，人数有69人，占据了相当多的比例，只有16%的学生对于足球运动持不感兴趣的态度（见表3）虽然我国足球水平竞技能力不是很强，但还是有很多学生对足球有着很高的热情，也许这就是世界第一运动的魅力所在。

表3　　学生对参加足球运动的兴趣情况（N=100）

兴趣情况	感兴趣	一般	不感兴趣
人　数	69	15	16
百分比（%）	69	15	16

从表4的调查数据中可以看出，学生参加足球活动动机中，为了锻炼身体而参与足球运动的有10人，占据了10%的比例；为了调节自身心情而参与足球活动的有4人，占据了4%的比例；为了提高足球技能水平的而选择参与足球活动的有19人，占据了19%的比例；出于自身兴趣爱好喜欢足球而参与足球运动的学生人数最多，有46人，占据了46%的比例，这也进一步表明体育教师在课堂中给学生灌输的是终身体育运动的思想。要想获得良好的教学效果，教师在足球教学中必须要尽可能地激发学生参与的积极性。出于娱乐目的而参与到足球运动中的有18人，占据了18%的比例，从中也可以看出小学足球教学的主要目的并不是为了提升学生的运动技能，还存在帮助学生缓解学习压力、实现身心全面发展的意义。

表4　　学生参与足球活动动机统计表（N=100）

	兴　趣	锻炼身体	提高足球技能	调节心情	娱乐
人　数	46	10	19	9	18
百分比（%）	46%	10%	19%	9%	18%

3. 不同年级学生参与足球运动情况调查分析

从表5 中的调查数据可知，东城区某小学学生参与足球运动的主要在三年级到四年级之间，参与人数分别为 32 人和 35 人，而五年级以及六年级参与足球运动的人数相对较少，主要是因为五年级尤其是六年级的学生开始面临小升初的学业压力，无论是老师还是家长都要求他们将更多的时间放在学习上，自然也就没有充足的时间参与足球运动。

表 5　　不同年级学生参与足球运动情况（N=100）

年　级	参与人数	百分比（%）
三年级	32	32
四年级	35	25
五年级	20	24
六年级	13	13

（二）学生参与课外足球活动的情况调查与分析

1. 学生参与足球运动频率的调查与分析

从学生参加课外足球运动的频次中可以看出（如表 6 所示），参加足球运动 1～3 次及 4 次以上的人数占 66%，还有 34% 的学生偶尔参加和不参加。由此可见，东城区某小学学生参与足球运动的情况比较乐观，并且每一次参与足球运动的时间也能够得到一定的保障，基本上都在 30 分钟以上。从学生参与课外足球运动练习的强度中，大强度的人数较少，仅有 5 人，占据了 5% 的比例；而参与中小强度的人数分别为 28 人、37 人，弱强度的人数所占比例为 35%。另外，根据相关的研究，小学生在参与足球运动时本身的强度也不宜

表 6　　学生参加课外足球运动频次统计表（N=100）

	频率/周				强　度			
	1－3 次	4 次以上	偶尔	不参加	大强度	中强度	小强度	弱强度
人　数	39	17	43	1	5	28	37	35
百分比（%）	49%	17%	33%	1%	5%	28%	37%	35%

过大，因为他们正处于成长发育的关键时期，强度一旦过大，不仅会影响他们的正常发育，还会使正常学习受到影响。

2. 学生每次参与足球运动的时间调查与分析

通过对学生参与课外足球运动练习的时间进行调查可以发现（见表7），学生选择在早上6：00～7：00这一时间段参与足球活动的人数仅有5人，占据的比例仅为5%，这也说明这一部分学生对于足球运动是非常喜欢的，能够抓住一切可以玩儿的时间参与足球活动；选择在中午这一时间段参与足球运动的学生占据了54%的比例，他们是选择在午休的时候踢足球；而选择在周六日参与足球运动的人数最多，为86人，占据了86%的比例。这一时间段学生们不用进行文化课的学习，所以参与足球运动的人数较多。

表7　　　　学生参加足球运动时间统计表（N=100）

时　间	6：00～9：00	12：00～13：20	17：10～19：00	周六周日
人　数	5	54	67	86
百分比（%）	5%	54%	67%	86%

3. 学生参与课外足球活动的组织形式和开展情况

课外足球活动包括学生自发的各种足球活动和学校参与组织的各种足球活动。课外足球活动是足球课的有益补充，它对于激发和培养学生对足球的兴趣、提高体育能力和促进个性发展完善都有重要的价值。

表8　　　　学生参加课外足球锻炼形式的统计表

形　式	个　人	和同学一起	学校组织	参加俱乐部	其　他
人　数	5	58	18	16	3
百分比（%）	5%	58%	18%	16%	3%

从表8中可以看出，东城区某小学学生参与足球运动形式呈现明显集中情况，58%的学生选择和同学一起，这固然跟足球运动本身属于集体运动的特点有着很大关系，但是也反映了学生把足球运动当作一种和同学沟通、交流、娱乐的方式。此外，还有34%的学生通过学校组织和参加俱乐部来进行足球

活动，由此可见学校组织的课外足球活动较少，并且足球俱乐部在学生课外足球活动的发展中还有很大的发展空间。通过访谈得知，大部分学生课外足球活动基本上都是放任自由，缺乏学校管理和组织。

（三）家庭情况对学生参与足球运动影响的调查与分析

笔者通过走访调查了解到，东城区某小学大多数的家长对于学生参与足球运动并不是很支持，究其原因就在于足球运动很容易吸引学生参与到其中，进而耽误自己的学业，并且由于足球运动对抗性较强，学生在参与的过程中很容易受伤。笔者在向学生们进行调查时，其普遍的态度都是影响自己是否参与足球运动的最大因素就是家长的决定。家长们的态度与教师基本相同，因为足球对抗激烈，危险性较大的特点，学校场地资源有限，再加上学校的医疗保障措施不到位，学生一旦在参与足球运动中出现损伤无法及时地得到救治，同时担心学生会因为将过多的时间放到足球运动中而影响到自身的学习成绩，这两个原因则是学生家长及教师不支持参与足球运动的原因。

从表 9 的调查数据中也可以看出学生家长支持学生参与到足球运动中的人数较少仅有 36 人，占据了 36% 的比例，有 42 位家长是不支持学生参与足球运动的，所占据的比例为 42%。

表 9　　学生家长与学校教师对学生参加足球运动的态度

学生家长	支　持	无所谓	不支持
人　数	36	22	42
百分比（%）	36%	22%	42%

（四）东城区某小学足球开展条件的调查与分析

1. 东城区某小学足球场地调查与分析

在调查过程中，发现学校场地基本上是用于从早到晚的正常教学和训练，而学生的自由活动时间较少。学校有着 200 米操场，并且为塑胶材质，场地内还放置了篮球架。学校场地既存在危险也不适合足球运动，对学生参与足球运动和足球运动的开展有着一定的影响，从而也限制了足球联赛及足球节等活动的进行。足球场地器材匮乏更影响了学生参与足球运动的兴趣和减少了足球运动的时间。

2. 东城区某小学足球教师情况调查与分析

在东城区某小学的全体体育教师中，本身是足球专业的教师人数非常少，仅占全体教师人数的13%。这一现象产生的主要原因就在于小学阶段的体育教学缺乏系统化规范化，很多体育教师在进行足球教学时会选择让学生进行跑步、集体足球游戏、传球等较为简单的练习。而且，东城区某小学现在用的体育教学大纲中没有将足球教学放在重要位置。对于足球运动的不重视。进而上升到对体育教师的不重视，最终导致学生们无法较为科学地参与到足球运动当中。还有一部分原因在于足球运动的跑动性、对抗性较强，需要较多的体力才能参与其中，教师不愿意吃苦，或者是担心学生身体上出现损伤而致使自身担上责任，对于体育教学敷衍了事。这对于东城区某小学足球运动的开展起到了极为严重的消极影响。

三、结论与建议

（一）结论

（1）东城区某小学的学生参与足球运动的主要动机是出于对该项运动的喜爱，并且在校园中足球运动的氛围较为浓厚，学生参与的兴趣较高，这对于足球运动在学校的发展有很大的帮助。

（2）由于现阶段学生的任务是以学习为主，因此在时间上对于学生而言是存在限制的，学生们除了在体育课堂上参与足球运动，在课余时间参与足球活动基本上都是集中在周六日，并且参与的强度大多为中小强度，大多数的学生每周能够参与足球运动的次数为3～4次。另外，有些同学还参与了校外足球俱乐部训练和培训，从中也可以看出，东城区某小学参与足球的人数是比较广泛的，学生基础较好，对足球运动热情较高。

（3）东城区某小学的体育教师素养存在一定的问题。对于国家教学大纲所规定的足球课程，一部分体育教师无法独立的完成，这也是受到专业以及个人能力的限制。这一问题的存在会直接影响到足球运动在校园的开展，需要引起足够的重视。

（4）东城区某小学由于硬件条件的限制，标准化的足球场地比较欠缺，这对于学生的身体健康和安全情况是极为不利的，进而也影响学生参与足球运动的兴趣。学校应该建设规范的足球场地，安装规范的球门以及上球网，并且多开展校园足球活动。

（二）建议

（1）举办“校园足球运动文化节”，加大对足球运动的宣传力度和知识的传播，提高学生家长和老师对足球运动的认识和兴趣，让足球运动在校园内得到普及。

（2）体育教师对于学生参与足球运动有着非常重要的影响，因此学校方面应该加大力度提升足球教师个人的专业能力以及相应的知识水平。在条件允许的情况下，鼓励体育教师参与到业务能力培训当中，学习其他学校较为科学的授课经验以及最新的足球运动技术，以此来推动东城区某小学足球运动的开展。

（3）各级主管部门应该加大资金投入，帮助学校完善足球场地以及器材设施，尤其是在足球场地上要尽快修建合格规范的场地、球门以及球网。这样不仅能够有效地保护学生的身体健康，更能激发学生参与的兴趣。

（4）增加足球课的数量和提高足球课的质量，培养教师队伍。体育教师应该进一步了解学生的情况，对每一位学生的身心特点加以认识，做到因材施教。在日常的体育课堂上，教师还可以有目的地组织一些足球比赛，引导学生进行班级内部或者是学校与学校之间的友谊赛，让学生从比赛中感受到足球运动的魅力，提升参与足球运动的积极性。

参考文献

[1] 卫平来．校园足球活动的现状及发展对策．安徽体育科技，2010，31（4）

[2] 林本剑．日本足球何以人才辈出？70 万青少年踢球我们怎么比．羊城晚报，2011－01－20

[3] 张林虎．关于高校足球运动项目开展的现状与分析．体育科技文献通报，2009，12（17）

[4] 贺辛奇．我国足球后备人才培养体制研究．北京体育大学，2008

[5] 李晨琦．我国欠发达地区城区小学足球运动开展现状调查．体育科技，2016（5）

[6] 黄文宾．中国足球后备人才培养体制的研究．湖南师范大学，2007

[7] 袁斌．邯郸市峰峰矿区邯郸市市区中小学足球运动开展现状的调查研究．河北师范大学，2012

[8] 刘楠．邯郸市峰峰矿区县级市小学足球运动开展现状调查及对策研究．河北师范大学，2008

[9] 刘楠．河北省县级市中学足球运动开展现状调查及对策研究．河北师范大学，2008

[10] 孙宁．邯郸市峰峰矿区城市小学足球运动开展现状分析与对策研究．河北师范大学，2006

对北京市某小学乒乓球兴趣班的调查研究

■ 王　哲　刘国富

前　言

乒乓球，中国的国球，起源于英国。欧洲人至今把乒乓球称为“桌上的网球”。19 世纪末，欧洲盛行网球运动，但由于受到场地和天气的限制，英国有些大学生便把网球移到室内。由于打乒乓球时在桌子上发出乒乒乓乓的声音，就被称为乒乓球。乒乓球运动大约于 1904 年前后传入我国，在我们国家有着广泛的群众基础和很深远的文化底蕴，它带给我们的不仅是锻炼和娱乐，更重要的是凝聚了我们中国人民积极进取、有勇有谋的拼搏精神。乒乓球是隔网对抗，比足球、篮球等有身体接触的体育项目更有安全性。因此，乒乓球是一项非常受小朋友欢迎的球类运动，乒乓球运动趣味性强，打法精于技巧，实战比赛变化无穷，同时还可以强身健体，使人体的呼吸系统、消化系统及运动系统等得到全面锻炼。通过乒乓球运动，可以发展人体的速度、灵敏、力量、耐力、协调等身体素质同时也能锻炼和培养人们勇敢、顽强、机智、果断等良好的心理素质。乒乓球运动使人的反应更快，思维更敏锐，动作更协调，乒乓球比赛中的双打还可以加强团队合作的精神，培养两人的默契感。除此之外，乒乓球运动能够调节人的情绪，使人心情愉快，性格开朗大方；能开发人体大脑智力，提高思维能力，促进智力发展等等，因而深受广大青少年的喜欢。所以北京市某小学根据这一现象成立了乒乓球兴趣班，培养学生对乒乓球的兴趣，提高乒乓球技巧。在这一过程中，加入兴趣班的学生越来越多，所以我对北京市某小学乒乓球兴趣班进行了调查。

一、研究对象与研究方法

（一）研究对象

研究对象为北京市某小学中参加乒乓球兴趣班的同学。

（二）研究方法

1. 文献资料法

通过图书馆查阅书籍以及互联网搜索相关的文献资料进行搜集与整理，全面了解乒乓球发展现状，获得理论依据。

2. 问卷调查法

采用问卷调查法，以调查问卷的方式对北京市某小学乒乓球兴趣班的学生发放100份调查问卷，回收98份。

3. 访谈法

通过对北京市某小学乒乓球兴趣班老师的访谈沟通，了解北京市某小学的师资情况和上课的情况

4. 数据统计法

根据研究目的，在研究过程中对获取的有效数据采用百分数进行数据处理。对回收的调查问卷中所有的有效数据和重要资料，运用Excel统计处理。

二、研究结果与分析

（一）北京市某小学的兴趣班学生对乒乓球运动的认知情况

1. 北京市某小学乒乓球兴趣班学生喜欢体育项目现状调查

由表1我们可以看到，目前北京市某小学学生对学校开展的各运动项目的

喜爱程度，排在第一名的是篮球，有53人次，篮球是一个集体项目，但是篮球对身高和体力都有要求。乒乓球排在了第二位，共38人次。根据新课标的要求，小学体育活动课由原来的统一安排改为选项课之后，学生们可以根据自己的喜好，自由地选择参加体育活动课。心理学家和教育家认为，只有对有兴趣的事物才能产生行为上的热情参与和积极表现，而持之以恒参与的兴趣，最终导致行为的习惯。由于乒乓球运动没有直接的身体接触和冲撞，运动强度可控性强，简单易学，娱乐性强等特点，得到了大部分小学生的喜爱。乒乓球运动是隔网运动，小学生不用长距离的奔跑，也可以避免身体的冲撞。目前，北京市某小学的体育课程安排每周3～4节课，对于小学生来说运动量已经足够，参加兴趣班运动量过大有可能会导致精神状态欠佳而影响到文化课的学习。而乒乓球的运动量比较适中，精神和体能得到锻炼的同时，又能更好地促进同学之间的交流，增进友谊，和谐人际关系，鉴于这些优点，乒乓球运动得到了较多小学生的喜爱。

表1　北京市某小学乒乓球兴趣班学生喜爱的运动项目排名（多选）

名次	1	2	3	4	5	6	7	8	9
项目	篮球	乒乓球	武术	足球	健美操	排球	长跑	体操	其他
人次	53	38	24	19	17	9	8	3	0

2. 北京市某小学兴趣班学生了解乒乓球的渠道

通过对学生了解乒乓球渠道的调查，发现排在第一位的是通过网络、电视等了解乒乓球的学生达到了75%。如今是网络的时代，在网络和媒体以及杂志上都可以看到关于乒乓球的报道。尤其是奥运会的举办，使乒乓球在每一届奥运会上都绽放光彩。其次是个人爱好，占到43.9%，现在越来越多的人从小接触乒乓球，并将其变为爱好。最值得关注的是通过课上的学习来了解乒乓球的人占到35.7%，从刚开始的不了解不关注到课上学习来了解乒乓球运动也是这门课程开展的意义所在，既然是中国的国球，就应该使更多的人了解和热爱它，从小培养对它的兴趣也是至关重要的（见表2）。

表 2　　兴趣班学生了解乒乓球的渠道

名　次	1	2	3	4	5
渠　道	网络、电视等介绍	个人爱好	课上学习	同学介绍	其他
人　次	74	43	35	15	0
百分比（%）	75.5	43.9	35.7	15.3	0

3. 北京市某小学乒乓球兴趣班学生参加运动的动机

乒乓球运动方便、简单，锻炼全面，运动量合适、有趣，综合锻炼效果好，还应对了文明病症的侵扰，对肢体、心肺、反应、灵敏、协调及大脑起到很好的锻炼作用。北京市某小学的学生认为乒乓球运动是有效地锻炼，可以提高精神系统的反应能力，能够有效地改善视力水平，提高智力和反应能力，而且无身体接触，身体冲撞对抗小安全系数高，运动强度的主动控制能力强。其中，有 97 名同学选择的动机是无身体接触而且身体冲撞对抗小；最少的是运动强度的中控能力强，也有 81 位学生选择，所以学生对乒乓球运动的热情高，喜欢参加乒乓球运动（见表 3）。

表 3　　兴趣班学生参加运动的动机（多选）

动　机	人　数	名　次
无身体接触，身体冲撞对抗小	97	1
安全系数高	95	2
能够有效地改善视力水平，提高智力和反应能力	91	3
有效地锻炼、提高精神系统的反应能力	87	4
运动强度的主动控制能力强	81	5
其　他	0	6

4. 北京市某小学兴趣班学生参加乒乓球运动的态度

体育态度是人们对体育现象在自身生活中重要程度的评价，判断它与人们的体育需要、体育价值观、体育生活中的直接体验有密切的关系。而学生学习态度的好坏又与其学习效果密切相关，积极的学习态度是取得好的学习成绩的重要因素。通过对北京市某小学学生对乒乓球学习态度的调查，我们可以看到，对乒乓球运动喜欢和非常喜欢的学生占了66.4%，由此可见，乒乓球运动在小学生中有着一定的基础，在调查的有效问卷中有超过六成的小学生是热爱并喜欢这一体育活动的。但是，值得我们注意的是，在调查的小学生中，有30%的小学生对乒乓球运动持无所谓的态度，还有3%的学生不喜欢（见表4）。为什么不喜欢，怎样提高学生的学习兴趣，使学生们喜欢上乒乓球这个项目是我们急需解决的教育难题。

表4　　北京市某小学兴趣班学生对乒乓球运动的态度

态　度	不喜欢	喜　欢	非常喜欢	无所谓	总　数
人　数	3	42	23	30	98
百分比（%）	3.4	42.9	23.5	30.2	100

（二）北京市某小学乒乓球兴趣班开展的情况和场地设备

1. 乒乓球兴趣班开展的情况

在对北京市某小学乒乓球兴趣班的调查中我们发现，乒乓球兴趣班只分为两个班，而且每周只有一节课，每节课上课的人数最多可以达到40～50人（见表5）。

表5　　北京市某小学乒乓球兴趣班一周有几节课

课　次	一节课	两节课	三节课	更　多	总　数
人　次	98				98
百分比（%）	100				100

2. 乒乓球兴趣班的场地器材情况

场地器材是开展体育运动的物质基础和必备条件。良好的场地设备和运动条件不仅能够调动锻炼者的学习热情和锻炼的积极性，而且有助于提高锻炼的学习质量。因此场地器材是影响乒乓球兴趣班开展情况的重要因素之一，同时也影响着学生的学习效果。经调查发现，北京市某小学的乒乓球训练都是在室内进行，这一点对于乒乓球兴趣班的开展十分有利，虽然乒乓球运动既可以在室内也可以在室外锻炼，但是在室外运动，受天气影响比较大，而室内运动，更能充分展示锻炼者的技术水平，有助于激发他们锻炼的积极性。有45.9%的同学认为场馆一般、器材一般，有8.2%的学生认为场馆狭窄而且器材缺乏，不能完全满足同学需求（见表6）。北京市某小学的室内乒乓球场地相对较小，活动空间有限，乒乓球台案数仅有几张并且摆设过密，室内空气欠流畅。这些都给学生参与运动带来诸多不便。硬件设备投入不够，尚未满足学生们的教学和课余锻炼的需要。

表6　　场地和器材的情况

情　况	场馆宽敞 器材充足	场馆一般 器材一般	场馆狭窄 器材紧张	场馆狭窄 器材缺乏	总数
人　次	22	45	23	8	98
百分比（%）	22.4	45.9	23.5	8.2	100

（三）北京市某小学乒乓球兴趣班的影响以及满意度调查

1. 乒乓球运动对乒乓球兴趣班学生的影响

长期以来，我国小学教育和许多家长都重视文化课而忽视了体育等课程。近年来随着经济的发展、教育改革的深入，课外体育活动越来越受到重视。但是我们更关心的是参加乒乓球运动后对自身的影响，通过调查（见表7）后发现，88.7%的学生认为乒乓球运动并不影响学习，而且认为经常做运动有助于提高学习的兴趣，只有10.2%的学生认为乒乓球运动会减少自己的学习时间。在做完运动后的感觉调查表（见表8）中，我们可以看出70%以上的人都觉得打完乒乓球以后可以使自身轻松、舒畅、灵活。21.4%的人觉得没太大反应，只有8%的人感觉很累。这些结果是根据自身的身体情况和自我感官来做出的结论，可以看出大多数的学生认为乒乓球运动对自身有积极的影响。

2. 兴趣班学生对乒乓球运动的满意度

通过表9可以看出，北京市某小学乒乓球兴趣班有70%以上的学生对乒

表7 乒乓球运动对学习的影响

影　响	会，减少学习时间	不会，可以提高学习兴趣	不清楚	总　数
人　次	10	87	1	98
百分比（%）	10.2	88.7	1.1	100

表8 做完运动以后的感觉

感　觉	没太大反应	轻松、舒畅、灵活	很　累	其　他	总　数
人次（%）	21	69	8	0	98
百分比	21.4	70.4	8.2	0	100

乓球有着浓厚的兴趣，他们之所以选择学习乒乓球，有的是受中国乒乓球专业运动员的影响，有的是受家长和同伴的影响，还有的是出于学习一项特长项目的愿望。虽然出于不同的学习目的，但是他们均表示自己愿意去学习，很享受学习乒乓球运动的过程，对于教师和教练的教学模式都很满意，教学形式多样，寓教于乐，不枯燥。教师在进行技术动作训练过程中，边示范边指导练习，对完成动作有困难的学生，能及时地进行鼓励和帮助，让学生们感受到了乒乓球运动给人带来的快乐，增加了学生们学习的欲望和兴趣。

表9 学生对乒乓球兴趣班学习的满意度

满意度	很满意	比较满意	不满意	总　数
人　数	72	24	2	98
百分比（%）	73.5	24.4	2.1	100

3. 对乒乓球兴趣班学生家长的调查

对已经参加过乒乓球兴趣班的学生家长进行调查后发现，95%的家长对于孩子参加的兴趣班培训结果表示满意，希望孩子可以更为全面系统地掌握乒乓球技术，锻炼孩子强健的身体素质及坚强的意志品质，展现真实自我。家长们纷纷表示自己的孩子在参加乒乓球兴趣班后变得更加懂事和自信，能够更积极主动地与人沟通（见表10）。

表10　　通过学生了解家长对兴趣班的满意度调查

满意度	非常满意	比较满意	不满意	不清楚	总　数
人　次	84	9	0	5	98
百分比（%）	85.7	9.2	0	5.1	100

（四）北京市某小学乒乓球兴趣班的发展情况及制约发展原因

1. 乒乓球项目自身特点技术复杂，难以入门

乒乓球运动的器材设备简单，不同年龄、性别和身体条件的人都可以参加，但是乒乓球运动也是一项技巧高超、战术复杂、灵活多变、规则严密的赛事项目，在其打法、要素、取胜条件和工具等方面都有着超高的要求。在调查交谈中，很多学生都表示，自己很想学习打乒乓球，但开始学习时，总是觉得球太小，很难掌控，打球时总是击空拍，捡球的次数多，没能够从中体会到看比赛时候的那种刺激与激情，短时间掌握基础很是困难，容易失去打球的信心和动力。

2. 学生存在个体差异，教师教学安排单一化

从调查结果看，北京市某小学学生对乒乓球的学习兴趣很浓厚，想要学习并且学好乒乓球，但是由于兴趣班的学生来自不同的年级，年龄上存在着一定的差别，乒乓球专业知识掌握的程度参差不齐，课上对于教师的教学演示理解和领悟的接受程度不一样，一个乒乓球兴趣班里的技术水平不统一。然而，面对大班教学和应试教育的影响，教师都是按照既定的教学大纲统一安排教育教学的内容和教学进度，运动量和运动强度安排得不够合理，导致部分低年级的学生出现“吃不消”的情况，而较高年级的学生又有“吃不饱”的现象，影响了教学效果。

（五）乒乓球兴趣班教师的来源和专业性

乒乓球是一项技术复杂、旋转和速度变化多端的运动项目，教师的专业能力和执教经验直接影响着教学的质量。经过调查了解到，北京市某小学乒

乓球兴趣班的教师 70% 都是由本校的体育教师兼任，有 30% 的教师是学校外聘的乒乓球专业教练。外聘的乒乓球专业教练固然专业性强、技术过硬，但是在教育教学中，他们在教演技术动作、打法动作等方面，相对于教学经验丰富的教师教学能力要差一些，而教学经验丰富的教师在乒乓球专业技术技能方面又有些许的不足。总体来看，北京市某小学的乒乓球兴趣班缺乏技术全面和教学经验丰富并重的教师。

四、结论与建议

（一）结论

通过对北京市某小学乒乓球兴趣班的调查研究，我们发现乒乓球运动是现在小学生们比较喜欢的运动项目之一，喜爱程度仅次于篮球，在学校开展的所有体育运动项目中排在第二位。但是北京市某小学的乒乓球场地面积有限，台案数量少，活动空间相对较小，不能满足学生们的学习及体育活动需要。与此同时，北京市某小学乒乓球兴趣班的教师结构较为单一，师资水平有待提高。

（二）建议与意见

（1）加大宣传力度，提高校领导及全体师生家长的重视，提升学生及家长对乒乓球运动的认识和兴趣，让乒乓球运动在校园内得到普及。

（2）完善器材设施的储备，增加经费的投入。增建乒乓球训练场地，增加学生们的可利用运动空间，为乒乓球兴趣班的开展提供优质的硬件设施；为乒乓球体育教师提供系统专业的培训，提高其专业技术技能；引进更为专业的乒乓球教练，提高教学质量，满足学生的学习需要。

（3）进一步改善教学方法，兴趣班的学生自身存在一定的差异，教师应该充分考虑到这一问题，在课堂教学过程中应给予足够的重视，借助课堂教学的空隙，逐渐缩减学生之间的差异，安排有趣味性的训练活动，激发学生的学习兴趣，让学生们从乒乓球运动中获得愉快的情感体验并增强自身的身体素质。

（4）乒乓球兴趣班激发了学生的运动热情，需要家长们进一步配合，加强与孩子的互动，鼓励并支持孩子坚持练习乒乓球，将乒乓球运动发展成为一项陪伴孩子成长的终身运动项目。

参考文献

[1] 袁玉涛，郑永成．对我校课外活动现状的调查与分析．河北农业大学学报，2000，2（3）

[2] 宋绍兴，李颖，刘存生．对河北省中小学校乒乓球运动开展现状的调研．河北师范大学学报（自然科学版），2004（4）

[3] 张小磊．吉首大学乒乓球运动的开展现状及对策研究．2007（3）

[4] 周红志．对发展高校群体工作的几点意见．浙江体育科研，1992（4）

[5] 宋绍兴，李颖．乒乓球运动对青少儿视力影响的对比研究．中国体育科技，2002（11）

[6] 谢琼恒，夏娃．星光为何这般灿烂．体育文化导刊，2002（5）

体质测试

从鼓励和推动学生积极参加体育锻炼，增强学生体质的目的出发，在不同时期先后制定了《劳卫制》《国家体育锻炼标准》《中学生体育合格标准》《小学生体育合格标准》等一系列制度，并于 2002 年开始在全国试行《学生体质健康标准》。

史家教育集团积极落实体质测试工作，在思想上帮助学生了解健康的意义和测试的目的，在行动上成立体质测试工作小组，拟定测试、汇总和上报工作计划，在课堂上进行指导。集团在北京市中小学生体质健康抽测和东城区中小学生体质健康测试中，99%的学生达标。

“课课练”促进小学生身体素质的跟踪研究

——以史家小学2014级学生为例

■ 杜贝贝　张欣欣

一、文献综述

（一）概念界定

毛振明（2011）教授提出“课课练”是在每堂体育课中合理地安排有针对性的、可以对学生身体产生改善作用的身体练习，并科学合理地实施这些练习。

吴健（2010）认为在每节体育课里安排一定时间，指导学生进行身体素质的练习，或立定跳远，或俯卧撑，即为“课课练”。

20世纪80年代出版的《中小学体育教学大纲》中写明，一些简单易行、以素质练习为主，旨在增强学生体质的练习，就是体育“课课练”。

关于“课课练”的定义，专家学者众说纷纭，但其主题一致。

（二）“课课练”对学生身体素质的影响研究现状

马成亮、王文清、梁定邦（1997）在《“课课练”对增强学生体质的研究》中，按照全国体质健康测试细则对实验班和对照班学生进行对比，发现“课课练”对大学生身高、体重的发展并无影响，对肺活量、速度素质、下肢爆发力、上肢力量和耐力素质都有促进作用。

张秋宁在谈体育课堂教学变革的两步跨越时提到，"课课练"教学模式是让学生在体育课堂上，在规定的3～5分钟内进行身体素质练习。而潘智敏、吴维铭认为时间短，影响锻炼效果。体育课间隔时间、学生练习时间、次数都会对身体造成一定刺激，从而达到超量恢复，增强体能。若运动刺激不足，则影响锻炼效果。练习内容主要是跑、跳、投及一些力量练习。

范雪峰（2011）针对"课课练"有效提高学生体育素质的探究中讲到："教师在每节课都要抽出8～10分钟的时间组织学生进行专门的身体素质练习。"邢丽琴（2015）在进行体育课"课课练"对提高学生体能的教学实验中，选择下课前10分钟左右开展身体素质练习。其具体内容有：5～6分钟跳绳、隔人追逐跑，俯卧撑、推小车，半蹲跳、高抬腿，仰卧起坐、两头起等。

综上所述，"课课练"的时间安排随着年代的推移、学生身体发展的需求而增长，由最短的3～5分钟长达10分钟左右。"课课练"一般安排在体育课的课前、课中或课后，但笔者认为，"课课练"内容在准备环节进行最宜，不仅起到热身的作用，还锻炼学生的体能，对专业技能的发展也有促进作用。关于练习内容，大体归纳为以下三类，见图1。此类内容较为传统，学生的兴趣不高，若采用现代体能练习的方法，借助于绳梯、灵敏圈、小栏架等，可增强锻炼的趣味性。

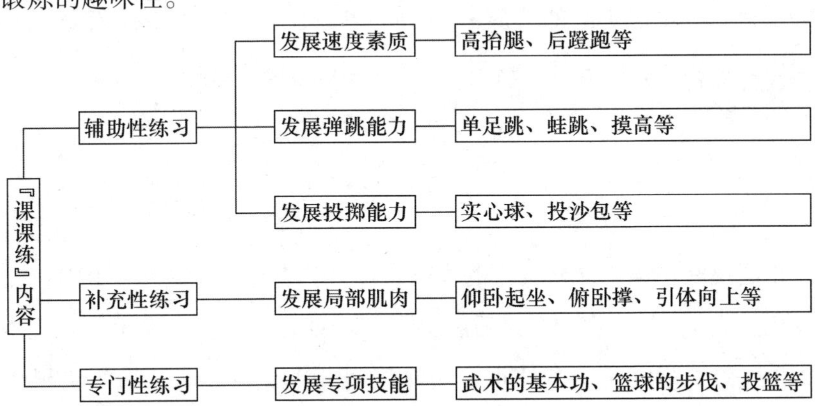

图1　"课课练"内容的分类

二、研究对象及方法

（一）研究对象

以 5 个教学班共 191 名学生为研究对象，其中男生 101 名，女生 90 名。从 2014 年入学至今，跟踪学生体育教学“课课练”环节，收集学生体质健康测试数据进行研究分析。

（二）研究方法

1. 观察法

连续三年对史家小学 2014 级学生进行跟踪观察，在体育课上进行“课课练”，整理练习内容，调整完善练习负荷，监测身体素质指标。

2. 文献综述法

在中国期刊网上，以“课课练”为关键词进行检索，查阅大量相关文章，阅读体育教学论文、中小学生体质健康等方面的书籍和文章，结合实际教学经验，撰写论文。

3. 数量研究法

收集学生一至三年级的体质健康测试成绩，建立学生身体素质发展数据库。运用 Spss18. 0、Excel 进行梳理分析，完成定量分析。

三、结果分析

三年间反映小学生体格发育的身高、体重和身体质量指数（BMI）三项指标的变化见表 1。从发育趋势来看，男生平均身高普遍高于女生，男女生增长幅度大体一致；男女生平均体重在一年级时相差无几，二、三年级男生平均体重高于女生，增长幅度快于女生。随着年龄的增长，学生身体质量指数提高，但男生在三年级时的平均水平较二年级低0.06。

表1　　学生体格发育均值

		一年级	二年级	2－1	三年级	3－1	3－2
身高（cm）	男生	124.11	130.64	6.53	140.18	16.07	9.54
	女生	122.46	128.65	6.19	137.54	15.08	8.89
体重（kg）	男生	24.73	29.58	4.85	33.95	9.22	4.37
	女生	23.85	27.41	3.56	30.86	7.01	3.45
BMI	男生	15.97	17.22	1.26	17.16	1.19	－0.06
	女生	15.83	17.02	1.19	17.07	1.24	0.05

注：BMI＝体重（千克）/身高2（米）。

三年间反映学生身体机能的肺活量均值见表2，变化趋势见图1。男生肺活量平均水平呈缓慢增长，女生在二年级的均值较一年级低14.07，三年级较二年级高343.51。

表2　　学生肺活量均值

	一年级	二年级	2－1	三年级	3－1	3－2
男生	1364.11	1460.82	96.71	1776.82	412.71	316.00
女生	1310.33	1296.26	－14.07	1639.78	329.44	343.51

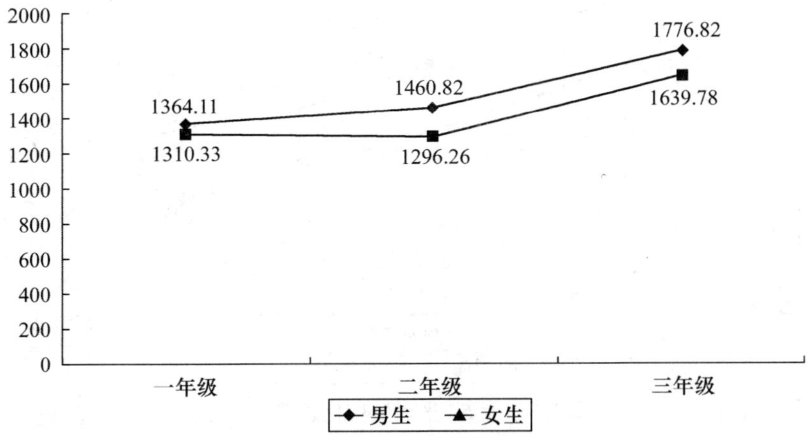

图1　学生肺活量均值变化趋势

三年间三项身体素质综合评价结果见表3，学生的速度素质明显提高；柔韧素质提高缓慢，三年级平均水平低于二年级；一分钟跳绳有所提高。

表3　　学生身体素质评价总分与单项成绩均值

		一年级	二年级	2－1	三年级	3－1	3－2
总分	男生	82.68	87.37	4.69	85.87	3.20	－1.49
	女生	87.48	89.18	1.70	86.76	－0.72	－2.42
50米	男生	11.12	10.44	－0.68	9.92	－1.20	－0.52
	女生	11.65	10.97	－0.68	10.32	－1.33	－0.65
坐位体前屈	男生	10.61	12.38	1.78	9.01	－1.60	－3.38
	女生	14.99	17.38	2.38	14.20	－0.80	－3.18
1分钟跳绳	男生	82.63	106.84	24.21	120.44	37.81	13.60
	女生	91.89	114.68	22.79	127.72	35.83	13.04

男生身体素质评价二年级总分均值高于一年级4.69，三年级低于二年级1.49。女生身体素质评价二年级总分均值高于一年级1.7，增长幅度小于男生；三年级低于二年级2.42，减少幅度大于男生。因此，小学男生的身体素质较好于女生。

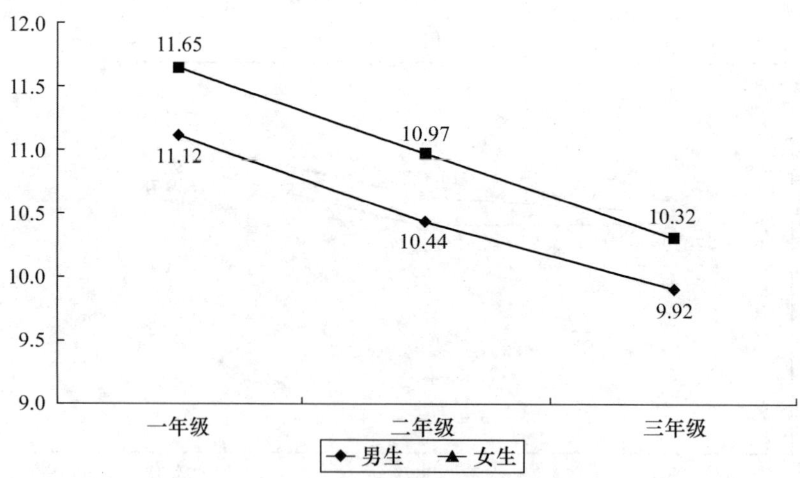

图2　学生50米均值变化趋势

由图2可见，男女生50米平均成绩明显提高，男生速度素质好于女生。

二年级较一年级男女生增长幅度一致，均为0.68。三年级女生较男生增长幅度稍高。

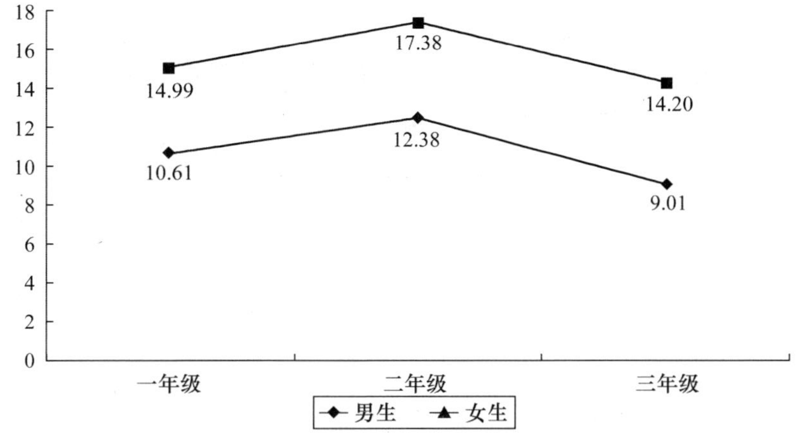

图3　学生坐位体前屈均值变化趋势

由图3可见，反映学生柔韧素质的指标坐位体前屈，测试男女生均表现为二年级较一年级有所提高，三年级较二年级呈下降趋势。女生柔韧素质明显好于男生。

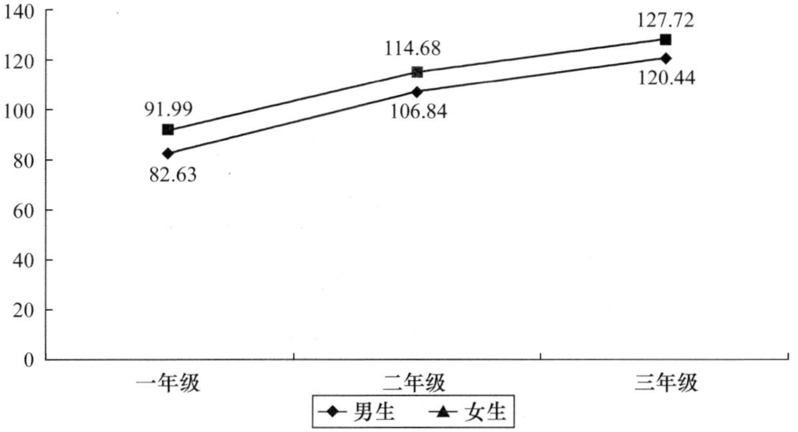

图4　学生1分钟跳绳均值变化趋势

由图4可见，男女生1分钟跳绳成绩有所提高，女生跳绳水平普遍优于男生。

四、结论与建议

（1）“课课练”作为一种教学手段，对提高小学生速度素质、跳跃素质有显著效果，对身体机能、柔韧素质的影响较小。

（2）完善“课课练”内容，加强提高学生肺活量、柔韧素质的练习。

（3）在体育教学中，应合理应用“课课练”，有针对性的、全面地进行各种身体素质练习。

参考文献

[1] 潘智敏，吴维铭．“课课练”教学模式的优势和不足及对策．当代体育科技，2015（20）

[2] 毛振明．在体育课中如何有效地锻炼身体（上）：论当前体育课改形势下的“课课练”回归．体育教学，2011（1）

[3] 吴键．归去来兮　身体素质“课课练”．中国学校体育，2010（8）

[4] 马成亮，王文清，梁定邦．“课课练”对增强学生体质的研究．体育学刊，1997（3）

[5] 张秋宁．返朴与导新——体育课堂教学变革的两步跨越．体育与科学，2001（2）

[6] 潘智敏，吴维铭．“课课练”教学模式的优势和不足及对策．当代体育科技，2015（20）

[7] 范雪锋．“课课练”有效提高学生体育素质的探究．才智，2012（5）

[8] 邢丽琴．体育课“课课练”对提高学生体能的探讨．中国市场，2015（40）

浅谈如何运用新课改提高小学生体质健康水平

■ 金　帆

在新课程改革实施以来，越来越多的目光关注到学生身体健康上来，特别是2008年北京奥林匹克运动会开展后，对体育锻炼的重视程度日趋上升。然而，当我们来看看现在学生的体质健康时，其状况让人堪忧。学生的身体健康状况关系到国家的未来、民族兴旺的根本利益。如何运用新课程标准提高学生身体健康水平是每一位体育教师为之努力的目标。

一、加强理论学习，转变教育观念

（一）树立“健康第一”的指导思想

随着社会物质生活的较大改善，人们的生活方式发生了很大的变化。特别是近年来，人们体力活动大大减少，从而使国民的体质健康问题日益突出。于是，参加健身锻炼，正在成为人们日常生活中不可缺少的组成部分。健康成了人们关注的热点，终身锻炼的意识已逐渐深入人心。因此，在这种社会大背景下，作为一名体育教师更要树立“健康第一”的指导思想。目前基础教育新课程不再有大纲，取而代之的是课程标准，强调“健康第一”为指导思想，以身体、心理和社会适应的整体健康为课程目标；注重教师和学生对教学内容的选择性，教学评价的多样性，使课程有利于激发学生的运动兴趣，引导学生掌握基本的运动技能，学会科学锻炼身体的方法，养成坚持体育锻炼的习惯，形成勇敢顽强和坚忍不拔的意志品质，促进学生在身体、心理和社会适应能力等方面健康、和谐的发展。而体育教学大纲则主要是以“增强学生体质”为指导思想，比较忽视学生的生理、心理健康和社会适应这两个健康尺度，已无法适应现代社会发展的需要。

（二）以新课标为指导，改革现有教学模式

实施新课程必须有利于激发和保持学生的运动兴趣，养成坚持体育锻炼的习惯，获得自然、社会、自我领域的感性知识、技能和实践经验，形成勇敢顽强和坚忍不拔的意志品质，促进学生在身体、心理和社会适应能力等方面健康、和谐的发展。关注学生主体地位的确立，承认学生的个体差异和不同需求，注意培养学生的独立性、自主性和创造性，引导学生质疑、调查、探究。在实践中学习，是提高学生综合素质，突出学生主体地位的有效途径。这些理念是对传统的体育教学思想的挑战和突破，有助于改革我们现有的体育教学模式和提高学生的身体健康水平。

小学是人生步入社会的第一步，尤其是低年级体育教学，是学生上体育课的入门阶段，因此有其自身的发展特点。首先要注重基础培养，因势利导，了解学生的体质健康水平以及体质健康状况，寻找小学生的身体健康发展变化规律和特点，给予学生正确的体育指导。还要采用丰富多样的手段，富趣味于教学，寓游戏于教学，这样既能保证智力的发展，又能帮助学生培养手脑并用能力。使学生在不知不觉中得到锻炼，逐渐形成热爱体育活动的习惯、良好的思想意志品质和集体主义精神，为终身体育锻炼思想打下基础。

（三）采用灵活多样的教学方法激发学生的兴趣

小学生天性好动，爱新鲜，厌烦过多的重复练习。因此，教学方法和练习手段要多变，才能提高学生的兴趣，延缓疲劳的出现。不必担心不好组织，不要怕“乱”，要相信学生自己能够管理自己。学生自己管理自己既培养了他

们的组织能力，又激发了他们对体育课的兴趣，也确实发挥了学生主体、教师主导的作用。

首先，体育课堂教学疑问化。在体育教学中，教师要有目的、有预见地给学生“设置疑问”亲身体验，解决问题。这样既提高了学生的学习兴趣，又开拓了学生的思路，起到了重要作用，有助于更好地掌握技术动作，有效地活跃课堂气氛。如在上跳绳的课程上，设置节奏音乐，让学生们在欢快的课堂上跳跃，并提出问题，如问学生为什么要脚尖点地，为什么节奏不能太快，计算一下跳跃大概要多少时间，怎么样才能跳的时间最长，让学生自己寻找解决问题的办法，从而激发学生主动锻炼的积极性。

其次，教学方法手段多样化。教学方法和练习手段要多变，才能提高学生的兴趣。如在课堂上设置一些小型比赛，提高小学生的激情，以比赛成绩和犯规次数给学生做出合理的评价，并给胜利的一方发小奖品。学生正当的欲望得到满足，就能集中思想去进行下一步的学习，积极地提高体育课的兴趣，从而间接提高了学生的身体素质。

最后，加强体育活动课的选择性，激发学生的主体参与性，加大学生喜欢的娱乐体育活动和教学竞赛课程安排，突出“体育活动课”的活动为主的教学特点，使学生在生理上、心理上得到满足，从而激发学生的锻炼热情。在跳绳、球类、运动竞赛、娱乐体育等项目上，学生根据自己的爱好和特长进行多种选择性的活动，改变了体育教学中单纯对学生传授知识和技能、发展体力的身体教育观念；改变了在体育教学中学生被动学的局面，倡导学生主动的学习。通过活动课进行大量的运动实践，使学生了解了一些体育竞赛知识和规则，学生也在活动中体会到体育知识和技术的重要性。激发学生锻炼身体的兴趣，培养了学生参与体育活动的意识、能力和习惯。丰富多彩的体育活动锻炼了学生的身心，培养了学生竞争意识和团结协作、勇于拼搏的精神。

二、关注学生主体，注重综合评价

评价既可以帮助学生形成正确的体育意识和态度，加深体育锻炼对促进身心健康的认识，也可以提高对体育的情意、态度和价值观，有利于学生终身体育锻炼。

首先，营造平等、民主、和谐的教学氛围，让学生喜欢体育课。英国教育家洛夫指出：你不能在一个战栗的心理上写上平整的文字，正如同你不能在一张振动的纸上写上平整的文字一样。这说明教学氛围直接影响学习效果。教学中，只有让学生感到安宁和自由时，学生的主观能动性才能最大限度地发挥出来，学生对体育才能产生积极的情感与态度。

其次，创设广泛参与交流、合作、探索的空间，让学生体验到体育学习的乐趣。苏霍姆林斯基说过："在人的心灵深处，总有一种根深蒂固的需要，这就是希望自己是一个发现者、研究者、探索者。"教师应抓住学生这些年龄特点及心理特点，在课堂中创设积极参与交流、合作、探索的空间，让学生在"练习"中体验到体育学习的乐趣。学生的"知识与技能""过程与方法""情感态度与价值观"不是孤立的，而是紧密联系在一起的三个方面。学生从事学习的正确认识是情感活动和意志活动的基础；良好的情感又能推进学生的认识和行动；而情感态度与价值观决定学生是否注重学习过程与方法，努力去完成既定的学习任务。

最后，评价学生学习"知识与技能"过程，旨在界定学生揭示事物的本质以及事物间的关系和规律的水平，为教师提供课堂教学改革的信息，有助于在教学中更好地发挥教师的主导作用和学生的主体性，促进学生掌握知识，获得智力技能和开拓学生的创造能力。评价学生的"情感态度与价值观"过程，在于使教师在课堂教学中更加重视学生良好的情感、情操和价值观的培养。评价学生的"过程与方法"，使教师明确地对学生进行因材施教，个别对待，同时也能使学生清楚地看到自我。只有正确合理的评价，积极给予学生以肯定才能让学生提高对体育的兴趣，才能让学生在激励满足中成长奋进。

三、家、校合作，改变家长观念

体质健康教育在本质上应该是一种养成教育。养成教育是一种长期的、广泛的、潜移默化的综合性教育，而家庭在养成教育方面具有独特的优势。首先，家长要深刻地认识到体育对孩子成长的重要意义，树立正确的教育观、健康观和成才观。俗话说："身体是革命的本钱。"人的身体素质是人的综合能力的重要因素。在小学阶段，通过学校体育活动使学生在文化学习的同时，在身体形态、身体素质上都得到应有的发展和提高。其次，家长要掌握必要的营养科学知识，注意改善孩子的膳食结构，矫正孩子的偏食习惯，有意识地让孩子多劳动、多运动，要走出重智育轻体育、重营养轻锻炼、重技能轻体能的误区，不能以牺牲孩子的健康为代价，进行"课业加餐"。最后，家长要培养孩子良好的作息习惯和科学、健康、文明的生活方式。

总之，课程改革给体育教师留下了创新的广阔空间，彻底改变了学生被动接受的这种状态，鼓励学生进行体验性、探究性和反思性学习，为学生提供生动有趣、丰富多彩的内容和信息。使学习过程更多地成为学生发现问题、提出问题、分析问题、解决问题的过程。拓宽体育视野，提高整体素质，并使体育学习更有趣、更容易，使每个学生获得成功感，使他们始终处于积极主动的状态，具有不断创造的欲望、不断活动的欲望，从而有效地促进学生健康全面发展。

结合柔韧素质评价对小学低年级学生身体素质的调查研究

■ 杨　鹏

一、研究背景

随着我国国民经济持续发展，人民生活水平不断提高，我国青少年学生身体发育处于较好的水平：反映形态指标的身高、体重、胸围呈现增长趋势。但是教育部体质监测结果显示，我国青少年学生体能素质持续下降。根据全国学生体质与健康调研报告显示："我国中小学生，其中很大一部分的学生，其体质指标在这些年来持续下降。"学生的肥胖、体质弱、近视、患病率都在持续增长。这一现状已经引起了高度重视，特别是城市学生的下降幅度不断增大，乡村学生下降幅度相对较少。

二、研究目的与意义

（一）目的

（1）贯彻落实《国家学生体质健康标准（2014 年修订）》，全面落实"健康第一"的指导思想。

（2）提高学校体质测试的整体水平，促进每一位学生健康成长。

（二）意义

（1）探索新的有关柔韧素质的实践内容、练习方法和手段等。例如，体育课程实践活动中可以引入 PNF（本体感觉神经肌肉促进法）等新的练习方法。

（2）为了提高小学生的身体发育柔韧素质的发展，以及“体育与健康课程标准”的有效实施，提供了新的方法和思路。

三、核心概念界定

（一）柔韧素质定义

柔韧素质是指人体关节活动幅度的大小以及跨过关节的韧带、肌胶、肌肉、皮肤及其他组织的弹性和伸展能力。包括两个含义：一是关节活动幅度的大小，关节的活动幅度决定于关节本身的结构；二是跨过关节的肌肉、肌腱、韧带等软组织的伸展性，包括静力性拉伸和动力性拉伸。

静力性拉伸是指当练习者练习部位拉伸到最大限度时，依靠自我控制或外力保持静止姿势。即练习者在拉伸韧带、肌肉、肌腱时，迫使被拉伸的部位达到最大限度，有酸、胀等感觉时，停留一段时间。

动力性拉伸是一种有节奏地多次重复同一动作的拉伸练习。拉伸练习部位，每次拉到有疼痛感时放松，并逐渐加大震动的力度和幅度来拉长肌腱、韧带、肌肉等组织。

（二）身体素质定义

身体素质就其本质而言，是指人的体质的强弱和运动的机能能力。1984年中文版《体育词典》中指出：“身体素质是指人体活动的一种能力。指人体在运动、劳动与生活中所表现出来的力量、速度、耐力、灵敏及柔韧等机能能力。”这指出身体素质不仅仅是人体运动的机能能力，也是人体劳动和生活机能能力。

通过了解身体素质，可以知道身体素质的好坏是决定一个人体质好坏和运动能力强弱的关键点。由前边介绍的我国小学生目前身体素质的现状，我们可以知道现阶段学生的身体素质状况，并得出结论：现阶段我国小学生体质弱，运动能力差，力量、速度、耐力、灵敏及柔韧等机能大不如前。

（三）体质和体能定义

美国运动生理学定义体质为“人体适应能力和激烈运动后的恢复能力”。而我国体育界对体质的定义是：人体的质量，是在先天性和获得性基础上表现出来的人体形态结构、生理功能和心理因素的综合的、相对稳定的特征。体质的范畴包括人体形态结构、生理功能和心理因素等方面，体质强弱就是由这些方面综合反映出来的。而体能是人体各器官系统的机能在体育活动中表现出来的基本能力，其中主要包括力量、速度、灵敏、耐力和柔韧等基本身体素质，以及人体的基本活动能力，如走、跑、跳、投掷、攀登、爬越、悬垂和支撑等。

现在了解到了体质和体能的概念，学生的身体素质差反映出来的就是力量、速度、灵敏、耐力和柔韧等众多问题，归根结底就是学生人体的各器官系统机能出现了问题。人体器官出现了问题，应该是我们体育教师关注的焦点。

四、研究对象、内容、方法

（一）研究对象

北京市东城区史家实验学校 2014 学年入学的 6 个教学班，进行研究时为二年级，共 194 人。无免体学生。

（二）研究内容

中华人民共和国教育部、国家体育总局颁布执行的《国家学生体质健康标准（2014 年修订）》中的学生柔韧素质评价。

（三）研究方法

1. 实验法

随机选取北京市东城区史家实验学校 2014 学年入学的二年级学生共 194 人，将其按班分成两组，每组 3 个班，1 班、2 班、3 班为实验组，4 班、5 班、6 班为对照组。其中实验组共 98 人，每天除日常体育课、操、体锻外加柔韧训练 20 分钟；对照组 96 人，除不进行额外的 20 分钟柔韧训练外，所有日常体育训练均与实验组相同；研究共进行一学期即 20 周，学期末时以坐位体前屈成绩作为柔韧性评价标准；训练时间根据学生当日状况略有增减。

2. 数理统计分析法

以足够的记录资料作为计算依据，结合北京市东城区史家实验学校实际的小学生 2014 学年入学学生的柔韧素质训练的开展情况，加以分析。

五、测试结果分析

（一）总体情况

从本次测试情况来看，北京市东城区史家实验学校 2014 学年入学学生及格率达到 100.00%，纯优秀率为 48.97%，纯良好率为 24.23%，纯及格率 26.80%，纯不及格率 0.00%。较以往旧《标准》二年级测试数据来看，优秀率、及格率均有所上升。从表 1 的统计来看，1 班、2 班优秀率高于年级总体优秀率，3 班、4 班、5 班、6 班优秀率低于年级总体优秀率。

从表 2 的统计中看出，北京市东城区史家实验学校 2014 学年入学学生总体平均值为 14.06，总体平均分为 86.66 分，1 班、2 班、3 班和 6 班高于平均值；1 班、2 班、3 班高于平均分；1 班总体成绩为 91.23 分，平均值为 15.58，位于年级首位；4 班男生平均分 81.75，平均值 12.37，为年级最低，这同时也反映出柔韧训练的必要性。

表 1　史家实验学校 2014 学年入学学生柔韧性评价统计表（N = 194）

年级		样本数	优秀	良	及格	不及格
三年级（1）班	人数	33	19	10	4	0
	百分比（%）	100.00%	57.58%	30.30%	12.12%	0.00%
三年级（2）班	人数	32	22	5	5	0
	百分比（%）	100.00%	68.75%	15.63%	15.63%	0.00%
三年级（3）班	人数	33	16	8	9	0
	百分比（%）	100.00%	48.48%	24.24%	27.27%	0.00%
三年级（4）班	人数	33	10	8	15	0
	百分比（%）	100.00%	30.30%	24.24%	45.45%	0.00%
三年级（5）班	人数	32	13	7	12	0
	百分比（%）	100.00%	40.63%	21.88%	37.50%	0.00%
三年级（6）班	人数	31	15	9	7	0
	百分比（%）	100.00%	48.39%	29.03%	22.58%	0.00%
总数	人数	194	95	47	52	0
	百分比（%）	100.00%	48.97%	24.23%	26.80%	0.00%

表 2　全年级分班级样本数总体平均分统计表（N = 194）

年级	二年级（1）班	二年级（2）班	二年级（3）班	二年级（4）班	二年级（5）班	二年级（6）班	小学三二年级总体
样本数	33	32	33	33	32	31	194
平均值	15.58	15.25	14.35	12.37	12.75	14.08	14.06
平均分	91.23	89.88	87.28	81.75	83.32	86.32	86.66

（二）柔韧素质测试评价与其他测试项目具体分析

2014 年入学学生的测试项目为 50 米跑、坐位体前屈、1 分钟跳绳，分别代表无氧运动能力、柔韧素质及有氧运动能力。

从表 3 至表 9 的分析还可以看出，学生在 50 米跑项目中是最弱的，全年级不及格率达到了 9.28%，只有 2 班全部及格，不及格率最高的是 5 班，不及格人数占 5 班总人数的 21.88%。这首先与教师的教学安排有关，其次是因为二年级学生速度素质、爆发力还处于发展阶段，学生跑的能力还有待提高。但我们通过表 11、表 12 对比也能发现，虽然 50 米跑全年级成绩都不算理想，但实验组不及格率仍少于对照组，优秀率也比对照组要高。

坐位体前屈测试项目中，实验组优秀率明显高于对照组，且所有班级通过率均达到 100%。取得这个成绩与学生的年龄有关，年龄越大柔韧性越差，二年级的学生柔韧性普遍较好。通过表 11、表 12 我们可以看出，实验组的优秀率明显高于对照组，这与每天 20 分钟额外的柔韧性训练有密切关系。

从表 3 到表 9 的对比可以看到，坐位体前屈优秀率高的班级，其综合评定等级和总体平均分也较高；新测试《标准》将 1 分钟跳绳项目项目设定为加分项目，从表 10 可以看出，共有 63 名学生得到了附加分，占到全体学生的 32.47%，这体现出了老师平日的教学成果，同时我们可以看出坐位体前屈优秀率高的班级，得到 1 分钟跳绳项目附加分的比例与其他班级相比相对较高。通过表 11 和表 12 我们也能看出，实验组的优秀率明显高于对照组。

通过表 11 及表 12 我们可以看出，实验组除总分及格率外各项成绩均优于对照组，造成这个结果可能有以下几点原因：（1）柔韧性对其他身体素质有正面影响，柔韧性好的学生其他各项身体素质也相对较好；（2）实验组的学生通过有趣的柔韧性训练对体育活动产生了更浓厚的兴趣；（3）柔韧素质可以帮助孩子们更好更到位地完成相关的体育动作；（4）不排除个体因素，如训练时不认真或身体智力等原因造成的不可逆影响。

表 3　2014 学年入学学生总体各测试项目评价等级的人数比例统计表（N＝194）

单位:%

测试项目	优秀率	良好率	及格率	不及格率
50 米跑	23.20	18.56	48.97	9.28
坐位体前屈	48.97	24.23	24.23	0.00
一分钟跳绳	56.19	9.79	32.99	1.03

表4　1班学生总体各测试项目评价等级的人数比例统计表（N＝33）

单位:%

测试项目	优秀率	良好率	及格率	不及格率
50米跑	39.39	18.18	36.36	6.06
坐位体前屈	57.58	30.30	12.12	0.00
一分钟跳绳	84.85	0.00	12.12	3.03

表5　2班学生总体各测试项目评价等级的人数比例统计表（N＝32）

单位:%

测试项目	优秀率	良好率	及格率	不及格率
50米跑	18.75	34.38	46.88	0.00
坐位体前屈	68.75	15.63	15.63	0.00
一分钟跳绳	53.13	12.50	34.38	0.00

表6　3班学生总体各测试项目评价等级的人数比例统计表（N＝33）

单位:%

测试项目	优秀率	良好率	及格率	不及格率
50米跑	41.94	6.45	45.16	6.45
坐位体前屈	48.48	24.24	27.27	0.00
一分钟跳绳	83.87	0.00	16.13	0.00

表7　4班学生总体各测试项目评价等级的人数比例统计表（N＝33）

单位:%

测试项目	优秀率	良好率	及格率	不及格率
50米跑	24.24	15.15	54.55	6.06
坐位体前屈	30.30	24.24	45.45	0.00
一分钟跳绳	39.39	9.09	51.52	0.00

表8　5班学生总体各测试项目评价等级的人数比例统计表（N＝32）

单位:%

测试项目	优秀率	良好率	及格率	不及格率
50米跑	6.25	15.63	56.25	21.88

续表

测试项目	优秀率	良好率	及格率	不及格率
坐位体前屈	40.63	21.88	37.50	0.00
一分钟跳绳	34.38	21.88	40.63	3.13

表9　6班学生总体各测试项目评价等级的人数比例统计表（N=31）　单位:%

测试项目	优秀率	良好率	及格率	不及格率
50米跑	9.09	21.21	54.55	15.15
坐位体前屈	48.39	29.03	22.58	0.00
一分钟跳绳	42.42	15.15	42.42	0.00

表10　全年级及各班得附加分人数及比例统计表（N=194）

	1班	2班	3班	4班	5班	6班	全年级
一分钟跳绳附加分人数	19	11	14	7	6	6	63
占全年级比例	9.79%	5.67%	7.22%	3.61%	3.09%	3.09%	32.47%

表11　实验组总体各测试项目评价等级的人数比例统计表（N=98）　单位:%

测试项目	优秀率	良好率	及格率	不及格率
50米跑	33.33	19.79	42.71	4.17
坐位体前屈	58.16	23.47	23.47	0.00
一分钟跳绳	73.96	4.17	20.83	1.04
总分	53.13	27.08	18.75	1.04

表12　对照组总体各测试项目评价等级的人数比例统计表（N=96）　单位:%

测试项目	优秀率	良好率	及格率	不及格率
50米跑	13.27	17.35	55.10	14.29
坐位体前屈	39.58	25.00	25.00	0.00
一分钟跳绳	38.78	15.31	44.90	1.02
总分	24.49	47.96	27.55	0.00

六、结论与建议

（一）结论

综上所述，通过柔韧素质评价及其他素质评价，结合本次调查研究证明，柔韧素质与其他身体素质成正相关，柔韧素质较好的学生其他身体素质也相对较好。

（二）建议

（1）加强柔韧素质培养。

（2）重视评价在体育教学中的地位，每次评价后要将评价内容及成绩带回到教学中，反思自己的教学。

（3）教师需要加强如柔韧素质等运动素质练习的养成教育，以积极、向上、乐观、进取的评价方式提高学生对体育课的兴趣。

参考文献

[1] 陈德明，李丽等.2005 年与 2010 年黑龙江省学生体质健康状况比较研究．哈尔滨体育学院学报，2011，29（6）

[2] 文国瑜．中小学体育教学应重视提高学生柔韧素质．南京体育学院学报，1996，103（3）

[3] 刘凤羽．国民体质令人忧．重庆商报，2011，10（12）

[4] 朱寒笑，周瑶，胡琪．北京市中小学生 1985－2000 年身体素质监测结果分析．北京体育大学学报，2006（12）

[5] 秦念阳．发展柔韧素质．涪陵师范学院学报，2003，19（10）

[6] 秦念阳．体育教学中“课课练”研究综述．宿迁市实验学校，2012

[7] 刘洁．人体柔韧素质综述．江西金融职工大学学报，2006，19（3）

[8] 王季华．新课程下中小学生“课课练"的优化策略．体育师友，2012（6）

[9] 毛振民．在体育中如何有效锻炼身体．体育教学，2011（1）

[10] 李京诚．中国青少年体能素质“课课练”创新研究．体育教学，2012（7）

[11] 奚彩英．身体素质“课课练”的实践操作策略初探．中学时代，2012（14）

[12] 鲁慧霞．谈伸展练习的发展和应用．体育科技文献通报，2015，23（10）

[13] 魏伟．利用游戏发展小学生柔韧素质的研究．中国学校体育，2014（5）
[14] 兰自力，骆映．学校体育对中小学生心理健康教育影响作用探讨．体育与科学，2003，24（1）
[15] 邱艳、贾德田．浅谈体育锻炼对心理健康的促进作用．体育世界，2013（11）
[16] 吴晓婷．小学柔韧素质“课课练”的调查研究．首都体育学校，2014
[17] 周遵琴，李森，陈敬宽．家庭体育教育对中小学生体质健康状况的影响．贵州工程应用技术工程学院学报，2015，33（4）

加强体育锻炼对小学生肥胖体质的调查研究

■ 朱晓臣

一、问题的提出

目前不少小学生存在着两种极端的营养疾病：肥胖和营养不良。尤其是肥胖患病率在逐年上升，从1998年到2009年的监督结果显示，城乡学生的肥胖病率分别从8.13%和3.6%升到了18.17%和13.91%。如果这种趋势不能得到有效的抑制和干预，少年儿童的身体素质将大幅度下降。为此，我们应该进行深入的研究以得到有效的改善方法。

二、探索过程

第一步：通过对某小学身体状况与体育成绩的分析，了解目前初中生的肥胖程度及肥胖程度与耐力素质、体育课成绩的关系；对不同学生在学校参加体育活动的时间与肥胖程度的分析，得出体育活动对控制肥胖程度有一定的作用。

（1）研究对象：某小学一至六年级学生，年龄在7～13岁，共719名。

（2）调查方法：在体育课堂上按国家体质健康标准城市组进行测试。调查内容：身高、体重、800/1000米成绩及体育课成绩。

（3）研究的主要指标：身高、体重、800/1000米成绩及体育课成绩。由于BIM与肥胖相关程度较高，所以运用BIM来判断肥胖程度。其公式为：

BIM = 体重（kg）/身高（m）。

（4）肥胖的检出率：抽检人数 700 人，其中肥胖人数占总人数的 8.20%。

（5）不同体重级别学生 800/1000 米成绩比较，抽测人数 668 人。

由表 1 可见，体重级别与 800/1000 米的成绩密切相关。在正常体重以上的学生随体重级别的增高其耐力素质逐渐下降。即学生越胖其长跑达标成绩越差，其总体趋势为不及格率逐渐增高，优秀率逐渐下降。且肥胖学生长跑不及格率达 61%，而优秀率为 0%。耐力素质直接与人的内脏机能特别是心肺功能有较大的关联，青少年内脏机能直接影响以后的身体状况。肥胖学生耐力跑成绩低于体重正常学生，反映其心肺功能较低。

表 1　　不同体重级别学生 800/1000 米成绩比较

体重级别	不及格	及格	良好	优秀	总人数
BIM < 23	29（4.7%）	372（60.1%）	164（26.5%）	54（8.7%）	619（100%）
23 ≤ BIM ≤ 25	24（57.1%）	16（38.1%）	2（4.8%）	0	42（100%）
BIM > 25	6（85.7%）	1（14.3%）	0	0	7（100%）

（6）不同体重级别学生体育课成绩比较，抽测人数 887 人。

由表 2 可见体重级别与体育课成绩密切相关。由于肥胖学生的心理因素，参加体育锻炼的热情明显不如正常体重学生，再加上自身素质因素，体育课成绩随体重的增加，不及格率逐渐增高，优秀率逐渐降低。

表 2　　不同体重级别学生体育课成绩比较

体重级别	不及格	及格	良好	优秀	总人数
BIM < 23	8（1.3%）	366（59.1%）	184（29.7%）	61（9.9%）	619（100%）
23 ≤ BIM ≤ 25	18（42.9%）	21（50.0%）	3（7.1%）	0	42（100%）
BIM > 25	4（57.1%）	3（42.9%）	0	0	7（100%）

第二步：通过对 20 位偏胖同学进行追踪调查，在体育课和课外活动督促其多参加体育活动。半年后再测身高体重，只有一位学生转入肥胖行列（不排除饮食等其他原因的影响）。

第三步：通过对健身俱乐部参加健身的初中生进行调查，运用问卷、追踪调查法得出体育锻炼对控制体重有较大的作用。

（1）实验对象：健身俱乐部会员，对 15 名初中生采用自身对照法，入会进行一次健康检查，半年后再做一次同样的检查。

（2）实验结果：半年后再对这 15 名中学生进行健康检查发现，肥胖症治愈率达 56.3%。学生减肥以有氧运动和力量训练相结合为主。每周训练 3 次，每次一至一个半小时，主要的有氧运动有健身操、跑步机跑步等。其中健身操的内容比较丰富，有健美操、搏击操、有氧拉丁等。力量训练主要进行躯干和四肢大肌肉群的运动，有利用自身体重采用仰卧起坐、下蹲起立及俯卧撑等方式，也有利用器械进行锻炼，如哑铃、组合训练器等。

三、探索的初步结果

通过调查，共有样本 750 人，其中肥胖 62 人，肥胖检出率为 8.26%，参加体育锻炼活动相对较多的学生肥胖率为 6.95%，其他学生肥胖率为 10.10%。

探索还表明，一旦得了肥胖症后，靠目前学校体育的教学模式和教学设施，要控制肥胖症有一定的难度。也就是说，没有足够的量和强度的体育锻炼，要控制肥胖有难度。

健身俱乐部运用多种健身方式，开展有针对性的运动，培养兴趣与科学锻炼相结合，符合减肥者的心理特点，效果比较显著。半年时间肥胖治愈率为 46.3%。

四、探索后的思考

肥胖已经成为中学生的重大健康隐患。肥胖严重影响中学生的身体素质，表现在肥胖学生耐力素质和体育课成绩普遍较低。有关专家指出，小胖墩儿的胆固醇和脂肪酸比体重正常的儿童要高，血脂也会偏高，容易引发一些

"成年疾病"，如糖尿病、高血压、脂肪肝、冠心病等。小胖墩儿抗病能力也比体重正常的孩子差。小胖墩儿体内脂肪过多，耗氧量比正常孩子高出30%～40%，体内氧气"入不敷出"，因此孩子会无精打采，容易疲劳，嗜睡，注意力不集中，影响学习效率。调查表明，肥胖小学生大都存在学习困难的现象。那么造成这一现象的根本原因是什么呢？家庭中家长的溺爱，尤其在城市中随着生活水平的提高、饮食的无序、家务劳动的减少、户外活动的减少，这一切都成了滋长肥胖症的有利因素。学校中，学生的体育活动时间在被悄悄的吞噬，体育活动得不到应有的重视。体育教学模式和课程设置对肥胖学生身体素质的提高，控制肥胖有一定的局限性。体育设施相对单一，无法激发学生的体育激情。肥胖学生又不愿意当着同学面做某些运动，影响了肥胖学生参加体育运动的质量。另外，社会的原因也不容忽视，开放性体育设施和活动场地不多，电视和电脑的普及更是把学生"禁锢"在室内。

体内脂肪过多积聚，体重超过正常标准的20%时，即称为肥胖。大部分孩子是单纯性肥胖。单纯性肥胖症是指排除遗传性疾病、代谢性疾病、外伤或其他疾病所引起继发性、病理性肥胖，由于营养过度所造成全身脂肪过度积累。实测体重超过身高标准体重的20%以上可诊断成肥胖症。目前肥胖儿诊断标准有数种，提倡使用体重指数（BMI），即体重/身高2（米），为儿童肥胖症诊断指标。正常体重BMI为18.5～24.9；超重BMI为25～29.9；肥胖BMI为30～39.9。肥胖进一步分为I级肥胖，BMI为30～34.9；II级肥胖为BMI35.0～39.9；III级肥胖，BMI>40。遗传因素：青少年儿童肥胖与遗传因素关系密切，肥胖儿童常有家族史。具有关资料报道，双亲均为肥胖者，子女有70%～80%为肥胖者；双亲之一（尤其是母亲）为肥胖者，子女有40%为肥胖者；双亲均为非肥胖者，子女只有10%～14%为肥胖者。现在的生活方式对孩子的肥胖影响更大，我们都生活在一个物质丰富的社会，快餐、酒宴、零食应有尽有。过量食用甜食、脂肪含量高的食物、淀粉类食物、甜饮料，而少食、不食蔬菜，饭后不活动。缺乏锻炼因素：优越的条件让孩子们失去了最基本的锻炼方式，爸爸妈妈可以用各种代步工具带孩子们去任何地方，方便快捷的通讯方式也减少了孩子们锻炼的机会。电视更是罪魁祸首。据统计 60% 的儿童肥胖和每天超过 5 个小时的看电视有关。运动不足、消耗减少、能量过多储存，造成肥胖。医疗和药物因素：患有甲状腺、肾上腺、心脏和肺部等疾病也可以导致肥胖。治疗这些疾病的类固醇药也可以导致肥胖。我们中国人有“胖就是福”的观念，孩子只要能吃就是好的，儿童肥胖的情形越来越严重。肥胖的原因虽然有很多种，但吃多动少是造成肥胖的重要因素。当孩子的体重比按身高计算出的标准体重超出 20% 时，被视为超重，超出 40% 被认为严重超重。超重儿童变成肥胖成人的可能性有多大？“小时候胖不是胖”的观念其实并不正确，人类血管内动物脂肪的沉淀自儿时就开始了，儿时胆固醇过高或血糖过高，成年以后很可能持续下去。孩子超重的时间越长，他成年后肥胖的可能性就越大。一般在进入青春期后继续保持超重的儿童，成年后肥胖的可能性有 80% 。

运动减肥是当今最安全最科学的减肥方式之一，可是单靠学校体育课和课外活动达到理想的效果比较难，而健身俱乐部就证明了运动减肥的有效性。

为了预防肥胖，我们应注意以下几点。

（1）早行动、早预防。我们应认识到发胖对我们的危害，让我们建立良好的饮食习惯，进行预防。

（2）加强体育锻炼。许多肥胖儿童并不比正常儿童吃得多，而主要是活动比其他孩子少。所以要减轻体重，增加运动消耗是重要的。应鼓励他们多参加集体活动，多散步，尤其是游泳、打球等，对于减轻和预防肥胖是非常有益的。应充分利用孩子好奇心强和争强好胜的特点，选择适合自身特点的运动项目，激发锻炼的热情。

（3）培养良好的饮食习惯。肥胖有一定的遗传性，但是更多的是“遗传”父母的不良习惯，这一点应引起我们充分的重视。适当限制高脂肪、高糖类食品，做到多吃蔬菜、水果，少吃零食，餐前不喝甜饮料等。

（4）有节制地看电视、用电脑。餐后看电视、玩电子游戏、吃零食等都是肥胖的原因。看电视太多、沉迷电子游戏都对健康不利，容易导致肥胖。

小胖墩儿的家长必须引起高度重视，在合理安排孩子饮食，参加一些体育锻炼，采取一些必要的措施减肥的同时，也要加强孩子学习的辅导，保护孩子的身心健康发展，使孩子健康成长。

现在生活条件好了，肥胖儿童越来越多，这已经是一个不可忽视的问题。据统计资料表明，目前，儿童的肥胖，除少数与遗传、疾病有关外，绝大多数都属于单纯性肥胖。这种肥胖是因为吃得太好和运动量太少引起的。对于肥胖儿童，如果采取合理的膳食结构，加强体育活动，随着个子的不断长高，肥胖是完全可以改善的。但对于药物、保健食品减肥，目前主要还是针对成年人的，对于青少年来说是有害的，所以青少年不宜服用减肥药物。

五、几点建议

（1）家庭、学校、社会三位一体重视学生肥胖问题。

（2）新课程标准和体质健康标准的颁布明确了体育工作的方向，学校应该在发挥自身优势的情况下，遵照新课标的要求科学地管理学校体育，按照“健康第一”的理念更新教学思路。

（3）加强对肥胖学生的意识培养，让他们了解肥胖的诸多不利因素，指出因胖而馋、因胖而懒的不良现象。加强意志品质培养，克服不良生活习惯，培养其科学自主锻炼身体的习惯。

（4）参照健身俱乐部模式，开设特色体育课，可以把肥胖生组成一个班，有针对性地开出运动处方。肥胖生在一起锻炼会消除一些不良的心理状态，可以互相促进。

参考文献

[1] 李中会．儿童期单纯肥胖症 2200 例调查分析．成都医药，2009，27（1）

[2] 栾绪义．儿童期肥胖症研究进展．滨州医学院学报，2008，25（3）

[3] 苏晓．心脏病病人的死亡危险与 BMI 呈 U 型相关．中国医学论坛报，2009，351（16）

北京市东城区某小学学生超重、肥胖干预研究

■ 陈嘉燕　王　彬

一、对象与方法

（一）对象

三年级 81 名学生，其中女生 35 名，男生 46 名；四年级 81 名学生，其中女生 45 名，男生 36 名。共计 162 人。

（二）方法

1. 基线调查

（1）体质健康测定。对 162 名学生进行身高、体重、腰围、臀围、皮褶厚度、体成分、血压的检查。体成分采用生物电阻抗仪对学生进行生物电阻的测定，并按照规定的计算公式计算体脂含量。

（2）体质测试。对 162 名学生进行立定跳远、50 米跑和耐力跑（50 米 × 8 往返跑）的测试。

（3）问卷调查。对 162 名学生及其家长进行问卷调查（问卷由北京大学儿童青少年卫生研究所提供），学生问卷内容包括：人口学特征、饮食运动行为、心理相关内容、家庭相关内容、身体活动环境内容等。其中，饮食和运动部分采用 7 天回顾性调查问卷。儿童抑郁症状的调查采用 Kovacs 编制的长版儿童抑郁量表（CDI-1）。[①] 家长调查问卷由学生带回给家长填写，填写完整

---

① 因小学生理解力较差，调查人员在教室组织学生填写。在分发问卷时，对容易出错的地方进行讲解。在答题过程中，可回答学生关于题意不理解的问题。

后由班主任收回。该问卷包括：人口学和生物学特征、心理相关内容、饮食运动行为、家庭相关内容、环境相关内容等。

2. 干预方法

（1）制定相关的政策。为了保证工作顺利进行，学校课题组制定了落实学生体锻每天一小时制度；上好体育课要求；课间操管理办法；早操、课间操、课外体育活动安全常规制度；课外体育训练安全管理制度；课外体育活动安全应急预案。还制定了学生每天一小时校园体育活动实施方案；2013 年学校开展校园长跑活动实施方案；课外体育活动计划；2013 “小壮壮俱乐部”活动计划等。

（2）健康教育活动。对学生开展了题为“快乐运动，健康饮食”主题系列健康教育课 4 次；发放了由北京大学儿童青少年卫生研究所王海俊、马军等编写，由北京大学医学出版社出版的《怎样才能不肥胖——快乐运动，健康饮食》科普书，以及中国中小学生营养状况评价转盘；还发放了“共创健康饮食运动环境”倡议书；给参加项目评价的学生发放了饮食运动行为日记，每月记录一周；开展了健康小报评比活动；开展了以“健康饮食，快乐运动”为主题的班会，班会内容主要包括趣味实践活动和文艺活动，趣味实践活动包括“体验小胖子重量”“薯片中的秘密”“搭建膳食金字塔”“学会看营养标签”“饮料中的秘密”。组织开展家长健康教育讲座；每次学生健康教育课后让学生带宣传页给家长，请家长填写反馈单后收回；将学生健康教育课和家长健康教育讲座的课件上传到学校网络平台，供家长浏览阅读；寒暑假期间提供健康生活指导材料。每学期组织教职员工参加约 40 分钟的健康教育讲座。在校园内张贴海报；利用校园广播宣传健康知识等。

（3）加强学生体育锻炼。制定我校体育锻炼实施方案，以保证学生每天锻炼一小时；参照项目组提供的由北京大学儿童青少年卫生研究所宋逸、马军、王海俊等编写，由北京大学医学出版社出版的《儿童青少年体育课和课外体育活动指导——儿童青少年有氧运动处方汇编》中的示范性教案组织学生上好体育课；项目组提供学校经费购买小型运动器材，开展 1 ~ 2 项学生喜欢的运动，增加体育课外活动的时间和强度；举办全体学生参与的趣味运动会，并且为超重肥胖学生设立专门的项目；寒暑假期间给学生留体育锻炼作业，要求家长每天安排和监督学生进行不少于一小时的体育锻炼活动；每学期对任课体育教师进行一次体育课卫生评价。

（4）促进学生健康饮食。每学期对学校午餐食谱进行分析，及时改进食谱；各班级的卫生委员每天对学生午餐加饭情况进行登记，每周将学生加饭情况反馈给各班主任，班主任根据反馈结果及时总结，并且特别关注肥胖和超重学生。

（5）对超重、肥胖重点人群进行管理。经过对参与课题学生的体检，筛查出超重、肥胖的学生 55 名，为他们建立超重、肥胖学生档案；召开超重、肥胖学生家长会，会上，北京大学儿童青少年卫生研究所的付连国博士从肥胖的危害、怎样判定肥胖及如何预防向家长进行了详细的阐述，学校体育组、卫生室还就学校成立小壮壮俱乐部进行了说明，征求家长意见，动员家长让孩子参加俱乐部活动。经过努力，55 名超重、肥胖学生中，有 51 名参加了俱乐部；小壮壮运动俱乐部利用两节课后的时间开展体育锻炼活动，每周二、三、四活动 3 次，每次半小时。为了更好地开展俱乐部的活动，体育组组长带领两位参与课题实验的老师，根据学生年龄特点和教师自身的特色，进行了精心的设计和安排：组长郑老师每周三对学生进行慢跑、加速跑等训练；每周二赵杰老师主要以游戏的方式，组织学生进行跑、跳等训练；每周四王彬老师带领学生做有氧韵律操。学校卫生室每天都会对学生出勤情况进行记录，协助体育老师进行活动，发现问题及时向学校领导反映，及时进行解决。

（三）数据处理

数值型变量（如 BMI）采用均数、标准差、分类变量（如肥胖率）采用率进行描述。采用配对 t 检验分析数值型变量的差异，采用配对卡方检验分析分类变量的差异。所用分析均在 SPSS17.0 软件进行。

二、结　果

1. 干预前后 BMI 均值变化情况

由表 1 可知，与干预前相比，干预后中期和终期的 BMI 均值与基线 BMI 均值相比，均 $P<0.05$ 有统计学差异，说明中期 BMI 均值小于干预前，终期 BMI 均值大于基线 BMI 均值。

表 1　BMI 均值变化情况

基　线		中　期			终　期		
均　值	标准差	均　值	标准差	P　值	均　值	标准差	P　值
17.59	2.96	17.43	3.09	0.08	18.09	3.16	<0.01

2. 干预前后肥胖率变化情况

由表 2 可知，与干预前相比，干预后中期和终期肥胖检出率都低于基线水平，中期有明显的下降，$P<0.05$，但是终期 $P>0.05$ 无统计学差异。

表 2　肥胖率变化情况

	纳入检验人数	基　线		中　期			终　期		
		人数	比例（%）	人数	比例（%）	P 值	人数	比例（%）	P 值
肥胖	150	33	19.33	24	14.48	0.021	26	14.48	0.039

3. 干预前后超重肥胖率变化情况

由表 3 可知，与干预前相比，干预后中期和终期超重肥胖检出率与基线相比，均 $P<0.05$，有统计学差异，说明中期和终期超重肥胖率均低于基线超重肥胖率。

表 3　超重肥胖率变化情况

	纳入检验人数	基　线		中　期			终　期		
		人数	比例（%）	人数	比例（%）	P 值	人数	比例（%）	P 值
超重肥胖	150	56	33.33	45	29	0.07	49	28.97	0.039

4. 干预后新发超重肥胖变化情况

由表 4 可知，与干预前相比，干预后在参加项目的人中，中期没有新发人；终期有 2 人从正常转变为超重肥胖，占正常总人数的 2.11%。

表 4　　新发超重肥胖变化情况

中期超重肥胖新发率		终期超重肥胖新发率	
人　数	比例（%）	人　数	比例（%）
0	0	2	2.11

5. 干预后超重肥胖转化为正常比例

由表 5 可知，与干预前相比，干预后在参加项目的超重肥胖人中，中期有 7 人从超重肥胖转化为正常，占超重肥胖总人数的 14.29%；终期有 10 人从超重肥胖转化为正常，占超重肥胖总人数的 20%。

表 5　　干预后超重肥胖转化为正常比例

中期超重肥胖转为正常		终期超重肥胖转为正常	
人　数	比例（%）	人　数	比例（%）
7	14.29	10	20

6. 干预后 BMI 改善情况

由表 6 可知，与干预前相比，干预后在参加项目的人中，中期 BMI 改善率为 68.28%，终期 BMI 改善率为 60%，这部分学生的 BMI 增长在参考范围之内。

表 6　　干预后 BMI 改善情况

中期 BMI 改善率		终期 BMI 改善率	
人　数	比例（%）	人　数	比例（%）
99	68.28	87	60

三、讨　论

肥胖不仅给儿童的日常生活、学习带来诸多不便，还可对儿童产生多方面的健康影响。本研究结果显示，干预前超重肥胖检出率为33.33%，12个月干预后为28.97%，下降了4.36个百分点，且统计学有显著差异（$P<0.05$）。而肥胖率从干预前的19.33%下降到14.48%，虽然无统计学差异，但也有下降趋势，说明干预活动在一定程度上能有效控制超重肥胖。另外，从正常转化为超重肥胖有2人，占正常人数的2.11%；有10人从超重肥胖转化为正常，占超重肥胖人数的20%。超重肥胖率较低，说明干预活动在预防肥胖的发生方面有较好的效果。

学校是学生获得知识和养成正确行为的重要场所之一，对提高学生的健康意识、健康水平起着至关重要的作用。本项目开展的健康教育多样化，比如适合儿童阅读的《怎样才能不肥胖——快乐运动，健康饮食》科普书，简便、易懂、易操作的中国中小学生营养状况评价转盘，师生积极互动的健康教育课，以及包括文艺节目和趣味实践活动的主题班会。其中，趣味实践活动“体验小胖子重量”“薯片中的秘密”“搭建膳食金字塔”“学会看营养标签”“饮料中的秘密”深受学生喜爱。文献显示，根据小学生的年龄特点，在对学生进行“快乐运动，健康饮食”主题健康教育活动中，采用了通俗、浅显易懂的语言，在课件中插入动画、卡通图片，和学生积极互动，及时反馈，可以影响学生的知识、态度、行为。除对学生开展健康教育外，还组织开展家长和教师健康教育讲座，并且让学生带寒暑假宣传材料和其他健康知识宣传页给家长，请家长填写反馈单后收回。另外，将学生健康教育课和家长健康教育讲座的课件上传到学校网络平台，供家长浏览阅读。通过以上措施提高家长和教师在肥胖相关方面的健康知识，从而影响学生的知识、态度、行为。

研究结果显示，通过为期一年的干预活动，学生肥胖预防和控制取得较理想的效果。干预活动可以提高学生、家长对预防控制超重、肥胖相关知识的了解，指导学生、家长掌握营养评价的方法，并通过计算标准体重认识体重控制目标。通过健康教育，也让学生和家长知道了如何平衡膳食，科学运动。在学校方面，建立超重、肥胖儿童档案，并组织超重、肥胖儿童进行锻炼活动。通过学校、家长以及学生三方面共同促进学生合理的膳食结构与增加体育活动，从而改善了学生的营养状况。

总之，该研究结果证实了在学校对教师、学生及家长开展预防控制超重及肥胖的健康教育，增加学生体育活动及营养行为干预活动，预防控制学生超重、肥胖是行之有效。

本文之所以将中期和终期两组数据都呈现出来，是因为从研究结果的统计数据中，我们看到中期效果要比终期效果更好，分析其原因我们认为，终期数据是在 2014 年 9 月获得，孩子们经过了一个暑假，虽然我们向家长下发了暑假期间营养、锻炼要求及方法，但和在校期间相比，实施情况很难控制，因此影响了最终的数据。为了能更好地说明本次实验的效果，所以将中期和终期两组数据都呈现出来。

参考文献

[1] 教育部关于 2010 年全国学生体质与健康调研结果公告．教体艺［2011］4 号

[2] 2010 年北京市学生体质与健康调研报告，2012

[3] Reilly JJ. Methven E. McDowell ZC. Health consequences of obesity. Arch Dis Child，2003，88（9）：748～752

[4] Dietz WH. Health consequences of obesity in youth：childhood predictors of adult disease. Supp Pediatr. 1998，101（3）：518～525

[5] 石建辉，刘秀荣，田向阳等．北京市小学生肥胖干预效果分析．中国健康教育，2004，20（9）

[6] 王芸，袁媛，徐贵发．以学校为平台的儿童肥胖效果评价．中国卫生事业管理，2012，29（4）

耐久跑对肺活量的影响

■ 杜　欢　王　彬

前　言

肺活量是指在不限时间的情况下，一次最大吸气后再尽最大能力所呼出的气体量，这代表肺一次最大的机能活动量，是反映人体生长发育水平的重要机能指标之一。肺活量能够显示一个人的心肺功能，肺活量大的人，身体供氧能力更强。《国家学生体质健康标准》要求，肺活量是小学及初中、高中、大学各年级学生的必测项目。

肺活量与人的呼吸密切相关。生理学研究表明，人体的各器官、系统、组织、细胞每时每刻都在消耗氧，机体只有在氧供应充足的情况下才能正常工作。人体内部的氧供给全部靠肺的呼吸来获得，在呼吸过程中，肺不仅要摄入氧气，还要将体内代谢出的二氧化碳排出。我们可以这样认为：肺是机体气体交换的中转站，这个中转站的容积大小直接决定着每次呼吸气体交换的量，这是检测肺功能的最直观也是最客观的指标。

肺活量检测数值低（与正常数值相比），说明机体摄氧能力和排出废气的能力差，人体内部的氧供应就不充裕，机体的一些工作就不正常。一旦机体需要大量消耗氧的情况（如长时间学习、工作、剧烈运动时），就会出现氧供应的严重不足，从而导致诸如头痛、头晕、胸闷、精神萎靡、注意力不集中、记忆力下降、失眠等不良反应，这不仅会影响学习与工作，而且会给身体健康造成许多无法挽回的损失。

肺活量在一定程度上反映了人体呼吸系统的生长发育情况，但长期的理论与实践证明，耐力跑水平除了可以反映肌肉耐力外，更是反映心血管系统和呼吸系统动态机能的重要指标。本研究旨在通过对小学生肺活量与耐久跑相关系数的分析，优化对小学生体质健康水平，尤其是呼吸系统动态机能状况的评价结构。

一、研究对象与方法

（一）研究对象

北京市某学校三年级某班学生，男生 21 人，女生 20 人，作为观察值。

（二）研究方法

开学后进行一次肺活量测试，一学期的耐久跑练习后，再进行肺活量测试，运用数据对比的方法，分别对男、女生的肺活量训练前后进行对比，并制作了相关系数表。

二、结果与分析

肺活量训练前后对比表

姓　名	肺活量（后）	肺活量（前）	肺活量增减	姓　名	肺活量（后）	肺活量（前）	肺活量增减
白××	1391	1381	10	宋××	1482	1284	198
陈××	1760	1612	148	孙××	1962	1293	669
丁××	1770	1654	116	孙××	1605	1369	236
董××	1942	1877	65	王××	1367	1239	128
杜××	1690	1450	240	王××	1712	1558	154
方××	1997	1982	15	王××	1243	1303	-60

续表

姓　名	肺活量（后）	肺活量（前）	肺活量增减	姓　名	肺活量（后）	肺活量（前）	肺活量增减
付××	1206	1205	1	王××	1668	1564	104
蒋××	1652	1398	254	王××	1321	1168	153
郎××	1713	1607	106	吴××	1803	1598	205
李××	1636	1601	35	肖××	1716	1613	103
李××	2042	2044	-2	闫××	1555	1650	-95
李××	1416	1320	96	杨××	1562	1355	207
李××	1431	1406	25	袁××	1668	1331	337
李××	1563	1224	339	张××	1371	1121	250
梁××	1519	1330	189	张××	1439	1427	12
刘××	1566	1441	125	张××	1567	1551	16
骆××	1078	1240	-162	赵××	1667	1619	48
马××	1508	1565	-57	赵××	1534	1252	282
聂××	1761	1600	161	周××	1190	1131	59
饶××	1339	1305	34	周××	1556	1461	95
宋××	1265	1168	97				

注：灰底为肺活量降低，其余肺活量均增加。

通过耐久跑训练前后的肺活量对比可进行以下分析：全班41人中，肺活量增加的有36人，占总数的88%，平均增加146.3；降低的有5人，占总数的12%，平均降低75.2。全班平均增加137.6。对比看出，通过一段时间的耐久跑练习，对肺活量的增加有一定影响。因此，经常参加耐久跑练习，有助于提高肺活量。三年级学生正处于成长发育阶段，各器官的发育还不完善，经受不了强负荷的刺激，所以耐久跑的练习需循序渐进。

三、结论与建议

（一）结论

耐久跑在跑步过程中需要的氧气量大，呼吸频率和深度也要求很高，经过这样长期的高频率、高深度的呼吸，肺活量自然练得很大。

（二）建议

耐久跑是一项需要速度和耐力的综合性项目。耐久跑的距离长，消耗能量大，对氧气的需求量也大，机体会产生一定的氧债，为了保证机体对氧气的需求，呼吸必须有一定的频率和深度，还必须与跑的节奏相配合。随着速度的加快和疲劳的出现，呼吸的频率有所增快，体育锻炼可以明显提高肺活量，坚持耐久跑、游泳、踢足球、打篮球、折返跑等，像耐久运动员和游泳运动员的肺活量可达6000毫升以上。但在运动中也应该注意自身的安全，避免运动损伤。

肺活量下降会加速人体老化。一般35岁以后肺活量开始随着年龄增长逐渐下降，此时人体供氧量比年轻时减少5%～10%，器官老化也会随之加速。但如果能坚持体育锻炼，则可以明显提高心肺功能，减缓人体衰老。许多四五十岁的长跑和游泳运动员，肺活量相当于二十多岁的年轻人，他们的生理年龄也相对更年轻。

家校合作促进学生体质健康的行动研究

■ 许爱华

家校体育合作的理念近年来备受世界关注，已经将它默认为一种与教育有关的双向活动，即家长参与到学校的体育教育中，与学校、教师互相了解、支持、配合的过程。我国政府重视学校体育课程改革，要求不断完善学校、家庭的联动机制，增强学生体质。国内关于家校体育合作的研究，主要集中在家校合作中如何处理家长与学校的关系，侧重于理论层面，实践活动层面不够。特别是班主任如何充分利用优势资源，通过家校合作促进家庭体育锻炼的行动研究，更是空白。基于此，我结合爸爸运动队活动的开展，也开始了“家校合作，促进学生体质健康”行动的研究。

一、活动初衷

我在班级通过家校合作开展体育运动，最初最朴素的想法是改变班级学生身体素质较差的现状，提高学生体质健康测试水平。

稍微了解我的老师都知道，我是一个资深的体育迷，我特别喜爱观看各种体育项目，专注关心体育近40年。另外，作为一个体育迷班主任，我一直特别关注体育教育，跟体育老师联系合作特别密切。因为我深深懂得：体育既是素质教育的重要内容，又可以通过体育进而全面育人。体育运动对于人的意志品质、自信心、心理调节能力以及健康生活方式的培养等都有积极的作用，可以培养团队合作精神，处处体现着德育的功能。

虽然我本人因先天原因，自身体育素质有些不足，但是班级体育成绩一直让我引以为傲。从工作那天起，我所带的班级体育成绩都特别出色，尤其是跳绳、拔河、接力、队列这些传统的阳光体育比赛集体项目总是名列前茅。

可是，接了三年级（2）班，一切神话全被残酷的现实打破！

首先，前任班主任和家长都告诉我，班级体育成绩特差，然后体育老师告诉我，体育课学生调皮捣蛋的不少。接着，一上操发现，学生普遍根本懒得出力，无论是女生还是男生，都是比比划划，动作不到位。我开始是不信邪，带的所有班体育成绩都很棒，不信改变不了他们！所以我跟体育臧老师配合狠抓体育课和课间操的纪律，提高锻炼的效率。经过一段时间的努力，初见成效，情况有所改观。但学生体质测评成绩仍然不够理想，全优率低，速度素质不高。尤其是部分男生，看似身体灵活，可是肺活量等指标极低。

更沉重的打击还在后面，冬锻阳光体育比赛开始，首先是拔河比赛一局不赢；没有最差，只有更差，后面的接力连掉两棒！前 30 年比赛加起来一共就掉了两棒，破了最差纪录！跳长绳更惨，开始是没有一个学生会跳。

集体项目全面溃败，面对这种现实，怎么办？是接受现实，任其发展？不可能，这是不负责任的表现。面对班级学生的现状，作为班主任，必须想办法改变。

二、实践意义

反思了自己前段的工作，我感觉光靠自己一个人的力量来转变是不可能的，除了跟体育老师加强联系，还必须家校合作，求得家长的支持。经过反复思考，我发现可以充分利用学校给我们创建的“爸爸运动队”的活动项目来开展工作。

后来，在北师大学习时发现自己最朴素的认识与做法居然适合做行动研究，而且更令人兴奋的是这项行动研究不仅能够有效地促进项目的开展，还可以填补国内外相关研究的空白！

在10天的学习中，我发现现有的研究显示各国学生体质状况出现了不同程度的滑坡，加强学生体质健康促进工作已受到世界各国的共同关注。例如，美国从社会到政府各级部门广泛重视学龄儿童和青少年的体质不尽相同，但几乎都提出“增强体质”或“发展体能”这一目标，在这一目标下还设有分目标；日本已经有了制度化的家校合作。世界各国普遍认识到，青少年的教育仅靠学校单方面的力量是难以完成的，需要社会各方面，尤其是家庭的通力合作，保持家校教育的一致性和连续性。

家校体育合作的理念近年来备受世界关注，已经将它默认为一种与教育有关的双向活动，即家长参与到学校的体育教育中，与学校、教师互相了解、支持、配合的过程。国内关于家校体育合作的研究，主要集中在家校合作中如何处理家长与学校的关系，侧重于理论层面，实践活动层面不够。特别是班主任如何充分利用优势资源，通过家校合作促进家庭体育锻炼的行动研究，更是空白。基于此，我结合爸爸运动队活动的开展，也开始了“家校合作，促进学生体质健康”行动的研究。随着本研究的不断推进，将丰富研究的广度和深度。

提高家长对学生身体健康的认识，运用多种形式调动家长参与学生身体锻炼的积极性，创造家校联合促进学生锻炼身体的环境，强化促进学生体育锻炼习惯的养成，从而使学生体质健康水平得到提高，为持续、有计划开展以“爸爸运动队”活动为载体的家校合作提供丰富的实践案例。

我通过查阅大量理论研究的成果，得知：我国政府重视学校体育课程改革，要求不断完善学校、家庭的联动机制，增强学生体质。

《中共中央国务院关于加强青少年体育增强青少年体质的意见》和《学校体育工作条例》，要求充分发挥《国家学生体质健康标准》的导向作用。《国家中长期教育改革和发展规划纲要（2010－2020年）》的战略主题中将学校体育作为素质教育的突破口，坚持以人为本，牢固树立“健康第一”的指导思想，切实保证体育课和体育锻炼时间。在发展任务中指出，增强学生体质，开展“阳光体育”运动，保证学生每天锻炼一小时。可见，增强青少年学生的体质健康是我国目前教育改革的重要内容之一。

学校的体育地位和效用自然是不可低估的。然而，生活方式、营养摄入、锻炼习惯也是决定体质的关键因素，而这些影响因素是教师与学校很难直接参与干预的，这就需要家长们的配合与协调。同时，作为与青少年接触时间最长的家长来说，其对于孩子们的影响力也是至关重要的，所以必须加强家长与学校的联系，形成相互间的教育合力。由此“家校体育合作”的概念应运而生。

据此判断，“爸爸运动队”的活动是一个非常好的活动项目，它不仅是学校的一个特色活动项目，更是我们班主任开展班级家校合作的一个好的载体。

第一次开展活动，沿用了以往开展的活动内容和形式，即进行定向越野，仅仅满足于完成工作，进行一个一次性的活动。所以爸爸运动队活动的开展与提高学生身体素质脱节，活动形式单一，不够深入持久。后来通过两年多的探索，研究内容不断丰富改进完善，并进行了以下研究。

第一，探索增强班级所有家长、学生体育锻炼意识的方法，研究激发他们持续参加家庭体育锻炼的兴趣的有效策略。

第二，探索适合家庭体育锻炼的项目，丰富“爸爸运动队”的活动形式。

第三，搭建家校沟通微信平台，监控、干预学生家庭体育锻炼，达到持续锻炼的效果。

三、具体实施

我首先选定了爸爸运动队的爸爸队长和学生队长，商议活动开展的形式和内容，确定利用微信平台建亲子运动群；与体育老师联系，请他进群担任指导教练。发布运动倡议和一至六年级的《国家体质测评标准》。每周根据标准进行锻炼，并在微信群中上传锻炼的图片和视频，统计数据，还定期总结评比。五年级上学期发放家长和学生调查问卷，进行追踪调查，并反馈。学生通过日记、作文等形式记录锻炼感受。由于不断改进锻炼的方式，有效地提高了家长和学生的锻炼热情，后续工作一直有条不紊地进行，并将持续到学生毕业。

四、成果初现

长达两年的家校合作活动，有效地刺激了学生上体育课的积极性，体育教师、学生和家长都收到了良好的效果，学生体质健康水平有了明显提高，为持续开展活动奠定了良好的基础。通过两年的持续关注合作，在五年级上学期进行的区级体质健康水平测试赛中，班级成绩名列学校前茅；冬锻系列比赛获得年级亚军；班级凝聚力得到极大提升，班级连续两年被评为东城区优秀集体。

五、切身感受：不忘初心　继续前进

小学班主任虽然是世界上最小的班主任，却肩负着育人的伟大使命，正如习近平总书记在庆祝建党 95 周年大会上指出，“全党同志一定要不忘初心、继续前进，要勇于变革、勇于创新、永不僵化、永不停滞”。

最后，我想跟大家共勉的是：一切向前走，都不能忘记走过的路；走得再远、走到再光辉的未来，也不能忘记走过的过去，不能忘记为什么出发。面向未来，面对挑战，一定要不忘初心、继续前进！我们做一切工作，都要永远牢记我们学校的办学宗旨：“一切为了孩子，一切为了明天！”

运动心理

运动心理是指人在从事体育运动时的心理特点及其规律，是人在锻炼时的心理过程。小学生的心理发展对身体成长有重大的影响，因此体育教学在注意学生身体发展的同时还必须研究学生的心理发展特点。

史家集团体育组老师在专家的指导下，尝试对小学生的运动心理进行研究，发现一二年级学生可以从事简单的大肢体游戏，三四年级学生喜欢集体活动，五六年级更愿意参与智力游戏。针对不同年龄段的学生，教师以学生的兴趣为出发点，选择合适的内容，设置不同的情景，进行科学的教学指导。

消除小学生“器械体操”恐惧心理研究

■ 高　健

前　言

为贯彻落实北京市委、市政府《关于加强青少年体育增强青少年体质的实施意见》,《北京市教育委员会关于加强中小学体育课程教学的意见》中的第十三条提出：应着力加强体操类项目的教学，特别是器械体操（技巧、单杠、支撑跳跃）的教学，以促进学生身体形态和综合能力的全面发展。新一轮的体育课程标准贯彻“健康第一”的指导思想，即要促进学生的形态、机能、运动素质与能力、心理、适应自然能力的全面发展与增强。小学器械体操教学，是一项难度较大的教学内容。学生容易出现各种不同的心理障碍，一些学生在练习过程中易产生恐惧，直接影响他们对这一技术的掌握，影响教学任务的完成，甚至造成伤害事故。笔者对小学五年级在“器械体操”中产生恐惧的原因进行了调查和分析，运用多种方法消除恐惧，保证教学顺利进行并取得良好教学效果。

一、研究对象、内容和方法

（一）研究对象

北京市东城区史家小学学生 200 人。

（二）研究方法

1. 文献资料法

查阅与器械体操教学有关的教材、专著、论文等文献20余篇。

2. 专家访谈法

访谈有关器械体操教学与训练的教授、专家等8人。

3. 问卷调查法

向北京市东城区史家小学学生200人发放调查问卷200份，收回有效问卷180份，回收率90%。

4. 数据统计法

对问卷调查结果进行归类和统计处理。

二、分析与讨论

（一）循序渐进地教学，从而减少学生恐惧

1. 吃透教材，捋清思路

首先，要熟知动作方法和动作要点。其次，要熟悉项目的教学顺序。再次，教师需了解年级之间的相互联系，使学生在复习原有动作的基础上，进行新动作的学习。在这种情况下，学生就不容易产生恐惧，同时也大大提高了教学质量。单杠一足蹬地翻身上是小学中最难的器械体操内容，但如果学生能够掌握以前学过的单杠基本技术，也很少有学生产生恐惧心理。

2. 循序渐进，由易到难，激发学生学习兴趣，从而减少学生们的恐惧

循序渐进是中国古代儒家提倡的教学原则，指教学既要按照内容的深浅程度由易到难，又要按照学生的年龄特征由浅入深。多年来，我们的体育教学也基本是按照这样一个原则来设计教学过程的。一般来讲，教学内容应从简单到复杂，由易到难，有利于学生逐渐地掌握技术动作。如分腿腾越教学，

学生是从最简单的支撑分腿开始，逐步进行“跳背”的练习，再过度到低器械，最后练习高器械。同样，教学方法由易到难，经过证明也是有效的。循序渐进如能在教学活动中正确和灵活运用，对提高教学质量和教学效率发挥着一种重要的保障性作用。

3. 改变教材内容、教学顺序，有利于减少学生恐惧心理

跳上成跪撑跪跳下是先于跳上成蹲撑—挺身跳下的技术动作，普遍认为跪撑要比蹲撑简单得多。但在实际教学中，往往是前者更容易产生恐惧心理。因此，教师要根据经验及时调整教学顺序，以适应学生心理需要。

表1　　学生对器械体操项目兴趣调查结果

调查内容	男生	百分比（%）	女生	百分比（%）	总人数	总百分比（%）
喜欢	60	33.3	42	23.3	102	56.7
一般	13	7.2	14	7.8	27	15
不喜欢	20	11.1	31	17.2	51	28.3

从表1可知，对器械体操喜欢的同学占56.7%，不喜欢的同学占28.3%，而感觉一般的同学占15%。据了解有以下几点原因。

首先由于教材难度和学生的现有基础脱节，在做一些动作时，如跳山羊或跳箱时，容易使学生产生恐惧心理，导致学生们不喜欢器械体操这一课程。在调查不喜欢器械体操的学生中，有39.2%的学生觉得动作太难，60.8%的学生担心身体受伤（见表2），这是造成了他们不愿学习器械体操的心理因素。另一方面学生的学习兴趣随着动作的掌握程度而发生变化。学生总是渴望学会正确的动作，但由于恐惧因素不能掌握这个动作，久而久之他们学习的兴趣就会降低。可是当他们初步学会动作，且逐渐熟练后，就越练越想练。所以针对学生这一心理特点，教师要善于运用有效的教法使学生更快、更容易地学会动作，使他们体验到成功的愉悦。在实际教学过程中，根据学生的具体情况，对一些对他们来说较难的动作，应适当降低难度。教师切不可责怪学生基础差，挫伤学生的积极性。

表 2　　学生们不喜欢器械体操调查结果

调查内容	男生	百分比（%）	女生	百分比（%）	总人数	总百分比（%）
动作太难	7	3.9	13	7.2	20	39.2
怕受伤	13	7.2	18	10	31	60.8
器械不好	0	0	0	0	0	0

（二）提高学生身体素质，从而减少学生恐惧

身体素质是每个运动项目的物质基础，是掌握动作技能、技术，提高运动能力、技术水平的前提条件。重视身体素质的提高，已成为现代体育教学、训练体系中一个重要环节。近年来学生身体素质整体下降，身体素质相对较弱而且个体差异明显，在器械体操教学中，学生身体素质的好坏也会直接影响教学的进度和质量。

1. 提高学生力量素质

器械体操（尤其是单杠）对学生有明显的力量要求。学生一足蹬地翻身上过程中，如果没有良好的力量素质，就很难顺利进行。教师指导学生进行专门的上下肢及腰腹力量练习一段时间后，学生的成功率有所提高，从而能有效地克服恐惧。

2. 提高学生灵敏协调能力

下面是几种简单易行且具有一定趣味性的练习方法：一是不同向肩绕环。身体直立，两臂屈肘或伸直同时做不同方向的肩绕环运动。二是两手不同动作。两手同时做不同方向和形式的动作，如一手握拳做连续冲拳，另一手挥掌做上下拍击动作，听口令两手同时变换动作，要求两手转换动作迅速而准确。

表 3　　身体素质的好坏对动作成绩的影响

调查内容	男生	女生	总人数	百分比（%）
会非常有影响	127	36	163	72
一般	22	12	34	28
不会有影响	0	0	0	0

从表 3 中可以看出，72% 的学生认为身体素质的好坏会多少对所学的动作有影响，没有人认为身体素质的好坏对器械体操动作没有影响。

所以，要想减少学生们恐惧的产生，加强身体素质练习尤为需要，不能忽视。

（三）正确地保护帮助，从而减少学生恐惧

1. 加强正确的保护帮助措施

在体育教学中应首先把正确的保护与帮助方法教给学生，并选出责任心强、技术又好的体育骨干负责每组同学的保护与帮助。教师同时也应该将保护与帮助当成是教学中最重要的常规工作，在课堂教学中重点把握。尽管如此，教师还应该加强观察，对于那些失误率高、动作质量完成较差的学生，教师应该给予亲自保护。害怕的学生在教师的亲自保护下，有了安全感，有利于学生减少恐惧。

2. 加强学生自我保护能力

学生的自我保护能力也非常重要。教师要加强学生平时的自我保护意识，在具备前滚翻、后滚翻、缓冲法、护头法的情况下，学以致用，可以减少学生对器械体操的恐惧。

（四）合理运用教学方法，从而减少学生恐惧

1. 用评比的方法，激励学生学习兴趣，减少恐惧

教师通过小组的评比，调动学生积极性，就把被动的学习状况改变成主动学习的参与，尤其是可调动厌学学生的积极性。通过教师有效的语言组织，外加上学生的积极鼓励，这样可以使这部分学生在做动作的时候果断、坚定，从而降低了由于犹豫带来的没必要的心理负担。

2. 解决教学重、难点的手段有效

学生分腿腾越分腿不充分是一个普遍的教学现象。学生的腿刮碰器械，会使学生身体失去平衡，直接导致学生摔倒。教师指导学生练习支撑分腿触

及标志物练习，再过度到感悟想象练习。学生经过练习，过器械刮碰的现象明显减少，从而减少学生恐惧。

从表4的调查结果可以看出，学生们对于器械体操内容的不同阶段都会出现恐惧情况，大部分学生对器械体操的腾跃过程中产生恐惧的比例比较重。

表4　　学生们对分腿腾越阶段产生恐惧调查

调查内容	男生	女生	总百分比（%）
助跑踏跳阶段	26	34	33.3
器械体操过程阶段	43	51	52.2
落地缓冲阶段	13	13	14.5

（五）区别对待不同情况的学生，从而减少学生恐惧

教师按一定的教学目标，针对学生的个别差异和具体特点，采取不同的教学措施。平时体育教师要主动接触学生，深入了解他们的兴趣爱好及个性特点、生活习惯、心理健康水平现状等，切实做到心中有数，并根据实际情况，有针对性地进行各种基本技能训练，以及身体素质的综合训练，使他们在体育学习中不断积累“实力”，增强自信心，逐渐克服恐惧心理，为学习器械体操打下坚实基础。

三、结论与建议

（一）结论

（1）器械体操是小学阶段典型的体操动作。从技术上分析，它包含了跑、跳、撑、推、拉等动作，因此对于学生来说技术要求高，难度较大。所以在教学过程中要做到：循序渐进，让学生们体会动作，从简到难，从而减少学生恐惧。教师应做到吃透教材，捋清思路。

（2）器械体操需要学生具备上肢、肩带以及腰腹肌力量、弹跳能力和身

体灵敏、协调能力。所以提高学生身体素质，是减少学生恐惧必不可少的因素之一。

（3）在器械体操教学过程中要提高安全意识，加强正确的保护帮助措施，从而减少学生恐惧。另外还要加强学生的自我保护能力，防止受伤。

（4）在器械体操教学过程中合理运用教学方法。教师可以根据学生们出现的问题进行解决，从而减少学生的恐惧。教师还要做到区别对待不同情况的学生，学生们可在适合自己高度和宽度的器械上练习。

（二）建议

（1）组织学生们以小组形式比赛，激发学生们的学习兴趣。

（2）对于动作完成好的同学，可以适当地增加难度，以激发学生们的学习兴趣和挑战精神，充分发挥自己的能力水平。

（3）通过评比、评分、评价等方式，不断强化阶段目标的要求，提高动作规格化，树立自信心。

（4）必要的身体素质是学生学习器械体操动作的前提，所以老师可以每一节课利用 5 分钟时间进行素质练习。减少由于体质跟不上导致的课堂伤害，减少恐惧的形成，加快学生掌握动作内容的进度。

运用体育活动调节小学生心理问题

■ 李　芳

乌克兰作家苏霍姆林斯基说过："如果你想让老师的劳动能够给老师带来乐趣，使天天上课不至于变成一种单调乏味的任务，那你就应当引导每一位教师走上从事研究这条幸福的道路上来。"今天，我感觉自己正走上这条"幸福的道路"。

一、课题背景

陆军校长自从到任史家实验小学后就开始致力于推动科研，鼓励老师们积极参与教学研究，并使教科研服务于常态教学。从事教学研究首先要确定课题，韩淑萍博士为老师们举办了关于如何选取课题的一系列讲座，使我受益匪浅。我联想到教育报上看到的《国务院关于基础教育改革与发展的决定》，其中明确指出要"加强中小学生的心理健康教育"，并且胡锦涛主席曾在全国加强和改进未成年人思想道德建设工作会议上强调要"关心未成年人的成长，为他们身心健康发展创造良好的条件和社会环境"，因而有意选取一个促进少年儿童身心健康的课题。

我在日常教学中注意到孩子们在体育课上经常表现出手脚不灵活、动作不协调、对外界刺激反应迟钝或过于敏感、注意力不集中、躁动不安、胆小怕羞、应变能力差、自我评价较低、有悲哀或沮丧等消极情绪、不合群、不关心他人、与同伴闹矛盾、好攻击等问题。针对这些现象，如何帮助小学生的身心健康发展成为我所关心的一个重要问题。

我查阅了《体育心理学》《体育学刊》《小学教育心理学教程》《小学生心理健康与辅导》等大量相关书籍，又通过学术期刊网详细检索了国内外体育活动与学生心理问题方面的科研成果与论文 40 多篇，经过归纳整理写成文献综述，从而也比较系统地掌握了本研究的发展现状，为进一步的研究奠定了理论基础。

二、研究对象与方法

（一）实验对象

东城区曙光小学一年级至五年级中各选用两个班进行研究。每个年级中一个班作为教学实验班，另一个班作为对照班，两个班的人数大致相同；每个年级中实验班与对照班由相同的教师授课，进行体育活动调节小学生心理问题的教学实验，并对其过程及结果进行研究。本研究因时间跨度将超过一年，所以没有选取六年级学生。参与研究的 10 个班的学生与教师详情见表 1。

表 1　　参与研究的 10 个班的学生与教师情况

年级	授课教师	实验班	对照班
一年级	陈　超	一（1）班 27 人	一（2）班 26 人
二年级	张正磊	二（3）班 35 人	二（4）班 36 人
三年级	刘　敏	三（2）班 32 人	三（3）班 30 人
四年级	刘　媛	四（3）班 27 人	四（4）班 28 人
五年级	焦　娇	五（4）班 29 人	五（6）班 30 人

（二）实验教学的设计和控制

1. 实验方法

采用对照实验法。

（1）对比实验：实验班与对照班对照。

（2）单组实验：实验班施前、施后自身对照。

2. 实验可变因素的控制

（1）每个年级设两个班：实验班和对照班。两个班之间的学生年龄（身体发育状况、智力发展水平、家庭社会经济背景）、性别比例都比较相似。

（2）每个年级中实验班与对照班由相同的教师授课，内容一致，但教学风格不同。课时、时间、地点、设计均衡，以尽可能排除其他因素的干扰。

（3）实验班教学课必须整班学生参加，以保证教学实验的代表性、普遍性和可行性。

3. 实验过程

（1）问卷调查（教学实验前后的数据采集）。

本研究在教学实验前、后分别采用由程灶火等人 2006 年编制发表的《儿少心理健康调查表》对全校学生进行问卷调查，用于了解学生的心理健康现状。从 24 个方面去观察儿童的心理健康状况，既反映儿童和青少年的心理过程，也反映儿童和青少年的心理特征。这 24 个方面分别归属于 5 个领域。

认知：包括感知觉、注意、记忆、智力、学习与工作。

思维与语言：包括思维过程、思维内容、思维自主性、语言表达、语言理解。

情绪：包括焦虑体验、愉快体验、情绪反应。

意志行为：包括行为、活动、兴趣、人际交往、健康关注。

个性特征：包括自信与自尊、安全与信任、责任感、活泼性、仁慈心、需要满足。

其中每个条目又包含 7 个等级状态的描述。在这 7 个等级中，1、2、6 和 7 属于亚健康状态，3 和 4 属于一般健康状态，5 属于高健康状态。

一至五年级实验班和对照班的学生在教学实验前的心理健康基本状况见表 2。

表 2　　教学实验前实验班心理健康人数明细

纬　度		亚健康 1、2、6、7	一般健康 3. 4	高健康 5
认知维度	感知觉	30%	63%	7%
	注意力	18%	56%	26%
	记忆力	30%	60%	10%
	智力	19%	69%	12%
	学习与工作	11%	70%	19%
思维维度	思维过程	27%	55%	18%
	思维自主性	25%	63%	12%
	语言表达	16%	64%	20%
	语言理解	17%	65%	18%
	思维内容	37%	47%	16%
情绪维度	焦虑体验	27%	53%	20%
	愉快体验	36%	55%	9%
	情绪反应	40%	48%	12%
意志行为	行为	18%	65%	17%
	兴趣	26%	61%	13%
	人际交往	25%	56%	19%
	健康关注	18%	67%	15%
个性特征	活动	27%	54%	19%
	安全与信任	35%	48%	17%
	仁慈心	23%	46%	31%
	自信与自尊	37%	54%	9%
	责任感	38%	62%	0%
	活泼性	29%	65%	6%
	需要满足	39%	56%	5%

（2）将小学生的心理问题分类，进行教学实验。

根据文献《论学校体育对学生心理健康的作用》及《学科教育心理学》里的小学生常见问题分类数字检视，将 5 个实验班里亚健康孩子的心理问题可以细分为8类（见表3），通过研究也印证了体育运动可以改善学生的心理问题。

表3　　学生的心理问题分类

干预的心理问题	实验班人数占比				
	一年级	二年级	三年级	四年级	五年级
1. 性格内向、不大合群、不善于交往	17%	1%	3%	2%	5%
2. 兴趣不高或过高，坚持性差	19%	15%	19%	10%	7%
3. 遇事容易紧张，发挥失常	0	6%	6%	2%	3%
4. 遇事易急躁易怒，感情易冲动	11%	11%	11%	5%	12%
5. 自负、逞强	26%	21%	23%	16%	10%
6. 腼腆、胆怯、怕难为情	21%	18%	21%	10%	7%
7. 担心完不成任务，缺乏自信心	7%	3%	3%	2%	3%
8. 优柔寡断，处事犹豫不决	6%	4%	3%	2%	2%

根据学生的突出心理问题，选择适合学生年龄及心理的教学内容以游戏为主。

一年级：性格内向、不大合群、不善于交往——选择的教学内容是“踏石过河”游戏。

二年级：兴趣不高或过高，坚持性差——选择的教学内容是合作跳绳。

三年级：自负、逞强——选择的教学内容是多人多足。

四年级：腼腆、胆怯、怕难为情——选择的教学内容是运球组合。

五年级：遇事易急躁易怒，感情易冲动——选择的教学内容是一个都不掉队。

（3）数理统计。

针对每个年级的实验班和对照班分别进行了教学实验前后的匹配样本t检验。

三、研究结果与分析

（一）完成了 77 个体育活动教材内容的整理与设计工作

史家实验小学提倡的生态教育办学理念及优美的环境为学校开展体育活动调节学生心理问题奠定了基础。

根据对体育活动项目的科学性、针对性、普及性、层次性、趣味性、安全性的选择原则，我们设计并实施了 77 个体育活动游戏。这些活动游戏都根据小学生的身心特点、教学条件、场地器材设施的因素，进行了可行性试验研究，从中筛选出对小学生的心理有改善作用的游戏活动内容，把它们作为教学教材内容。

（二）体育活动调节小学生心理问题的教学实验效果

对测试对象进行有计划的教学干预、实验。对照班进行正常教学；实验班根据《少儿心理健康调查表》的结果，有针对性地选取提高学生心理健康的体育游戏。例如，针对胆小、腼腆、怕难为情的心理问题，选取“一个都不掉队”的游戏；针对自负、逞强的心理问题，选取“多人多足”的游戏等。每个年级实验班和对照班的教学由同一老师担任，在研究初（学期初点）做学生心理健康状况的前测，经过对体育课内容有针对性的管控等，在研究末（历时两年半；学期末点）做后测。前、后测结果进行统计比较。

（三）体育活动教学实验对调节学生心理问题效果明显

本研究对一到五年级实验班和对照班的学生在历时两年半的教学实验前后分别使用《少儿心理健康调查表》进行问卷调查。比较实验班和对照班学生的横向设计，可以剔除学生自身成长发育出现的变化导致心理健康状况的变化。比较学生自身实验前后心理健康状况的纵向设计，可以剔除学生个体差异的影响。

针对每个年级的实验班和对照班分别进行了教学实验前、后的匹配样本 t 检验。实验班的结果见表 5。实验班学生的心理健康状况在教学后在认知、思维、情绪、意志和个性特征这 5 个纬度的很多分类上的改善都达到统计显示，尤其是一、二、三年级的学生。对照班的结果见表 6。对照班学生的心理健康状况在教学后在认知、思维、情绪、意志和个性特征这 5 个纬度的改善大多未达到统计意义上的显示，远没有实验班教学对学生心理健康的调节效果明显。

表 5　　　　实验班心理健康状况教学实验前后比较结果

维度		一年级	二年级	三年级	四年级	五年级
认知维度	感知觉	***	***			
	注意力	**				
	记忆力	**	**	**		
	智力	*	*			
	学习与工作		**		*	*
思维维度	思维过程	**				
	思维自主性					*
	语言表达		**			
	语言理解	*			*	
	思维内容				*	*
情绪维度	焦虑体验	**	*	***		
	愉快体验	*		**	*	***
	情绪反应		***	***		
意志行为	行为				*	**
	兴趣	***	*			
	人际交往			*	*	
	健康关注		*			
个性特征	活动					
	安全与信任		*	**		
	仁慈心		*			

续表

维度		一年级	二年级	三年级	四年级	五年级
个性特征	自信与自尊	**	**	**	*	**
	责任感	**		*	***	
	活泼性	***				
	需要满足				**	

注：* 表示统计检验显著，α < 0.05；* * 表示统计检验显著，α < 0.01；* * * 表示统计检验显著，α < 0.001。

表 6　　对照班心理健康状况教学实验前后比较结果

维度		一年级	二年级	三年级	四年级	五年级
认知维度	感知觉					
	注意力					
	记忆力		*			
	智力	**	**			
	学习与工作	*		*		
思维维度	思维过程					*
	思维自主性					
	语言表达					
	语言理解	**				
	思维内容					
情绪维度	焦虑体验					
	愉快体验			*		*
	情绪反应					
意志行为	行为	**				
	兴趣		**			
	人际交往		*	*		
	健康关注	***				
个性特征	活动	***				
	安全与信任					
	仁慈心		*			

续表

维　度		一年级	二年级	三年级	四年级	五年级
个性特征	自信与自尊	*				
	责任感	*				
	活泼性					*
	需要满足			*		

注：*表示统计检验显著，$\alpha<0.05$；**表示统计检验显著，$\alpha<0.01$；***表示统计检验显著，$\alpha<0.001$。

四、课题的成果感悟

（一）革新体育教学方式

本研究结合小学生的心理特点与心理问题，有针对性地选择教学内容进行教学。在教学过程中最大限度地发挥大多数同学的集体优势，帮助个别同学融入团体，强调团队意识，有针对性地因材施教解决学生的心理问题。也为今后日常体育教学开拓了一种新的教学模式，因为这种教学模式更具有针对性，问题的解决也更具有时效性。本研究结果显示，改良的体育教学方式有助于提高学生的心理调适能力，增强其竞争与协作意识，全面贯彻了中央提出的“健康第一”的现代健康教育观。

（二）加强素质教育，寓教于乐，减负增效

体育老师们通过学习提高了业务素养，通过少儿心理调查问卷了解了班级中每个学生的特点与问题，并带着问题精心备课，使得教学目的更加明确，通过游戏教授运动技能，使得教学方法也有很大的提高。通过新型的工作方法拓展了教师的思维方式，鼓励教师在教科研指导教学的道路上进一步探究。

（三）填补体育教学与小学生心理健康关系的研究空白

目前，在国内针对调节小学生心理健康的研究处于起步阶段，亟待提高。本研究从身心同步发展的指导思想入手，通过改变常态体育课教学内容，增强学生参与的兴趣，提高了课堂效率，促进了学生身与心的共同发展，使体育教学与心理辅导完美结合，填补了小学生心理健康研究的空白。

（四）深化体育活动调节心理健康的科学见解

体育活动可以直接和间接地改善情绪。一是体育活动使中枢神经系统得到适度激活并使人达到愉快状态，适度负荷的体育活动能促使个体释放一种多肽物质——内啡肽，从而使个体在运动后直接感受到舒适愉快的心情。二是体育活动尤其是集体性的活动有助于健全学生心智，学习如何更好地与他人交往、更好地融入团体，从而可以间接地改善学生的情绪。三是学生在体育活动中产生的各种问题不可避免地导致认知失调，而问题的解决伴随认知失调的解决，这可以帮助学生完善、更新价值观与知识结构，从而改善学生的认知和情绪。

（五）本研究与实践具有典型性和借鉴意义

在课时上，革新的体育教学仍然采用已有的体育课时间，因而课时的安排与推广上具有很好的便利性；在内容上，以游戏为主，内容符合体育教学大纲要求，且易活动、易开展；在器材上，利用现有的体育器材，不需要额外增置设备，节约经费和储存空间；在人员培训上，注重对教师关于发展心理学、认知心理学、社会心理学及心理咨询，尤其是关于少儿心理学部分的培训。

面对体育科学发展的新形势，作为体育教师，努力掌握有关专业知识和技巧，长期坚持不懈地拓展自己的知识面，在教学、科研上勤于动脑、勤于动手，这既与党的教育方针相一致，也是体育事业发展本身的要求。只有这样，我们才能发挥体育教育的最佳功能，真正贯彻“健康第一”的指导思想，才能切实提高自身素质并且进而为教育祖国下一代贡献力量。

浅析如何提高学生对体育课的兴趣

■ 李晓雷

在体育教学中，常有部分学生上体育课不主动，对教师布置的练习内容缺乏积极性，采取应付态度，这部分学生的运动成绩也往往不是很理想。那么到底是什么原因导致的呢？兴趣。为什么这么说？班上一部分学生比较喜欢篮球，从课余活动中可以看出，他们的篮球基本功相当好。我们通过了解发现，他们的篮球技术大都是通过电视模仿明星的动作学会的，在课上基本没有学到什么关于篮球的知识，他们都是因为对篮球运动感兴趣，才会认真去学习或模仿的。兴趣是最好的老师。由此可见，教师进一步掌握兴趣动物学的特征，激发和培养学生的学习兴趣，就能促使体育教学更上一层楼。

那么什么是兴趣呢？兴趣是获得知识、开阔眼界与丰富心理活动的重要动力，是人类心理活动的一种表现，人们积极认识某种事物或从事某种活动的心理倾向，是在需要的基础上产生和发展起来的。有实验证明，当学生对体育活动有兴趣的时候，运动会促使血糖上升，肌力增加，精神饱满；如强迫他们从事体育锻炼，血糖会下降，导致肌力减退，并很快会出现精神倦怠的疲劳症状和消极锻炼的现象。由此可见，学生对体育课的兴趣将直接影响到体育教学的效果，激发学生对体育的兴趣，为顺利完成教学目标奠定坚实的基础。因此，教师要想方设法，通过各种手段和方法，去激发学生的学习兴趣，让学生乐于参与到体育课的教学活动中来。

一、影响学生对体育课兴趣的主要因素

（一）现阶段教育体制影响学生对体育的认识

调查表明，现在我们的中学生体质健康水平在逐年下降。具体体现在肥胖学生的比重增加，学生的肺活量下降，握力水平下降等等身体器官功能以及各种运动技能和身体素质水平的下降。究其原因，很大一部分就是因为我们现在的教育在很大程度上还是存在于应试教育的大背景下。有一些原本对体育比较有兴趣的学生也因为升学的压力、学习任务重而不得不一再压缩自己体育活动的时间，甚至不得不舍弃自己所钟爱的体育项目。由此可以看出，在现阶段教育体制背景之下，学生对体育没有一个正确的认识，把它当成一个被动完成的任务来应付。从主观上没有动力，兴趣就更无从说起了。要想提高学生的兴趣，就要让他们更多地参与体育锻炼，了解体育的重要性，了解体育的功能，了解体育的锻炼方法，通过体育课的教学，在体育教师的指导下进行自主的锻炼，培养终身体育的意识。

（二）教师教法与组织形式的变化

学生对体育课的兴趣和授课教师息息相关。教师是体育课的组织者，教法、教态、组织形式等等都会直接影响学生对体育课的兴趣。就上课形式来说，对准备部分要坚持多样化、灵活性的原则，把枯燥无味的跑步变成生动有趣的游戏，把死气沉沉的徒手操变成青春活力的韵律操。高质量的体育课，准备活动的内容都是丰富多样的，有队形新颖的慢跑，如蛇形跑，螺旋形跑、S 形跑等，这样既达到了慢跑活动的目的，又起到了集中学生注意力和提高他们学生兴趣的作用。在教学过程中要注意照顾到学生的个性和不同的需要，让各个运动水平的学生都能充分地参与到锻炼中来，并从中获得学习的满足，从而最大限度地调动他们的积极性和提高他们对体育课的兴趣。总之，教师

一定要发挥自己的主导作用，通过各种途径来提高学生的兴趣，引导学生自主地进行体育锻炼。这也是上好体育课的难点所在。

（三）场地器材的运用

场地器材是学生进行体育锻炼的物质基础，为实现多样化的体育活动提出了可能，同时在学生锻炼、兴趣的培养过程中扮演着重要的角色。调查表明，有很大一部分学校人均的运动面积不足3.2平方米，甚至连做课间操的场地都不够，学校体育发展步履艰难。学生如果因为场地受限，上课时不能参加自己喜爱的体育活动，积极性受到打击，久而久之就容易失去对体育课的兴趣。例如，很多男同学喜欢踢足球，但是基于许多学校的足球场地不够用的现状，他们只好“望球兴叹”，对体育课抱失望的态度；而篮球课往往是40人在一个篮球场活动，如此局促的体育场地与设施显然不能够满足学生锻炼的需要。另外，人多场地少的现状容易造成伤害事故的发生，产生一种恐惧心理。慢慢地很多学生因为这些原因而放弃了原本爱好的体育运动。种种现状使得学生对体育课乃至体育活动失去了兴趣。因此，加强体育设施的建设，给学生创造一个更利于他们锻炼的客观条件是刻不容缓的。

（四）体育课运动项目的制定

学生对体育课兴趣的大小和体育课教学内容的设置有着直接的联系。学校体育课程的设置应该走创新、突破常规的道路，不要仅停留在每学期的体育课教学任务就是跑、跳、投三大项，而且从一开始学到最后都是这几个项目。即使是同一个教材也要注意教学内容的循序渐进。只有让学生喜欢体育课，并且从体育课教学过程当中能不断地获得新的知识和锻炼技能，他们才能以一种积极的态势参与到体育课中来，只有这样在教学过程中逐步培养起学生的兴趣才能成为可能。

二、学习体育的兴趣特点

（一）广泛性

学生进入校园后，随着学习的深入，知识的丰富，求知欲不断增加，他们已经不满足于课内的学习和锻炼，更倾向于课外体育活动，及同学之间、班级之间、校际之间的各种比赛。他们对比赛有自己的理解和初步认识。教师应该善于帮助学生扩大他们的兴趣，并把这种兴趣转移到课堂学习中去。

（二）选择性

学生对各种运动项目有不同的兴趣和选择。如男生多喜欢活动量大、竞争性强的运动项目，像球类、技巧类、跑跳类等；而女生则喜欢动作强度不大、姿势优美、节奏韵律感的运动项目，像艺术体操、健美操和跳绳等。

（三）深刻性

随着年龄的增长，知识水平及认识能力的提高，学生会逐渐对一些较为复杂，具有一定技巧性的教材产生兴趣。在学习技术动作时，他们不满足于掌握动作要领，而且希望了解动作的原理，知其所以然。这样，学生学习体育的兴趣就会越来越深刻。

（四）延续性

学生对运动项目的兴趣，一般来说是从小学延续到中学及以后的，他们的兴趣将变得更加深刻而稳定，除非确实有一种运动项目能更好地激发学生的学习兴趣，不然，学生的兴趣将永远不变，停止不前。

三、兴趣的培养

（一）对学习目的的教育

对于一名学生来说，如果对自己学习的意义不明确，自然不可能对学习产生浓厚的兴趣，因此要使他们知道自己所学的每项知识和专业技能的目的性，以及这些知识技能对自身及社会的意义，唤起他们的间接兴趣。

（二）端正学习动机，启发学生的兴趣

体育课是学校体育的基本形式，因此在教学中要让学生明确每节课的目的、任务，端正学习态度。在实践教学中，学生学习体育的动机是各种各样的，一般分为直接动机和间接动机。直接动机以学习体育的直接兴趣为动力，这种学习动机一般容易随着客观条件的变化而改变，因而较为短暂不稳定，没有长久性。间接动机以学习的社会意义为动力，这种学习动机来自学生的远大志向和崇高理想，即学习的目的性。例如，在上耐久跑单元时，根据这个项目的特点，给学生做跑前的思想教育，要有吃苦耐劳的精神，并鼓励学生经常参加长跑锻炼，只有这样才能提高运动成绩，保持良好的体力和较强的精力，对学习有促进作用。并且可以启发学生做事要坚持到底，不要半途而废，要知难而进，才能取得最后的胜利。因此，在教学中要强调学习动机，从而启发和培养他们对体育的兴趣。

（三）使学生感到参加体育锻炼的需要

心理学认为“兴趣产生的基础是需要”。要使学生感到参加体育锻炼的需要，可以从下列几个方面对学生进行启发诱导：一是学习需要。没有一个健康的身体，很难保证学习任务的完成。所以，应向学生介绍具体生动的典型事例和清华大学总结的“八减一大于八”的经验，以激发学生的这种需要。二是就

业的需要。根据我国高校教育目前的情况来看，为了适应社会的需要，单位对招工对象必须从德、智、体诸方面进行全面衡量，在其他条件相同的情况下，身体健康就具有优先被录取的有利条件。三是增强体质的需要。有效长期的体育锻炼可以增强人体的力量、速度、柔韧性、协调性、耐力等综合素质，提高人体的适应性，延缓人的自然老化，具有独特的延年益寿的特殊功能。

（四）激发学生的美德，培养良好的心理素质

如在体操练习时，使学生建立一定的节奏感和韵律感，及动作完美所引起审美的情绪，组织学生观看体育比赛、表演，如各种球赛、艺术体操、健美比赛等。同时，体育老师要用高尚的情操、广博的知识、健美的体魄、优美的示范，给学生以积极的影响。“学高为师，身正为范”，教师应利用这种潜移默化的影响来培养学生对体育美学的兴趣爱好。这样既能达到教育功能，又有强烈的审美作用。

（五）注意体育教学的趣味性

在确定教学方法和选择教学手段时，应符合教材本身的特点，从课的任务、目的、要求出发，从学生的实际出发，以多变的教学形式为教学内容服务。在学习环境、组织、形式以及器材配备等方面，要常出创新。在同一个学习内容中，变换多样的练习形式来激发学生的练习兴趣，使学生在整个学习过程中始终感到有新鲜感，这样也就保证了学生的练习，积极性始终保持在一个较高的水平。此外，根据学生的年龄特点，掌握其心理特征，对培养学生兴趣有着特殊魅力。凡是优秀的体育教师都善于利用风趣、幽默的课堂语言和各种教法手段（对比法、比赛、游戏法等）来提高学生学习的情绪。如在快速跑教学中，教师可采用接力跑比赛、追逐跑比赛、迎面接力跑比赛，使教学氛围变得轻松愉快，有利于激发学生的体育兴趣。只要课中出现新异的教学内容和方法，学生就会精神振奋，跃跃欲试，利用学生的这种心理就能有效地诱发学生兴趣。

（六）在运动实践中培养兴趣

体育教师应根据学生的特点，正确合理地组织体育教学和体育活动，使学生对于体育活动既有直接兴趣，又有间接兴趣。依据循序渐进的原则，由易到难地安排教材内容。让学生经过努力可以看到和达到预想的效果，并产生愉快的情感体验。引导学生培养对运动项目的广阔兴趣，克服片面发展，防止兴趣主义。随着年级升高或对某些专项兴趣的出现，再逐渐引导学生培养对一定项目的中心兴趣。学校和社会要提供必要的设备，方便学生锻炼，使其在体育课之外也有活动机会，从而在直接进行的运动中培养对运动浓厚而稳定的兴趣。要教会学生自我保护，尽量避免伤害事故。因为学生一旦产生对运动的恐惧情绪，就很难再培养出运动兴趣了。

（七）结合大型比赛和体育名人效应引发学生体育兴趣

由于现代文化生活已进入多样化时期，各种电视节目与电脑的增加，给人们的业余文化生活带来了不少乐趣，这其中不乏增加了大量的体育信息和国内外重大体育比赛的转播。如果因势利导，稍加指点或组织练习或组织比赛，在无形中引发了学生对体育的兴趣，使他们能积极地进行参与。如看过篮球、排球、足球、乒乓球等比赛后，学生就会自发地组织起来进行比赛。那么这时老师应及时地进行指导，结合实际，介绍比赛规则、方法，教授简单的战术，使学生更进一步地产生兴趣。还可以利用课余时间向学生讲体育名人的小故事，或让学生收集体育名人的轶闻趣事，并设法了解他们所从事的项目及特点，这样不但可以增加他们对体育知识的更多了解，还可以通过收集，引发他们对某个项目的兴趣，真可谓“一举两得”。

四、结论与对策

目前的教育体制状况导致现阶段的中学生体育知识匮乏，对体育的重要性没有正确的认识。应该加大对体育知识的宣传力度，必要时可以把学生喜欢的体育项目的理论知识作为考核的内容之一。

教师是体育课的主导，丰富的教学内容、多种多样的组织形式、适当的教法能够提高学生对体育课的兴趣。这就要求教师多创新、多交流、多学习、多实践，提高自身的教学水平。

场地、器材的不足是培养学生体育课兴趣的物质障碍。学校应该在体育硬件设施上加大投入。

现阶段中学学校体育课课程的设置还不是很合理，不能充分适应现今中学生身心发展的需要。有条件的学校可以进行有效的选修课教学模式，应该在这方面进行进一步的研讨和实践，为中学体育教育开拓一片新的领域，为培养中学生的锻炼兴趣以及终身体育意识服务。

结束语

体育具有别的学科和别的事物所不具有的乐趣。如果不是这样，我们就无法解释为什么人类要如痴如狂地从事体育运动的现象了。一位教育家说过：教师的定律，一言以蔽之，就是你一旦今日停止成长，明日你就将停止教学。教师的职业决定了教师就是为每一个学生服务的。身为教师，必须成为学习者，必须要尊重每个学生，只有尊重学生，才能赢得学生的尊重。在现代社会里，教师与学生应当是平等的新型伙伴关系。因此，教师应根据高校学生的特点，正确合理地组织体育教学和体育活动，使学生对体育既有直接兴趣，又有间接兴趣，遵照循序渐进的原则，由易到难地安排教材内容，让学生经过努力可以看到和达到预想的效果，产生愉快的情感体验。及时更新观念，挖掘学生的潜力，发挥学生的自主性、创造性。在这个过程中，教师一定要耐心引导，反复强化，这样才能激发高校学生浓厚稳定的兴趣。

对××小学学生体育课学习兴趣影响因素分析

■ 李　欣

前　言

小学是培养素质人才的摇篮，体育在小学教育中又占有相当重要的地位，具有丰富多元的功能，包括教育、健身、娱乐、培养竞争意识等。其中，学生是体育教学的主体，影响体育课学习的各种因素以及学生兴趣的培养直接影响体育教学质量。因此，正确地分析影响体育课学习兴趣的因素和培养良好的学习兴趣就显得至关重要。本文从分析××小学学生体育课学习兴趣的影响因素出发，为提高××小学体育课教学质量提供参考。

一、研究对象与方法

（一）研究对象

××小学四年级、五年级、六年级学生。

（二）研究方法

1. 文献综述法

运用体育教学论、体育心理学等的相关理论进行研究，为本文课题的研究提供理论上的支持。

2. 问卷调查法

按照本课题需要在 2015 年 10 月对 × × 小学学生进行问卷调查，随机抽取四年级、五年级、六年级的各 80 名学生作为调查对象，发放问卷 240 份，收回 209 份，回收率为 87.2%。其中有效问卷 207 份，有效率为 97.7%。本次调查从三个维度开展：一是教师对学生体育课学习兴趣的影响；二是教学过程对体育课学习兴趣的影响；三是学生心理状态对体育课学习兴趣的影响。因小学生对某些词语还无法做到完全理解，故学生在做调查问卷时教师会对题目的词语加以解释。

3. 专家访谈法

就研究课题中的某些观点和部分调查对象以及区高级教师等进行访谈交流，听取他们对本研究内容的看法，征求研究的建议。

4. 数理统计法

对调查数据进行数理调查统计和整理。

二、结果分析与研究

教育教学过程主要是一个“教”与“学”的过程，是由教师和学生组成的，在这个过程中学生是主体，教师起主导作用。在体育课学习过程中兴趣又是教育教学最好的学习前提条件，因此如何培养良好的兴趣，是教育过程中的重要部分。应本课题需要把教育教学分为三个因素进行研究：一是教师对学生体育学习兴趣的影响；二是教学过程对学生体育学习兴趣的影响；三是学生心理状态对学生体育学习的影响因素（见表 1）。

（一）教师对学生体育课学习兴趣的影响

教师的教育观、态度、人品及学识均对体育学习兴趣有明显影响，特别是教学态度，如表 1 中有 54.1% 的学生认为体育教师的态度直接影响自己学习的积极性。教师积极的态度为促进学生学习而采取的个性化行为包括：赏识学生，提高学生的学习能力，增强他们的自尊心和自信心，缓和他们的焦虑感，形成巩固他们待人处事的积极态度，等等。反之，则是消极的，也是不负责的表现。

表 1　　　　教学因素的对体育课学习兴趣的影响

影响因素	具体因素	人数	百分比
教师因素	教师的教育观	34	16.4%
	教师的教学态度	112	54.1%
	教师的人品	66	32%
	教师的学识	32	15.5%
体育课教学过程	教师备课	51	24.6%
	教学密度	140	67.6%
	教学方法	118	57%
学生心理状态因素	参加活动的动机	143	69.1%
	参加活动的情感和注意力	132	63.7%
	参加活动的思维和性格	120	57.9%
	参加活动的情绪和意志	132	63.7%

（二）教学过程对学生体育课学习兴趣的影响

在教学过程中有57%的学生认为教学方法的新颖多变直接影响着自己学习的积极性。陈旧、简单、低效的教育方法严重制约着教育质量和学生良好学习兴趣的培养。

表1中有67.6%学生认为教学过程中体育课的密度直接影响着教学质量和兴趣培养。如果教学密度偏低，就意味着学生们自主的时间过多，学习的知识就会很少。如果密度过大，会让学生们感到疲倦，对接下来的课会造成影响，时间长了学生们会畏惧体育课学习。而教学密度的适中会让学生们感受到课的充实，所以教学过程中教学密度对教学质量和兴趣培养存在很大影响。

（三）学生心理状态对体育课学习兴趣的影响

1. 学生参加学习活动的动机

人的一切活动都是由一定的动机引起的。在体育教学和训练中，学生学习动机的性质和动机的强烈，在一定程度上制约着学习的成效。因此，在体育教学中，只有注重教育学生端正学习动机，才能充分激发学生的学习兴趣。

2. 学生参加学习活动的情感和注意力

表1中有63.7%的学生认为情感和注意力直接影响着体育课学习兴趣。所以，只有使学生的注意力高度集中，才能正确、较快地学习和掌握技术动作。一旦学习有了兴趣，他们就会把体育锻炼当作自己生活中的一种需要，全身心地进行学习和锻炼。

3. 学生参加学习活动的思维和性格

表1中有57.9%的学生认为自己的思维和性格也直接影响着体育学习的兴趣。因为体育教学也是一个有“影响”的教育过程，教师应根据学生不同的性格特征和身体素质，因材施教，有目的地培养学生优良的心理品质。

4. 学生参加学习活动的情绪和意志

表1有63.7%的学生认为情绪和意志影响体育学习兴趣。因为坚强的意志通常表现为自觉性、果断性、纪律性、自制力等良好的心理品质，这些品质对达到体育教学目的，会起到不可估量的作用。还有学生的愉快感、轻松感、满足感等，能提高学生的学习兴趣，激发其参加体育活动的强烈动机。

三、结论与建议

（一）结论

（1）影响学生体育课学习兴趣的三大因素中，学生的心理状态因素是影响学生体育课学习兴趣的主要因素，学生自我心理状态的端正对体育课学习兴趣的培养起着至关重要的作用。

（2）在教师对学生体育课学习兴趣的影响因素中，体育教师的态度是影响学生体育课学习兴趣的重要因素，也是兴趣培养的提高路径。

（3）在教学过程对学生体育课学习兴趣的影响因素中，体育教学方法是影响体育学习兴趣及教学质量的因素，教学方法的新颖性多变性也是培养良好体育学习兴趣的手段。而教学密度对学生体育课学习兴趣影响也很大，掌握好教学密度对培养体育课学习兴趣很有帮助。

（4）在学生心理状态对体育课学习兴趣的影响因素中，几项心理因素都对学生体育课学习兴趣有着很大影响，学生心理状态的好坏直接影响着良好的体育课学习兴趣的形成。

（二）建议

（1）注意教师本人的思想道德修养和理论知识的提高，并坚持经常性锻炼身体。一名优秀的体育教师的形象，往往能对学生产生深远的，甚至是一辈子的积极影响。学生是否喜欢体育课，不仅受教材、教法等因素的影响，而且也受教师语言、行为、态度及情绪的影响。

（2）在教学过程中教师应加强对学生和教材的深入理解，真正做到备课备学生，在深入了解教学大纲和教材以后，改善传统的教学方法，不断创造新颖的教学方法，更新教学理念，使原有学生认为枯燥乏味的体育课变得新鲜有吸引力。也要认真地了解每一位同学，做到区别对待。

（3）学生作为教育过程中的主体，个人心理状态显得尤为重要，在教学过程中教师应经常给学生讲述体育课学习和身体锻炼的重要意义，传授体育的基本知识、基本技术、基本技能，培养学生的体育学习兴趣。

参考文献

［1］郑焕然，张丽．业余爱好者动机调查．体育科学，2000（8）

［2］李秋萍．对中专女生体育学习动机、兴趣的研究及教学对策．学校体育，2002（4）

［3］《2001 中国群众体育调查》课题组．《2001 中国群众体育调查》填写说明，2001（5）

[4] 高茂章．体育课学习动机的成因调查分析．教育与管理，2007（15）
[5] 孙松珍．谈体育学习动机与激励体育课学习动机的原则．时代文学，2008（6）
[6] 赵权，刘宇晶．运用成就目标理论改善体育课学习动机．边境经济与文化，2006（9）
[7] 马襄城，沈爱莲．影响学生体育课学习动机因素与分析．上海体育学院学报，2003（3）
[8] 高茂章．学生体育课学习动机的成因、调控．上海体育学院学报，1998，22（2）
[9] 吴建新．学生体育学习动机调查研究．龙岩师专学报，2004（3）
[10] 周振海．体育课学生兴趣和动机调查分析．陕西师范大学学报（自然科学版），2003（7）
[11] 尹洁．论学校体育课如何开展非智力因素的教学．井冈山师范学院学报，2001（1）
[12] 王莹侠．激发大学生体育学习动机的调查研究．苏州大学学报（自然科学版），2004（1）
[13] 李方．现代教育科学研究方法．广州：广东高等教育出版社，1997
[14] 宋俐．如何激发小学女学生耐久跑的兴趣．上海体育学院学报，1993（2）
[15] 王雷．影响学生体育课兴趣的主要因素分析．科技信息，2009（35）
[16] 袁誉莲．影响学生体育课学习的因素分析及兴趣培养．中外企业家，2009（5）

小学体育教学生活化模式的构建思考

■ 刘 敏

学校体育是学校教育的重要的、有机的、不可缺少的组成部分，对培养德智体等全面发展的社会主义事业建设者具有重要的不可取代的作用。在现代教育形成的过程中，体育作为一种有效的教育手段进入学校并在学校中逐渐发展。传统的小学教育课堂，往往是以教师为主体，教师主要向学生强调体育知识技能的理论性和重要性，教学内容在更多的时候脱离了生活实际和社会现实，学生的学习锻炼也似乎成了简单的服从和机械的训练。随着时代的进步，教育成为关注的焦点，国家大力实行新课程改革，并在全国范围推进改革策略，让体育回归生活。让体育与生活密切结合的呼声，以其准确的价值取向，正在成为当前课改形式下课堂教学改革的热点。本文通过对我国小学体育生活化现状及存在的问题的研究与分析，探讨体育教育生活化的重要性以及小学体育教学中如何构建生活化模式，对体育教学生活化的培养提供相关建议与对策。

一、体育教学生活化的内涵及意义

（一）体育教学生活化的内涵

体育生活化思想来源于裴斯泰洛齐（1746－1827），他被称为“欧洲平民教育之父”，他认为体育在塑造人格方面具有重要作用，并提出了体育生活化的概念，即把体育活动融入生活中，把体育活动变成生活的一部分。教育部颁布的《新课程标准》中明确指出：体育与健康课程要坚持“健康第一”的指导思想，要充分利用一切可利用的教育资源，让体育课走出学校运动场，与学生的课余活动、家庭和社区生活结合起来，是现代体育课程发展的必然要求。可见，体育教学生活化，就是指在《新课程标准》的指引下，体育课堂教学要与学生的社会生活和学习生活结合起来，使学生自觉、主动、积极地进行体育课程的学习活动，自主进行体育新课标所规定的各种身体练习，并在学习中愉悦身心，获得真实的情感体验，从而在学习中生活，逐步养成终身体育的良好习惯。

（二）体育教学生活化的意义

体育课程学习对于学生成长最直接、最显著的价值，是促进身体的正常发育和身体健康水平的提高，具有增强体质、防病治病及调节学生的心理压力等功能。除此之外，体育教学中包含的德育也发挥着思想教育强化作用。通过体育课教学内容的编排和组织，向学生进行集体主义、勇敢顽强、吃苦耐劳等良好品德的教育，有利于提高学生对自己行为的责任感，培养学生正确处理个人与集体、个性与共性的关系，形成团结互助、自觉遵守纪律、关心别人的良好思想品德。

小学生天性好动，体育课是他们十分喜爱和向往的课程，而现有的体育课堂教学死板、枯燥，这样的体育课程是导致学生厌学的根本原因。生活化教学法注重寓教于乐，能够营造良好的学习氛围，激发学生对体育课堂的兴趣，从而使他们在轻松的氛围中学到体育知识，又增强了身体素质。体育教学生活化有利于培养学生的动手和动脑能力，因为生活化强调教学要与实际相结合，在此过程中会帮助学生解决生活中的实际问题，既引导学生感知生活、感悟生活，又引导学生改善学习、自主学习。可见，体育教育生活化有着双管齐下的作用。学校体育是终身体育的基础，运动兴趣和习惯是促进学生自主学习和终身锻炼的前提，所以一旦课程变得死板、枯燥，学生便失去了学习的动力，新课改的政策也不能很好地发挥其中的作用。体育教学的生活化就是根据学生的年龄特点，把学习内容转化成学生熟悉的生活内容，使他们在实际的“生活情景”中完成体育学习任务，从而达到健身和健心的目的，还有助于培养学生的德育，使体育教学为学生的健康成长及其今后的发展提供更好的教育服务。

二、体育教学生活化模式现状

（一）体育教学观念没有根本改变

虽然体育教学改革在全方位进行，但不少教学者在实践中却只注重于操作层面上的外在课程形式，追求一种表面上的热闹与活跃，学生内在的情感和学习动机并没有真正被激活，因此教学生活化的作用并未体现出来。其根本原因就是许多体育教师教学观念没有根本转变。另一方面，由于缺乏改革的理论导向和具体指导，同时上级教研部门给教师的教改指标大多是口号式指示，如“发展学生个性”“培养学生实践能力”等等，因此大多数教师不知道具体操作方法，只进行了表面工作，从形式上做做样子，应付上级号召和检查，这就使体育教学改革在很大程度上流于形式。

（二）学生的主体地位尚未明确

《新课程标准》以学生为本，一切教育都应来源于学生的需求，都应利于学生的发展，但是“应试教育”依然体现在体育教学中，尤其是中考体育分值达到了30分，各学校老师便会加大学生锻炼强度、增加运动量，虽说是为了帮助学生取得高分，但是学生的主体地位还是有待于明确。体育新课程的教学中，必须回归生活世界，提升学生的主体意识。教师必须首先确立学生生活在先的教育观念，将教学植根于丰富的生活，教学内容与学生生活密切相连；教学活动从不同的角度、以不同的方式帮助学生从体育的角度把握与创造生活，充分调动学生多方面的才能。但是目前情况来看，在大多数课堂上，教师并没有完全贯彻实施，依然是“灌输式”教育，为了锻炼而锻炼，为了分数而锻炼，忽视了学生的主体地位。

（三）教学目标没有生活化

体育教学终究是为培养人服务的，必须把满足学生的现实生活需求为首要教学目标，以构建学生可能生活作为教学的根本目标。生活化教学的根本目的是激活生活对学生具有内在价值，给予学生生存状态和生活方式以人文关怀，培养学生生活能力，激起他们自我关怀的热忱，因此体育教学目标设计必须考虑到这些。目标应与生活需要结合，使学生通过特定课堂学习生活的熏陶逐步成为具有独立人格和批判意识的人，既达到体育锻炼目标又增强品德教育。目前存在的一个问题是学生喜欢的内容是体育器械而不是课程本身，当面临不喜欢的教材又不得不学的局面，这压抑了学生的才华和灵感，严重地脱离了实际生活。

三、体育教学生活化模式的构建对策

生活化教学包含着四层含义。一是教学与生活的有机结合，即体育教学要将生活中丰富的体育资源经过选择和吸收，创设一些有趣的、贴近生活的情景，使学生认为学习这件事并不是枯燥的技术动作。二是关注学生的精神世界和生活世界，这一点和以人为本相贴近。三是关注学生的将来可能生活和发展能力。学习的目的在于应用，体育教学除了基本的强身健体功能外，更重要的是能为今后生活工作打下良好身体基础。四是关注与终身教育的衔接。体育生活化教学将生活与教学紧密结合，将生活引入教学，将教学渗透进生活，从而有利于灌输终身教育的思想。

自“小学体育教学生活化”提出至今，小学体育教学生活化培养的重要性正以不同的形式出现在课堂及考核要求中，教师及学校也处在旧思想旧观念向新理念的转变当中，但是体育课堂上生活化模式的构建依然没有实质性突破。因此，通过对文献的研读和生活中的发现，本文就以上的研究分析结果提出几点构建体育教学生活化模式的对策。

（一）重视“生活化”的新课导入

兴趣是产生学习观念的前提条件，激发学生的学习兴趣是课程成功的一半，引入阶段处理的是否得当，直接影响到学生学习的情绪以及思维的活跃程度。结合学生身边的实例导入新课可提高学生的学习兴趣，激发求知的内驱力。课程导入也是决定一堂课是否“生活化”的重要基础。因此，在新课教学时，教师要充分将所学内容与学生生活实际紧密地联系起来，把生活中的题材引入到体育课堂教学之中，以此唤起学生的学习兴趣，激发学生参加活动的积极性，而不只是单纯地完成课程任务。例如，跑步是最常见的体育活动，在开始上课前需要通过跑步来进行热身，但是小学生活泼好动，很少去合理地、有秩序地进行热身运动，往往会出现岔气等现象，有的不爱运动的同学则干脆推脱身体不舒服。这时，新颖的课程导入尤为关键。老师可以在操场上画一个篮球场大小的长方形或圆形，分成人数相等的两队，一队为鱼，一队为捕鱼人，鱼儿不能跑出“界外”，以规定时间捕到鱼儿多少或捕完所有的鱼儿所用的时间判定哪方获胜。这种方式不仅达到了运动效果，提升了学生的学习兴趣，还能达到教育的目的。

（二）采取“生活化”的学习方式

经研究发现，通过自己学习而掌握的知识往往比老师灌输的更为牢固，体育课程也是如此，所以应突出学生的主体地位。在学习活动中，学生往往习惯先行后知，他们对知识技能更习惯通过自己的活动去获得，去体验，去感受，而不仅仅是靠教师的传授而获得。新课程下的学生不应再是被动接受，而应采取积极、自主、合作、探究的学习方式主动地进行学习。所以老师在上课时要给予学生自我吸收的时间、自我探究的时间，避免枯燥的理论性讲课。比如在进行篮球课程时，可以将学生分成若干组进行半场 3V3 比赛，禁止接球后立即传球，一定要运球若干次后方能传球给同伴，以便学生发现和寻找自己的运球问题。或者安排两人一组选择自己喜爱的运球方法进行练习，要求学生们相互指导、模仿，交换练习，老师则巡回指导。这样彻底杜绝了体育课就是教师不断做示范动作、学生重复模仿、机械枯燥练习等严重制约学生身心健康发展的现象。这种自主、合作性的学习方式更符合学生的认知规律和生活习惯，学生会在轻松愉快的环境中学习到新的知识，这样的教学策略也会取得比较好的教学效果。

（三）建设体育学习网络中心

如今是网络信息化时代，人们的生活学习离不开网络，可以有效利用网络，将其应用于教学方法中，使网络成为体育教学的重要辅助工具，不仅能适应时代发展，还能很好地激发学生的学习兴趣。因此体育教学要提高质量可以建立体育网络学习中心，拓宽学生学习体育的空间，为学生开辟体育教学第二课堂。体育教学应该因势利导，把网络作为体育教学的载体，利用网络构建体育教学网络学习中心。网络学习中心由体育教师和各专项教师联合管理，可以实现学生网上自学、网上自练、网上自评、网上答疑、网上欣赏等自主学习功能。比如体育教师可以提前把各种体育理论知识、体育教学视频、比赛录像和专项教学录像都上传到网络上，学生可在体育课前一天在校园网上免费查阅和观看，节省第二天的理论知识讲授时间。

（四）加大教学师资力量

虽然学生是教学活动的主体，但是教师发挥着主导作用，引领同学们进行学习，所以体育教学生活化关键也在于教师。培养体育专业素质高的老师，加强体育教师师资力量，努力提高体育教师业务能力，不断提高体育教师的教学水平，除此之外还可大量吸收新的教师力量，为体育教学注入新的动力。学生喜欢课堂、热爱学习是因为激发了他们的学习兴趣，因此，体育教师除熟练掌握体育技术和技能外，还要旁征博引、融会贯通，将生活中的场景引用到课堂中，让同学们产生好奇从而激发内在学习动力。比如教师可以创造生活化情景、融入同学们生活，了解学生内心所向，从而制定相关课堂内容。

总　结

构建小学体育教学生活化模式可以有效地提高学生学习的积极性，引导学生进行创新学习、自主学习，其实践教学价值巨大，意义深刻。今后，在课堂教学实施过程中，学校及教师应该积极建立有效的“生活化”教学模式，结合教学实际以及小学生的实际发展需求来开展教学，争取使小学的体育课堂教学实现最好的教学效率，从而使得学生受益匪浅。

参考文献

[1] 陈万才. 对小学体育教学趣味化与生活化的探讨. 开封教育学院学报，2014（11）

[2] 顾巧明，李建. 小学体育教学中实施体育教学生活化的意义. 浙江省体育科学学会学校体育专业委员会论文报告会，2008

[3] 臧聚宝. 小学体育生活化教学初探. 教育：周刊，2015（24）

[4] 教育部. 国家体育总局关于进一步加强学校体育工作切实提高学生健康素质的意见. 中华人民共和国教育部公报，2007（4）

[5] 黄成春. 刍议小学体育生活化教学的可行性策略. 新课程导学，2015（12）

[6] 冉艳. 小学体育生活化教学之我见. 教育现代化，2015（11）

[7] 鲜文芬. 小学体育课堂教学趣味生活化的研究. 新课程学习·上旬，2015（7）

浅谈小学低年级学生学习注意力的重要性

■ 张　凯

前　言

注意力是智力的组成部分，也是能力的基本部分。俄罗斯教育家乌申斯基说得好，“注意力是我们唯一的门户，意识中的一切必须经过它才能进来”。如果学习时学生注意力分散，心不在焉，就很难集中在一定的学习对象上，导致视而不见、听而不闻的现象发生，也就不能很好地感知和认识教材，甚至在体育课上会出现安全问题，所以，对于低年级学生而言，培养他们的注意力尤为重要。因此，在教学中我们应该采取多种方法来培养他们的注意力，努力提高课堂教学效果。

低年级阶段是儿童形成各种习惯的最佳时期。在这一阶段重视培养良好的学习习惯，不仅直接影响学生的学习成绩，在一定程度上还影响其能力、性格的发展。义务教育小学数学新教材指出：“良好的学习习惯并不能简单地理解为只要求学生上课坐好、举手发言等外在的形式，更重要的是要逐步引导学生独立思考、敢于提问、认真倾听别人的意见、乐于表达自己的想法等内在的学习品质。”为了进一步培养学生的良好学习习惯，就应充分地关注学生良好学习习惯的养成，提高学生在课堂的注意力，并将这一目标贯穿在教学的全过程。

本文在参考文献的理论基础上进行了关于低年级学生上课注意力问题的一系列调查，并访谈了多位教育前辈，总结出意见与经验，在此表示感谢！

一、研究对象与研究方法

（一）研究对象

一至二年级 4 个班，学生 200 人左右。

（二）研究方法

1. 文献法

查阅了小学体育教学有关的教材、专著、论文等文献 20 余篇。

2. 专家访谈法

访谈了有关体育教学的教授、专家等 10 余人。

3. 归纳总结法

对调查、访问的结果进行归纳总结。

二、研究结果与分析讨论

（一）激发学生兴趣

低年级学生活泼好动，自控能力差，他们的注意力最长只能坚持 10 ~ 15 分钟，但是低年级学生好奇心强、模仿能力强、表观欲强，对感兴趣的东西兴奋快、投入快，俗话说“兴趣是最好的教师”，只要是在做自己感兴趣的事情，谁都会很投入、很专心，小学生更是如此。在生活中我们常常会看到那些喜欢做小动作、东张西望的孩子在做某些事情的时候，总是心不在焉或应付了事，而在游戏、比赛中，他们的注意力往往又高度集中，兴趣极高，接受知识轻松，处于主动学习状态。因此，对于课堂教学来说，兴趣同样是关系到教学成败的关键因素之一。教师在教学中要根据低年级学生固有的心理特点，千方百计地激发学生的学习兴趣。教师应该注意在教学过程中根据低年级学生的年龄特点，利用直观教学手段，吸引学生的注意力，把培养孩子广泛兴趣与培养注意力结合起来，同时教师要调控教学节奏，创设良好的课堂氛围，当发现学生疲倦时，穿插一些趣味性、刺激性的游戏或者比赛，调整学生身体状态，放松学生心情，抓住学生兴趣，促进学生的注意力，提高课堂时效性。

（二）丰富教学教法

精心设计课堂教学环节，丰富教学方法，吸引学生的注意力。心理学认为，人在留意某些对象时，大脑皮层相应区域就形成一个优势兴奋中心。因此，我们的课堂教学活动就要引起学生的反映，学生的这种反映也就是我们通常所说的课堂注意力。在教学中，教师要精心设计课堂教学环节，创设情境投入，激趣探究，真正做到以导为主，让学生充分的研究、合作，体会成功的喜悦，激起学生的兴奋点，调动学生的有意注意。

良好的开端是成功的一半，有时候，在一节课的开始，学生的兴奋点有时还停留在上节课的内容或课间所从事的活动中。为了将学生分散的注意力吸引到特定的教学任务和活动之中，使学生的思维尽快达到最佳水平，在介绍课堂内容时教师的态度要和蔼可亲、幽默风趣、声情并茂，用语言调动学生的听课兴趣，才有助于学生对所学知识的注意。队列练习是组织课堂教学的重要手段，是四个教学阶段的开始部分，利用队列练习的组织性，在练习中配合口号，逐渐集中学生的注意力和思维，振奋学生精神。在引入新课时，我们只要引用一些学生熟悉、比较直观的事例，化抽象为具体，化深奥为简明，并通过不同方法的练习，比如游戏、合作联系、表演等，把学生的注意力紧紧钳住，启迪他们的思维、开发他们的智力。德国教育家第斯多惠曾经指出："教学的艺术不在于传授本领，而在于激励、唤醒、鼓舞。"实践证明，游戏引入法、直观引入法等都是行之有效的好方法。在唤起学生无意注意和有意注意的同时，刺激大脑兴奋中枢，使学生处于兴奋状态，迅速进入角色，主动参与课堂活动。

（三）表扬鼓励，培养自信

小学生都喜欢受到老师的关注及表扬，特别低年级的学生，更需要“哄”，所以应多采用鼓励的做法。对有进步的学生，就多表扬他、肯定他。就算有些学生近段时间根本没有进步，但只要他训练认真的，也一样表扬他，让他更有信心坚持下去。在课中，有些学生脑子聪明，肢体灵活，很快就能掌握新的动作要领；而有些学生则远远落后。因此，我们应该注意到每个学生的差异，对不同学生提出不同的要求，注意区别对待。比如每节课都准备一些漂亮的贴纸，完成任务的同学都得到奖励。如果学生真的已经尽力但依然不能掌握动作方法，那么就根据他是否有进步来进行奖励。尽管贴纸这类奖励很小，但对学生的意义很大。每堂课一个小贴纸奖励，学生积累的贴纸数日渐增多，也代表着他在不断进步，同时也得到老师和同学们的赞赏，这是一种荣誉，所以学生都积极争取贴纸的奖励，每节课的练习都很认真。还有，应特别注意赏识每个学生的闪光点，使他们在完成任何一项任务时都充满信心。孩子是夸出来的，所以教学中要多夸夸孩子们。

（四）养成良好的习惯

小学低年级阶段是儿童形成各种习惯的最佳时期。在这一阶段重视培养良好的学习习惯，不仅直接影响学生的学习成绩，在一定程度上还影响其能力、性格的发展。义务教育小学数学新教材指出：“良好的学习习惯并不能简单地理解为只要求学生上课坐好、举手发言等外在的形式，更重要的是要逐步引导学生独立思考、敢于提问、认真倾听别人的意见、乐于表达自己的想法等内在的学习品质。”为了进一步培养学生的良好学习习惯，就应充分地关注学生良好学习习惯的养成，并将这一目标贯穿在教学的全过程。

注意力是孩子认识世界的窗口，不能仅限于老师怎么培养，还需要家长的通力协助。人们往往忽视了这个问题。那么作为家长如何培养孩子的注意力呢？首先，营造一个无干扰的环境。卢勤在《把孩子培养成财富》中说："第一，最好在孩子一年级和二年级的时候，爸爸妈妈在家安定一下，到晚上把大灯关掉，小灯打开，大家都在自己的桌前做自己的事情。孩子看到家里有学习的气氛，就养成了习惯。"别看这个问题很简单，却是学生行为习惯的开始，更是养成习惯的训练场地。也可以严格地说，没有这样的环境，是不可能培养好学生的注意力的。其次，给孩子树立正面形象。卢勤说："第二个建议，别总对孩子说你瞧你怎么就坐不住，你瞧你坐的什么样，坐不了几分钟就出去跑……我老说，你瞧孩子，你做得多好多专心！你越说他就越专心，因为你给了他一个正面的形象。"最后，学会倾听。卢勤说："孩子与你说话的时候手里千万别拿东西，专心致志地听他说话，尤其是小孩子，从小形成这种印象，他做事就能专心。养成一个专心致志的好习惯，对孩子的一生都会有益。"

三、结论与建议

（一）结论

对于处于小学低年级的小学生的注意能力不能要求太高，在课堂上，教师一方面通过课堂教学内容和活动来吸引学生的注意力；另一方面对注意力集中困难的学生多一些关注，通过适时的提醒帮学生维持注意力。教师还应该结合课堂学习内容组织一些专门的训练注意力的活动，促进学生注意品质的提高。

（二）建议

（1）劳逸结合，对学生注意力进行适当梳理。

（2）加强口令训练，形成条件反射，以便瞬间收聚注意力。

（3）游戏与教学内容结合，让学生在玩中学，学中玩，以达到寓教于乐的效果。

（4）进行课中竞赛，提高学生学习热情。

（5）利用教师本身的教学激情来感染学生情绪，使其情绪高涨，从而提高学生的学习兴趣，达到降低注意分散频率，提高学习效果的作用。

（6）使用儿童化的教学语言便于学生的理解与接受，从而增强学生的学习兴趣，减少注意力的分散。

运用体育活动调节学生心理失衡

■ 张正磊

一、研究动机

（一）心理健康成为现代健康观的重要组成部分

现代社会的建设与发展有赖于教育界为之培养出健康的人才。世界卫生组织提出："健康不仅仅是躯体没有疾病，而且还要具备心理健康、社会适应良好和道德健康。只有具备了上述四个方面的良好状态，才是一个完全健康的人。"教育家洛克也就健康的概念如此评述："健康的心理寓于健全的身体。"换言之，心理健康已经成为现代健康观的重要组成部分。心理健康不仅包括心理处于健康的状态，也包括维持心理健康、预防心理障碍或行为问题并进而全面提高心理素质的过程。

（二）青少年亚健康问题比较突出

近年来中国心理学会对全国22个省市的调查结果显示：约有13%的青少年存在明显的心理和行为问题，其中部分人的情绪问题、人际交往问题十分突出；此外还有16%的青少年表现出不同程度的焦虑、强迫、抑郁等症状。一些中小学生有轻生念头或报复心理，虽然不能将其明确划分为某一种病症，但已经反映出这些孩子在心理上和行为上或存在障碍，或潜伏偏差，医学上将此种现象称为青少年心理亚健康。根据统计数据，全国目前有3000万青少年处于心理亚健康状态，其中，中小学心理和行为障碍患病率为21.6%～32%；大学生为16%～25.4%，并且近年来有上升趋势。心理亚健康的潜在危害很严重，因此，在中小学校广泛开展心理健康教育十分必要。从小学就开始打好基础相较于日后的介入、改善，对于建立与维护学生的心理健康是事半功倍之举。

二、研究目标

通过调查研究，确定在小学生中存在心理问题的主要类型及表现，从而通过选择有针对性、合理的体育运动来改善调节心理问题，为小学生健康的全面发展打下良好基础，为学校创建良好的大教育环境，为学生的素质教育的全面发展提供有力支持。

具体目标如下。

（1）重视小学生心理状况的调查研究，并针对小学生中存在的各种问题进行归纳整理。

（2）通过体育活动，要注意与学生的沟通交流，通过合理指导，充分调动学生的积极性和主动性，让学生自己参与到活动中来。

（3）针对部分学生存在的心理问题，教师要选择有针对性的体育项目，积极培养这部分学生的活动兴趣，树立他们的信心，从而改善、调节他们的心理问题，使他们逐步提高参与热情，以成功后带来的喜悦不断激发他们的潜能。

（4）帮助家长掌握科学的家庭教育方法，营造有助于孩子健康成长的家庭氛围，使之成为与学校教育相一致的教育途径。

三、问题的性质与成因分析

（一）调查学生心理健康现状

我校体育组和同行们调查认为，现在的学生绝大部分是独生子女，在家当惯了“小皇帝”，什么事都不需要自己动手，张口就来，在体育课上表现出这些孩子吃不了苦，依赖性强，遇到有点难度动作的就不敢试，缺乏自信。当他们一时不能完成动作技术，又怕被同学嘲笑。与同伴合作学习时主观性较强，认为自己都是对的，缺乏合作意识。学生喜欢体育课，但不喜欢枯燥的教学，等等。出现的种种迹象，与学生的心理活动有秘密联系。因此，我们在对学生进行身体锻炼的同时，应注重对学生心理健康的教育。

（二）小学生产生心理问题的原因分析

在教育实践中，我发现，大部分学生的心理问题都是由于不良的社会生活环境造成的。其主要原因有如下几点。

1. 家长过分溺爱

学生多数是独生子女，有些家庭条件好的，在家里被众星捧月似地宠着护着，“拿在手里怕掉了”“含在口里怕化了”。这种学生，在学校自理能力差，对学习和生活中的挫折承受能力差，自尊心很强，但自信心差；喜欢表扬，但对批评却接受不了，甚至产生严重的挫折心理，厌倦学习，厌倦学校。

2. 缺少爱

主要发生在父母离异的单亲家庭或生活特别困难的学生中。小孩遭受父母离异，心理受到打击，如果父母在孩子的抚养和教育方面处理不当，就会使孩子觉得不如别人，缺乏信心和同情心，心理受到挫伤，产生妒忌、不满、不公平等心理。

3. 自身缺陷

有个别学生长相不好看或身体残疾，别人的讽刺、挖苦使他们心理受到伤害，感到自己不被尊重、不被理解、不被信任、不被宽容，产生了羞愧、自卑、不思进取、委屈、失望、说谎、无助、失落、对老师疏远、逆反心理等心理现象。

4. 缺乏生存教育

学生对生命的意义、生存的价值认识不清，产生错位。正是由于这种种原因，使学生产生不同程度的心理障碍。

（三）体育活动调节心理问题的理论依据

1. 体育活动能促进身体发展，为心理健康发展提供坚实的物质基础

人的心理是人脑的有机体，人脑是人体的一部分心理健康的发展，必须以正常发展的身体，尤其是正常健康发展的神经系统和大脑为物质基础。通过体育运动，可以促使身体各系统正常、健康的发展，从而为心理发展提供物质基础。这是心理发展的重要条件。

2. 体育运动的新需求与原心理水平的矛盾，是推动心理健康发展的一种动力

几乎所有的体育运动项目都需要运动者有勇敢、果断、不怕困难等良好的意志品质和乐观、友爱、愉快等多种情感参与。而一般学生的心理水平根本满足不了上述的运动学习或运动竞赛的需要，但学生为了不断提高自己的运动水平或战胜对手所进行的运动可以使其原来的心理水平在无形中慢慢提高。这样，体育运动的新需求与原心理水平的矛盾，就推动了学生心理水平的发展。

3. 体育运动使学生不断增强自信，完善自我

在体育锻炼和竞赛中，特别是在参加自己擅长的运动项目时，学生能在身体完成各种复杂动作的过程中，在与同伴的默契配合中，在与对手的斗智斗勇中，在取得胜利的喜悦中，获得自我满足，提高自信心，并在训练或比赛时不断自我完善。

4. 体育运动能使学生改善人际关系

在体育锻炼和竞赛活动中，特别是一些集体项目的竞赛中，人与人、队与队之间的人际交往频繁，为双方增进友谊、发展人际关系提供了良好的机会。在体育活动中，参加者可以通过手势、表情、身体动作等方式进行交往而不一定以语言为媒介，学生随着活动直接或间接地沟通和交流，在不自觉中就会产生亲近感，并会获得较强的安全感和自信心；同时，学生在体育活动中必须服从裁判、尊敬观众、团结同伴、努力控制和约束自己的行为，这也有利于培养学生在日常生活中的社会公约和团体规范意识，加强自身的责任感和义务感。这些都能培养学生的交往能力，有助于其改善人际关系。

5. 体育运动能调节学生的情绪状态

体育活动能直接地给人快感，使人获得愉悦情绪，缓解紧张不安的情绪，从而改善心理健康。特别是学生在从事繁重的学习后，如能参加一些轻松的体育活动（如舞蹈、韵律操），欢快的情绪会油然而生，达到陶冶情操、振奋精神的效果。

6. 体育运动能锻炼学生的意志品质，增强其自尊心和自信心

体育运动项目一般都具有一定难度、紧张度和竞争性，学生在参加锻炼时，总是伴有强烈的情绪体验和明显的意志努力，所以体育运动可以培养学生顽强拼搏、吃苦耐劳、坚持不懈的作风，有利于培养机智灵活、沉着果断、谦虚谨慎等意志品质，有助于培养团结友爱的集体主义精神，同时也增强了学生自身的自尊心和自信心。

7. 合理的体育运动能预防心理障碍，保持心理健康

学生在进行体育锻炼的过程中会不断得到乐趣。特别是在学生从事感兴趣的球类、健美操、游泳等有氧运动时，运动量处于中等、心率控制在 110 ~ 150 次/分，并持之以恒，效果尤为突出。大量研究资料表明，体育运动有利于心理疾病的调节与治疗，属于体育治疗手段的游戏法是学校心理咨询与治疗的基本方法之一，尤其是在团体辅导中更为常用。学校体育可以利用不同强度的运动项目来消除心理疾病患者的消极心理导向。

四、研究的对象

北京市东城区曙光小学的学生。

五、行动构想与方法

（一）行动构想

（1）加强心理健康教育内容的教学。体育理论课是不少学校的薄弱环节，应该引起足够的重视。通过体育理论课的方式来讲授心理健康知识，让学生知道真正的健康应该包括身体健康、心理健康和良好的社会适应能力，三者缺一不可；其中身体健康是其他两个方面的物质基础，而心理健康能使身体健康产生更大的价值。同时，让学生了解心理健康的标准，影响心理健康的因素，掌握心理健康保健方法，使学生学会及时而恰当地调节自己的心态，并鼓励学生经常参加体育运动，在运动中寻求快乐，陶冶情操。

（2）充分利用课堂教学的直观作用，提高学生上课的积极性与兴趣。通过抓常规管理，以上“好”课为主，根据学生不同的生理、心理合理安排好不同的运动负荷。适当穿插游戏法、竞赛法等进行教学：一是能够活跃课堂气氛；二是能够提高学生对体育课的兴趣；三是能够加强师生间的和谐关系。我们在教会学生掌握主教材的同时，根据学生特点、场地条件、器材配置等，增加了学生喜爱的选修性项目，男生主要以球类为主，女生以排球、羽毛球、韵律操为主，充分发挥学生的主体性，切实提高学生的身体素质。使学生在课上既掌握了知识、学会了技术、提高了技能与素质，又在愉快的氛围中使自己的身心得到了发展。

（3）对学生进行观察、访问、座谈、问卷等形式的调查，我们会发现存在心理缺陷的学生以小学生的中、高年级学生居多。而且同学存在着各种各样的心理缺陷，如果光靠在体育课上进行心理教育渗透，显然是杯水车薪、无能为力的。这也是全社会应该来关注的严峻问题。

（4）把学生的心理缺陷进行了分类，通过查找资料及深入实践，对存在心理缺陷的学生进行了不同的活动安排。充分利用课外活动和课外体育锻炼时间，对学生进行合理的指导帮助，调动了学生的参与热情。

（5）选择适宜的体育锻炼项目。选择适宜的体育锻炼项目对发挥体育锻炼积极的心理效应有着重要的意义，不同的体育项目有着其内在的独特意义，对于正在成长期的青少年来讲，正确的项目选择能不断发挥优点，克服自身的缺点。

（6）在体育教学中控制合理的运动负荷。学校体育教学中的因素有运动类型、运动强度、运动持续时间和运动频率等。从运动类型来说，能产生良好的心理效应的一般是令人愉快有趣的运动、有氧运动、回避强烈对抗性的运动、可以自定步调的运动等；从运动强度来说，目前大多数研究者认为，中等强度的体育运动能够改善焦虑、抑郁的情绪状态，消除紧张和疲劳，相反，大强度的运动却可能增加紧张和疲劳感；从运动持续时间来说，研究者一般认为每次运动时间不应少于 20 ~ 30 分钟，60 ~ 90 分钟的运动会产生良好的效果。

（7）有组织、有计划地开展学生心理健康问题的专题研究，以确保学生的心理健康问题能得到及时解决并使他们保持健康的发展。

（8）跟学生家长相互沟通，帮助家长掌握科学的家庭教育方法，以便更好地帮助学生解决有关学习、生活、身体等方面的心理问题，使之成为与学校教育相一致的教育途径。

（二）研究方法

1. 文献研究法

查阅与本研究有关的科研资料若干篇，为本研究在理论和方法上做好充分准备。

2. 调查法

本调查面向曙光小学中约 1000 名学生，进行访问、座谈、问卷等形式的调查。

3. 实验法

共研究东城区曙光小学同学 1000 人。按个人运动、团体运动划分，其中团体运动进一步按团体规模大小分类。被试分为接受针对个人条件而安排特定运动项目的受试组和接受传统的统一体育教学安排的控制组。

4. 数理统计法

本研究所获取的调查和实验数据按统计学原理统计分析，数据将在 Windows Vista 系统下用通用的 PASW（原名 SPSS）软件处理。

六、预期成效

体育运动能促进小学生身体形态的发育，改善人体机能，提高运动能力；能让学生更加了解自己在哪些方面有特长，对自己的能力、性格和优点做出恰当、客观的评价，对自己不提出苛刻非分的要求，并能发展自身的潜能，体验到自己存在的价值；能让学生乐于同他人交往，融于集体中，在社会生活中不断增强适应能力，促使其人际关系和谐发展；能使学生情绪稳定，形成乐观、开朗的性格，个性全面发展；能发展学生的思维能力，培养良好的思想品德和意志品质，促进心理健康发展；能消除或缓解学习上的紧张情绪，获得积极性的休息，消除疲劳，恢复体力，增进身心健康。

参考文献

[1] 翟京华. 挚爱——我的教育教学之根. 北京：北京教育出版社，2009
[2] 裴娣娜. 教育研究方法导论. 安徽：安徽教育出版社，1995
[3] 杨忠健. 心育之花. 北京：北京教育出版社，2003
[4] 毛振明，陈雁飞. 师之翘楚. 北京：北京出版社，2007
[5] 李凤石、陈宝玉. 小学生体育养护. 北京：北京教育出版社，2009
[6] 程鸿勋. 生命发展阶梯. 北京：新世界出版社，2010

心理健康

体育健康与卫生是个人和集体为增进人体健康，预防疾病，创造和改善合乎生理、心理需求的生活环境及卫生措施，包括环境、营养、劳动、医学等多方面，与心理、运动、教育等有密切关系。

史家教育集团对学生进行健康教育，加强体育运动，保障每天锻炼一小时，监测学生体质健康状况，培养良好的用餐卫生习惯，坚持饭前洗手、饭后漱口，改善教室照明及学习运动环境。同时重视与家长协作，全面促进少年儿童身心健康。

小学生人际交往障碍的教育干预

■ 崔玉文

当前青少年交往问题越来越受到人们的普遍关注。交往是人们传达思想、交换意见、表达情感的沟通过程，是促进个体社会化的有效途径。作为一名小学教师，笔者在教学实践中遇到过很多这样的孩子，他们有的腼腆内向，不敢与同学、老师交流；有的孤僻寡言，不愿与人为伍，独处一隅；还有的在进入一个陌生的环境时，恐惧胆怯，缺乏自信。笔者近期就遇到这样一个案例，引发了一些思考。

一、背景描述

一天晚上九点多，笔者接到一个电话，电话那头是个犹豫的妈妈，说是抱歉这么晚打扰我，孩子睡下了，她才腾出时间给我打这个电话。她说自己的孩子冉冉前几天听说今天的课上教师要让大家进行个人才艺展示，他提前几天在家就开始准备了，可是在今天的课上，教师没有叫到他，他觉得自己白准备了，很不开心，回家后闷闷不乐，还跟爸爸妈妈发了脾气，最后才道出自己不高兴的真正原因。我听了之后，决定第二天的课上继续安排这个环节，争取给班里每个孩子展现自我的机会，不打击孩子们的积极性。

次日进班，我很快把“冉冉”和那个个子高高的、坐在最后的男孩对上了号。上课了，我们继续进行才艺展示，不少孩子跃跃欲试，举手踊跃。我悄悄观察着冉冉，他始终没有举手，但眼睛一直盯着我和上台的同学们。趁着一个孩子在讲台上眉飞色舞地表演时，我慢慢走到冉冉身边，轻声问他："你准备了么？老师还期待你的表现呢！"冉冉的表情没有太大变化，冲我点点头。我以为接下来他在我的鼓励下就会有所表现了，没想到他依然岿然不动。我用热切的目光注视着他，真诚地说欢迎没上台的孩子积极参加。有的孩子在我的鼓励下，都要第二次参与了，但我发现冉冉只有一次在我叫另一个孩子名字的一刹那，举起了手，但很快就落下了。等到下一次，就又不举手了。我没有强迫他，想等待他真正准备好。校长不是经常教导我们，教育就是七成等待加三成唤醒吗？既然冉冉有展示的愿望，我相信总有一天，他准备充分后，就会毫不犹豫地举手参加，我期待着。

二、分析、解决问题过程

这天晚上，我主动跟冉冉妈妈打电话，沟通孩子当天回家的表现。妈妈说冉冉的情绪比昨天好多了，没有发脾气，但也不是特别高兴。于是，我详细地把白天他课上的表现描述了一遍。从冉冉妈妈那里得知，冉冉是个内向敏感的孩子，从幼儿园开始，他就需要老师的鼓励。尤其是到了新环境时，冉冉的适应时间比较长，属于慢热型。我安慰焦急的妈妈，每个孩子的个性不一样，冉冉还只是一个刚入小学的孩子，还没有学会怎样与他人交往，我们要尊重他，要有足够的耐心，等待孩子融入新集体。可以说，我主动打的这个电话拉近了我和家长之间的距离，为我们日后合作打下了很好的基础。

从那以后，我就一直密切关注着这个不爱说笑的男孩。他其实是个很让老师省心的孩子，每次作业他都能高质量地完成。他对自己要求很完美，总是担心自己做不好、惹老师生气，经常是爸爸妈妈认为他做得已经不错了，但他还是尽自己所能，争取把作业写得更好。冉冉也很谦让，不会像其他男孩一样爱争抢，甚至还很绅士，这让我越来越喜欢他了。我在课堂上会抓住他的每个优点，在全班同学面前表扬他，真诚地赞美他。一开始他的表情很平静，有着同龄孩子脸上少有的淡定。后来，随着我们越来越熟悉，我发现他慢慢变得不那么严肃了，有时候腼腆地一笑，让我竟然有种感动的感觉。是啊，他太紧张了，到了一个新环境，就天天绷着脸，自己也难受，也很累！再后来，我听冉冉妈妈说，冉冉回到家比以前开心了很多，还把学校里发生的事主动讲给家长听。我打算在此基础上，再接再厉，帮助冉冉彻底改变原来的状态。

要进行做家务能力展示活动了，孩子们可以在家把劳动的场面录下来，带到学校里。我觉得这是个锻炼自己的好机会，于是跟冉冉妈妈电话沟通，希望得到她的协助。一周后，我把家长协助制作好的录像给全班同学看，冉冉在电视里大方地介绍怎么包饺子，把同学们都镇住了。一位学生说："没想到同桌还有这个本领，我也包过饺子，总露馅，他太牛了！"另一位学生更直接，发自肺腑地说："如果我真的能吃上他包的饺子，多幸福啊，口水都要流出来了。"孩子们的评价完全是他们的真实感受，再看冉冉，已经喜形于色了。那天下课，冉冉主动跟着我，眼睛盯着我，小声问："您在哪个办公室啊？我能跟着看看么?"我热情地回答："当然可以啊，你帮我拿着我的书，当我的小助手。以后有什么事尽管找我啊！"他神气地接过我的课本，自豪地跟在我后面。那一刻，我觉得我们两个人之间的陌生没有了，他已经完全接受了我，并且开始主动跟老师交往了，这是个好开端。再后来，我邀请他到讲台前给大家介绍他的周末生活，下课跟他聊天说他喜欢的事情，我们更亲近了。

经过一段时间的关注，冉冉有了更大的转变，由原来的沉默寡言到倾听小伙伴的交谈，再到参与同伴的游戏，体验到了同伴、老师、父母的关爱，感受到了与同伴交往的乐趣，他脸上木然的表情已经消失，灿烂的笑容悄然而至。现在的他变得开朗多了，能主动参与到集体活动中，上课时主动举手发言，喜欢和小朋友、老师一起玩，常常会跑过来抱抱老师，经常和老师开玩笑、做怪相，有时候逗得老师捧腹大笑。看到冉冉有了这么大的转变，彻底适应了新环境，敢于主动和老师、同伴交往，我心中的幸福感油然而生。孩子们一张张天真灿烂的笑脸就是对老师辛勤付出的最大的回报啊！

三、经验和反思

（一）小学生人际交往障碍的主要类型

在我们身边其实有很多像冉冉一样的孩子，他们在日常的学习和生活中，可能有些腼腆、内向，不擅与人交往，甚至有些不合群或在交往时表现出退缩行为。在多年的教学实践中，笔者总结了几种在人际交往方面有障碍的学生群体。

1. 性格内向，不知如何与人交往

有些孩子从小性格内向，不善言辞，与外界接触较少，在人际交往中往往不知如何与别人交流，害怕周围的一切。

2. 缺乏自信，不敢与人交往

有许多孩子平时不太喜欢跟同学们在一起，但这并不代表他们不想与同学们打成一片，而是他们在交往中缺乏自信。这样的学生有时看到别的同学大方自信地发言时，其实他们眼中尽是羡慕，心中充满渴望；在参加班级活动时，一会儿看看老师，一会看看同学，其实就是想让老师再鼓励他一下。

3. 在新环境中难以快速融入集体

有一类学生，他们在面临陌生的环境时，总是觉得陌生，不敢说话。面对陌生的老师、同学，沉默寡言，缺乏自信。他们起初既没有自己的好朋友，也不被小团体接纳，难以敞开心扉融入集体。

（二）小学生人际交往障碍的教育干预

孩子能否与外界社会融洽相处是孩子能否健康成长的一个重要因素，是孩子能否更好地社会化的一个重要方面。家庭和学校是孩子社会化发展的两个主要场所，教师和家长应该共同努力，对学生内向胆怯、缺乏自信、不敢与人交往、难以适应新环境等心理问题进行恰当的干预。具体可以从以下几方面着手。

1. 确定有针对性的人际交往培养目标

在教育教学过程中，教师应该善于观察，关注学生身上发生的细微小事，根据每个学生的个性特征，确定有针对性的人际交往培养目标。例如，乐意与同学交往，与周围孩子能建立良好的关系；能够大胆地展示自己的才能；能够主动与老师亲近；等等。

2. 教师恰当引导，提高小学生人际交往能力

（1）帮助学生掌握与同伴相处的正确方法。教师可以通过讲座、团体辅导、主题班会等方式为学生们传授具体的同伴交往方法，如主动介绍自己、询问并邀请喜欢的同学、为别人表演节目、制作并互相赠送个人小名片等。教师还要了解本班学生的交往类型，对特别内向、常被其他同学忽略的孩子，要多创造机会让他们表现自己。

（2）鼓励学生之间相互了解、接纳。通过小组合作，积极创设情境、课堂游戏或户外活动等方式，鼓励学生积极参与集体活动，让学生在合作与活动中加深对彼此的了解与接纳。

（3）发现学生的闪光点，多在集体中为他们树立自信心。自信心是一个人事业成功的动力源泉。美国著名教育家马斯洛说："事实上，我们绝大多数人，一定有可能比现实中的自己更伟大些，只是我们缺乏一种不懈努力的自信。"自信心对孩子一生的心理健康都有着非常重要的影响，从小培养孩子自信的心理品质，无论对个体的身心健康发展，还是提高群体素质，都有不可低估的作用。在教育实践中，教师可以通过鼓励、表扬、赞美等方式来帮助孩子建立自信。教师的引导与鼓励对孩子有非常重要的作用，往往教师一个鼓励的眼神就可以使孩子获得极大的鼓舞，最终走向成功。

（4）多亲亲抱抱，多身体接触。身体的接触是人类最原始最有效的表达爱的方式。对于刚进入小学的孩子们来说，他们也只是六七岁的孩子，也很想像其他小朋友一样和老师亲近、和伙伴亲近。教师可以主动和他们多一点接触，多一点抚摸，多一点亲近，这些会大大缩小彼此之间的距离。

4. 家长积极配合，为小学生人际交往提供支持

家庭是学校的合作伙伴，教师要经常向家长传授教育方法和经验，和家长携手努力，共同完成教育引导工作。具体来说，家长可以从以下两方面着手来促进孩子的社会交往。

（1）挤出时间亲近孩子。爸爸妈妈每天要有一定的时间跟孩子交谈，引导孩子说说一天的学校生活、认识的新朋友，鼓励他们说一说有趣的、无趣的、生气的、沮丧的等各种事情。

（2）创造条件让孩子与小伙伴一起玩耍。节假日或者晚饭后带孩子去公园或亲朋好友家串门，多为孩子提供交往锻炼的机会，鼓励孩子邀请班里的小朋友去家里玩，欢迎主动上门来玩儿的小伙伴，并为孩子提供交往的环境、游戏和感兴趣的玩具等。

总而言之，面对这些不擅与人交往的学生，需要为他们提供全方位的社会支持。马斯洛的需要层次理论认为，每个人都有归属和爱的需要，都希望得到他人的爱，渴望与他人建立友谊，有和谐的人际关系，被团体所接纳，有归属感。学校应与家庭配合，改善学生与教师、同学及亲人的关系，满足他们爱与归属的需要，让他们感到家庭和班集体的温暖，心理上有安全感，消除戒备心理，提高自信心，形成完善的个性心理品质。

用语言感动心灵

■ 杜欣月

作为一名教师，我一直认为教育是一门艺术，教师的艺术包括语言艺术、引导艺术、激励艺术，教师的教学机智与教学评价是衡量一名教师合格与否的标准。好的评价语言和方式可以开启学生积极的学习心智，产生愉悦的学习情绪。课堂上教师对学生的一声喝彩、一次关注、一声赞扬，都会成为学生获得不竭发展的动力源泉。因此，在日常教学活动中，我一直把对学生的评价和交流作为师生交流的一种有效方式贯穿于课堂教学活动的始终。作为一名品德与社会教师，由于日常和学生接触的时间有限，我更多地把对学生的评价与关注尽可能地放到40分钟的课堂。准确、及时的评价对教学活动起着重要的导向和激励作用，可以使教学过程更趋完善，还能更有效地促进学生的发展。在教学中，我尽可能多地通过自己的评价对学生的发展产生积极的影响，下面我想分享一个让我感动地我和学生间关于评价的小案例。

我任教四年级的品德与社会课，由于任教8个班级，所以平时大多重点关注那些特别优秀或者特别淘气的孩子，但一件事的出现，让我转变了传统的观念，开始尽我所能地关注每一个学生。我所任教的四年级的一个班级中，有个很乖很腼腆的小姑娘，我暂且管她叫文静，因为她在我印象中，就是那种文文静静、认真学习的孩子，因此在起初的课堂中我并没有关注过她的身影。课堂中我的眼神更多地给了那些积极回答问题的孩子和另外一部分特别调皮的孩子，直到有一次课代表给我统计了第一单元的作业上交情况，看了没交作业的名单后我不禁心里一颤，这其中有一些孩子我很清楚地预知到他会迟交作业，而文静的名字赫然在列，让我很不理解。因此，我和文静有了第一次谈话："能告诉老师你为什么没有按时交作业吗?"她把头压得低低的一言不发，"没关系，你告诉老师原因，如果真的有特殊情况，你可以晚些交作业，我再给你几天的时间，你把小报做完交给我。"身边的她依旧不敢抬起头来，仍一言不发。由于我当时马上要去上下一节课，所以我便叮嘱她下周三把做完的小报交给我，我期望着她这一次能按时上交作业。

伴随着滴答的钟声，转眼周三到了，我又来到了文静的班级："孩子，作业做完了吗?"她依旧不答，而是把手中的作业交给了我，我拿过她制作的小报，心中一股怒火，文静的确完成了作业，可小报格式不对、内容只有数得过来的十多个字，仅有的几个还写得像开败的花朵，懒散且毫无生气，很明显是糊弄着完成了作业。当时我真的想严厉地批评她一番，可是却张不开嘴，面对一个文静可爱而且一直以认错的态度来面对老师的学生，我怎么好开口批评！于是我说："好的，你先把作业放在这里，老师看看，如果有问题我再找你，好吗?"她点点头，回到了座位上。上课中我始终观察着文静，课堂上她既不捣乱也不发言，甚至老师让同学们翻书时，她还死死地盯着一页书看，像是发呆，又像是静静地思考。总而言之，作为老师，我没办法在课堂中找一个理由，让我去听到她的声音，毕竟我不喜欢强迫一个看似认真听讲的孩子起立回答问题，就这样一堂课过去了。我必须要搞清楚文静在平时学习中的一些状态，于是我找到了我在文静班中的左膀右臂——我的两个品社课小帮手。从对这两个小帮手的询问中，我了解到文静平时在其他科目的学习中可以完成作业，但经常被老师叫去改错题，有时会出现迟交作业的情况，学习成绩在班中较为靠后。当然她从不给老师和同学添任何麻烦，在班里就像一束蒲公英，没有人知道它什么时候开放，也没人关注过它什么时候凋零，就像它从没存在过一般。了解了文静的情况，我决定采用言语鼓励、多加关注、给予自信的方式，促进她的转变。因此，第二天的一个课间，我到了文静的班级，虽然当天我并没有他们班的品社课，我拿着她的作业对她说："文静，学校将会选出一些进步大的学生作业进行展示，好的作业还有机会被装订成书，留给下一个年级的学弟学妹们参观，老师看了你的作业，觉得你如果你再认真地修改一下，是非常不错的，老师想推荐你的作业。”文静听了我的话，依旧没有回复，而是满眼惊奇和欣喜地看着我，仿佛老师给了她一个充满幸福的礼物。看着她轻快的背影，我很开心，同时也默默地期待着她改好的小报。

下一个周三，我进入文静的班级，这一次她主动地走到讲台，一言不发地把作业放到了我面前，之前歪歪扭扭的边框变得规范了，仅有几个字的小报变成了 40 多个字，而且字体也不那么懒散了。虽然进步了不少，可是和班级中那些优秀的小报相比还是相差不少。我举起她的作业对她说：“文静，你看你的小报也可以做得很棒啊，你的小报边框画得特别棒，电脑打印的也不过如此，内容写的也很有意思。不过这个小报老师想要珍藏并且装订成书，你能再把文字和装饰修改一下吗?”紧接着，我又细致地对她小报的修改方法进行了辅导。在整个和她交流的过程中，我发现她的眼神是轻快的，几乎没有了前两次谈话的畏惧，多了一份自信。第二天，我一进办公室就看到了她放在桌子上的小报，虽然与优秀一档还有一定差距，但我看到了她用心和努力的痕迹。

这天我带着她的作业，第一次使用了班级中的投影展台，她的作业作为压轴，在全班同学面前进行了展示。在展示她的作品时，我看到她依旧低着头，时不时地抬头看一眼投影，表情中充满了欣喜和自信。此后的一节品社课，我第一次看到文静举起了她的小手，那是我第一次听到文静课上回答问题的声音，也是第一次真正意义上听到她说话，她的声音是那么的甜美……

通过文静的故事，我深深地体会到教师对学生的一个微笑、一句赞美、一次肯定、一点关注会对学生学习、性格产生非同一般的影响。每一个学生的内心深处，都渴望得到别人的认可，尤其是老师的认可。有时候教师一句简短的话语，可能会给学生内心深处埋下一颗种子，只有教师不断地关注、鼓励、欣赏、赞美，才能让这颗种子在阳光下生根发芽。教师的评价是学生进步发展的源泉，更是学生身心快乐成长的不竭动力。教师能否在日常的教育教学中对学生的行为表现给予及时、积极、有效地评价，会对学生的健康成长起到不可估量的作用。因此，要从内心深处重视评价问题，并通过实际行动将科学的评价理念落实到教育活动中，在教育中要从细节抓起、从小事抓起，尽可能地关注学生每一点、每一时的内心感受，关注学生的内心世界，抓住孩子内心向上的积极因素，促成学生自我的不断完善，让他们在教师的赞美声中获得学业成绩及心理品质的健康成长。对学生进行激励、唤醒和鼓舞是教师教学艺术的体现，对一个学生的赏识、赞扬可以让他在课堂中更加自信地去面对自己、面对知识、面对课堂。在今后的教学工作中，我将关注每一个学生，让教师的评价成为学生进步的桥梁，让每一个学生在教师的赞美声中快乐成长！

参考文献

[1] 陈琦．当代教育心理学．北京：北京师范大学出版社，2009

[2] [奥] 阿德勒．儿童教育心理学．海口：南海出版社，2005

陪你走出焦虑

■ 吴丽梅

一、背景描述

第一次知道小李的时候，我是学校的心理老师，听他的班主任介绍他的情况：男孩，三年级，内向，爸爸妈妈工作很忙，疏于陪伴。他最大的问题是习惯性的呕吐，几乎每天吐好多次，没有触发事件，随时随地吐。如果不让他回家，他就吐得更厉害。家人带着去医院检查过，没有器质性病变。老师出于对他的关心，只要他一吐，就让他回家休息。当时我也没有什么好的建议，由于缺少医院诊断，只能推测他是有某些压力或者情绪导致的神经性呕吐。神经性呕吐又称心因性呕吐，常由于不愉快的环境或心理紧张而发生，一般发生在进食完毕后，无明显恶心及其他不适，却突然出现喷射呕吐，但不影响食欲，吐后即可进食，有的患者边吃边吐。

机缘巧合，我成为他的班主任。通过观察，我发现，小李性格内向、敏感，平时表现得很安静，喜欢看书，在班里不太合群。他在任何时间、地点都有呕吐的行为，在吃饭、跑步的时候呕吐比较严重，其他有压力的情况，比如上台表演等也会有反应。最多的，他一天吐了8次，但是回到家，所有症状就消失了。

二、分析、解决问题的过程

（一）辅导班级同学，建立轻松宽容的班级环境

神经性呕吐多和焦虑、抑郁或者紧张相关，通常不是自己能控制的。而焦虑症产生的原因之一是社会原因，如在有应激事件发生的情况下，更有可能出现焦虑。由于应激行为的强化，在某些情况下会出现刺激—反应的错误联结，或者程度的控制不当，使应激准备过程中积累或调用的心理能量得不到有效释放，持续紧张、心慌等，影响到后续行为。那么，小李的症状和周围的环境有关吗？通过观察，我发现每当小李呕吐的时候，班里同学都会一脸嫌弃，大呼小喝，在人前背后对他诸多议论。这给小李造成很大的压力，令他焦虑。其实，同学们的反应是正常的，他们是善良的，只是需要正确的引导。于是，我在他们前来报告时，淡淡地对他们说："好的，我知道了。"在他们抱怨时，我对他们说："你们知道吗？谁都会有不舒服的时候，如果你们不舒服，吐了，你希望周围的人怎样呢？我觉得你们很棒，今天好几个同学和我汇报，我知道是想帮助他，那么我告诉你们，对他最大的帮助就是这个时候别看他，不要过分关注他。如果你愿意，你离他近可以轻轻抚摸他的背，这会让他觉得好受点。"这不仅仅有思想观念态度上的要求，还有具体行为上的要求。这样的要求对三年级孩子来说，是非常重要的。后来的事实证明，当同学们改变了处理方法，面对小李视若无睹，尽量平和，变得更加友善时，班级压力变小了。小李没有了外部环境的刺激，对他的转变非常重要。

（二）共情表达，缓解学生焦虑情绪，培养积极认知

认知因素是引发焦虑的另一个原因。思维在焦虑症状的形成中起着极其重要的作用。焦虑病人比一般人更倾向于把模棱两可的甚至是良性的事件解释成危机的先兆，更倾向于认为坏事情会落到他们头上，更倾向于认为失败

在等待着他们，更倾向于低估自己对消极事件的控制能力。小李的焦虑和他对自己的消极暗示有非常重要的关联。于是，我先摸清小李对自己情况的认识。通过聊天，我了解到，小李在学校就会吐，从一年级就开始了，在家没事，他也不知道自己为什么就吐了，也很苦恼。看得出，他十分在意自己的身体，对呕吐这件事非常重视，这也是引发焦虑的内在因素。再加上，他一吐就可以回家，他也觉得自己的“病情”很严重，这样不断地进行自我暗示，越在意就越紧张，躯体就做出相应反应。所以，我首先要帮助他淡化自己的“问题”，尝试使用共情入手，理解他的处境，调整他的认知，让他认识到自己的身体是健康的，让这一特殊事件正常化，缓解他的焦虑。每次他吐了之后，我反复对他进行暗示：“没事没事，很正常，谁都有不舒服的时候。”“我也这样呢，确实难受，不过吐了就舒服了。” “我小时候吧，有一次也吐了……”同时，我又很关心他，冲他微笑，多和他聊天，给他一个宽松的环境和积极的心理暗示氛围。其次，我采用了系统脱敏法的部分做法，即按照刺激强度由弱到强、由小到大，逐渐训练心理承受能力、忍耐力，增强适应力，从而达到最后对真实体验不产生“过敏”反应，保持身心的正常状态。对于小李来说，他对自己呕吐这件事是过于敏感了，呕吐不仅仅是他的表现，更是引起他害怕焦虑的原因，每次一呕吐，他就回家，无形中强化了这种恐惧。针对这个情况，我逐渐减少批准他回家的要求，第一次请假，他回家了。第二次，在他吐到第 3 次时，批准回家。第三次，没回家。第四次，吐了 2 次，没回家。第二个礼拜，他平均每两天吐 1 次，但是都没有回家。渐渐地，他谈论别的事情多了，谈论自己的身体少了。

（三）提高生活技巧，提供表现机会，树立孩子自信心

和小李的家长进行沟通后，我发现小李的家庭生活条件优越，父母工作繁忙，无暇顾及他，照顾他的家人对他十分呵护，基本上不让他做事情，这种过度保护的氛围，使得小李的自理能力较差，表现之一就是不会自己清理呕吐物，这也让别人厌烦他。于是我手把手教他：“先把所有垃圾集中，再

统一清理走，最后再擦一遍桌子。”然后让他自己试着处理，最后帮他收尾。东西掉了一地，告诉他及时捡起来，衣服扣子扣错了，提醒他改过来。除此之外，我尽可能鼓励他，给他机会，树立他的自信。例如，学校颂诗会，他主动要求领诵。我和语文老师不断鼓励他，给他纠正语气、表情。可是，就在中午彩排的时候，小李一句话也说不出来，而且又一次吐在台上。他不安地看着我，我尽量用最轻松的语气对他说：“没事，我知道你没问题的，可能有些紧张吧，你能行。”顶着压力，我始终坚持着没让他下台。最终，他顺利圆满完成任务。看着他踌躇满志的笑脸，我也轻呼一口气。这件事对他调整对自我的认识，缓解内心关于呕吐的焦虑，提升自我价值感有很大帮助。

（四）关爱陪伴，爱是最好的礼物

随着深入了解，我发现小李十分缺少安全感。我和家长数次沟通，家长也答应尽量陪伴他。但是我知道这个也比较难解决，只好尽自己最大力量去鼓励他、安慰他，特事特办。比如有学生告状说他在背后骂我。我问他，他说：“您有的时候是八爪鱼，有的时候是 40 爪鱼，厉害的时候是 40 爪鱼，不厉害的时候是八爪鱼。”我和他说：“你很喜欢八爪鱼吗？你能用这种特别的称呼来称呼我，我很荣幸呢，我希望我八爪鱼的时候多。”当时，他的表情可爱极了。我需要让他知道，我是安全的，他可以在我面前表现自己真实的一面，

他过生日，我尽量抽时间去参加，并且送上他最爱的礼物；他竞选失败了，我抱抱他；他喜欢看书，我送书给他，和他谈书里的内容；他因为同学讥讽痛苦的时候，我一次次开导他，充当他的保护神……

经过一个学期的关爱、鼓励，小李奇迹般不再呕吐，他和普通孩子一样每天快乐地上学、下学，越来越开朗、健谈。

三、经验和反思

（一）创设班级友好环境十分重要

在生物医学模式和心身医学研究基础上发展起来的一种新的医学模式生物－心理－社会模式观点中指出，应该从人具有生物、心理、社会三种属性的统一整体的观点出发，人体的健康与疾病不仅与他们的遗传基因、各种理化因素及微生物作用有重要关系，而且与他们的社会文化背景、人格特点、情绪状态等社会、心理因素也有极为密切的关系。我们在心理咨询中可以用接纳、理解、共情托举住来访者，用技术来帮助来访者，但是也困苦于走出咨询室，来访者特别是儿童仍然很难做出改变，因为我们无法创设一个接纳他们的外部环境。在短短几个月内，小李恢复了灿烂的笑容，他的躯体症状消失了。作为心理辅导老师，虽然不能否认心理学的理论和技巧在这个案例中起到了很大的作用，但是我认为能够成为班主任，有时间和权威帮助小李创设一个安全有序、友好温暖的班级环境是成功的关键。

（二）接纳、理解、共情理念是儿童改变的基础

小李的躯体化反应与他的性格、周围环境的压力，自己潜意识的焦虑，家庭教育等多方面的因素有关，有些深层次的原因例如原生家庭、安全感等问题在本案例中并没有完全得到解决，或许他还有很长的路要走，但我欣慰的是，这段路我陪他一起走过来了。而我能坚定地陪着他走过焦虑，很重要的就是接纳他本来的样子，承认他不舒服，理解他行为背后一定有情绪，和他建立良好的关系。当老师、家长是淡定又关切的，就会给惶恐不安的孩子一个良好的榜样。无论是建立良好的班级氛围，还是鼓励小李自立自强，都需要这种积极的、稳定的心态。这个过程中，老师们或许需要一些心理学方

面的知识，但是有一点是所有老师都可以具备的，那就是“爱”“理解”和“接纳”。

参考文献

[1] 何伋，陆英智，成义仁等主编. 神经精神病学辞典. 北京：中国中医药出版社，1998
[2] 车文博主编. 当代西方心理学新词典. 长春：吉林人民出版社，2001

走近他，关爱他，改变他

■ 祁　冰

一、案例背景

家庭的离异多多少少都会给孩子带来痛苦，在他们稚嫩的心里留下抹不灭的阴影。我们班上的小刘同学从小就没有和母亲生活，跟着文化不高的父亲在一起生活。多年来，他父亲为养活家中多病的老人和他，终日忙碌奔波着，根本没有时间来管理孩子的生活和学习，也忽略了与孩子的内心交流。亲情的缺乏，导致小刘没有养成良好的品质和学习习惯。在生活中，他每天都是独来独往，不与同学们交往，没有一个朋友。他身材高大，经常欺负年龄小或者个头小的同学，与他人多次发生冲突，所以同学们见到他都赶快躲到一旁，没有人愿意理他，没有人愿意和他成为朋友。在学习上，他的困难比较大，由于上课不认真听讲，经常随意干自己想做的事情，很多任课老师在班里上完课后，都到我这儿告该生的状，说其课上不好的表现，是如何干扰同学们的学习的。回到家，没有家人的辅导、督促，他也不能按时完成作业，就是写了作业，质量也不高，不是错误多，就是书写潦草，导致作业天天补，错误天天改，最后到考试的时候成绩总是不能合格。由于自身的家庭情况，自卑的心理，加上学习成绩的不如意，学校组织的各项活动他也从不愿意参加。

二、问题解决的过程及效果

（一）问题解决的过程

每个孩子不管有什么样的家庭环境，都会有内心的隐秘，或多或少都会有烦恼。这时，最需要教师深入他的生活，多和他沟通，老师要让他们在挫折与逆境中体会生活的意义，培养他们健全的人格和健康的心理。

对这样的孩子，从思想、生活、学习等各方面给予真心诚意的关怀、体贴、尊重和信任；真诚相见，热诚相待，使他的自尊心和人格得到尊重；善于发挥他的一技之长，激发其上进心和热情。

1. 家校协作，达成教育共识

为了更好地帮助小刘同学，我通过多次家访和孩子的奶奶了解更多家庭生活情况，让老人知道老师是非常关注、关心这个孩子的，让老人了解孩子在学校时间的学习情况和与同学交往中的问题，让老人放心地把孩子交给我；通过电话、微信等方式诚心诚意地和孩子父亲沟通，并且把孩子的父亲请到学校参加班级的“家长沙龙”活动。以上做法相结合，让家长正确认识孩子成长中的缺失和问题，同时提高家长的自身素质，帮助他掌握正确的教子方法——“晓之以理，动之以情，践之以行”的科学方法，要求孩子的父亲平时多关心他，多与他交谈，多鼓励他，平日里说一说学校里发生的事请，要认真聆听孩子的表达，用心去体会。并向孩子父亲坚定地表示，不管怎样，孩子做一天我的学生，我要为他一生的成长负责，都会与他一起努力，共同探讨，齐心协力做好孩子思想行为上地转变工作，让他也树立起教育的信心。

2. 动员全班师生，共同关注

尊重、信任他，寻找思想教育的共鸣点。这种自尊心主要表现在，要求家长、老师、同学尊重自己的学习、劳动、业余爱好和人格，并且在学习、劳动等方面给予必要的信任。于是，我加强了与其他任课老师、班干部、其他同学针对小刘同学问题的沟通，取得他们的配合。当任课老师在本班上完课后，我都会及时跟老师们沟通，了解孩子上课和作业的情况。第一时间和老师们配合，为更好地开展下一步的工作，取得理解和支持。在班级内部，我努力营造关心互助的氛围，在小刘的四周安排性格开朗、学习比较优秀、自律性比较强、乐于助人的学生，把他囊括在这种氛围中。课堂上为他树立学习的榜样，课余时间，有意识地让一些同学主动找他玩，和他说说话。

全身心去爱他，架起沟通与理解的桥梁。实践证明，有了深厚的“爱”，才会产生“情”，在教育工作中的爱包括父母爱、教师爱、朋友爱，有了这种爱才会产生父子、母女情，师生情。这就是人们常说的“人的感情”，动情的教育会打动人心，能打开心灵沟通的渠道，这种爱是自觉的、理智的、高尚的，表现为尊重学生、信任学生、理解学生、关心学生，同时也表现为严格要求学生，这使他们从心理上感到教师的亲切、温暖、贴心，这样才促使其朝着家长、教师所期待的方向变化。“亲其师，信其道”，教师要用一个眼神，一个微笑，一句鼓励，表达对学生的爱与情。

3. 挖掘“闪光点”，促进转化

外力准备就绪，我开始一对一地和小刘心心交流。我首先告诉他，不管做什么事都离不开扎实的文化基础知识，但学习知识和做每一件事一样肯定很辛苦，要有毅力才行。慢慢来，会一天比一天有进步。又和他一起研究制定了学习计划，我负责帮他找一个他能认可的学生帮助他，包括上课提醒他听讲，课后帮他辅导、检查作业等等。我还给他看了我和他父亲沟通的短信记录，让他知道老师和全家人都在努力配合着帮助他进步，告诉他，一个人只有自重才能得到别人的尊重。我的良苦用心让他看在眼里，他表示尽力配合克服困难。

经过一段时间的观察，我发现小刘每次做值日都很认真，有时簸箕搓不上来的土，他就用手一点儿一点儿地捡起来。这使我非常感动，于是我抓住契机让他管理班级卫生，果然效果显著，这样他开始融入班集体中，同学们也开始欣赏他，与他一起玩耍，帮助他学习。自从他开始收数学作业，自己也严格要求自己，知道每天要写作业。我还多次为他创造尝试成功的机会，让其体验成功的喜悦和荣誉，增加良性刺激，使他摆脱自卑的心理，激发起自信心和上进心。心灵的交往，热情的鼓励，温暖着他那颗冷漠的失望的心，使他重新回到了班集体中。实践证明，只要尊重、信任他们，重视他们的自尊心，研究、尊重他们的自尊心，并因势利导地发挥其自尊心的积极因素，才能得到学生的尊重和信任，使教育者与被教育者之间产生思想上的相通、感情上的共鸣，这样就容易做好思想素质教育工作。

（二）问题解决的效果

俗话说得好，“心病还得心来医”，只有师生的一个“情”字，才能打动他的心。我和他已经有了沟通的基础，凡是我吩咐的他都愿意去完成。他负责班内的卫生工作，每天早上他打扫教室的身影常常出现在我眼前，他拿来自制的装饰物美化班集体，使班级在校评比中得到好评。我们班提倡环保，同学们拿来废旧物品，他主动承担收集废旧物品到离家几站地的回收处给大家换再生本。他负责收数学作业，更是兴致高涨，给每个小组进行比赛，还用零花钱给同学买奖品。

经过一段时间的家校合作，师生的共同努力，小刘同学的进步是有目共睹的，老师和班里的同学反映，他学习自觉性有了一些提高，作业基本能按时完成，上课也能坚持听讲，课后乐于与同学们一起玩，学习习惯有所好转。孩子的父亲感觉他在家比以前懂事了，有时也能帮奶奶做点家务，父亲不在家时，能坚持先写作业后看电视。孩子自己认为，他感受到了来自家庭、学校的关爱，现在不再不愿意上学了，上课也不再觉得无聊了，也愿意和同学们一起学习，一起做游戏，积极参加各种活动，为集体出力。学习成绩提高了，自己越来越有信心。

三、总结与反思

我深切感受到“以人为本”，简而言之，就是一切以学生的发展为中心，一切从学生出发。一切为学生服务，以学生能否获得全面发展为标准。“以人为本”就要从学生的心理特点、认知特点出发，去创设有利于学生发展的环境，让学生去体验生活，感受学习。教师在学习、生活中与学生的关系是参与、合作、引导的关系，教师教育学生不仅要教给学生知识，更重要的是要让学生掌握学习、生活的方法和策略，要让学生形成良好的心态和主动探求知识的欲望，并能在学习中不断去体验成功，享受辛勤之后的喜悦，让学生拥有成就感，并使之不断成为学生前进的动力。因此，教师要到学生中去，努力去发现学生的优点，用赞赏的眼光去看待学生，用期待的语言去鼓励学生。透过我们的笑脸创造和谐，了解他们的个性和内心，用我们的真情换取他们的真心。作为教师，如果能做到这一点，那就真正实现了“以人为本”的教育理念。

让我用心呵护你

■ 张珷轩

俄国教育家乌申斯基说："如果教育学期望从一切方面去教育学生，那么就务必首先也从一切方面了解学生。"作为教师，要想学生对你多一份亲近与信任，就要使每位学生都能得到你平等的关注，这就需要老师躬下身来主动去亲近每一位孩子的心灵，去关爱呵护他们的精神世界。燕子去了，有再来的时候；杨柳枯了，有再青的时候；而岁月却是如流水一样一去不复返了。作为一名小学低段的班主任老师，每天面对的都是一个个天真、活泼的孩子，他们就像刚刚种下的种子一般，需要"园丁"们的精心呵护与辛勤栽培，才能健康成长。

一、案例背景

9 月份开学初，班上一名带着粉色眼镜的小女孩就吸引了我的注意。在开学的第一天，班上其他孩子由于是第一次见面都显得有些拘谨，所以孩子们都听从我的安排安静地坐在相应的座位上等待着第一节课的开始，只有那位小女孩阳阳和其他孩子的行为完全不一样，她一会儿抠抠桌子一会儿摆弄自己的书包，嘴里还不断发出"支支吾吾"的声音。于是我走过去小声地提醒她安静坐好。但是她不以为然，无视我的要求，我只能继续提高音量要求她赶紧坐好。一天下来阳阳给我的感觉就是行为习惯散漫，小动作过多。我心里暗暗地告诉自己，这位小女孩的行为习惯比较差，看来要在今后多加严格要求她了。在第二天的课间操时一个更大的问题随之而来了，在全班同学按体操队形散开站在自己的位置上时，只有阳阳一个人坐在操场上一动也不动，周围同学用不解的目光看着她，于是我迅速走向她，小声对她说："现在是上操时间，请你起立站好，你看看周围的同学都是怎么做的，快站起来。"孩子听完我说的话，用无辜的眼神看着我并含糊不清地说："我累，站着我累!"听了孩子这番话，我想硬碰硬是不行了，于是我将孩子带到了队伍的最后面，跟她说："你现在是一名小学生了，既然大家都能精神地站好，你也一定没有问题的，加油，我们先站 5 分钟试试！老师相信你没有问题的!""不，我累！我累!"阳阳一边拉着长声一边拍打着地面大声跟我说。此时我也是火冒三丈，大声对她说："站起来，我就在这看着你!"看着我生气的样子，孩子稍微有所触动，慢慢悠悠地站起来，歪七扭八地站在我面前，我稍微稳定了一下情绪对她说："你看，你不是可以做到吗！加油，再坚持下去。"谁知话音还未落，孩子又坐在了地上。我想这个问题不是一天两天能够解决的，首先要做的就是要找到家长了解一下孩子在幼儿园的情况。于是我拨通了阳阳妈妈的电话，通过与孩子妈妈的沟通我了解到，阳阳从小先天近视，两只眼睛都有 700 度以上的高度近视，而且小时候还做过角膜加固的手术，先天近视导致孩子各方面的发育比较迟缓，同时还有一定的感统失调，尤其表现在肢体上极度不协调，运动方面更是存在着很大的问题。另外，由于高度近视的原因，孩子对人的面部表情不敏感，不会察言观色，也不懂得一些提示的语言，所以在与人交往沟通方面也存在很大的问题。在与阳阳的家长沟通后我意识到了孩子问题的严重性，这并不是单纯的行为习惯不好所导致的，它需要老师和家长采取一些科学的干预手段。

二、问题的解决过程与效果

（一）问题解决的过程

每个孩子都是不一样的个体，尤其是有着特殊需要的孩子。阳阳这时最需要教师深入她的生活，多和她沟通，多去呵护她柔弱的心灵，培养她健全的人格和健康的心理。对这样的孩子，教师要从思想、生活、学习等各方面给予真心诚意的关怀体贴、尊重和信任；真诚相见，热诚相待，使她的自尊心和人格得到尊重；并努力创造条件发挥她的一技之长，激发其上进心和热情。

1. 家校协作，达成教育共识，情感导入，建立师生信任

针对阳阳的情况，我与孩子的妈妈制定了一个习惯养成计划。由于孩子问题比较多，在和孩子妈妈谈论后我决定先从孩子肢体协调性和上课听讲这两方面进行干预。首先我向体育老师要来了学校这一学期要学的广播体操内容，然后我和阳阳的妈妈约定每天由她带着孩子学习其中的一节，第二天由我来进行检查，如果检查成功就给孩子一张积分卡以示鼓励。我还专门为她准备了一本“学校家庭联络本”，每天我与家长均在小本上写几句话，一方面是彼此了解她在校、在家里的表现，更主要是记录下她的点滴进步。

在与阳阳的沟通中不断进行“谈心”，这是我采用的基本方法。我除了定期找她谈心外，在课间碰到她时也有意无意地相机谈上几句。让她重新认识自己，让她感到在老师眼里，她是个有许多优点的孩子，为她重新建立自信、自尊。随着谈心次数的增多，师生感情加深，我再以“建议”的形式告诉她“如果你这样做会更好”等等。渐渐地，她能接受我的“建议”，一点点地弥补不足。每当那时，我会对她的表现及时予以肯定和表扬，并帮助她做到持之以恒。

慢慢的孩子从一分钟都站不住到可以站好 5 分钟、10 分钟、20 分钟。新学期开始我发现孩子一个课间操将近 30 分钟的时间都可以站好不动并且可以跟上大多数操的节奏，对我的各项要求也从以前的爱答不理慢慢变得懂事听话了。现在每当我看到在课上她积极举起小手发言的样子，都会暗自欣慰，这些努力没有白费。

2. 创设和谐的班级环境，为转变创造良好外部环境

由于阳阳存在发育迟缓的问题，导致她在其他方面也出现了诸多不足，比如，语言表达能力差，对别人的话听而不闻，生活上经常丢三落四甚至忘记老师提出的要求等。针对阳阳的这些问题，我决定帮她找一个好同桌来帮助她进步。我留下了一个班里学习不错、品行良好的小女生，这个女生跟阳阳的关系还算和谐，偶尔会一起去玩，阳阳很依赖她。我首先肯定了她平时对阳阳的帮助，并且希望她能继续帮助阳阳，小女孩很爽快地答应了，并向我保证她一定会和阳阳成为好朋友的。我把这个小女生和阳阳安排成同桌，阳阳上课贪玩或者走神时，她就会用眼神提示她。课下，她会带着阳阳融入其他女生的活动中。慢慢的，班里的学生们不像以前那么排斥阳阳了。私下里，我会和阳阳聊天，从她的话语中我知道，她感觉到了同学们对她的友好。

当我发现阳阳有了点滴进步，我就及时给予表扬，抓住她表现好的行为，突出她的闪光点。我会把阳阳的点滴进步放大，哪怕是捡起地上的粉笔头，帮我拎东西……班里学生越来越认同她的表现。

阳阳在这样充满友爱的氛围里也慢慢地学会了控制自己的脾气，懂得了真诚相待才能赢得同学的尊重和喜欢。当然，教育总是螺旋形上升的，这期间一定会有“反复”情况，但通过我的引导及同学们的努力，都慢慢地化解了。

对待像阳阳一样的特殊学生，我努力营造和谐、友爱、奋发向上的班级环境，让孩子在这个集体中感到温暖、安全。有了这样“爱的氛围”，学生才会为这个集体感到自豪、骄傲，并产生为之争光的愿望。也正是在这样用心地安排下，阳阳开始学会了爱同学、爱老师、爱班级、爱学校，学会关心体谅他人。

3. 通过制定目标，增强其自身控制力和意志力

眼前的改变固然使我欣喜，但是阳阳能不能一直坚持下去？这是我所担心的！要想彻底地改变她，还需从她自身的控制力和意志力上下功夫。我想到了增强意志力的锻炼法。

首先，我在学校让她制定出每天一个目标并专注于目标的达成，同样在家也和她的妈妈一起制定一个目标，每天晚上睡觉前，在纸上列出第二天要做的事情。我给她了一些建议，比如，帮助一次同学，坚持 30 分钟认真听讲，主动跟班里 × × 同学说话……我鼓励阳阳每天选取一件事情，记下来，第二天专注去做这件事，完成后打个勾。如果这一天你能做到，就证明你完成了今天的考验。每天的事情可以不一样，也可以依自己的能力在事情的数量上有所增加。通过一段时间的尝试，阳阳逐渐适应了每天给自己定目标，小到坐姿的要求，大到对自己作业完成质量的要求，当这些形成了习惯，自然而然地成为阳阳行为习惯的一部分，无需再去强制自己打勾，无需再想今天我该做哪些？让我欣喜的是，在这过程中，她有了更多的收获，从以前我催着改生字写生字，到现在成为班上第一个生字一次过关的孩子，种种改变都让我肯定了自己的选择。可以说，改变阳阳的这个过程是漫长的，这一个学期的时间，对我来说也是辛苦的，我也想过放弃，可是作为一名教育者，尤其是每次看到阳阳那可爱的脸庞，我觉得我必须坚持，使她和所有的孩子们一样健康快乐的学习和成长。现在的阳阳，眼睛里再也没有敌意，行为习惯上，也让家长和老师欣慰，与同学的相处也很和谐。每天早上看到孩子脸上洋溢着的笑容，听到孩子清脆地说“张老师早上好”，我的心里总是暖暖的。

三、总结经验与反思

随着社会的发展，有着特殊教育需求的孩子越来越多，在我们身边及以后的教学生涯中，我们会遇到很多个“阳阳”，这样的案例很有代表性及研究意义。家庭环境，周围环境，以及自身的意志力，对一个孩子的健康成长都是非常重要的。这些只是我尝试的一部分，作为教育工作者，我们应该用心呵护每一枝花朵，让这样的孩子得到更多的关爱，使迷失的他们回归本真。为了这个理想，我一定会一直努力下去。

同时我也深深地体会到，对学生，老师要用一颗善良宽厚、真挚热诚的心包容他们，学生在老师处理问题的过程中才会自我反省、心悦诚服。有时，一个眼神、一句话也会成就一片天空。让我们做一名辛勤的园丁，用心呵护每一株幼苗，期待他们开出五彩斑斓的花朵，装点出最美丽的花园。

一个爱哭男孩引发的思考

■ 李　娟

2009年9月我担任了四年级（2）班的班主任。一直教高年级的我初到中年级，看着比自己矮好多、说话慢条斯理的学生有些不适应，不过通过返校时一个多小时的沟通，我发现这群学生还是很可爱、很天真的！可是没过两天，一个大男孩就吸引了我的眼球。也是从那天开始，他就成了一个时常让我关注的学生。

9月2日中午，我在给学生分饭，孩子们井然有序地排着队打饭，突然有学生喊："李老师，小张哭了，他说他不吃饭了！"我很纳闷，班里没有人说话，也没有人招惹他。便问："孩子，怎么了?"没想到，我一说话，他哭得更凶了，一边哭一边叫喊道："我就不明白，为什么昨天是我最后一个吃饭?今天又是我最后一个?"说完接着又号啕大哭起来。他的反应让我一头雾水，于是，我便问怎么回事。原来，开学第一天学生按照哪组坐好就先吃的原则打饭，他们组就轮到了最后。第二天，我给孩子们重新安排了座位，并跟孩子们说：从今天开始我们按照值日组先打饭，其他组按依次顺序打饭。例如今天1组值日，就按1～8组的顺序打饭；明天2组值日，就按照2～8、1组顺序打饭，依此类推；这样每个组都有先吃的时候了，学生一致同意。谁知小张同学被分到了8组的最后一个。按照新规矩，今天1组值日应先吃，他自然就变成了最后一个吃了，所以生气地哭，还不吃饭。弄明白之后，我就问："小张，这规定咱不是全班通过的吗?"没想到，他根本不理我的茬儿，还是重复着那句话："凭什么昨天我最后，今天又是我最后?"我见他哭得脸红脖子粗，眼泪哗哗地，还想试图说服他。学生见状就抢着说："老师，您别理他！他没事就哭！""老师，他就这样！""老师，您别管他！"见孩子你一言我一语地说他，我就接着说："不管他哪行呀！45 个学生都是我的孩子，孩子不吃饭妈妈会心疼的。小张，你是李老师的儿子，你要是生气不吃饭，饿坏了，我可就该心疼了。"他一听我这样说，立刻不哭了。我一看，有效，于是接着说："来，宝贝儿，自己打饭，李老师给你盛饭。"没想到，他起身走过来，拿起餐盘，我边盛饭边说："来，最后一个吃就多吃点儿，你现在正在长身体，动不动不吃饭哪行呀?"再一看他脸上还挂着眼泪就冲我呵呵笑了。说心里话：这样的学生我还真是第一次见，看着他这样我竟有些哭笑不得。

9 月 3 日下午，我带着学生们到大操场体锻。体育老师带着学生们做了一些准备活动后，就要求各班体育队长带领学生复习课间操，并纠正动作是否规范。谁知，还没做两节，就见有同学围着"小张"，有的同学告诉我：他又哭了。于是，我走到他身边问："怎么了?"他又是咬牙又是愤怒地边哭边喊："我就不明白，为什么上午刚做完操了，下午又让我们做? 这个时间应该让我们玩的！为什么? 为什么?"为了不影响其他学生锻炼，我搂着他走到一边，边走边说："孩子，你要是想知道答案首先把眼泪擦干，别哭行吗?"他按照我的要求做了。我接着说："你看，操场上的每个班级都在练操，有谁在玩? 老师让复习操是怕你们休息了一个假期给忘了。""可是，原来体锻就让我们玩！""孩子，每次体锻体育老师都有不同的安排，我们应该按照学校的统一要求呀！""可是，我就是想玩！"说心里话，我听着他的回答真的很生气，真想臭批他一顿，给他点颜色看看！可回头一想：他的行为与心理都不大正常，如果针锋相对，可能会节外生枝。忍！于是，我勉强地挤出了一个微笑，对他说："那好，李老师答应你，如果你坚持上完体锻，认真练好操，李老师一会儿陪你玩一会儿。你看行吗?"他先是一惊，接着笑了，点了点头就去做操了。我也被他的行为吓了一跳，没想到刚才还愤怒、无法沟通的他竟然来了个 180 度大转弯。看着认真做操的他，我在想：对于这样的孩子我该怎么办? 更让我头疼的是：一会儿跟他玩什么? 不一会儿，体锻下了。他笑着跑过来：

“李老师!”“哎，你的表现很不错呀!”“真的？其实，就那点儿操有什么可复习的！我早就会了!”他又神气又自负地说道，言语与表情中透着谁都看不起的样子。不行，这孩子有严重的心理问题，我说话一定得特别小心，一旦哪里说得不对就会伤到他。“你都会了？真了不起，可是有的同学就忘了。看来你是个好学生，如果你像刚才那样认真地陪他们复习一遍，给他们提个醒，他们会很感激你的!”他很聪明，一下子就听出了我说话的意思，面目表情一下就严肃了，我冲他笑了笑，他看我说得很真诚，便勉强笑了一下。我想改变一下话题：“你想让李老师陪你玩什么?”他笑了，眼神中透着惊喜：“您能陪我聊会儿天吗?”“好!”于是他打开了话匣子：问我原来教几年级？为什么原来没有在学校见到过我？问我喜欢什么？多大了？……原来他对我充满了好奇。通过沟通交流，我发现他懂得特别多，看的书也比较多，学习非常好，但谈到他和同学交往时，或问他这个班级中的情况时，他基本上说的全是班中的问题学生、不好的现象。

聊到最后，我问他：“小张，你和李老师聊天开心吗?”“开心!”“那你愿意和李老师做朋友吗?”“当然!”“可是，我有一个小要求!”“什么要求?”“李老师喜欢开心、快乐的小张！像现在这样！不喜欢你哭！因为我一看到你哭就心疼！再说，男儿有泪不轻弹，你以后遇到不开心、不明白或想不通的事情时就跟李老师说，就是不能哭，行吗?”“没问题!”“那说话算话!”我边说边做了一个拉钩的动作。他伸过小手使劲做了一个拉钩的动作。

之后的几天里，他真的有些好转了。而且我发现他没有什么朋友，一课下总围在我身边转，没事就和我聊聊天。要是赶上我在办公室，他就扒在办公室门口偷偷看我，要不就是悄悄地溜进办公室站在我身边，一声不吭，时不时地就会吓我一跳，我也只好请他帮我做一些事情，为此他乐此不疲。

其实，这种孩子缺少的是老师的关爱和同学间的沟通。此时，我们教师的爱具体在他身上表现得很简单，那就是做一个倾听者，成为他的知己，让他从信任、宽容开始……

基于罗滕伯格“延迟满足”的小学生自我控制能力的个案研究

■ 卢明文

自我控制能力的发展对儿童的学习成绩、控制攻击、协调人际关系等都具有重要的意义，它的作用体现在个体对自身发展的能动性影响。近年来，受“快乐教育”思想的影响，越来越多的家长对孩子的教育出现只注重“快乐”“自由”，而忽视对孩子“规则”意识的培养，导致很多孩子出现自我控制能力低下的现象，这种现象严重影响了学生的心理健康发展。

一、概念界定

（一）自我控制能力

自我控制力，就是自我行为判断后进行的理性行为，这种理性的判断和执行就构成自我控制力。往往就是要实现对很多感性的行为控制，比如遇到事情不分青红皂白就生气，这是失去自我控制力的表现，而有自我控制力就是凡事先经大脑分析，做出明确判断之后再对现状处理。

自我控制是一个人对自身心理与行为的主动的掌握，它是人所特有的一种特殊的活动。自我控制水平的高低是与一个人的个性品质与自身锻炼密切联系着的。自我控制能力的发展对儿童的学习成绩、控制攻击、协调人际关系等都具有重要的意义，它的作用体现在个体对自身发展的能动性影响。

（二）罗滕伯格的“延迟满足”实验

延迟满足是抑制欲望的即时满足，即学会等待。罗滕伯格通过“延迟满足”来研究儿童自我控制行为。

该研究要求被试者完成实验任务，并给予奖品。可供儿童选择的有两种奖品，一种是当时即时拿到的小奖品，另一种是第二天才可以拿到的很好的奖品。结果发现：6～8 岁的儿童中有 1/3、9～11 岁的儿童中有 1/2 的儿童选择等待，而 12～15 岁的儿童几乎都愿意等待。这说明，童年期儿童延迟满足能力随着年龄增长而有明显提高，自我控制能力的发展主要表现在童年期。

从自我控制能力的定义和罗滕伯格的“延迟满足”实验，我们得出：童年期是一个人自我控制能力发展的关键期，自我控制能力的发展对儿童身心健康发展具有至关重要的影响。下面我们将以个案描述的方式探究导致儿童自我发展能力低下的原因，并提出相应策略。

二、个案描述

小 L 是一名一年级学生，长得虎头虎脑的，体型微胖，是那种一眼看上去挺招人喜欢的小男孩儿。但他的纪律意识和规则意识很差，经常违反校纪、班规，上楼梯时经常推搡其他同学且爬着上楼梯的现象时有发生。一年级入学第一周三番五次歇斯底里的大哭，让班里的每一位任课老师都深深地记住了他。小 L 前几次哭时，我和班里的任课老师都以为是孩子刚进入小学，进入陌生的环境不适应，当小 L 出现情绪崩溃时老师都会通过各种方式安抚他。但是，我们的努力并未奏效，小 L 这种动不动大哭的行为愈演愈烈，甚至给教师的正常教学都带来了很大的影响。

为了帮助小 L 顺利适应小学生活，尽快融入班级，我与班里任课老师对他每次崩溃大哭的情形做了分析，我们发现小 L 每次崩溃大哭时具有以下特点。

（1）当他不遵守校纪、班规，老师对他提出批评时，大哭。

（2）当他与同学发生小摩擦，老师帮他解决问题，如果先问他时，他会哭着大喊“你为什么只批评我，不批评别人”，且死活不承认错误。

（3）当老师奖励表现好的孩子小奖票，而他因为违反纪律没得到时会大哭，或者他违反纪律老师没收他的小奖票时他会大哭。

（4）上课当老师点举手的同学回答问题，而他没有被点到时会大哭。

（5）当同学说某句话，他认为是在说他时，会大哭。如：一次英语课上，有个平时常跟他发生摩擦的小女生嘴里发出了“Pig”的音，他自己听成“屁股”音，在毫无证据的情况下想当然地以为人家骂他是“屁股”，跟老师告状，老师告诉他人家没有说他时，歇斯底里地大哭并说老师不帮他。

（6）每次大哭，声音歇斯底里，边跺脚边大喊“不要、不要……”，每次都气得胸脯大幅度起伏，满脸通红，满头大汗。

鉴于孩子的行为不仅严重影响了课堂教学，也会对孩子的身心健康造成不良影响，我们及时与孩子家长进行沟通。在和孩子妈妈、姥姥的沟通、交流中我们得到以下信息。

（1）小 L 的妈妈是一名幼儿园教师，小 L 幼儿园期间一直跟着妈妈，一直觉得幼儿园就是自己家的，所有的老师都是妈妈。每次不管他犯了什么错误，“妈妈们”都是“大事化小，小事化了”，不管是谁的错，只要他一哭，不仅不会挨批评，还会得到奖励和安抚。

（2）小 L 的妈妈深受西方“快乐教育”思想的影响，主张要成为儿子的好朋友，不管犯了什么错误，都是以沟通、交流为主，每次看着儿子哭，都会心疼地搂过来抱在怀里安慰。小 L 的爸爸是中国传统的父亲形象，有点崇尚“棍棒底下出孝子”的教育思想，对孩子行为、习惯要求相对比较严格，但是因为工作原因陪孩子的时间少，小 L 的教育主要由妈妈负责。

（3）小 L 的父母平时基本上是跟老人同住，当孩子犯了错误，父母对孩子进行严格教育后，老人心疼孩子，为了不让孙子继续哭或者不忍看着孩子伤心，竟比平时更溺爱孩子，通过给孩子糖果、削水果吃或者开玩笑逗孩子等方式对孩子进行安抚。

基于以上描述，我们认为小 L 的自我控制能力存在一定缺陷。下面我们将针对小 L 的问题对造成他自我控制能力低下的原因进行探究。

三、自我控制能力低下的影响因素

通过对小 L 自我控制能力的描述、分析和对其成长背景的了解，我们认为造成小 L 自我控制能力存在缺陷的原因如下。

（一）幼儿园阶段及家庭教育过程中，孩子深受“即时满足”的影响

这里的“即时满足”是与罗滕伯格的“延迟满足”相对的概念。幼儿园期间和平时的家庭教育中，只要孩子提出要求，通过哭闹等形式都能得到及时满足。如，幼儿园期间，不管孩子的行为是否正确，只要想要小奖品，“妈妈们”顾及到孩子妈妈的同事身份基本上都会让孩子得到“即时满足”。因此，当老师奖励表现好的孩子，他没有得到奖票，跟老师索要不成功，自己的“即时满足”达不到目的时，他想继续沿用幼儿园大哭的方式让老师对他妥协。

（二）孩子的认知和策略存在误区

罗滕伯格认为，如果儿童能将注意力从奖品上移开，去做其他感兴趣的事情，将使儿童的等待变得轻松而愉快。小 L 同学在老师给表现好的同学发奖票时，老师告诉他只要你表现好了，你也会得到奖票时，不及时将自己的注意力从奖票上移开，不能用“我一定要努力，只要我表现好了下次也能得到奖票”这种愉快的情绪来调节自己，而想继续通过“哭”的策略来达到“及时满足”的目的。

（三）家庭成员间教育原则的不一致性

小 L 的父母及爷爷、奶奶对孩子的教育原则达不成一致，妈妈主张“快

乐教育”，努力创造“民主、平等、自由”的家庭成长环境，爸爸主张“棍棒底下出孝子”的教育理念，而爷爷、奶奶则采用溺爱的方式。家庭成员之间教育原则的不一致性，让孩子形成了“不管我犯了什么错误，只要我大哭，家里总会有人来帮我的”这样的错误观念，从而造成孩子缺乏自我控制能力。

（四）成人对教育原则的执行力度不够

小 L 的妈妈虽然也有意识地培养孩子的“规则”意识，但是，在实际执行过程中却存在执行力度不够的现象。如，当孩子犯了错误时，妈妈能够通过“动之以情，晓之以理”的方式及时对孩子进行教育，但是，每次当孩子出现情绪失控时，妈妈看着孩子哭的样子会因为心疼孩子而把孩子搂过来安慰的现象。妈妈的举动会让孩子觉得“只要我哭了，并且哭得让妈妈看起来很心疼，妈妈就不会再批评我了”，这样的后果导致孩子不管什么场合都会以哭闹的方式来达到目的。

四、提高小学生自我控制能力的策略和建议

通过对造成小 L 自我控制能力低下的原因分析，我们提出以下建议和解决策略。

（一）多种方式训练孩子的“延迟满足”体验

罗滕伯格的“延迟满足”理论提示我们在对学生的教育中，要通过多种方式训练学生的“延迟满足”体验。如，针对小 L 上课举手，老师没点到他回答问题而大哭这一问题，我们采取了这样的措施：首先，告诉孩子，全班 39 名同学，老师不可能每次你一举手就得叫你，这对其他同学不公平；如果你上课举手老师没有点你回答，你耐心等待老师下次点你名字，那么，课下老师就会对他的进步进行及时表扬和鼓励，让孩子体验“延迟满足”的快乐。

（二）家庭成员间教育原则保持一致

在平时的教育中，家庭成员对孩子的教育要达成一致意见，不管是谁在教育孩子，只要是为了孩子的成长，其他家庭成员在孩子面前必须保持一致。若家庭成员之间因为教育方式存在差异，可私下进行沟通，且不可当着孩子的面。

（三）加强教育原则的执行力度

在孩子的教育过程中，不管是家长还是老师，都必须坚持原则，只要“规矩”立下了，就得严格执行下去，且不可因为心疼孩子而放弃。让孩子明白：只要你犯了错误，就必须为自己的行为负责，哭闹不能解决任何问题。引导孩子在做任何事情之前，先理性地分析每种行为所带来的不同后果，从而循序渐进地引导孩子适时控制自己的行为和情绪。

（四）创设宽松、民主而又不失原则的家庭环境

父母应注重培养孩子的独立自主性的、宽松而又民主的教育类型，增强儿童练习自我控制力的机会和动力。在日常的教育中，我们成人要积极引导孩子合理宣泄自己的情绪，用理性的方式加强自我控制能力，以促进学生身心的健康发展。

通过家校积极沟通配合，小 L 的症状得到了一定缓解，在很多方面都取得了很大的进步。如，他已经可以正确认识到小奖票或小红花是发给守纪律、表现进步的同学，每次老师用鼓励的话语激励大家要遵守纪律时，他也能把小身板挺得笔直；当上课他举手老师没有点到他时，他也能做到静静等待；当排队上、下楼时也不再出现推搡同学、四肢爬楼梯的现象。孩子的点滴进步让我们欣慰，这就是教育带给我们的欣慰，更是爱带给我们的幸福。正如王欢校长在十三届政协会议委员通道中提到的：“小学阶段的孩子就像一颗正在萌芽的种子，作为老师我们要精心的呵护这颗种子，让这颗种子尽可能的

饱满，充满生命的力量和可持续发展的力量。”对于小 L 这颗前期受到些许破坏的种子，我们更应该用爱精心呵护，助其向着太阳的地方健康成长。

参考文献

[1] 张慧静．儿童自我控制能力的发展与培养．学理论，2013（6）

[2] 张静．论家庭因素及幼师心理健康对幼儿心理的影响．中国科教创新导刊，2013（15）

[3] 沈悦．幼儿自我控制的发展特点及影响机制研究．辽宁师范大学，2011

[4] 李凤杰，杨丽珠．小学儿童自我控制结构的研究．心理研究，2009（2）

在信息技术课中营造良好的课堂心理氛围

■ 金朝霞

一、引　言

课堂心理氛围是学生课堂学习过程中由师生共同营造的一种心理背景，它作为学生心理活动与其学习个性特性之间的中介因素，通过影响课堂活动中学生的学习动机、学习行为、学习情感体验以及评价效应，进而制约学生课堂学习率。当学生处于不同的课堂心理氛围中时，他们的注意力、兴趣、积极性、情感体验有很大差异，学习中的智力活动和操作活动也有较大区别，这些必然会影响学习效率。积极健康的良好课堂心理氛围，有助于提高学习效率；相反，则会降低学习效率。

随着计算机的普及应用，信息技术教育已成为中小学的一门基础课程，这对于学生的发展以及教学改革的完善都有着积极的推动作用。学生综合能力的培养成为新课标培养目标之一，信息技术教学能够有效实现学生综合能力的提升。在小学教学中，由于学生的年龄较小，他们有着较强的好奇心和求知欲，想象力也更为丰富。小学生的这种特点对于信息技术教学的开展能够起到一定的积极作用。在教学中，教师应该充分考虑学生的心理特点，对教学结构进行有效的调整，创建一种适合于学生发展的教学环境，使学生能够在课堂中更多的参与，充分利用学生的好奇心和求知欲来推动教学的发展。教师通过良好课堂心理氛围的营造以及有效的教学方法的应用，能够使学生更快地适应信息技术教学的内容，掌握相关的操作技巧。本文从小学信息技术教学出发来讨论良好课堂心理氛围营造的有效方式，以此来讨论教学开展的有效方式。

二、如何创设良好的课堂心理氛围

（一）利用良好的师生关系，营造良好的课堂氛围

良好的师生关系是提高教育教学质量的基础。若教师和学生之间的关系不是很融洽甚至对立，那么教师讲课时学生在思想上就会有戒备感，甚至产生思维封闭、厌学和逆反心理，在这样的教学氛围下很难获得理想的教学效果。教师是课堂教学的主导，是良好课堂心理氛围的创设者和维护者。要与学生建立良好的师生关系，则要求教师必须相信每位学生，充分热爱每一位学生，尊重学生的自尊心，激发学生对信息技术学科的兴趣和爱好。在组织课堂教学活动时，尽量给每位学生均等的机会，注意给那些自卑感强的学生更多的表现机会，让他们树立信心，以增强他们的学习热情。而良好课堂心理氛围的营造，需要教师的精心组织和主动创设，在课堂教学过程中，要善于创造一种生动活泼的贴近学生生活实际的情境，让学生真正感受到自己是学习的主体，是教学活动的参与者，通过小组探讨、师生对话、游戏闯关等形式，开发学生的心理素质，激发学习兴趣，以愉快的心情、以特殊的情境学习知识，掌握技能。同时，教师要从传统的“高高在上”的传授者角色，转变为教学中的组织者、引导者、学生学习的伙伴，实现师生间的“零距离”，从而营造良好、宽松、高效的课堂氛围，为提高教育教学质量打好基础。

（二）创设贴近学生生活实际的教学情境

从某种意义上来说，信息技术的学习就是学会获取信息和处理信息的过程。创设良好的教学情境，可以使学习内容和情境有机地结合起来，凝聚学

生的注意力，激发学生强烈的学习兴趣，从而引发学生的积极思考。同时，良好的教学情境还可以帮助学生主动而又轻松愉快地理解学习内容，完成实践活动。作为信息技术教师，要依据课程目标的要求充分挖掘源于生活的素材，将学生可感知、体验和贴近他们实际生活的材料融入备课过程之中。在教学中创设学生熟悉的生活原型，从学生感兴趣的情境入手，将信息技术知识与学生的生活实际整合起来，找到生活与知识的契合点，把知识和问题还原到生活原型，从而激发学生的学习兴趣和积极性，让学生在不知不觉中进入信息技术的学习。

例如在低年级汉字输入教学中，创设给妈妈做母亲节贺卡的情景，先指导学生给妈妈"写"一句或一段心里话，然后再用"画笔"画一些装饰，或者利用老师提供的一些相关画图素材进行拼贴，完成这张简易但不简单的母亲节贺卡。在引导学生表达对母亲的感激之情的同时，切实体会到学有所用的意义，使枯燥的汉字录入教学变得生动有趣味，学生更加积极主动的练习。

大量的事实表明，学习的愿望总是在一定的情境中产生的，有效的问题情境常常对学生具有强大的吸引力，更容易激发学生的学习愿望，这对营造良好的课堂氛围大有益处。

（三）充分发挥学生的学习主动性是营造良好心理氛围的关键

新课标中明确指出，课堂的主体应该是学生，课堂的一切活动都是为了促进和发展学生的"学"。传统的信息技术课堂是以教师讲授为主，"教师讲得天花乱坠，学生听得昏昏欲睡"，这种高耗低效的课堂严重束缚了学生的大脑和手脚，容易使学生产生轻视信息技术学科、厌学等情绪，根本谈不上师生在课堂上互动。要让学生在课堂上乐学、主动学，一是教师要研究学生，要了解学生对信息技术学习的心理感受和需要，给学生创造良好的学习环境，充分发挥学生的主观能动性，让他们逐渐进入主体角色，能够主动地学习、自主地学习，成为知识的主动建构者，形成自主学习的课堂结构模式。二是要让学生活起来。首先让学生的大脑"活"起来，课堂上允许一问多解，答案不求统一，鼓励学生发挥想象；其次让学生的嘴“活”起来，课堂上多展开讨论、交流；再次，让学生的手“活”起来，多让学生上机自主操作。课堂上可采用学生“小导师”制，由操作技能好的学生竞聘上岗担任小导师，对各组进行上机指导、辅导，以缓解机房中一名教师不能及时对各组进行指导的矛盾。这样一来，学生就会真正成为课堂活动的主体，其自信心得到增强、组织性得到加强，学生也会更加珍惜课堂，自然形成良好的课堂心理氛围，大大提高了上机教学时学生的学习效率。

（四）提供多样性的外部刺激，从而营造较好的课堂气氛

在信息技术教学中，通过计算机多媒体等技术的应用，能够为学生提供多种外部刺激，使学生感受到一种多感官的刺激，对其学生知识的获取以及理解等都有着积极的作用。信息技术所提供的信息除了文字之外还有动画、图形以及声音等多种形式，这能够使其产生探知的好奇心和欲望，对于教学活动的开展有着积极的促进作用。信息技术图文并茂的教学过程，为学生提供了一个既可见又可以听到相关信息的多彩的课堂形式，并且使学生有机会动手操作，这种教学过程相对于传统的教师“填鸭式”教学有较大的改善，能够深化学生对于相关知识的理解和掌握。而信息形式传递的多样性，使得学生可以通过多种渠道获取和理解信息，从而使其掌握更多的知识。

另外，信息技术教学具有较强的实践性，教师在教学的过程中，可以根据教学的内容应用分组合作教学的形式。针对教学中的某一问题，引导学生从不同的角度来思考和分析，给学生一个互助学习的机会，使学生在比较分析的过程中能够将思维更好的打开，实现集思广益，在深化学生对问题理解的同时也使学生的思维能力得到较好的锻炼。这种学习方式的应用，能够有效地激发学生的积极性，提升自己的能力，并且能够有效地激活教学氛围，为教学活动的开展提供良好的环境。

三、总　结

良好的课堂心理氛围，对于提高教与学的质量具有重要的影响。良好的课堂心理氛围的营造需要教师的精心组织和主动创设，教师是良好课堂心理气氛的创设者和维护者。营造良好的课堂心理氛围包含了创设和调控两层含义。良好的课堂学习氛围需要教师和学生的共同创建与维护。良好的课堂心理气氛是指课堂教学的情景符合学生的求知欲和心理特点，师生之间、同学之间关系和谐，学生产生了满足、愉快、羡慕、互谅等积极的态度和体验。巴班斯基说："教师是否善于在上课时创设良好的精神心理气氛，有着重大作用。有了这良好的气氛，学生的学习活动可以进行得特别富有成效，可以发挥他们学习可能性的高水平。"有研究表明，人的心理状态既能提高人的各种心理机能，也能降低各种心理机能，活动效率对心理状态的依赖程度的变动幅度高达 ±70%。积极、良好、和谐、愉快的课堂心理氛围能使学生大脑皮层处于兴奋状态，有利于学生的智力活动。在这种心理气氛下，学生思路开阔，思维敏捷深刻，想象力丰富活跃，记忆力增强，精力旺盛，积极主动，且容易受到"社会助长作用"的影响，能引起学生兴趣，从而使其更好地接受新知识，并在新知识的基础上分析、综合、联想、推理，进行创造性学习。

参考文献

[1] 娄德灵．如何营造良好的课堂心理氛围．昆明理工大学学报（社会科学版），2005，5（3）
[2] 叶少丽．如何营造小学信息技术课的课堂氛围．中小学电教（下半月），2016（2）

小学校园良好游戏的发展趋势及其保障
——以低年级小学生为研究对象

■ 贾维琳

引　言

游戏，是儿童成长最重要的体验；游戏，是儿童最喜爱的活动。在小学校园内，游戏对于任何一位儿童都至关重要。因此，校园游戏资源需要得到高度重视。

“以校园生活具有组织化特征出发，可以大致分为三种类型的小学生校园游戏活动，即教学游戏、消遣性游戏、越轨游戏。”在本文中，仅针对校园消遣性游戏进行分析讨论。并且为了研究的具体性，仅针对低年级小学生的校园游戏生活展开讨论。

一、小学校园良好游戏存在弱化趋势

经过长时间的观察和调查采访，笔者发现小学校园良好游戏的发展趋势并不是十分乐观，总体来看，是在平稳中逐渐弱化地发展着。

（一）游戏的种类与数量逐渐减少

1. 传统游戏减少

传统游戏曾经在小学校园良好游戏中占了很大的比重，但如今，很多良好的传统游戏却已消失在时代的大潮中。在笔者的采访之中，有一定数量的学生对传统游戏不甚了解，这直接导致学生在校园里无法开展这些良好的传统游戏。一方面，校内游戏文化的环境不足，没能为学生学习或开展传统游戏提供环境和条件。另一方面，校外游戏文化的环境不足。受客观大环境所影响，现在的学生大大减少了户外活动。这样一来，学生对传统游戏的接触大大减少，而传统游戏也就逐渐朝着校园中绝迹的趋势发展。

2. 自主性游戏减少

自主性游戏减少，规划性游戏增多。很多时候，教师规定了学生开展游戏的项目，或是教师带着学生做一些教师选择好的游戏。这在一定程度上导致学生游戏形式比较固定，甚至可以说单一，不能让学生凭借兴趣去开展自己想玩耍的游戏。

3. 室外游戏减少

室外游戏减少，室内活动增多。在小学校园中普遍出现这样一个现象，大部分班级的学生不能出教学楼进行大范围活动。一方面，教师们担心过于放手，会很不好管理。另一方面，现在小学都被设计为高高的楼房，课间下楼、玩耍、上楼的时间是绝对不够的。这样一来，学生在校园内所能开展的游戏不可避免地受到限制，一定程度上导致了校园中很多室外游戏的减少，那些需要场地的良好游戏逐渐减少。

（二）某些良好游戏向不良游戏转变

在小学校园中还存在着一些良好游戏不良化的趋势。在游戏的进行之中，存在一些良好游戏向“不良游戏”转变的可能性。

“叫号”这个游戏本身是校园中一个良好的游戏活动，不仅可以考验同学们的记忆力，锻炼同学们的反应能力，还可以保证学生适当的运动量。但这个游戏在学生玩耍的过程中，经过学生们的改编，却流露出“坏游戏”的苗头。有一组同学将“分配号码”这个环节进行改编，即不是每个学生随意得到一个号码，而是每个学生特定得到一个“绰号”。这样一来，同学们在游戏中就以喊出每个人的绰号来进行游戏。这些绰号当中，有好听褒义的，自然也就有难听贬义的，而那些不好的绰号自然会使一些学生心里感到很不舒服，甚至伤害同学的自尊心。据笔者观察，这些被强行赋予消极绰号的同学基本上都不会再参加这个游戏，他们退出游戏来避免对自己造成的困扰。但往往游戏结束之后，这些不好的绰号也就会一直流传下去了。

据笔者观察，绝大多数小学校园良好游戏向不良游戏转变的主要原因是由学生随意更改游戏规则所造成的。这些孩子往往发现了一个兴趣点，就会心血来潮地想到什么就去做了，从而随心所欲添加或篡改游戏规则，导致游戏不能良性地正常进行。而校园良好游戏就在这种不良化的趋势下逐渐弱化。

二、针对小学校园“良好游戏”弱化趋势的对策

上文提出，小学校园良好游戏的发展存在着弱化的趋势。因此，针对在小学校园当中已经存在和暴露出来的弱化发展趋势，笔者归纳总结了一些针对小学校园“良好游戏”弱化趋势的对策。

（一）政策下加强对于学生游戏的保障

《儿童权利宣言》和《儿童权利公约》把游戏规定为儿童的基本社会权利之一。基于这两部法律，我国先后对3～6岁儿童游戏权展开立法保护，但却没有涵盖年龄稍长的小学生。因此，我国可在相关法规中对学生游戏权保障进行规定，包括保障学生游戏的时间、确保学生足够的游戏空间、为学生提供适宜的游戏材料等。尤其是低年级学段的孩子，“学生的身份并不能掩盖他们好动等年龄特征。为此，小学生的游戏时间仍有必要在某些环节有所延长”。

（二）教师多角度保障良好游戏有序进行

1. 教师在监督管理之下，可运用多种策略对待游戏

很多时候，学生会以自己独特的创造力和想象力去对一些良好游戏进行

再创造，从而使游戏规则、游戏环境等内容发生改变。但往往只考虑到游戏的趣味性，而缺少周全的考虑。

比如，笔者观察到有的学生会把“石头剪刀布”这个游戏进行再创造。“石头剪刀布”对于学生们来说，是一个非常熟悉、简单又有趣的游戏。这个游戏最值得推荐的地方是它不需要任何的游戏辅助材料，就可以让孩子们玩得开心。但是有的学生会把这个游戏转移到楼梯上玩。其中，剪刀代表 2 级台阶，布代表 5 级台阶，石头代表 1 级台阶，赢的人就可以走几级对应的台阶，谁走的台阶多谁就算赢。可众所周知，楼梯本来就是一个较为危险的区域，各所学校都要求学生不要在楼梯上随意停留。但学生这样的改编不免让这个良好游戏增添了不小的危险系数，笔者就曾亲眼目睹学生在台阶上玩耍不留神踩空摔伤的情况发生。

因此，作为监督学生开展游戏的教师角色必不可少。教师不仅需要对不良游戏进行控制和警惕，也不能对良好游戏掉以轻心，毕竟学生的思维是开放的，教师要时刻观察和紧密监督，以免造成不必要的伤害。在监督的过程中，教师可利用多种策略来对待、调整游戏，如筛选、改造、再造等，以保证游戏的良性进行以及更好地开展。

2. 教师尊重和保证学生的正常需求

不能单纯为了教师管理学生的便利，而忽视了学生游戏的权利。作为教师，应尽可能地多提供给学生一些空间、一些时间，多给学生提供游戏的机会，而非一味地限制学生游戏。要想使学生身心全面健康而协调的发展，必须保障学生游戏的权利，尊重和保证学生的正常需求。

3. 需要教师合理的引导

教师可以通过鼓励和奖励机制在班级中树立榜样，倡导有益于学生身心健康发展的游戏。一方面，树立在游戏方面具有良好行为表现的学生作为榜样，从而为其他学生起到示范性的教育意义，调动学生的积极性，激发学生对榜样的追赶，促进良好校园游戏的持续开展。另一方面，有利于创设班级良好的氛围，也对班级以“传帮带”的形式开展良好游戏提供条件。而且，以这样的形式宣传和传播良好校园游戏，多了正面的规范，少了一些“禁止”“不准”，也可在侧面防止强化不良行为的情况发生。

4. 教师充分利用家长资源

作为低年级的小学生，他们自己接受外界资源的途径是有限的，因此可借助家长资源。让家长主动示范，创造条件教授孩子传统游戏的玩法，比如踢毽子、跳皮筋、跳房子等。

（三）学校为学生游戏生活提供资源保障

1. 推进相关硬件设施的建设

一方面，受多种条件的限制，室内游戏成为校园良好游戏的重要组成部分，但往往校园中缺少一个特定且开阔的室内游戏区域。现在各个小学的硬件条件都比较过关，如果条件允许的话，可以开辟和改造游戏场地，对游戏区域提供资源配备。这样一来，可以把一定数量的学生集中起来，不仅方便管理，也让学生有了一定自由且安全的活动条件。另一方面，学校还可增添游戏设备和补充游戏材料。

2. 设立传统游戏的比赛项目

许多传统游戏都是值得人们珍视的宝贵游戏资源，不仅可以弥补家庭和学校教育的不足，还有利于促进学生身心健康的发展。让传统体育游戏回归校园，通过设立传统游戏比赛这个平台，令学生认识到接触、学习传统游戏的目的，让学生感受、发现其中的乐趣，进而通过比赛这种形式，激发学生强烈的兴趣，促进学生自主参与和开展优良的传统游戏。但是要注意，引入传统体育游戏的过程中，需探寻每一种游戏融入小学校园的玩法和规则，要考虑到其教育性、安全性和可操作性。

3. 开设有关儿童游戏的课程

目前北京市已经有不少小学开设了有关儿童游戏的校本课程或是选修课。其目的就是让学生亲身参与，了解自己身边的游戏资源，增加学校活动乐趣，在游戏中享受到成长的快乐，培养各方面的综合能力。这样将游戏资源和谐地融入学校课程之中，有利于更好地开发和利用游戏资源，为学生综合素质的培养提供最切实的保障性手段。

4. 充分开拓体育课的教育资源

在体育课堂上科学合理地组织游戏，开展体力与智力相结合、富有浓厚娱乐气息的活动，不仅有利于体育课堂活跃气氛，提高教学质量，更重要的是，可以作为开展和示范小学校园良好游戏的平台，向学生教授一些良好校园游戏的玩法，让这些游戏迅速地传播开来。

（四）学生自主探索和开展游戏活动

可以开设多种多样的平台让学生自主宣传校园良好游戏，比如学生讲坛或班会，主题就是“校园游戏”。从学生出发，让学生自己探索校园游戏的价值，自己创造他们心目中的良好游戏，展示可以开展什么样的校园良好游戏。

如此一来，学生不仅能够深入地认识到校园良好游戏的益处，从自己心中接受并认同，而且还可以通过宣传良好游戏，或是创造好游戏的形式，共享更多良好游戏，丰富自己的校园生活。

结　语

此文对小学校园“良好游戏”存在的弱化趋势进行探究，并从多角度去探索相应对策，如政策下加强对于学生游戏的保障，教师多角度保障良好游戏有序进行，学校为学生游戏生活提供资源保障，学生自主探索和开展游戏活动，以保障小学校园良好游戏的可持续发展。

谨以此文对小学校园良好游戏的发展趋势及其保障表达一点思考，希望可以为学校教育工作者带来一定方向，为丰富学生校园生活提供一定保障，为游戏研究献出一份力！愿小学校园游戏文化不断充实，学生能在有益的校园游戏中幸福成长！

参考文献

[1] 刘慧，李敏．小学生品德发展与道德教育．北京：高等教育出版社，2015

[2] 李敏．品德可以在游戏中“玩”出来．人民教育，2015（5）

[3] 李敏．在教育建制中谋求儿童合理的游戏时空．当代教育科学，2012（18）

[4] 郭丽．从社会学视角看儿童游戏的教育价值．现代教育科学，2010（1）

[5] 赵兴民．儿童游戏与儿童自我效能感的发展．学前教育研究，2007（3）

[6] 闫守轩．游戏：本质、意义及其教学论启示．教育理论与实践，2002（5）

[7] 鄢超云，魏婷．“游戏”离“游戏”有多远——从理想的游戏到儿童经验的游戏．学前教育研究，2008（9）

[8] 申晓燕，陈世联．儿童游戏·游戏文化·儿童文化——基于文化学的探讨．重庆师范大学学报（哲学社会科学版），2008（3）

[9] 曹淑忠，潘绍伟．儿童游戏初探．体育文化导刊，2008（5）

同伴交往促社会性认知

■ 金　晶

人一出生就存在了人与人之间的关系，而人与人之间相互作用与影响的一切行为过程就是人际交往，人际交往能力是每个人在社会生存中不可或缺的能力。

儿童在小的时候多数时间是和父母长辈玩，进行的是亲子交往，随着年龄的增长，儿童与同伴之间的交往增多，在与同伴相互作用的过程中，儿童发展着一种崭新的人际关系——同伴关系。

一、同伴交往与社会性认知

同伴关系与亲子关系是不同的，同伴是指儿童与之相处的具有相同社会认知能力的人。同伴关系是指年龄相同或相近的儿童之间的一种共同活动并相互协作的关系，或者主要指同龄人或心理发展水平相当的个体在交往过程中建立和发展起来的一种人际关系。

不难看出，孩子与同伴之间的交往，两者的地位和权利是平等的，属于水平关系。而亲子关系中父母和孩子在交往中的地位是“不平等”的，是成人与儿童之间的一种“权威—服从”关系，属于垂直关系。因此，当孩子的自我意识逐渐发展起来以后，与其同伴交往的过程中必然会出现一些新的问题，这些新的问题就是对社会性的认知。

社会性认知是指对自己和他人的观点、情绪、思想、动机的认知，以及对社会关系和集体组织间关系的认知，与认知能力发展相适应。在社会化过程中，水平关系比垂直关系对儿童的影响更强烈、更广泛，同伴关系在儿童的社会化过程中起着重大的作用。

二、同伴交往的重要性

在发展过程中，儿童与同伴接触的时间逐渐增加，而与成人接触的时间逐渐减少，7 ~ 8 岁年龄段是儿童与同伴交往发展的重要阶段。

3 ~ 6 岁的儿童不能认识到他人与自己有不同的观点，因而往往根据自己的经验来做出反应。6 ~ 8 岁的儿童开始意识到他人有不同的观点，但不能理解这种差异的原因，认为他人所做的即是所想的，而不能了解他人行动前的思想。

美国心理学家埃利斯曾对 436 名 1 ~ 12 岁儿童在家里的活动和在街道的活动进行了观察，研究的目的是调查儿童与成人、同龄人和其他年龄相差 1 岁以上的儿童之间的交往活动，结果发现：从婴儿期到幼儿期，儿童与成人的交往持续减少，而与其他儿童的交往持续增加（如下图）。

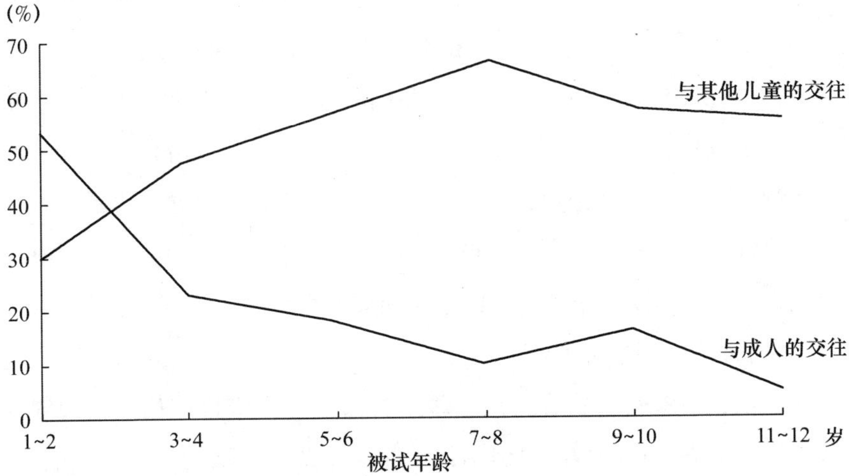

儿童与成人及其他儿童的交往

从这项研究中我们看出，7 ~ 8 岁儿童与其他儿童的交往处于最高峰，儿童非常渴望与其他儿童交往，但由于还在发展过程中，所以儿童还不具备交往方法与交往能力，因此在发展的过程中会出现很多问题。这也就是在一、二年级为什么会出现很多向老师“告状”和同学发生争执等情况的原因。因为同伴关系会影响儿童今后的社会关系的发展方向，更因为一、二年级孩子的自我意识正处于客观化时期，是孩子获得社会自我的时期，而同伴关系在其中起着不可替代的作用，所以同伴关系的发展会促进儿童对社会认知的发展，是小学阶段不可或缺的重要指导内容。

三、同伴交往对社会性认识的促进

（一）同伴交往促自我评价

自我评价能力是自我意识发展的主要成分和主要标志，是在分析和评论自己的行为和活动的基础上形成的。同伴关系就像一面镜子，在逐步的社会交往、认知中，儿童会对自己做出新的评价，从而不断地认识自己。

我们班是同组两人坐一排，这样利于发现同伴交往的问题，并能及时解决。班上的小正同学是名男生，同排是女生小静。小正同学很淘气，好动，反应较快，说话利索，在几次处理他和同学发生的争执时，我发现小正很自我，从来不说自己的错，别人的错一条一条地说得非常清楚。再有，小正经常挤小静，小正的胳膊都放到小静一半桌子处了，小静也不说话，就用那半张桌子写练习。这种事情小静从来不说，从而导致了小正的“变本加厉”。无独有偶，还有一名女生小萱，也经常和同桌发生争执，“得理不让人，无理搅三分”，时常搞得同桌很郁闷。

像小正、小萱同学的情况，老师一般都是分开安排座位，在淘气的孩子旁边安排一个乖一点的孩子，但是我发现这样做的后果就是“嚣张的更嚣张，乖巧的更乖巧”。其实小正和小萱都是很明白的同学，要不也不会说话头头是道。那么，对于小学生来说，对其自我评价最重要的支持因素是父母和同学，而不是教师。所以利用这个心理特点，我把都很能“讲道理”的小正和小萱同学放在了一起。当他们俩发生争执时，我会分别让他们说说事情的经过，然后问问对方“是这样的吗?”“你认为他（她）说的对吗?”“那你应该怎么做啊?”

通过双方的讲述过程，使儿童达到重新认识规则、认识自我行为的目的，使其对自我的评价更加准确，从而促进自我约束意识的提升。

（二）同伴交往促相互认知

儿童在自我意识逐步发展起来的同时也在慢慢了解其他儿童与己不同的想法，了解对方的想法后做出正确的行为更利于发展同伴关系。

我们班还有这样的同桌，小曼同学是一个心智偏小的同学，她为人很热情，经常帮助同学，但是她的帮助也时常给同桌小桐带来烦恼。一次他们又争吵起来，我问了事情的经过——做完练习，老师让收拾桌面，小曼同学收拾的快，之后就“主动”去帮小桐同学收拾笔袋，小桐不愿意，认为自己可以收拾好，不需要同学的帮忙，可是小曼一定要帮助他，于是两人起了争执。小曼非常单纯地想帮助同学，但是同学不接受，因此两人都很郁闷。我和小曼说：“你帮助同学的想法是好的，也是对的，对方在需要我们帮助的时候，我们伸出援手是非常好的行为。但是小桐认为自己可以做到，也可以做好，不需要咱们的帮助，那么咱们只要相信他，做好自己的事情就行了。”转而我和小桐说：“小曼只是想帮助你，如果你不需要帮忙，可以直接告诉小曼，那么小曼做自己的事情就可以了。”然后结合刚才的解释，问“再出现这种情况，小桐你要怎么说？小曼你要怎么做?”我让两个孩子模拟演练了一两遍正确的处理方式，以此加深正确处理事情方法的印象。

在解决这类争执时，要搞清楚孩子是怎么想的，让孩子说出自己的真实想法，达到交流的目的，使对方明白自己的想法和行为，如果要拒绝，也要有礼貌地拒绝，而且拒绝也是很正常的。所以同伴交往有利于相互认知，更有利于冲突的解决，减少矛盾。

（三）同伴交往促同伴接纳

同伴接纳是同伴关系的一种形式，反映了群体对个体的态度。一般来说，在同伴群体中有受欢迎的、被忽视的和被拒绝的几类儿童。

二年级孩子喜欢和同学一起做游戏，但有些被拒绝的孩子很苦恼，也因此发生矛盾和争执。小郝同学很想参与同伴的游戏，但是同伴们总是不加他，一次他和同学们又争吵起来。小郝同学委屈地说："我想玩，他们总不加我玩。"我又问其他同学："为什么不加他玩啊？"同学们七嘴八舌地说起来："他老不按规则玩。""他还老打人。""他输了就不高兴，老和我们争。"我转而对小郝说："你看大家给你提的意见，你能接受和改正吗？怎么和大家一起做游戏啊？"我又对其他同学说："你们能给小郝一个改正的机会吗？让他参加你们的游戏，如果有做得不对的地方，你们告诉他，我相信他是愿意改正的，好吗？"

在同伴团体中经常会出现这种情况，如果孩子能遵守团体的规则，其行为符合团体的标准，则往往得到同伴的好评和尊重，相反，则会受到团体的指责与批评。为了更好地与同伴相处，孩子就要服从团体的规则，否则会遭到拒绝，为了不遭到拒绝，孩子就要约束自己的行为，遵守团体的规则，使自己与团体保持一致。这种影响主要是通过集体的舆论而实现的，无论是有组织的集体还是自发形成的团体，都会对孩子的个性品质产生重要影响。

这些是一、二年级常出现的同伴关系问题，所以在日常处理中我们要注重孩子交往的引导，除了引导学生说想法、听对方想法、用正确语言进行交流外，还可以利用班会讲同桌的故事、演小品、诗朗诵等多种形式，使孩子们认识到同伴的重要、同伴交往的重要。良好的同伴关系有利于孩子认识自我，有助于孩子社交技能的发展，更能为孩子提供安全感、归属感，让孩子获得情感和社会支持。拥有同伴圈子，就表明孩子被接纳，被认为有价值，这对于孩子来说是很重要的。所以我们要重视孩子的同伴交往以及交往经历，让孩子从中获取更多的社会性认知，促进孩子自我意识的发展。

参考文献

[1] 张文新. 儿童社会性发展. 北京：北京师范大学出版社，2014

[2] 林崇德. 发展心理学. 北京：人民教育出版社，2014

预防小学生视力不良的行动研究

——防控边缘视力近视倾向

■ 李昂　刘荣　朱珍

边缘视力：属正常视力范围（视力＝5.0），但它是正常视力向视力低下发展的一个临界状态。

视力不良：又称为视力低下或视力低常，是指裸眼视力小于5.0者，指裸眼远视力达不到正常标准。视力低下以单眼判断，裸眼视力达不到正常标准的眼，统称为视力低下眼。

近视眼：是指辨认远方目标的能力下降，平行光线进入眼内后在视网膜之前形成焦点，外界物体在视网膜不能形成清晰的影像，即看不清远处的物体，而近视力正常，并经散瞳验光后，表现为近视力屈光不正性眼病。

有研究者表示，边缘视力中以正视为主，占73.88%，近视状态占16.8%，余为远视。边缘视力中的“近视”者，常认为自己视力正常，而忽视了已经“近视”的实质。根据研究者6个月的追踪观察，这些“近视”中有47.3%视力下降，演变成“真”近视，23.6%变为正视，29.1%仍保持原视力和屈光状态，有待于继续观察。因此，边缘视力的学生受各种因素的影响变化较快，以变为近视的倾向性较强，其中“近视”学生是发展成为近视的“高危人群”，边缘视力如得不到及时有效地控制，很容易发展为视力不良，所以，使这部分学生的视力得到控制不让其继续下降，将大大降低视力低下及近视眼的新发病率。控制边缘视力是降低近视患病率的关键，应把他们作为预防近视的重点对象，积极采取干预措施。

体检数据反映，学生视力不良率不断提高，2016 年一年级学生入学体检，受检人数为 672 人，正常视力人数为 271 人，占 40.33%，视力低下（视力不良）人数为 401 人，占 59.67%。视力不良是我国青少年儿童的常见病、多发病，给孩子的日常生活带来诸多不便和烦恼，已经是一种全球流行性眼病，其患病率正在呈逐年增长的趋势，成为不容忽视的问题。

一、对象与方法

（一）对象

以学校三年级（3）班、（14）班的边缘视力学生为干预对象。

（二）干预方法

1. 以预防边缘视力学生视力不良为中心

（1）视力检查。对三年级两个班的边缘视力学生进行视力检查，确定最初视力基线数据。每月监测一次学生视力，将学生的视力情况及时反馈到家长微信群，若有个别视力下降的学生，老师直接与家长沟通联系，指导家长采取有效的方法帮助孩子建立良好的用眼行为、习惯。

（2）问卷调查、学生访谈。学生在干预前填写调查问卷，与学生进行访谈，了解学生用眼习惯和学习、生活中的态度、行为，以及对相关知识的认知程度。

（3）开展爱眼科学知识讲座，使学生了解眼睛的科普知识、预防近视的方法，培养学生科学用眼意识，养成正确的用眼行为习惯。

（4）读写坐姿培训。进班培训学生正确读写坐姿，手把手教会学生“三个一”的正确应用，做到“三个一”不停留在嘴上，要正确做好，落实到位。

（5）保健室老师进班听课。保健室老师进班听每一堂课，了解任课教师授课方式并做好记录，提示在课上需要进行大量书写、朗读的任课教师，对学生课上不正确的读写坐姿能够及时提醒。

（6）5.0 视力学生评价表。由学校保健室老师定制，根据实际情况，将表格细化，分为自我评价、对教师评价及对家长评价三项内容。学生每日填写，对自己进行监督评价，每两周上交一次表格，保健室老师核对学生表格中填写的内容，根据学生每周记录情况定期进班抽查、指导、纠正。

（7）桌标、海报、温馨提示。为了能够更加有效地提醒学生正确读写坐姿，时刻提示预防近视的重要性，保健室老师在班级内张贴了自己设计的正确读写坐姿的海报、桌标、提醒任课教师的温馨提示标。

（8）进班抽查。读写姿势不正确的学生中视力不良检出率高于读写姿势正确的学生。进班抽查并将不正确读写坐姿的学生做好记录，课下进行纠正指导，教育学生要自觉养成科学合理用眼习惯，注意学习姿势和书写距离，从小培养学生良好的读写姿势。

2. 以家校联合防控近视作为重点

（1）学校下发家长信，得到家长认可和配合，做好对学生正确防控知识的灌输和防控行为的监督。家长对学生居家期间的用眼行为进行干预，配合填写干预表格，保健室根据学生情况再进行分析指导。

（2）家长填写调查问卷，初步掌握家长对护眼知识、对孩子保护视力重视程度、对孩子保持正确读写姿势的重视程度、对孩子不良用眼习惯的纠正意识等方面的了解程度，并鼓励家长提出指导监督建议，从而获得更有效的监督措施和方法。

（3）建立家长微信群，方便家校沟通、及时反馈学生用眼情况。

（4）学生家庭监测表由学校保健室老师定制，将表格分为读写坐姿用眼习惯、饮食睡眠、活动情况及是否及时提醒三项内容，家长根据监测表中提示对学生居家期间的用眼行为进行干预，纠正学生不良用眼习惯。每两周上交表格，保健室老师根据记录，掌握学生居家用眼情况，分析并做出指导。

（5）加强家校联动。一些家长对眼睛保健知识重视不够，日常生活中不能及时纠正学生不良的用眼习惯，保健室将有关爱眼知识、护眼的保健方法通过家长微信群定期向家长普及，并将学生的干预情况进行反馈，及时与家长沟通。

（6）家长填写调查问卷。家长在此次干预结束后填写调查问卷，与干预前进行对比分析。

二、结　果

视力不良发生的原因与遗传因素和多种因素综合作用有关，除了遗传因素起决定性作用外，学生的读写姿势不正确、每天学习时间过长、睡眠时间不足、迷恋看电视、上网和游戏、课后辅导班等均是影响视力不良的重要因素。边缘视力的学生受各种因素的影响变化较快，变为近视的倾向性较强，因此，采取综合干预手段使这部分学生的视力得到控制不让其继续下降是工作方向。

（1）开展防近知识宣传、教育活动，可以提高学生对视力不良防控知识的认知水平，增强学生爱眼的意识。见表1。

表1　　两个班学生干预前、干预后调查问卷数据对比

问卷内容	三（3）班		三（14）班	
	前测（分数）	后测（分数）	前测（分数）	后测（分数）
爱眼知识、行为态度	4.6	7.7	3.8	7.2
爱眼知识认知水平、爱眼意识	4.6	7.4	3.7	6.1

注：前测、后测总分均为10分。

（2）开展家校联合防控，无论对学生还是家长都可增强视力防控意识，部分家长能够真正认识到近视给孩子今后带来的困扰和诸多不便，部分家长已经做出一些有效的防近干预（如购买适合孩子的课桌椅、护眼灯具、坐姿矫正器等），培养孩子建立良好的用眼习惯，家校联合防控近视是最根本也是最有效的防控方法。见表2。

表2　两个班学生干预前、干预后家长调查问卷数据对比（前、后测对比）

序号	问卷内容	三（3）班		三（14）班	
		前测（分数）	后测（分数）	前测（分数）	后测（分数）
1	家长对孩子保护视力的重视程度	8.56	9.87	7.22	8.09
2	家长对孩子保持正确读写姿势的重视程度	8.68	9.87	7.22	9.18
3	家长对孩子不良用眼习惯的纠正意识	8.31	9.93	7.22	10.00
4	孩子对保护视力的重视程度	7.31	9.37	6.63	8.72
5	孩子对保持正确读写姿势的重视程度	7.25	9.18	6.72	8.54
6	孩子改变不良用眼习惯的意识	6.93	9.12	6.45	8.55

注：前测、后测总分均为10分。

三、讨　论

1. 学生方面

干预后学生的认知水平有所提高，但由于三年级学生已经养成了一定的书写坐姿习惯，加上自控能力不强，容易兴趣递减，逐渐懈怠，在干预纠正过程中存在一定难度。良好的用眼习惯应从孩子初步建立读写坐姿时开始培养，孩子能够自觉建立规范是关键。

2. 家长方面

个别被干预的学生家长由于诸多原因，缺少对孩子视力的关注，对孩子用眼情况的监督少之又少，孩子出现了各种不良的用眼习惯、态度、行为时，没有得到家长及时提醒和纠正，导致孩子良好的用眼习惯无法养成。

3. 教师方面

课堂中关注仍需加强，尤其是年轻教师对学生保护视力的关注程度需要继续提高。读写姿势不正确的学生中视力不良检出率高于读写姿势正确的学生，建议任课教师在不影响教育教学的情况下提醒学生不正确的读写坐姿，培养学生自觉养成科学合理的用眼习惯。

4. 校医方面

进一步将防近工作深化并融入各项日常工作中，对视力不良学生建档，大力开展家校防近工作。对这一部分学生，应加大防近干预力度，遏制近视不再继续恶化。

有效地降低视力不良率的发生，建立学生良好的用眼习惯，必须力求达到在学校、家庭合力下引导教育行为的改变，提供一个良好的氛围和平台，孩子出现各种不良的用眼习惯、态度、行为时，家长及任何教师应及时提醒、纠正。居家环境中，家长用正确方法引导并培养孩子养成良好的用眼习惯，在课堂中教师应提醒并纠正学生不正确的读写坐姿，培养学生自觉养成科学合理的用眼习惯。家校联合控制视力不良，使学生形成积极、正确、科学的用眼行为和习惯，使学生爱护眼睛成为习惯，将会受益终生。防控学生近视，需要多方配合与长期坚持才能够见到成效，此项工作任重而道远。

北京市东城区某小学 2010～2016 年学生超重肥胖状况分析

■ 卢晓红　孙爱华　杨　阳

随着社会经济的发展，儿童青少年的营养状况明显改善，但营养不良和营养过剩双重营养问题依然存在，特别是超重和肥胖检出率呈现逐年上升的趋势。这些营养问题严重影响了小学生的正常发育，也为成年后营养相关性疾病的发生埋下了隐患。本文分析总结东城区某小学近 6 年来学生超重和肥胖检出率，为超重和肥胖学生制定科学有效的干预方法。

一、对象与方法

（一）对象

2010～2016 年在东城区某小学就读的 1～6 年级学生。

参检医务人员均进行培训，按照统一标准进行检查，数据以《国家学生体质健康标准（2014 年修订）》作为营养状况评价，以不同年级相应的体质指数（BMI）判断学生营养状况，分为轻度营养不良、中度营养不良、重度营养不良、正常、超重、肥胖几种。

（二）统计处理方法

采用专门的统计软件对导出数据进行处理和分析，各组百分率的比较采

用 χ^2 检验，$P<0.05$ 为差异有统计学意义。

二、结　果

（一）总体情况

1. 2010～2016 年各年级超重检出率趋势分析

从图 1 可以看出，6 年来超重检出率有逐年缓慢上升趋势，四、五年级检出率达到最高，六年级又出现下降趋势。

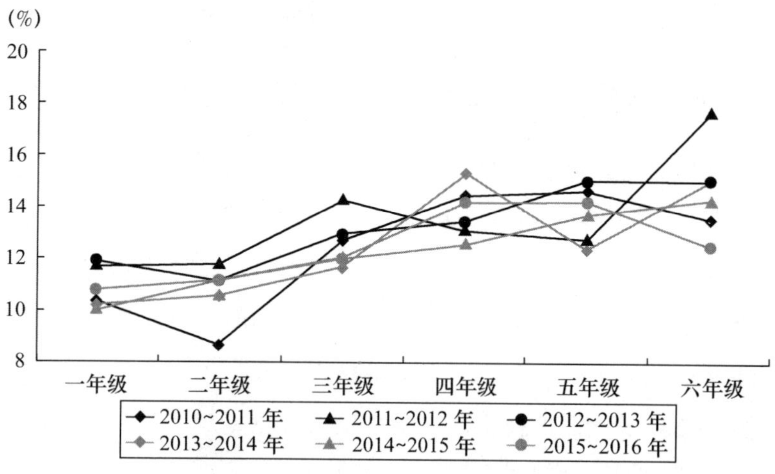

图 1　2010～2016 年各年级超重检出率

2. 2010～2016 年各年级肥胖检出率趋势分析

6 年来学生肥胖检出率均有随年级的增长而逐年升高的趋势，在四、五年级达到最高。这和杨心柔、和红对 2010 年北京市京籍与流动中小学生超重肥胖状况的分析结果一致。六年级又有轻微下降，和超重趋势基本一致。这可能是因为学龄前儿童主要以运动为主，升入小学后，尤其是三年级以后，学习压力增大，户外活动时间减少，学生肥胖检出率大幅增加；六年级后，部分学生身高会出现突飞猛进的上升，肥胖检出率也随之降低（见图 2）。

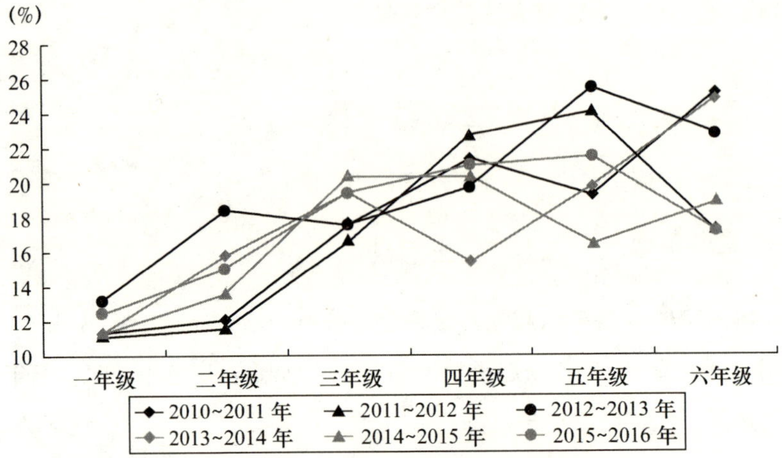

图 2　2010～2016 年各年级肥胖检出率

（二）不同性别不同年龄段超重和肥胖检出情况

一至六年级来看，总体男女超重和肥胖检出率均有显著性差异。男生高于女生；三年级、四年级男生超重检出率高于女生，其他年级没有显著差异。各个年级男生肥胖检出率均高于女生，男生肥胖最高检出率在五年级，女生肥胖最高检出率在六年级。这与季成叶等对中国学龄儿童的超重与肥胖流行趋势研究结果一致。男生超重、肥胖检出率高于女生，可能是由于男生饮食量大，能量摄入较多，但消耗不足，而女生发育较早，可能会有意识地控制饮食和体重；再次可能是因为男生身高快速增长一般都在中学阶段，而很大一部分女生在小学五六年级就会有快速增长，导致男生肥胖率高于女生（见下表）。

不同性别不同年龄段超重和肥胖检出情况

学段	性别	受检人数	超重		χ^2	P 值	肥胖		χ^2	P 值
			人数	检出率（%）			人数	检出率（%）		
一年级	男	1843	207	11.23	0.76	>0.05	303	16.44	65.64	<0.05
	女	2178	226	10.38			177	8.13	56.53	<0.05

续表

学段	性别	受检人数	超重		χ^2	P 值	肥胖		χ^2	P 值
			人数	检出率（%）			人数	检出率（%）		
二年级	男	1777	202	11. 37	0. 62	>0. 05	346	19. 47	56. 53	<0. 05
	女	2099	222	10. 58			228	10. 86		
三年级	男	1827	267	14. 61	11. 02	<0. 05	460	25. 18	77. 13	<0. 05
	女	2070	229	11. 06			291	14. 06		
四年级	男	1757	264	15. 03	4. 45	<0. 05	492	28	104	<0. 05
	女	1970	249	12. 64			284	14. 42		
五年级	男	1643	239	14. 55	2. 34	>0. 05	475	28. 91	106. 4	<0. 05
	女	1818	232	12. 76			264	14. 52		
六年级	男	1455	233	16. 01	2. 44	>0. 05	387	26. 6	44. 54	<0. 05
	女	1642	230	14. 01			275	16. 75		
合计	男	10302	1412	13. 71	18. 3	<0. 05	2463	23. 91	450. 6	<0. 05
	女	11777	1388	11. 79			1519	12. 9		

三、结　论

本次从不同年龄段不同性别分别进行了超重和肥胖检出率的比较，四至六年级超重和肥胖检出率较高，为我校干预的重点人群；超重、肥胖检出率男生明显高于女生，与国内有关报道一致：儿童期肥胖若得不到及时纠正，约 60% 成年后仍可肥胖。针对我校实际情况，今后对于超重和肥胖学生进行以下干预。首先，帮助学生建立健康的饮食习惯和良好的生活习惯，以家庭为单位，普及学科合理膳食结构知识，积极倡导合理营养，平衡膳食的观念，提高家长及学生本人对超重及肥胖的重视。其次，对于超重和肥胖的学生，应指导减少静坐的生活方式，有规律地进行体育锻炼，加强体育课的管理。

参考文献

[1] 和红，杨心柔. 北京市京籍与流动中小学生超重肥胖状况分析. 中国学校卫生，2016，37（4）

[2] 季成叶，孙军玲，陈天娇。中国学龄儿童青少年1985－2000年超重肥胖流行趋势动态分析. 中华流行病学杂志，2004，25（2）

[3] 沈莉，徐建兴. 长宁区大中小学生营养状况调查. 中国校医，2004，18（3）

[4] 许慧萍，汤海英. 上海市奉贤区中小学生营养状况分析. 社区卫生保健，2010，9（3）

[5] 张崛，郭红峡，崔永强，等. 2010－2011学年北京市昌平区中小学生营养状况监测结果分析. 中华全科医学会，2012，10（7）

[6] 季成叶. 儿童少年卫生学. 北京：人民卫生出版社，2012

浅谈心理健康教育在小学科学课上的渗透

■ 苏　芳

伟大的教育家苏霍姆林斯基说："今天当人的生命活动中，细腻的神经系统的作用一代比一代增强的时候，心理素质的培养就成了人的全面发展的主要因素。"随着时代的进步和竞争的加剧，小学生的学习压力也随之增大，过大的压力导致家长忽视对学生核心素质的培养，阻碍了小学生身体和心理的健康发展。因此，为了促进小学生全面发展，需要从素质教育的角度出发，在提高学生的学习成绩的同时，保护小学生的好奇心，培养小学生的核心素养，从而促进学生身心的健康成长。小学科学教育不仅能够保护学生的好奇心，更能够提高学生的动手能力和创造能力，进而在培育学生的健康心理方面发挥重要作用。所以本文研究了心理健康教育在小学科学课堂中的渗透，以及如何利用科学课堂促进学生心理健康的发展。

一、小学生心理健康的标准及现状

世界卫生组织（WTO）明确定义了"健康"，即健康不仅仅是指躯体上没有疾病，还应包括心理和社会适应能力等方面的健全与最佳状态。根据这一定义，WTO进一步明确了心理健康的标准，即具有健康心理的人，人格是完整的；自我感觉是良好的；情绪是稳定的，且积极情绪多于消极情绪；有较好的自控能力，能保持心理平衡；能自尊、自爱、自信，有自知之明。一个人在自己所处的环境中，有充分的安全感，且能保持正常的人际关系，能受到他人的欢迎和信任。心理健康的人，对未来有明确的生活目标，并能切合实际地不断进取，有理想和事业上的追求。

1. 小学生心理健康标准

根据心理健康标准，结合小学生的年龄特点，小学生心理健康的标准应包括以下几方面。

（1）能正常学习和生活，与周围环境取得平衡和协调，有一定的求知欲和兴趣爱好，一般说其心理就是健康的。

（2）同家庭成员、教师、同学能建立良好的人际关系，以诚恳、谦虚、公正和宽厚的态度对人。

（3）能正确地认识自己、了解自己，努力发展身心潜能。不做无谓的怨忧，不易受消极性暗示的诱惑。

（4）思想有条理，行为前后统一，注意力比较集中，学习上有一定的毅力。

（5）有良好的情绪，比较活泼、开朗，经常保持愉快，遇事冷静，处理谨慎，同情老幼伤残，憎恨坏人坏事，向往美好未来。

（6）有较好的心理承受能力，能适应环境变化，乐于接受新生事物。

2. 小学生心理健康状况

据《中国教育报》消息，由北京师范大学发展心理研究所沃建中博士主持的“中小学生心理素质建构与培养研究”课题，对当前中国中小学生心理健康状况开展了比较广泛的调查研究。课题组按照国际标准，分别在北京、河南、重庆、浙江、新疆等五个地区抽样选取 16472 名中小学生进行问卷调查研究。

调查结果显示（见下页图），小学生心理基本健康的比例是 79. 4%，有异常心理问题倾向的比例是 16. 4%，有严重心理行为问题的比例是 4. 2%；初中生心理基本健康的比例是 82. 9%，有异常心理问题倾向的比例是 14. 2%，有严重心理行为问题的比例是 2. 9%；高中生心理基本健康的比例是 82. 7%，有异常心理问题倾向的比例是 14. 8%，有严重心理行为问题的比例是 2. 5%。

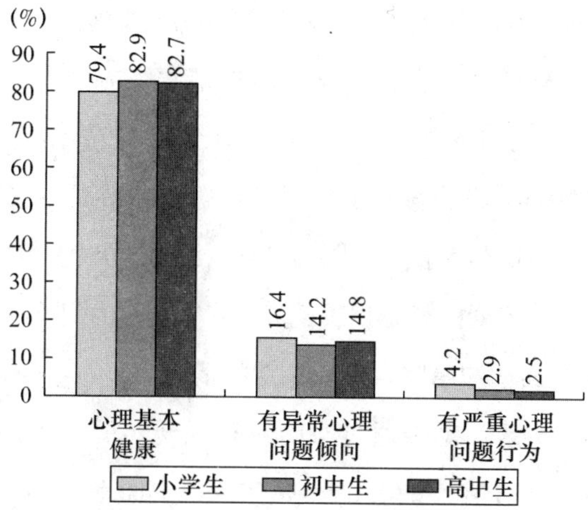

小学生、初中生、高中生心理健康情况

通过数据不难发现，小学阶段心理基本健康学生的比例较初中、高中阶段略低。这种现象是由小学生的年龄特点决定的，因此在小学阶段更应该重视学生心理健康的教育和引导。

二、小学科学教学是促进学生心理健康的教育

1. 可以使学生保持好奇心，培养兴趣爱好

小学科学课程可以使学生接触灵动的生命世界，感受生命的精彩；可以使学生理解身边的物质，体会其中的奥秘；还可以带学生探索深邃的太空，领略宇宙的神奇。科学课程的每一点滴，都能激发学生的好奇心和探索自然世界的意趣，帮助学生全面认知世界。

2. 可以使学生建立良好的人际关系

科学课堂上鼓励小组合作。学生通过小组学习，或统领小组活动，或亲自动手实验，或认真填写记录，体会到合作的乐趣，培养了合作的意识，从而为学生良好人际关系的建立奠定基础。

3. 可以训练学生的思维能力

在科学课堂上，培养学生的思维比培养学生的动手能力更为重要。众所

周知，科学课堂通过各种各样的实验，能够最大程度地提高学生的动手能力。而与动手能力相比，科学课堂在提高学生的思维水平方面发挥着更显著的作用。在学习的过程中，学生要通过设计各种类比实验、操作实践，分析数据，得出结论，从而将课堂所获迁移到生活中，理解自然界的现象并进行合理应用，做到知行合一。在这些实践过程中，学生接受了类比、推理、验证以及设计、制作、改进等一系列的思维训练，养成了良好的思维习惯。

4. 可以使学生全面认知事物，具有稳定的情绪

人的心理是人在实践活动中通过头脑对客观现实的主观能动的反映。主观的“认知”要尽量符合客观的实际。只有比较全面地认知事物，才能具有稳定的情绪。科学素养的形成是长期的，早期的科学教育将对一个人科学素养的形成具有决定性的作用。科学课的学习，有利于小学生形成科学的认知方式和科学的自然观，并将丰富他们的童年生活，发展他们的个性，开发他们的创造潜能，激发他们良好的学习动机。小学科学课程涵盖的领域非常广泛，能够帮助学生利用自然知识，解释身边的现象，培养稳定的情绪。

5. 可以培养学生较好的心理承受力

这一年龄学生的行为能力有限，在一些科学实验中，学生会遇到各种各样的问题导致实验不能成功。这时很多学生会有较强的挫败感。而经过教师的鼓励和指导，学生会一次次地改进实验，进而使实验成功。在我的课堂实践中，很多实验失败的学生经过一次一次的改进，得到了预期的实验结果。学生们为实验的成功而欢呼，更被自己不为失败所气馁的精神所鼓舞，锻炼了学生的心理承受力。

三、如何在科学课堂渗透心理健康教育

小学科学课堂内容丰富，形式多样，是培养学生健康心理的有效场所。经过摸索和实践，我认为，可以从以下方面在课堂中渗透心理健康教育。

1. 营造有利于小学生心理健康成长的教学氛围

认知心理学研究证明，心理状态是影响学生学习效率的主要因素，它对学习效率具有调节和支配的作用。对于我校的科学教师，应在我校和谐教育的统领和指导下，营造有利于小学生心理健康成长的教学氛围。坚持以人为本的教育理念，爱学生、以学生为中心组织教学，面向全体学生，促进学生全面发展。要想学生在学习上保持积极的心理状态，则遵循认知心理学规律，结合教材、教法精心进行教学设计，创设最佳教学环境，在课堂上让学生在适宜的心理状态环境下愉快地体验。

2. 构建适合小学生心理特征的课堂结构

这个阶段学生的心理特征表现为求知欲望强、好动、兴趣广泛。科学教师要充分利用这一特征，遵循科学教学方法和学生的认知规律，构建适合其心理特征的课堂结构，使学生在积极主动的情境中不断获得成功的体验，促成心理健康发育。首先，教师要有深厚的知识积累，能够创设有意义的教学情境，将所教课程与情境相结合，引导学生解决问题。其次，教师掌握和运用多媒体教学手段引导认识心理的发展，使课堂气氛充满生机，帮助学生在头脑中形成浅表印象，建立正确的科学概念。最后，教师要有足够的耐心，在学生实验过程中进行正确的指导，使学生能够顺利地完成实验，增强自信。

3. 建立融洽的师生关系

科学教师要以诚恳的态度、朋友的身份和同学相处，理解他们。和小学生相处，首先要取得他们对你的信任，这样，他们就会消除戒备心理，把自己内心世界的活动如实反映出来，教师才能成为他们真正值得信赖的朋友，才能在关键时因势利导，培育积极的心理。

科学教师还要像兄长或父母一样关爱他们。小学生是一个敏感和脆弱的群体，需要从各方面得到关爱。在小学科学课堂上，特别是在实验课上，教师应耐心地叮嘱注意事项，并帮助有心理问题的同学共同完成实验。这样，他们才能在教师身边寻找到安全感，从而更依赖、信任教师，形成积极健康的心态。

科学课堂既是传授科学知识的地方，也是对学生进行心理健康教育的关键场所。只有遵循小学生心理特征和科学的教学方法，创设合理的教学情境，细心、耐心地关爱学生，才可提高学生的心理素质，促进其身心健康发展，才能培养出和谐的人。

浅议语文课如何营造良好的课堂心理气氛

■ 张牧梓

一、研究背景

课堂心理气氛是学生课堂学习赖以发生的心理背景，它作为学习心理活动与学习的个性特征之间的中介因素，是通过影响课堂活动中学生的学习动机、学习行为、学习情感体验以及评价效应，进而制约学生课堂学习效益的。我在授课过程中，发现课堂心理气氛不同，学生的学习积极性、学习兴趣、学习情感体验、学习注意力有很大差异，课堂心理气氛活跃，学生的学习效率较高，反之，效率差强人意。

二、提出问题

通过我在本班语文课上的调查，发现不同的课堂气氛学生学习效果相差较大。课堂心理气氛良好、宽松，学生在课上多次质疑，近一半的提问质量较高，一节课要有几十次发言，其中 1/4 人次发言内容精彩，有自己的创见；而在不良心理气氛下，发言者寥寥无几，质量均较差且无创见。两周后测验又表明，良好心理气氛下学生学习效果巩固率为 90%，后者仅为 64%。这说明积极健康良好的课堂心理气氛，有助于提高学生的学习效率；相反，则降低学习效率。因此，我努力在课堂上营造良好的课堂心理气氛，激发学生的学习热情，这对巩固学习效果有极大的促进作用。

三、创设良好的课堂心理气氛的策略

（一）公正评价，合理期望，营造好每节课的心理气氛

教育心理学的大量研究表明，教师期望的自我实现性预言效应确实是存在的：教师对学生的高期望会使学生向好的方向发展，教师对学生的低期望则会使学生越来越差。我在课堂教学中往往通过一些特定的行为来向学生传达对他们的期望信息。

例如在教学《趵突泉》一课时，学到描写小泉的一段，我让学生选择自己喜欢的内容学习，然后交流。学生谈自己的学习感受时，对于发言精彩的，我及时加以赞美："你能联系上下文感悟课文，这种方法值得大家学习。"说后我还面带微笑，伸出大拇指。发言的学生极为兴奋，喜滋滋地坐下了。"你的理解真到位，哪位同学还愿意为我们展示学习成果？"这样的语言使学生更乐于发言，乐于表达。小岗是一名能力较差的学生，这次也举起了手。我急忙请他回答。他说得磕磕绊绊，词不达意，底下有学生吃吃地笑，他更紧张，一下卡壳了。我和颜悦色地对他说："想想看，那些水泡像一朵攒得很紧的珠花，让你想到了什么？"

他依然发愣。我于是边做手势边说："珠花是古代女子的装饰物，戴在头发上的。用它形容小泉的水泡，你会觉得这水泡……""挺美的。""真棒！"我及时鼓励。这时他突然又冒出一句话："老师，我还觉得水是透明的，可以说剔透。"我高兴地对全班说："同学们，这样精彩的回答是不是应该给点掌声？"掌声响起，我拍拍小岗的肩膀说："看，你能行，相信这一段你也会很快背诵下来。"孩子的脸兴奋得发红，接下来的课，他上得更认真了。下课后，他主动跑来要求背诵，这在以前是没有的事。

我在课堂上通过话语或肢体行为努力向学生传递一种爱意和关怀、平等和尊重、期待和激励，再加上给予学生足够的学习时间，进行适当的教学，

绝大多数学生对学习内容都可以较快地掌握。可见，形成适度的高期望，才可能形成良好的课堂心理气氛。

（二）以自己积极的情感感染学生，创始语文课堂的心理氛围

师生的情感共鸣是课堂心理气氛的主要来源。现代教学论认为，教学过程不仅是传授知识的过程，更是师生在理性、情感方面的互动过程。学生是否乐于接受教师所传授的信息，关键在于这信息能否满足学生的情感需要。

我在课堂教学中努力把师生双方的意图、观点和情感联结起来，使教师传授的知识、提供的信息能引起学生强烈的求知欲望、积极的思维活动和强烈的内心体验。要达到这些目的，我认为必须增加情感投入，给知识、信息附加情感色彩，用情感教学，以自身的情感体验营造良好和谐的课堂心理气氛，把学生带入课文中，使学生受到潜移默化的影响。

例如《小珊迪》一课讲述了爱丁堡一个卖火柴的小男孩被马车压断双腿，临死前还不忘把零钱还给那位买火柴的先生的故事。课前预习时，我改变了以往一成不变的预习方法，请学生把自身初读课文后的理解用自己喜欢的形式表现出来。预习作业交上来后，形式多样。特别是由两个喜欢绘画的学生共同创作的一幅画吸引了我，他们画的是小珊迪被马车撞倒后，浑身是血，趴在路上的情景。我把这幅画作成幻灯片，准备在课上放映。上课伊始，我先对学生说："同学们，我们都有幸福美好的童年，可在100多年前的英国，由于社会贫富悬殊，许多人缺衣少食，而那些失去父母的孩子，更是不得不以乞讨或做小买卖为生。"随后放一段影片，并配以解说："有的孩子，要同成人一样从事繁重的工作，有的孩子，被富人雇佣，每天都要擦地、做各种杂活，换来的仅是一勺难以填饱肚子的稀粥！他们每天在疲劳与饥饿中度过。作家迪安斯塔雷笔下的小珊迪就是千千万万穷苦孩子中的一员。今天，让我们通过学习，共同走近这个孩子。"投影呈现小珊迪的画面。当学生看到与他们同龄的孩子小小年纪却承担着繁重的体力劳动，果腹的却是可以照见人影的稀粥时，很是震撼。随着对课文内容的学习，学生进一步感到了小珊迪孤

苦无依，饥寒交迫，这时我出示那两位学生创作的画，请画画的学生谈感受，孩子起立后还没说话眼眶就红了。她说："小珊迪遇到车祸，随时都会死，但他还想到要尽快把钱还给人家和自己的小弟弟。"孩子在回答问题时语音哽咽。此时，一段哀婉的音乐响起，小珊迪临死时那张惨白的脸出现在屏幕上，我发问："他会说什么呢，你愿意读一读吗?"学生怀着敬意动情地读原句。我此时又出示了四幅画面，请学生回顾小珊迪的音容笑貌，此时无声胜有声。最后，我问学生："此时你想说什么?"发言的孩子边说边哭，对善良诚实的小珊迪由衷敬佩。我也是热泪盈眶。更有一个女孩子，下课后还趴在桌子上哭个不停，我不得不过去温言抚慰。这节课上我和同学们与作者的情感达到共鸣。教师在课堂上以自己积极的情感感染学生，就要在教学过程中倾注真实的情感和真诚的爱心，用情感和爱心去感染和打动学生，就能创设符合作品的课堂心理气氛，从而达到较好的教学效果。

四、利用一切手段调控课堂气氛

（一）建立平等的师生关系

我在课堂活动中，从不把自己看成发指令、提要求、检查执行结果的监督者，而把自己当作教学活动中平等的一员。我以平等的态度对待学生，以民主的方式指导和组织教学，关注学生的学习需求。我在课堂活动中以身作则，为人师表，用自己的良好威信影响学生，给全班学生以积极的情绪体验，以创造良好的课堂心理气氛。比如每每我要求学生读课文时，我不是单纯地听，而是要求学生读的段落，我也有滋有味地大声朗读，绝不敷衍了事。有些想糊弄的学生听到我的范读，也不由自主地开口跟读，久而久之，一到学生自由读课文的时候，同学们都很投入，大有与我一较短长的味道。

（二）重视课堂教学中的多向交往，建立良好的班级人际关系

课堂教学中师生、生生之间的交叉联系，叫多向交往。多向交往能够满

足学生的求知欲，调动学生的学习积极性，提高学生的自学能力。因此，我认为营造良好的课堂心理气氛，要重视课堂教学中的多向交往。师生关系融洽，教师热爱、信任学生，学生尊重、敬仰教师，可以导致积极、健康、愉快、活跃的课堂心理气氛；不和谐、僵化、紧张的师生关系则容易酿成消极、沉闷甚至一触即发的紧张课堂心理气氛。同样，同学之间团结友爱，课堂上容易形成互相尊重、体谅、友好的学习风气；如果同学之间不和睦，矛盾重重，钩心斗角，课堂上就容易出现嘲讽、攻击、紧张、压抑等不健康气氛。一次，我到外校听课时发生了一件让我印象深刻的事。老师讲的是《乌鸦喝水》一课，学生们达成了由于乌鸦聪明，终于喝到了水的共识。可有一个孩子却说乌鸦不一定能喝到水，因为石子会把水淹没。老师没问原因，而且批评提出异议的学生不具备起码的科学常识。那个孩子很不服气，坐下后也不愿意认真听讲了。孩子大胆的质疑、求实的品质被老师扼杀了。如果这位老师能认真倾听学生陈述理由，不仅能形成融洽的师生关系，而且会使学生成为学习的主人。

（三）学生的成功体验可以提高课堂心理气氛

课上我所传授的内容和提出的要求，要有一定的难度，但这个难度又不是不可逾越的。当学生经过努力，克服了困难，取得了学习上的胜利时，就会感到自己智慧和毅力的力量，体验到一种刻苦努力获得成功的幸福和喜悦，学习情绪和课堂心理气氛就会为之大振。

在课堂实践中，我感到积极、良好、和谐、愉快的课堂心理气氛能使学生集中注意力，并长时间处于积极主动学习状态。学生回答问题时思路开阔，思维敏捷，想象丰富，记忆力增强，精力旺盛。课堂心理气氛影响着学生的学习效率和人格发展。良好的课堂心理气氛，对于提高教与学的质量具有重要的影响。而良好课堂心理气氛的营造，需要教师的精心组织和主动创设，教师是良好课堂心理气氛的创设者和维护者。

积极心理学视角下中小学生人际交往的课程辅导初探

■ 迟 佳

一、课程辅导的设计与开展

（一）课程设计的依据

课程的设计需要一定的理论作为指导和依据，本次课程设计充分尊重《中小学心理健康教育指导纲要》，以积极心理学的积极情绪“拓展－构建”理论和“五阶段疗法”为设计依据，并借鉴了积极心理学之父塞里格曼先生所著积极心理学系列丛书中《教出乐观的孩子》一书中的内容。

1. 积极情绪“拓展－构建”理论

（1）积极情绪“拓展－构建”理论的主要内容。

积极情绪“拓展－构建”理论，又称积极情绪扩建理论，由美国密西根大学（University of Michigan）的心理学教授弗瑞德克森于1998年提出。积极情绪“拓展－构建”理论认为，积极情绪具有拓展并构建个体即时的思想或行为的作用，也就是为即时的思想和行为提供充足的资源，如使个体在当时的情景条件下反应更准确、认知更全面、思维的创造性更活跃等。“在扩建即时资源的基础上，积极情绪还能帮助个体建立起长远的、有利于个人未来发展的资源（主要包括身体资源、智力资源和社会性资源等）。”积极心理学的研究表明，积极体验可以转换化积极行为，积极行为可以转化成积极人格。

我国一些学者做了积极情绪“拓展－构建”理论的相关验证研究，他们验证了性别和年龄因素所起的作用。其研究发现：对于女性来说，积极情绪促进任务转换的现象在初中、高中、大学三个阶段上具有发展上的稳定性，而对于男性来说，只在初中阶段表现出这一特点，在高中阶段和大学阶段，积极情绪促进任务转换的现象不再明显。

（2）积极情绪“拓展－构建”理论在课程设计中的应用。

既然增加学生在人际交往方面的积极情绪体验可以提高其人际交往能力，那么我们应该选取哪些人际交往时的积极情绪让学生去体验呢？

我国有学者在研究当代中学生人际关系智力的培养之后提出，在培养中学生社交礼仪与技巧方面要重点培养学生学会使用文明礼貌用语、学会交谈技能、学会倾听、学习非语言方式的交往、注重仪表和气质五方面的能力。

2. “五阶段疗法”

（1）“五阶段疗法”的主要内容。

诺·佩塞施基安（N. Peseschkian）认为人具有两种基本能力：认识能力和爱的能力，这两种能力是每个人都毫不例外地具备的基本心理素质，它们为人的提升和发展提供了可能性。认识能力可以具体分化为准时、条理、清洁、礼貌、诚实、节俭等现实能力。爱的能力可以进一步分化为爱、榜样、耐心、沟通、信任、希望、信仰和肯定等现实能力。人的心理疾病就是这两种基本能力在不同文化背景下分化为个体的现实能力时发生冲突的结果。

（2）“五阶段疗法”在课程设计中的应用。

五阶段疗法立足于积极心理学的基本理念，对心理问题的治疗有一定的效果。在课程设计的过程中，笔者借鉴了五阶段疗法，结合积极心理学之父马丁·塞里格曼（Martin Seligman）编著的积极心理学系列书籍中《教出乐观的孩子》一书中的一章——“解决问题的五步走”，设计出“解决问题的五步走（一）（二）（三）”三次课程。

在《教出乐观的孩子》一书中，作者用生动鲜明的生活事例由浅入深地阐述了当青少年儿童遇到同伴之间的人际关系冲突时该如何一步步解决冲突。由于作者是美国人，其所列举的生活事例与中国的文化氛围不是完全吻合，因此在编写课程的时候笔者略作修改，将其中的一些细节进行了处理，使之更符合我国初中生的生活现状，也更符合北京市某中学的实际情况。

由于“解决问题的五步走”是书籍中的一个章节，考虑到学生的接受情况和上课时间的限制，笔者将之设计成三个课时的内容。这样既能从容地完成教学任务，又能给学生留有充分的讨论和感悟的时间，能够很好地保证学习效果。

（二）课程辅导前的准备

1. 研究对象的选取

在北京市某中学初一年级的 14 个教学班中选取各方面条件相似的两个班作为实验班和对照班。共发放“青少年人际交往效能感量表（AICSE）” 162 份，其中有效量表 135 份。在实验班发放课程辅导状况调查问卷 80 份，全部收回。

2. 量表的选取

本次干预使用的是西南师范大学硕士研究生刘逊的硕士学位论文中编写的“青少年人际交往效能感量表（AICSE）”。刘逊在问卷调查和专家咨询的基础上，运用心理测量学的方法编制了“青少年人际交往效能感量表”。此量表在确定测试题目的过程中经过了小样本试测、初测、正式测量等几个程序，在确定了题目之后又对正式的样本进行了因素分析，验证因素结构和项目有效性分析，采用内部一致性信度、分半信度和结构信度、内容效度来检验量表的信度和效度。经过 SPSS 统计软件的分析，此量表有较高的信度和效度，可以从一定角度反映青少年的人际交往水平。量表从交往能力自我效能感、交往策略自我效能感、交往动力自我效能感三个维度对青少年的人际交往水平进行了考察，其中每个大维度又包含若干个小维度。交往能力自我效能感包括理解与表达能力、角色能力、自我能力。交往策略自我效能感包括尊重与坦诚、把握情绪和灵活沟通。交往动力自我效能感包括主动性和坚持性。问卷共36题，其中测谎题4题，引导题3题，采用五分制评分方法，得分越高说明青少年人际交往的能力越强。

3. 研究思路与研究方法

在实验班进行以初中生人际交往为主题的课程辅导，每星期一次，共6次课，课时为40分钟。对照班按照正常的教学进度和教学内容上心理健康课，心理健康课主题与人际交往无关。

以“青少年人际交往效能感量表”作为测量工具。

在课程辅导之前，利用课间时间同时对实验班和对照班进行施测，获得前测数据。在最后一次课程辅导后对实验班进行后测。

采用SPSS数据统计方法对课程辅导效果进行定量评估。

4. 课程辅导内容与课程设计的特点

（1）课程辅导内容。

在实验班共进行6次课程辅导，每次课程辅导的课题、课程目标、主要课程内容如表1所示。

表1　　课程设计的主要内容

课　题	课程目标	课程主要内容
解决问题的五步走（一）	1. 使学生了解和记住“解决问题的五步走”中第一步的内容是什么。 2. 会用“冷静思维”控制自己的情绪	第一步：放慢脚步。让学生相信想有效解决问题，必须遵循即将学习的五个步骤。首先就是要教学生放慢脚步。孩子必须要阻止自己的冲动行为。通过此练习让学生了解：他的想法会影响他处理事情的方法。告诉学生做最佳解决问题者的第一步就是在采取任何举动之前要“停下来想”。教学生如何将暴躁思维改成冷静思维，以及练习想出冷静思维

续表

课　题	课程目标	课程主要内容
解决问题的五步走（二）	1. 使学生了解和记住“解决问题的五步走”中第二步和第三步的内容是什么。 2. 会用“摄取观点”和“建立目标”的方法来解决生活中的实际问题	第二步：摄取观点。告诉学生，了解对方行为的最佳方法就是从对方的角度来看待事件，然后像福尔摩斯一样寻找线索与证据。一种方法是看对方的表情，另一种方法是问对方问题。 第三步：建立目标。建立目标即确立你所希望发生的事，然后列出可以促使目标达成的事。假设你与朋友发生激烈争吵，而你的目标是要保持友谊，那么你可以道歉，为他做些特别的事，或是答应改变，不再做使他烦心的事
解决问题的五步走（三）	1. 使学生了解和记住“解决问题的五步走”的内容是什么。 2. 会用“解决问题的五步走”解决生活中的实际问题	第四步：选择途径。在建立目标并列出能够达成目标的途径之后，就应该决定哪条途径可提供最佳的解决方法。决定过程的部分就是要比较每一行为方向的长处与短处。 第五步：是否有效。检查方法是否有效。即使不见效也让学生不要放弃，如果一种方式不成功可以选择另一种方式
学会倾听	1. 认知方面：通过活动，注重学生在活动中的心理感受和体验，让学生感悟到善于倾听是人际交往成功的要素之一，是人际沟通的能力之一。 2. 行为方面：培养学生有效的倾听行为的技巧，增强人际交往的自信心，在自己的学习、家庭和社会生活中，学会做一个合格的倾听者	在人际交往中，首先我们要做一个忠实的听众，这是赢得良好人际关系的重要条件。倾听不等同于简单地用耳朵来听，倾听是一种艺术，也是一种技术和能力。良好的倾听行为不仅仅要听对方的言语，还需要全身心地去感受对方谈话过程中所表达的情绪、情感和信息。 如何当一个更好的倾听者呢？一些倾听技巧包括鼓励、对谈话者感情的反应和总结解释等。对于中学生来说，可以有以下技巧能力的训练，即“诚心、专心、用心、应心”方面的训练。

续表

课　题	课程目标	课程主要内容
		如果你能够让一个人无拘无束地在你面前倾诉内心的感受，没有压力，这才算是成功的倾听。努力学习做到这一点，也是对别人的一种关怀和爱
学会赞美	1. 使学生认识“赞扬”在人际交往中的重要作用，并初步掌握赞扬他人的基本方法和技巧。 2. 使学生在赞扬和接受赞扬的过程中获得愉悦和自信，并逐步养成自觉运用恰当的行为方式进行人际交往的习惯。 3. 在分享和沟通中，增强集体凝聚力	恰到好处地赞扬他人并非易事。不合时宜的或者夸大其辞的赞扬，往往使对方感到尴尬、肉麻，甚至令人觉得你不怀好意，而心生轻蔑、戒备。可见如何赞扬别人需要一定的技巧，因此本课试图通过多种形式的活动引导学生初步掌握赞扬他人的基本方法和技巧
学会合作——众人划桨开大船	1. 知识与技能：让学生领会团队合作的重要性。 2. 过程与方法：体验活动和讨论的过程。 3. 情感、态度、价值观：学生通过分析《西游记》唐僧一行人各自在取经途中发挥的作用，感悟到团队合作的巨大力量，体会到团队中每个成员都是不可或缺的。通过“众志成城”这一活动让学生体会到团结合作的重要性。使学生们通过《众人划桨开大船》的歌曲进一步体验和升华对团队精神的理解，在学习和生活中能与同学相互帮助、共同协作、齐心向上	学生通过分析《西游记》唐僧一行人各自在取经途中发挥的作用，感悟到团队合作的巨大力量，体会到团队中每个成员都是不可或缺的。通过“众志成城”这一活动让学生体会到团结合作的重要性。使学生们通过《众人划桨开大船》的歌曲进一步体验和升华对团队精神的理解，在学习和生活中能与同学相互帮助、共同协作、齐心向上

二、对辅导效果的评估

（一）实验组和对照组总分的数据统计结果

1. 青少年人际交往效能感量表总分前后测组间比较

由表2中可以看出，辅导前的第一次测量统计数据显示，实验组和对照组不存在显著性差异，平均分和标准差都比较接近，T值仅为0.051。辅导完成后进行第二次测量，统计结果发生了比较明显的变化，实验组和对照组T值达到2.275，两组平均分呈比较显著的差异。

表2　　青少年人际交往效能感量表总分前后测组间比较

	实验组	对照组	T值	P*
前测	115.97 ±14.24	116.17 ±17.47	0.051	0.959
后测	124.59 ±12.43	116.97 ±15.88	2.275	0.026

注：＊P<0.05，＊＊P<0.01。

2. 青少年人际交往效能感量表总分前后测组内比较

从表3可以看出，实验组辅导前量表平均分低于辅导后量表平均分8.62。经独立样本T检验，前后呈显著性差异。对照组前后两次测量变化不大，差异不显著。

表3　　青少年人际交往效能感量表总分前后测组内比较

	前测	后测	T值	P*
实验组	115.97 ±14.24	124.59 ±12.43	-2.646	0.001
对照组	116.17 ±17.47	116.22 ±16.75	-0.011	0.991

注：＊P<0.05，＊＊P<0.01。

（二）实验组和对照组在不同维度上的数据统计结果

1. 实验组和对照组在交往能力维度上的组间比较

从表4可以看出，在交往能力维度上不管是在前测中还是在后测中，实验组和对照组之间都有显著差异，尤其是在后测时，实验组和对照组的P值达到0.003，较之前测时的0.005更具有显著性。

表4　　青少年人际交往效能感量表交往能力维度前后测组间比较

	实验组	对照组	T值	P*
前测	128.71 ±10.08	126.43 ±6.50	-2.805	0.005
后测	152.14 ±11.91	125.00 ±7.92	2.247	0.003

注：$*P<0.05$，$**P<0.01$。

2. 实验组和对照组在交往能力维度上的组内比较

从表5可以看出，在交往能力维度上实验组辅导前的平均分低于辅导后的平均分31.39分，对照组的前后测平均分没有明显差异。而实验组前后测的P值达到了0.002，具有显著差异。对照组的P值为0.835，没有显著性差异。

表5　　青少年人际交往效能感量表交往能力维度前后测组内比较

	前测	后测	T值	P*
实验组	128.71 ±10.08	152.14 ±11.908	-3.973	0.002
对照组	126.43 ±6.503	125.00 ±7.92	0.369	0.835

注：$*P<0.05$，$**P<0.01$。

3. 实验组和对照组在交往策略维度上的组间比较

从表6可以看出，前测中的T值为-2.504，P值为0.024，后测中的T值为2.668，P值为0.017，在前后测中实验组和对照组都有显著差异，但是后测的差异要比前测更显著。

表6　　青少年人际交往效能感量表交往策略维度前后测组间比较

	实验组	对照组	T值	P*
前测	127.89 ±15.07	127.78 ±9.55	−2.504	0.024
后测	158.78 ±14.06	128.89 ±9.089	2.668	0.017

注：*P<0.05，**P<0.01。

4. 实验组和对照组在交往策略维度上的组内比较

从表7可以看出，在交往策略维度上，实验组的前后测T值为−4.496，P值为0.000，存在显著差异。对照组的前后测T值为−0.253，P值为0.804，不存在显著差异。

表7　　青少年人际交往效能感量表交往策略维度前后测组内比较

	前测	后测	T值	P*
实验组	127.89 ±15.07	158.78 ±14.06	−4.496	0.000
对照组	127.78. ±9.55	128.89 ±9.09	−0.253	0.804

注：*P<0.05，**P<0.01。

5. 实验组和对照组在交往动力维度上的组间比较

从表8可以看出，前测中的T值为−2.805，P值为0.016，后测中的T值为2.247，P值为0.044，在前后测中实验组和对照组都有显著差异，后测的差异更明显。

表8　　青少年人际交往效能感量表交往动力维度前后测组间比较

	实验组	对照组	T值	P*
前测	128.71 ±10.08	126.43 ±6.50	−2.805	0.016
后测	152.14 ±11.91	125.00 ±7.92	2.247	0.044

注：*P<0.05，**P<0.01。

6. 实验组和对照组在交往动力维度上的组内比较

由表9数据中可以看出，在交往动力维度，实验组后测的平均分比前测的平均分高出23.43分，P值仅为0.002，存在显著性差异。对照组的前后测平均分和标准差都比较接近，P 值为 0.719，不存在显著性差异。

表 9　　青少年人际交往效能感量表交往动力维度前后测组内比较

	前测	后测	T 值	P*
实验组	128.71 ± 10.08	152.14 ± 11.908	−3.973	0.002
对照组	126.43 ± 6.503	125.00 ± 7.92	0.369	0.719

注：* P < 0.05，* * P < 0.01。

（三）不同维度上实验组和对照组分值的比较

由图 1 可以看出，在交往能力、交往策略、交往动力三个维度上，实验组的前测分数跟对照组的前后测分数基本持平，而实验组后测的分数要明显高于实验组前测的分数和对照组前后测的分数。在对实验班进行课程辅导后，交往策略维度的分数增长最明显，交往动力维度的分数增长最不明显。对照组无论是在交往能力维度、交往策略维度还是交往动力维度，在前测和后测中都没有明显的变化。

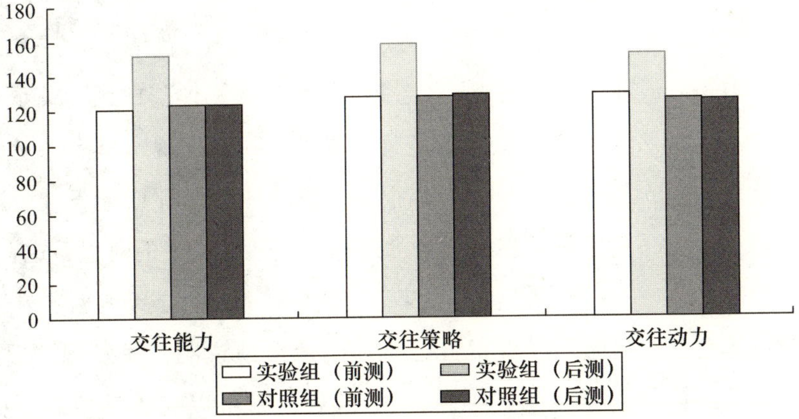

图 1　不同维度上实验组和对照组分值的比较

小跳绳大智慧

■ 曹艳昕

班主任老师就像学生在学校里的妈妈。妈妈管孩子，可不是只管语文和数学，而是要管孩子的学习、纪律、身体、同伴关系……总之，要管孩子成长的方方面面。

对于一年级"小豆包"来说，作为语文教师和班主任的我，就不能仅仅管好学生的语文学习和纪律，还要管好学生在学校的各科发展。在学生成长的同时，教师也是不断摸索、思考与成长的。就拿这"小跳绳中的大智慧"来说吧。依据多年的班主任经验，我发现：一年级学生入学后的第一次体育健康测评，可以算是他们入学后的第一次挑战，尤其是"跳绳"这一项，简直就是学生取得好成绩的"拦路虎"。这个"体育健康测评"成绩，关系到学生第一年是否具备评选"三好生"的资格。以前，我就发现班里有些学生学习成绩、伙伴关系、遵守纪律等方面都很好，就是体育测评成绩不佳，因此得不到"三好学生"的参评资格。我在为这些学生唏嘘不已的时候，也在想：怎样才能提高这些"小胖墩儿""小豆芽儿"们的体育测评成绩呢？

经过和体育老师交流，以及我自己研读测评成绩说明，我发现"跳绳"这个项目，练不好就是学生的"拦路虎"，练好了就可以变成学生的"提分宝"。为什么这么说？以一年级学生为例，《国家学生体质健康标准》规定，考核项目有5项，包括BMI、肺活量、50米跑、坐位体前屈和1分钟跳绳。其中1分钟跳绳100分的标准，男生是109个，女生是117个。在这份文件的下方，还列出了4个加分项目，第一个就是"1分钟跳绳"，文件规定：达到

100 分以后，每多跳 2 个加 1 分，最多加 20 分。另外 3 个加分项目是引体向上、仰卧起坐和耐力跑，但这 3 个项目在一年级都没有，所以不在考虑范围之内。

研读完这份材料，我就想：那就从跳绳抓起吧！于是 2015 年 9 月，在学生刚入学的时候，我就在班里大力宣传练习跳绳的重要性，也和家长及学生们分享了我研读政策后的收获。结果从 9 月到 11 月的两个月里，我看到了一些学生的进步。我在组织班级运动会的时候，特别采访了几位跳绳成绩突出的学生，问他们："你们的跳绳成绩这么棒，有什么秘诀吗？"被采访到的几位同学都提到了一个字"练！"最终，我们达成共识："跳绳成绩的提高没有特别的窍门，就需要一个字：练！"也是从这些成绩进步的学生身上，我坚定了自己最初的假设：加强练习跳绳对提高体质测评成绩是有帮助的。同时我也看到了一些学生成绩平平。怎样才能调动大多数同学练习跳绳，帮助他们提高体育成绩呢？这个问题，成了我下一步需要重点解决的课题。

2016 年 9 月，我根据体育老师提供的需要加强体育锻炼的学生名单，在班级中成立了一个体育健康小分队。这个小分队由体育队长负责，专门监督小分队成员进行体育锻炼，并建立微信群，在群里打卡，这一举措使一些体育成绩平平的学生在短短两个月的时间里提高了成绩。在 11 月测评结束后，我们全班 40 人均达到 90 分的成绩，得到了"三好生"的参评资格。这样的成绩，为我后面的班主任体育健康工作指明了方向，进一步证实了我最早的猜测：通过督促学生跳绳锻炼，提高班级学生体育健康测试成绩的方法是可行的。

到了 2017 年 9 月，我又接了一年级新班。我结合前面两年的实际工作经验，加强与体育老师和学生及家长的沟通工作。一开学，我先宣传体育健康测评的重要性，然后再介绍我研读评分标准的结果和前面两年的学生实际经验。最后发出号召：全班同学努力练习跳绳。这三步工作做完，就出现了 2015 年的状况：配合学校工作的家长轰轰烈烈地开始督促学生练习跳绳，凭经验我知道这些同学一定会有提高有收获。而另外一部分对老师的宣传仅仅停留在头脑中，没有落实到行动中的学生和家长，我该怎么办呢？其实从2015 年到 2017 年的两年里，我一直在思考这个问题，并且初步想出了答案，下面印证自己设想的时间到了。于是，我从 2017 年 9 月 19 日开始，每天在记事条上留一项作业：练跳绳，记录 1 分钟跳了（　　）个。经过这样坚持不断地练习，到 12 月体育健康测试的时候，我们班取得了如下成绩，见表 1。

表 1　　一（11）班体育健康测评跳绳成绩

男生学号	9 月 26 日在家成绩	跳绳测评成绩	超出 100 分个数	女生学号	9 月 26 日在家成绩	跳绳测评成绩	超出 100 分个数
1	127	120	11	22	123	167	50
2	18	102		23	136	201	84
3	80	127	18	24	97	121	4
4	136	120	11	25	50	115	
5	80	107		26	87	162	45
6	79	111	2	27	没跳	157	40
7	32	117	8	28	68	112	
8	111	123	14	29	110	121	4
9	23	146	37	30	115	115	
10	71	117	8	31	60	150	33
11	47	127	18	32	109	116	
12	43	129	20	33	没跳	162	45
13	74	120	11	34	109	202	85
14	96	106		35	107	115	
15	63	101		36	50	109	
16	107	114	5	37	41	129	12
17	没跳	132	22	38	102	114	
18	93	108		39	没跳	124	7
19	49	114	5	40	71	106	
20	108	115	6				
21	65	100					

注：男生 100 分 109 个，女生 100 分 117 个。

从表 1 中可以看出：全班 40 人中，跳绳达到满分的同学有 26 人。其他同学中，女生跳得最少的是 106 个，达到了 90 分的标准。男生跳得最少的是 101 个，达到了 95 分的标准。也就是说，我们班的跳绳优秀率是 100%。

大家也看到了，在 9 月 26 日这天的家庭跳绳记录中，40 人当中有 36 人进行了练习，原始成绩中男生跳得最少的 1 分钟只能跳 18 下，这样的成绩在体质测评中只能得到 60 分。全班 21 名男生中能达到优秀标准的只有 5 个人。同样的状态也出现在女生中。那么，这样大幅度进步的成绩，仅靠老师的一条记事就能实现吗？其实，记事只是一个表面现象，关键在于监督与坚持。当家长忘记的时候，教师的一个小问号也许就是一次小提醒。每个星期结束后，教师的一次班级小结，也许就是学生和家长们坚持下去的动力（见图 1、图 2）。

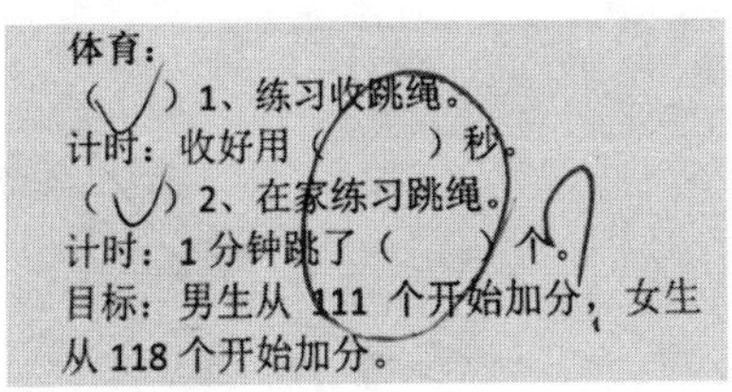
体育：
（√）1、练习收跳绳。
计时：收好用（ ）秒。
（√）2、在家练习跳绳。
计时：1 分钟跳了（ ）个。
目标：男生从 111 个开始加分，女生从 118 个开始加分。

图 1

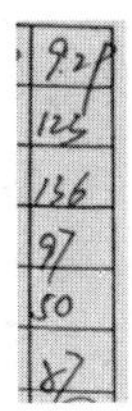

图 2

正是有了学生、家长和老师三方面的坚持，即使原来的基础比较薄弱，也一定会有飞跃。下面请看表 2。

图 2　　一（11）班部分同学坚持练习跳绳举例

	2 号	12 号	39 号
2017 年 9 月 19 日（周二）	8	3	11
2017 年 9 月 20 日（周三）	15	5	11
2017 年 9 月 21 日（周四）	16	10	13
2017 年 9 月 22 日（周五）	20	25	14
2017 年 9 月 25 日（周一）	没跳	29	20
2017 年 9 月 26 日（周二）	22	45	没跳
2017 年 9 月 27 日（周三）	18	53	没跳

续表

	2 号	12 号	39 号
2017 年 9 月 28 日（周四）	18	43	没跳
2017 年 10 月 9 日（周一）	52	70	90
2017 年 10 月 10 日（周二）	52	83	90
2017 年 10 月 11 日（周三）	64	93	86
体质测评数	102	129	124

从表 2 中可以看到：学生有时候是不能坚持在家跳绳的，如果没有家长和老师的进一步监督，可能他们的成绩就会停滞在 20 个左右，一旦坚持下来，三周就能有飞跃。其中基础最差的 12 号同学，坚持得最好，所以他的进步幅度也最大。我们看下面的图 3。

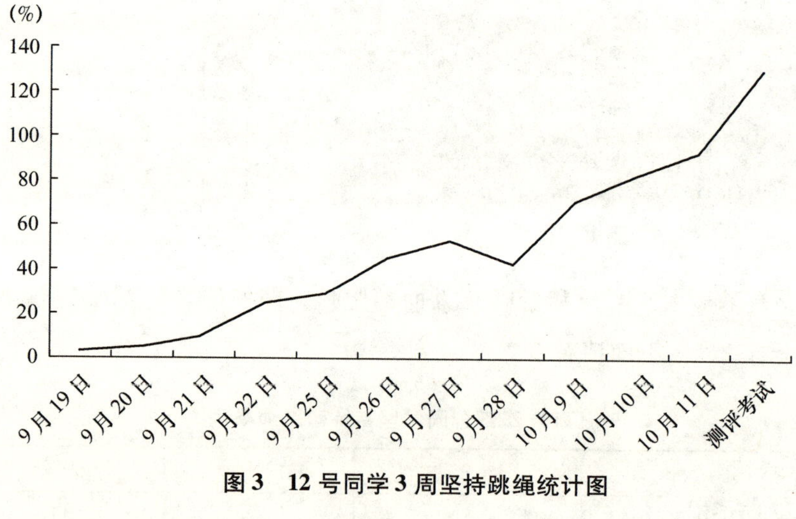

图 3　12 号同学 3 周坚持跳绳统计图

从图 3 中我们不难看出，12 号同学的跳绳成绩基本是呈大幅上升的趋势。他取得好的成绩靠的是锲而不舍的坚持精神。据他妈妈介绍，在这三周里，他一直坚持每天课后 2 小时的篮球训练，到家已经很累了，也要到楼下去跳绳。一开始他不会跳，练习半天才能跳一两个。他妈妈就让他从抡绳动作开始练习，虽然枯燥乏味但是有家长和老师的鼓励，孩子最终突破了自己。事后，我请这位同学给大家介绍跳绳提高的秘诀，孩子的原话是这样的："就是练!”简简单单三个字，道出了技能训练的根本，也道出了为人处世的根本。练习跳绳，不仅能帮助学生提高体质健康测评标准，同时也磨炼了学生的意志品质。

教育是一种培养人的活动，它包含着有目的地促使个性形成的一切影响的总和。小小的跳绳，表面看是参加一次测试，成绩有高有低、有好有坏。深入地想：从这两三个月的经历当中，学生学到的不仅仅是跳绳的技巧，而是做人的根本。“就是练”三个字，孩子的语言质朴无华，他们不会讲什么“学习无捷径”之类的大道理。但是我相信，这个孩子今后在学习上，甚至生活中遇到困难的时候，无论是旁人还是他自己，提醒他回顾练跳绳的过程，都会重新燃起他克服困难的勇气。因为在他的心里已经有了这样的认知：只要经过不懈的努力就会成功。而在学生努力的过程中，我们教师和家长到底起到了什么样的作用？我想，教师的每周小结，每一次对坚持跳绳同学的鼓励与表扬，对没坚持练习的同学的提醒，就是对学生的鞭策。教师坚持每天记事上的提醒，就是在用自己的坚持来给学生做榜样和引领。家长每天的陪伴与签字，也在用家长的坚持给孩子以鼓励和引领。教育，不是孤立的，当学生、教师和家长在共同的目标前提下一起努力的时候，她就会衍生出无数的力量。

多一分宽容，留一分尊重

■ 龚　丽

“爱在右，同情在左，走在生命路的两旁。随时撒种，随时开花……”这是我特别喜欢的一句话。教育首先应该尊重生命、尊重人格。既然人是一种动物，其生物属性中最重要的一点：生命和生存理所当然应该得到尊重。同时，人又是一种高级智慧生物，有其思维、逻辑和情感，教育应该尊重每个人的人格，维护每个人的尊严。作为实施教育作用主体的教师，也就应该把关爱学生生命、关爱学生健康、关爱学生身心发展，尊重学生人格、尊重学生个性、尊重学生情感放在第一位。

我是一名平凡的教师，没有什么轰轰烈烈的壮举，更没有值得称颂的大作为。在从教之前也做过创意设计，参与过国际、国家级规划策划工作，然而和这些相比，内心深处一直告诉我，教师这份职业才是我最热爱的，也是我毕生想要为之奉献的理想，和学生朝夕相处，总有说不尽的快乐，我爱我的学生，我爱看着我的学生们快乐无忧的成长。

曾有这样一句话：“选择了军人就选择了牺牲，选择了教师就选择了奉献。”热爱学生，诲人不倦是教师的基本道德，在新课程改革的今天，教师在教育过程中更加注重自己与学生的情感的构建，要与学生拉近距离，建立起一种情感的纽带！

对于小学教师的工作，深知任重道远，孩童成长的特殊性注定了我们每天面对各种情况。记得我第一次给他们上课的时候，同学们的热情很高，我自己也是第一次如此亲密地接触小学三年级的学生，生怕自己有做得不好的地方或者说了什么不适合孩子的话，于是我告诉自己，发自内心的爱和责任会让我走进孩子们的心。几次课下来，所教的八个班孩子我都能准确地叫出姓名，然而发现有一位男孩几次听课都分心，歪着身子坐着，还不时地和同桌以及前后位的同学说笑着。看到这种情况，我对所有的学生说：“在课堂中我们应该怎样坐?”其他学生都很自觉地坐端正，唯独他似乎没有听到一样，依旧我行我素。面对这样的学生，在第一次课中我先进行了严厉的教育：“课堂中要求坐姿端正，这是每个学生都应做到的，你认为你坐好了吗?”听了这些话，他用一种不理解的眼神看着我，但还是无动于衷。此时，我也意识到在课堂上当着全班同学的面严厉批评也许起不到任何作用，虽然在我严肃的眼神下他慢慢地坐好，嘴里却不停地嘟囔着，在课堂中我明显地感觉到，他有许多的不愿意和不满，时不时故意发出很多声音，在其他同学回答问题和小组讨论的过程中他都会扰乱，也不参与课堂活动。

其实，孩子的心灵是纯洁而美丽的，如水晶，孩子的心灵又是脆弱而易碎的，如玻璃。作为老师，要欣赏他们水晶般的心灵，更要保护着他们玻璃一样易碎的自尊。

在接下来的日子中，不时地听其他任课老师说他在课堂上的表现不好，还是原来的状态，并且在课堂中还发出奇怪的声音，扰乱课堂的秩序，各科作业也是催三催四不愿写，同学们也对他敬而远之。为了让他改正自己的问题，增强他自己的控制能力，我转变了自己的教学态度和方法，找他进行了心理的谈话。那天也是刚刚上完课，他还是和原来一样，下课的时候我对他说：“孩子，跟老师一起聊聊天吧。”“你是一个很好的孩子，怎么在上课的时候总是说话呢？这样不仅会影响你自己的学习，还会影响其他同学的学习，这样怎么能行呢?”“我没有说话啊!”“那就是了，你认为上课的时候那样说话是对的吗?”他不说话。“上课时，老师是尊重你们的，因为我们都是平等的，既然老师都尊重你，你是不是也应该同样尊重老师呢？也许有时候老师们的口气是重了些，感觉有些伤害你，老师向你道歉，那你应该怎样去做才是尊重老师，你也能像老师这样诚心的道歉吗？道歉是次要的，重要的是老师们想看到你课堂中的表现，能有端正的坐姿，该说话时一定说，而不是随意地想说就说，你认为呢?”他默默无语，神色虽如以前，但能感觉到他也在思考。“回去想想，老师是真心地想让你的潜能发挥出来，老师看到你在课堂上的作业，你的创新能力和课外知识特别丰富，这是老师非常喜欢的一点。”

这孩子虽然表示改正的态度，可没过一天又完不成作业。同学们也讽刺他，疏远他，他情绪一落千丈，也不敢跟我说话。看到此情景，我心里很不是滋味，我反复告诉自己，成年人都有坚持不住、没有毅力或者犯错的时候，何况是八九岁的孩子，我有什么理由不对孩子更宽容一点呢？作为一名教师，我要做的就是赋予每一位学生无尽的耐心和爱心，尤其是对那些需要帮助的孩子，对有缺点的学生不能耐心教育，正确的施以评价，有可能导致这些孩子今后的人生偏差。在接下来的教学中，我把评价纳入课堂教学的全过程，给孩子们恰如其当、全方位地评价，同时恰当增加夸奖力度，欣赏他们的点滴进步。当他们不敢发言或回答问题不完整甚至错误时，我会微笑着给予鼓励或提示，热情地启发，给予更多地理解和宽容。比如：“请不要紧张，老师相信你能回答这个问题，回答错了也没有关系，老师欣赏你的勇敢表达。”与此同时我也会不时地示弱，让学生看到老师也有需要帮助的时候，也会犯错，但我会虚心接受大家的意见；当学生回答问题好时，我就会说：“你真棒，思考很全面。”或者说：“你知道的课外知识真多，一定很喜欢看书。”这些鼓励性的语言，点燃了孩子们智慧的火花，使他们获得了满足，体验到了成功的喜悦。

有人说过这样一句话：“老师不经意的一句话，可能会创造一个奇迹；老师不经意的一个眼神，也许会扼杀一个人才。”当我们不断地就某个问题批评一个孩子的时候，我们会发现，这个孩子的缺点会不断地蔓延，不断地扩张，甚至一些原本良好的行为习惯也会随之改变。在与孩子一次次磨合的过程中，我慢慢学习着宽容，把换位思考、将心比心真正用到实际工作中。学生对我们教师的要求并不高，只要我们真心一点、平等一点、赏识一点，他们就会心满意足，以后的日子里我会继续努力地蹲下身子与学生对话，也努力用自身的行动，去影响他们。教育不是一天两天的事情，也不是一次两次就能解决的。每当学生们犯错误的时候，我就帮助他们分析犯错误的原因，提出建议帮助他们改正。师生之间的“心理交融”是教育活动得以顺利进行的重要条件，作为教育活动的主体，我们必须有一颗爱心，只有热爱学生、设身处地地理解学生，帮助学生，才会从各方面了解清楚学生的情况，才能使学生积极、主动去接受教育。当然，通过交流也会促使教师更加努力的工作，并从中体会到一种特殊的快乐。正如陶行知先生所说：“不要你的金，不要你的银，只要你的心。”当我满怀爱心去对待学生时，我已在爱中获得了爱，那爱甜甜的，沁人心脾，回味无穷。

在学生评价的过程中，我采取延时评价的策略，使学生的思维趋向活跃，然后引导学生互评，在互评中产生智慧的火花和积极的情感。此外，引导学生自我评价。如在常规展示课上，学生进行新闻播报展示，我首先要求他自我评价，他说：“我读得声音太轻了，展示也不规范。”“那能不能改进一下呢?”他犹豫着又读了一遍，更加害羞了，这时适时请其他同学给予帮助，老师也进行示范，孩子终于勇敢地再次诵读，既响亮又富节奏，全班都鼓掌表示祝贺。实践证明，自我评价能引导学生以批判的眼光剖析自己，在反省中不断地完善自我，促进学生个性的健康发展。

有人这样说，一个老师最大的失败是他不爱他的学生，一个老师最大的悲哀是他的学生不爱他。那么，我想，我是幸福的，因为，我爱我的学生，同时也收获着学生的爱。爱是幸福的，被爱更是一种幸福。教育，其实也不用太多的言语，在我的课堂上，眼与眼的对望，就是心与心的互换，是爱与爱的交流。这个孩子现在的每一节课都能给我很多的惊喜，让我印象最深的是上第一单元关于辨别方向一课时，他展现的丰富的课外知识以及不时给其他学生进行知识补充的自信模样深深地吸引了我和全班同学的目光，掌声雷鸣，我很庆幸没有用责骂毁了孩子，没有用冷暴力语言和眼神伤害孩子。为了持续激励，我不时地根据他的特点给予有一定难度的学习任务，或者经常让他帮我做点事，让他体会到帮助老师和同学的乐趣，从中体会到自身的存在价值。别看他之前一脸的无所谓，其实，这样的孩子，往往内心是最渴求他人的尊重和赞赏的。教师适时的肯定与赞美，会增添孩子的自信与动力。看到孩子一点点的进步，眼神中绽放出的光彩，我心中的激动无法言喻。是啊，他们都是我的孩子，只要多一分宽容，多一分尊重，他们会成长得让你无法估量。

在教育教学工作中，有苦有乐，但是我相信每一位老师必定是认同欢乐温暖远远超过了工作的艰辛。当老师与学生敞开心扉，当老师与学生真情涌动，那就是老师的幸福所在。温和友善，胜于强力风暴。教师一个灿烂的微笑，一个赏识的眼神，一句热情的话语，都能缩短师生间的差距；一堂好课，不应追求讲授技巧的滴水不漏、教学环节的天衣无缝、细枝末节上的精雕细刻，而应在先进的教育理念指导下，面向全体学生，关注学习过程，注重学用结合，着眼全面发展，巧用评价，使学生真正成为学习的主人，生活的主人！

关爱生命，做健齿达人

——健康教育主题班会

■ 张　伟

一、案例背景

1. 活动背景

促进学生健康快乐地成长是班队活动的出发点和落脚点。班队活动应遵循“立足校园、面向人生”的原则，使其成为学生易于接受的教育形式、适合学生领悟的多彩活动。

为深化“健康第一”的教育理念，我以“世界爱牙日”为契机，继续开展系列学生健康教育，促进学生综合素质的提升。

2. 学生分析

记得那是上个学期，有一次课间跟学生谈话，发现她没有刷牙，就问她今天是不是没刷牙，没想到她竟然笑眯眯地说：“我天天不刷牙。”我当时就笑了。是呀，刷牙是大多数孩子甚至一部分大人都糊弄的事。

经过问卷调查，发现孩子们大多数都知道应该每天早晚刷牙，但真正每天坚持早晚两次刷牙，每次坚持刷 3 分钟，并且手法正确的孩子却很少。

3. 活动目标

增强学生的健康意识，学习爱牙护齿常识。

4. 活动前准备

（1）设计并统计调查问卷，了解学生的实际情况。

（2）根据学生问卷情况，与聘请专家沟通讲座内容。

（3）准备红、绿两种圆片，以便全体学生在讲座后参加选择题竞答。

（4）设计刷牙记录表。

5. 教学思路

首先根据学生对健齿护齿的认知水平，请口腔医生进行讲座。接着开展“健齿知识竞赛”，评选出第一批“健齿达人”。再下发健齿记录表，宣布第二批“健齿达人”评选条件。然后聘请专家，组织班级“小记者”进行现场采访。最后展示学生自己设计的健齿宣传海报和健齿手抄报，向全校发出倡议。

6. 教学手段

教学手段主要有专家讲座、知识竞赛、发放记录表、展示手抄报、海报。

7. 教学用具

电子课件。

8. 活动时间

1 课时。

二、教学步骤

关爱生命，做健齿达人——健康教育主题班会。

1. 导入

同学们，你们知道今天是什么日子吗？

2. 问题的提出

提起“牙”，让我想起这样的对话：“你今天没刷牙吗？”“嘻，我天天不刷牙。”这让我惊讶不已，于是我就想了解一下你们的情况——出示问卷调查统计。

3. 知识讲座

究竟谁说的对，哪种做法对呢？今天，我请来了北京南区口腔医院的主任林大夫，大家掌声欢迎！请林大夫给咱们讲讲有关健齿护齿的知识。

- 探秘牙齿的构造；
- 口腔疾病危害大；
- 预防疾病我知道；
- 保护牙齿我做到。

4. 知识抢答，争做“健齿达人”

从同学们专注的眼神中我知道你们都特别爱听林大夫的讲座，接下来咱们看看谁的收获最大，比比谁把健齿护齿的知识记得最牢。我们请林大夫出题，同学们拿出红（A）、绿（B）的圆卡，请你用它来回答。每对一题，就在你的卡上画一个笑脸。最后咱们比一比，得笑脸最多的同学将被评为第一批“健齿达人”。

5. 请林大夫为“健齿达人”颁奖

我们聘请林大夫为史家小学五年级（6）班的“健康顾问”——五（6）班中队长程婷衫为林大夫发聘书。

6. 第二批“健齿达人”评选启动

今天，林大夫深入浅出地为我们讲解了牙齿的构造，让我们认识到保护牙齿就是保护身体健康的第一步，还细致地指导我们刷牙的方法以及牙刷、牙膏的选择，让我们再次感谢林大夫。同学们收获很大，我们班出现了第一批健齿达人。但是，健齿关键还是要看同学们是否能够做到。所以，两周后，我们评选第二批“健齿达人”——下发卡片。

7. 同学们还可以画招贴画、制作电子小报、写新闻报道或进行采访、拍摄

- 展示手抄报；
- 展示宣传海报；
- 现场采访。

今天我们的“爱护生命，做健齿达人”主题活动就到这里。我看到了，在今天活动的现场还有史家传媒的记者，接下来的时间，我们交给他们，记者可以进行采访（老师、大夫、同学、来宾）。

8. 总结

让我们把健齿知识落实到护齿行动，珍爱健康，快乐成长。让我们期待更多“健齿达人”“健康达人”。

三、活动反思

（一）关联学生的需要，体现教育针对性

什么是关心学生？怎样做才算是关爱生命？我认为，我们就该从关注学生成长需求做起。那次和学生的课间谈话，使我联想起自己不久前拔牙的痛苦，我觉得对学生进行爱牙教育是学生健康成长的需要。于是就有了准备在爱牙日开展主题活动的想法。为确定讲座内容的重点，我提前进行了问卷调查并进行了数据统计。有针对性地开展活动，是活动取得实效的前提。

（二）引进专业的外援，是教育实效的基石

俗话说“术业有专攻”，我请一位专业牙科医生来讲，学生会更加信服。当我了解到我班学生林同学的爸爸就是北京南区口腔医院的主任医生，于是就与他沟通，将专业外援请进课堂。事实证明，专业医生的讲解科学准确，家长医生更有亲和力。学生不仅爱听，还牢记了讲座的内容。在知识抢答环节，共 10 题，答对 8 题的 36 人，1 人 10 题全对。

（三）全员参与，充分发挥学生的主体意识

在活动中，我们有摄影摄像记者，有现场记者采访，有学生绘制的海报和手抄报、电子小报，还有人人参与的知识抢答……学生们不仅是讲座的听众，更是活动的参与者。

（四）家校协同，让教育延伸至课外、人生

这次主题活动的落足点是向学生普及爱牙、护牙的知识，教给学生正确的刷牙方法。但是，养成爱牙护齿的习惯却不能仅仅靠这一节课，于是我精心设计了两个环节：一是根据学生听讲座后掌握的爱牙常识，评选出第一批“健齿达人”。二是设计了一张表格，让学生用笑脸的方式填写，记录自己坚持每天早晚刷牙、饭后漱口的情况。我会根据纪录，来评选第二批“健齿达人”。

一个好习惯的养成，需要 21 天。我想，一个讲座的实效性应该体现在学生是否真的在行动上有所改变。于是我还有第三步的设计——在本学期召开家长会的时候，再请林大夫给家长讲一讲，从专业医师的角度谈谈父母该如何关注孩子的牙齿健康。

利用爱牙日之际开展主题班会活动，贴近学生生活的需要，丰富多彩的形式使学生乐于接收，活动还有后续并延伸，体现并落实了教育的实效性。

融入心灵的教育

——班主任心理健康教育案例分析

■ 范晓丽

教育家夏丏尊说过："教育没有情感，没有爱，如同池塘没有水一样。没有水，就不能称其为池塘；没有情感，没有爱，也就没有教育。"我想，身为班主任，要转化一名学生，单靠丰富的知识去教育学生是不够的，还得靠老师用爱心去感化他们，打开他们的心扉，倾听他们的心曲，并及时地客观地分析原因，正确引导、点拨，用自己一颗真诚的关爱之心托起他们走向成功的彼岸。

一、案例描述

曾经学生中出现过一个问题家庭的孩子——小宇（化名），父母离异，母亲再婚，再婚后的家庭给予孩子的除了名牌衣服、鞋就是非正常家庭的影响。从四年级开始，小宇上课不听讲，撒谎，脾气暴躁，逃课……我接班是在五年级。当然，我的出现，并没有让小宇有任何的改变，"涛声依旧"的信念支撑他继续着一直以来的不良习惯，他用各种巧妙的谎言搪塞着我和他的交流。碰巧，我知道了他快要过生日，放学后，我留下他，没有追问作业补写的情况，而是拿出提前备好的一份生日礼物送给他，只说了"孩子，生日快乐!"突如其来的礼物让他震惊，孩子眼圈红了，牙缝里挤出"谢谢老师"几个字。第二天，小宇主动找到了我，带着一份书面检查，里面这样写道："老师，我错了，我从来不知道老师和学生可以是这样的亲近，您曾经告诉我‘他们在前面跑，老师和你手拉手在后面追’，我永远不会忘记。老师，您是我见过的最好的老师，我永远不会让您生气，我永远不会再让您失望……”朴实的话语，我的内心被震撼了。

师爱的力量给予孩子的是莫大的融化。一份生日礼物拉近了我和小宇的距离，一种微微的成就感充斥着我。但是，长久以来养成的不良习惯纠正起来并非一日之功……

我偶然的一次检查，香烟、打火机、水果刀、扑克牌，这些物件却出现在他的课桌抽屉里。更令我没有料到的是，在一次科任课上，小宇不见了，当我在通往教学楼天台的门角落里找到他时，他满身灰尘，半躺在地上，雪白的运动衫上血迹斑斑。尽管我不知道发生了什么，但内心那份强烈的师爱使我蹲了下来。也许正是这一俯身的感动，小宇向我道出了一切。原来他喜欢上了一个中学的女孩子，陷入了很混乱的纠葛中……一番话，让我感到孩子早恋问题严重性的同时更感到了孩子心中对我的一份信任，就是这份暖暖的信任，我和小宇开始了特殊的交往——网络聊天。也许是信任支撑，也许是孤独使然，润物无声的关爱，让这个被家庭冷落的孩子有了心灵的归宿。直到有一天，他在邮件中写道：“老师，现在您就是我最亲的人，在我的心里，您就是我的妈妈！……”

二、案例分析

交往是人与人之间借助言语和非言语的媒介而实现的相互沟通、相互认知与相互作用。苏霍姆林斯基指出：“一个好教师意味着什么？首先意味着热爱孩子，感到跟孩子交往是一种乐趣。”班主任是学生成长的引路人，一位优秀的班主任，不仅是一位出色的管理者，更应该是一位优秀的沟通者。

在日常的教学活动中，也曾会发生这样的现象：老师对学生学习严格要求，而有些学生却不能欣然愉悦地接受，甚至觉得这是老师在有意作难或是不怀好意，这样就产生了抵触情绪。可见，班主任的沟通艺术直接关系到师生关系。以上案例给我们最大的启示就是，身为班主任的我们需要用自己的人格魅力，与学生建立起良好的师生关系。这也正是心理健康技术的指导方法与目的性所在。

1. 觉察当下，走近孩子

觉察，是心理学基本辅导技术之一，是对自身的存在以及外部世界的感知和意会。身为教者的我们，能够对学生多一些觉察，尤其觉察到学生身上的问题与其家庭有关时，可以促进对学生的接纳和支持，可以说“一句话一个人生”，教师对学生的影响力是巨大的。

案例中，小宇并不是根源上糟糕的孩子，正是家庭的变故，影响到了孩子的成长。非正常家庭的影响，让孩子没有了正常的价值观与人生方法论，从而导致了孩子的变化。此时此刻，身为班主任老师的我们，能够站在一个宏观的高度去觉察孩子的客观与主观情况，选择恰当的方式去接纳孩子，从而为有效沟通做铺垫。因此，在了解到小宇的情况之后，我更多的是理性思考，思考与他的沟通，思考与他的交流，选择恰当的方式去走近孩子。

2. 润物无声，关爱接纳

心理学研究告诉我们，用开放的、灵活的、不带任何评价的态度或者积极的态度去接受当下，这便是接纳。其实，学生的生活很简单，他们的快乐同样简单。对于经历非正常家庭的学生，更需要我们有一颗宽容豁达的心，去接纳他们。

“没有爱就没有教育”，这是真理。与学生沟通最根本的就是老师对学生首先要付出爱心，并且是发自内心的爱。爱学生是一种最大的教育力量，它能驱使我们走进学生、亲近学生，关爱学生的学习与生活，了解学生的内心世界。有了爱心，我们自然会产生实施教育的主动性，从而为教育的成功创造有利条件。班主任走进特殊学生，多关爱后进生，关心他们的生活，了解他们的烦恼，便会发现爱永远是教育真正的内涵，如果没有爱，任何说服都无法开启一扇紧封的心扉，如果没有爱，任何甜言蜜语都打动不了一颗冰冷的心。案例中，正是那份“生日礼物”，唤醒了小宇那颗孤独冷落而充满反抗的心。

3. 会心倾听，共情交流

共情技术是班主任老师与学生沟通必不可少的途径，应当说，共情有助于教师与交往对象（学生、家长）建立良好的关系，从而更好地开展教育教学工作。共情是需要心理能量的。案例中，通过生日礼物走近小宇，仅仅是交流的开始，之所以能够在后来的日子博取了小宇的信任，我想，共情的心理战术是关键性因素所在。另外，师生交往是以彼此倾听为条件的。无论与学生个体交往，还是与学生群体交往，教师都应该全神贯注，耐心听取学生的话语，分享他们的感受和体验，不随意打断学生的提问、质疑和应答，要让他们充分发表自己的意见，把话说完。实践证明，教师只有认真倾听，准确把握学生话语的意义，才能适时并有针对性地进行反馈，从而促成师生间的互动和意义的生成。

诚然，班主任工作精心而又繁琐，但每一名学生都如同一粒藏在贝壳里透亮的珍珠，每一位班主任都应争取做打开贝壳让珍珠发光并且去精心呵护他们的人，这正是在广阔的心灵世界中耕耘的职业。

守望心灵，静待花开

■ 孙慧瑶

龙舌兰要历经10年才会迎来花开日，竹子更要等待几十年才能拥有花的绽放。步入教师这一岗位，我才逐步发现，其实每个孩子都像是一粒小小的花种，即使花期不同，也终会有静待花开的幸福……身为教育者，我们像园丁，默默耕耘，守望着这些美好的教育愿景。作为一名新入职的老师，我所看到的这朵“特别的”小花，让我第一次感受到了花期的漫长以及花开的喜悦。

我是一名新入职仅半年的小学语文老师，在我现任的班级中有这么一位小姑娘，她叫静静，个子矮矮的，身材胖胖的，走起路来一摇一晃。她总是低着头，不敢直视他人的眼睛，闪躲的眼神中充满了紧张和胆怯。在课上，她也从不举手发言，我更没有听到过她在全班面前说上一句话。起初，我认为这是由于孩子天性内向，没有适应小学生活的缘故，但是一个月、两个月过去了，静静就像她的名字一样，安静得仿佛没有出现在班里一样。

我逐渐意识到了问题的严重性。通过向学校青苹果老师以及班主任请教经验，我开始尝试和静静的家长进行沟通。通过和静静妈妈的交流，我了解到：静静家里有三个孩子，她还有两个刚刚一岁多的双胞胎妹妹。由于父母工作繁忙，她是由姥姥、姥爷带大的，两位老人喜静，只负责孩子基本的吃穿，并不常带她出门走动，因此静静从小就是一个人，一个人看书、一个人玩儿，甚至常常一个人自言自语。直到上了小学，她才被接回和父母同住，也就是这个时候，静静的父母才逐渐意识到，大女儿和同龄的小朋友比显得有些格格不入，她的生活节奏就像提前步入了老龄化，缓慢、安静。而这个有着三宝之家的父母，面对大女儿的不对劲，只有焦虑、束手无策。看着自责的家长、孤单的静静，我真的很心疼。

身为孩子启蒙阶段的老师，我深感自己责任重大，并希望尽我所能帮助静静。我开始进行学校、老师、家长三方合作的工作模式——努力让孩子敞开心扉，迈出勇敢表达的第一步。在学校，我首先尝试和静静建立友好的关系，比如，她来交作业的时候，我会询问她几句作业的情况，或者当她取得好成绩的时候，我会热情地握握她的手或者抱抱她表示赞许。尽管大多数时候，静静依旧不会直视我，更是不发一言，但通过她的肢体语言，我明显地感觉到，近一个月的坚持，她对我从最初的排斥逐步转变为接受，最起码已经能通过向我点点头、握握手表达自己的感受了。这使我深受鼓舞。我做的第二项努力则是帮助静静找朋友。我发现，静静只是不善于沟通，并不是不愿意和其他同学成为朋友，当其他同学在一旁做游戏的时候，她会流露出羡慕的眼光看着大家。对症下药，我给静静找的朋友是她的同桌和后桌——两个活泼开朗的小姑娘。她们下课会带着静静一起去洗手间，午间休息时会和她一起做游戏，外出活动时更会主动牵着她的手。孩子们的单纯总是给我惊喜，她们很顺利地成了朋友，我能明显感受到静静的笑容更多了，对班级的归属感也更强烈了。这一切，都让静静和她的父母真正感受到了学校、老师和小伙伴对孩子的爱与帮助。

此外，我通过查阅资料、向有经验的前辈以及学校特殊教育的青苹果老师们请教经验，和静静妈妈商量出了一套适合孩子的训练方案。虽然孩子的问题还没有达到病态那样严重，但如果不加以重视，放任自流，从短期来看，会影响到孩子的语言表达，阻碍她的身心健康发展，导致孩子越来越孤单，甚至会有自闭的可能；从更加长远的方面来看，现代社会，人际交往能力是人们最终走向社会所必备的技能之一，不具备与人沟通的能力，会导致静静今后无法融入社会，对孩子以后的成长、生活造成很大的影响。因此，在我的强烈建议下，静静的父母开始抽出更多的时间陪伴大宝，经常利用课余时间或者周末带着孩子走出家门，让她多多接触外面的世界。小到多去公园、游乐场等热闹的地方感受气氛，大到带静静参加一些自己感兴趣的课外班，让孩子在学到知识的同时，学会如何与新伙伴一起学习，进而建立朋友关系。基本上每周静静妈妈都会和我汇报孩子的周末安排以及所得所感，能和这个家庭一起感受静静的成长，我也感到十分欣慰。在语文教学中，我虽然不曾严厉地逼迫静静每节课回答问题，但也经常会用眼神鼓励她回答问题，或者利用开火车朗读、讲故事的方法加强静静的课堂参与度。

时光飞逝，在三方的努力下，转眼间到了期末。尽管静静找到了朋友，找到了笑容，但令我担忧的是，不论我和家长如何努力，静静依旧没有在语文课上主动举手发过言，偶尔被我叫起，声音也是小到根本无法听清。在这近 150 天的时间中，我经常觉得无奈、困惑，甚至是失落、气馁。我一直坚信静待花开，花终究会开。可是，为什么等待了这么久，她却还是把自己藏起来呢？我不知道是哪里出了错，为什么静静能够很轻易地接受伙伴，却无法在语文课上表达自己？尝试、失败、分析、再推翻重来……这样不停地循环，有时我真的想过放弃，但看着家长大段沟通的微信，看着孩子依旧有些怯怯的眼神，我告诉自己绝不放弃每一朵小花。

直到有一次，我终于等来了契机。那是期末，大家都在紧锣密鼓地备战期末考试，静静抽到的正是我的语文。考试前两天，我让每个孩子站在讲台前，演练了两遍，但静静一遍都没有说下来，站在台上说不出一句完整的话。看着孩子慌乱无措的眼神，嘴里的责备我怎么也说不出来。放学前，我把静静叫到面前，问她明天能不能勇敢地站在全班面前把故事说下来。她的头低低的，并不看我，更不理我，我跟她说如果同意你就碰碰我的手指，但她也只是抿着嘴，样子看上去像是要哭了，这一次的约定显然没有达成。让孩子回家后，我有些发愣，眼前挥之不去的是孩子的表情。我开始第一次意识到自己犯的错误有多么严重：我之前所做的可能并不是静待花开，只是强迫套上了温柔的外壳。原来我一直没有真正走进孩子的内心，我从来没有想过对于她来讲，站在台前演讲有多么难。我一直想尽各种办法希望静静达到我的要求，却从来没有告诉她我理解她，相信她能做到。第二天，正式上台前，我走到静静身边，握起她柔软的小手，一边陪她走上讲台，一边告诉她："不要怕，我知道有些难，但没关系，老师会一直陪着你，我们一起走上讲台，我们可以的，是我们！"温暖又坚定的话语，好像一把打开心扉的钥匙，静静回握了一下我的手，然后用力地点了点头。10 秒、20 秒……"大家好，我叫静静……"并不流畅的语言，仅仅只有几个人能听见的声音，但这个演讲我仿佛等了一个世纪。我的鼻头有些发酸，我用力地抱了下静静，冲她扬起了一个大大的笑脸。从这天以后，我发现横在我和静静之间的那堵隐形的墙壁消失了。直到现在，她已经可以在我的课上主动举手发言，并且在我的鼓励下，发言的声音也越来越洪亮了。

静静的这些可喜的变化和成长，终于让我体会到了"静待花开"的真正含义。作为教师，我们的教育对象是鲜活的生命，是学生五彩斑斓的心灵。教师要用智慧和善良去打动孩子稚嫩而敏感的心，用耐心和爱去帮助孩子感受到支持和鼓励带来的进步。正如苏霍姆林斯基所言："教师要像对待荷叶上的露珠一样，小心翼翼地保护学生的心灵。晶莹透亮的露珠是美丽可爱的，却又是十分脆弱的，一不小心露珠滚落，就会破碎不复存在。学生的创造心灵，就如同露珠，需要教师和家长的倍加呵护。"

细心呵护每一朵鲜花的绽放，看着他们长大，陪着他们沐浴阳光和风雨，见证他们生命中的一次次绽放，这就是我作为教师的幸福。为了没有被遗忘的小花，我愿守望心灵，静待花开！

给“学困生”以特殊的爱

■ 王　滢

一、基本情况

小 A 是一位三年级的学生，他是个很腼腆的小男生，性格内向，平时不愿意跟同学们打交道，也不爱说话。在人面前不拘言笑，上课从不主动举手发言，老师提问时总是低头回答，声音小得像蚊子声。他在班里是一个学习困难的学生，数学成绩在班上是垫底的，特别是数学作业，课堂上的作业拖拉，总是要老师提醒才交，而且没有质量。同学们嘲笑，他觉得自己这儿也不行，那儿也不如别人，缺乏竞争勇气和承受能力，导致自信心缺乏，一提考试就没精神。如何帮助他增强自信心，走出这个阴影呢?

二、案例分析

1. 个人因素

通过一段时间的观察，我发现小 A 性格内向，在人面前不拘言笑，学习习惯不是很好，上课听讲不太认真，容易走神，老师布置的预习和复习工作不能有序进行，课外作业也不能及时、认真地完成。长此以往，学习成绩便越来越不理想，每一次考试都很紧张、很担忧，考试对他来说，一次比一次害怕，一次比一次考得差，经历的挫折多了，失败也就多了，便产生了严重的自卑感，过重的心理负担使他不能正确评价自己的能力，一直怀疑自己的优点。即使在成功面前也很难体验到成功的喜悦，从而陷入恶性循环之中，严重影响他的身心健康发展。

2. 家庭因素

该生的父母文化水平较低，对他的学习不能进行有力地指导。过重的压力使孩子在未达到父母期望时，便形成自卑心理，怀疑自己，否定自己，不安、孤独、离群等情感障碍也会随之而来。

3. 教师因素

在学校里，如果教师对一些成绩差的学生不够了解，关注不多，就容易造成对这些同学的评价偏低。一旦如此，几个月或者几个学期以后，这些同学便逐渐产生失落感，在老师那儿他们得不到适时的表扬和赞美，又会受到同学们的奚落和家长的不满，长此以往便否定了自己的一些行为和想法，慢慢不相信自己的能力与水平，也越来越不自信，此时自卑感就慢慢占了上风。

三、辅导策略

自信的缺失对学生的身心健康、生活、学习都有损害，那么究竟该如何引导学生增强自信，正确地评价自己呢？

1. 激励教育，唤起信心

教育学理论告诉我们，每个学生都是有进步要求的，都希望别人认为自己是一个好学生。老师也认为只要孩子智力正常，没有教不好的学生，只有不会教的老师。为了去除小 A 的畏惧心理，老师在课余时间经常有意无意地找他闲谈，让他帮老师发作业本，上课时从不公开点名批评他，发现他有所进步及时表扬，在上课时经常用眼神来鼓励他，还经常对同学说：“看，小 A 今天坐得真端正，听课非常认真！”“小 A 同学回答问题声音大了，能让老师们听得清楚。”

此外，有针对性地给他布置作业，根据“学困生”知识接受能力的差别，设计合适的练习。作业面批面改，在评价中以“期望”“激励”的方式，如

“你真棒!”“加油!”“进步真大!”等评语。肯定他的优点，同时也指出他的不足，指导他下次应该怎么做。通过近一学年的努力，他的进步是很大的。渐渐的，小 A 开始喜欢和老师接近了，他还敢于主动和老师交流。

2. 家校沟通，促进自信

小 A 缺失自信心，很大一部分原因在于家庭的教育环境与方式。因此，老师经常与家长联系，详细地分析他在学校的表现及其各种原因，共同商量解决孩子不良心理状况的办法，建议家长选择适当的教育方式，为孩子提供表现自己的机会；让孩子在家做力所能及的事，不管干什么，都要从中发现进步的地方，并马上夸奖他的闪光点。鼓励小 A 把家中得到的夸奖讲给老师和同学，把在学校得到的表扬告诉父母。在评价中，小 A 从他人的肯定中得到了满足，增强了自信。

四、辅导效果

通过师生、家长的共同努力，小 A 有了很大的变化，特别是在数学作业完成的态度和质量上有很好的转变，能及时并且较好地完成练习，单元检测成绩也明显上升，他的学习成绩在不断提高。上课能专心听讲，敢于举手发言且声音响亮，课堂发言比以往更加积极，课堂作业更加认真。下课能主动与同学交往、做游戏，愿意参加各种活动，与班级、同学融为一体。家长也反映在家学习主动，喜欢把班级的事讲给父母听，主动帮家长做些家务。

五、结　论

通过实施分层作业，小 A 不完成作业的现象得到了很大的改善，基本上能够完成老师布置的作业。以往看到作业就感到头痛，万不得已才去做，现在有了分层作业，学生感觉对自己的作业有了明显的兴趣，愿意在老师的引导下主动的探索，不同层次的学生因为有了不同层次的作业，也避免了抄作业的现象；作业自然是对课堂教学的有效补充和延伸，它最主要的目的还是服务于课堂教学。因为有了分层布置作业的研究和实践，不同层次的学生在不同的知识领域得到了有效的补充，大大提高了课堂教学质量。尤其是后进生，课堂发言比以往更加积极，课堂作业更加认真。对于那些自信心不足的学生，老师们要及时地给予更多的关爱，让他们感到“我能行”“我是最棒的”。

小 A 的改变，让我们更加认识到激励的作用。所以，针对类似的学生，教师要循循善诱，不可操之过急，老师不要把注意力集中在孩子的不良表现上，而要更多地关注孩子的优点和特长，放大孩子的优点，使之一步步放开自己的心绪，正确地评价自己，将自己融入集体中去，感受老师给他的善意，通过多元化的评价、各项活动的参与，使其自信自强。

拭亮孩子的心灵

■ 宋　菁

一、故事回放

有段时间，学校接连出现老师丢钱的事情，经过大家的分析，一致将目标锁定在同学小鸿身上。班主任根据班里同学的反映，以及这位同学近期的种种异常表现，找他谈话，在各种事实面前，他闪烁其词，自相矛盾，可就是始终不承认；找家长沟通，家长也替他推脱。班主任老师一筹莫展。

我决定出面和小鸿谈一谈。对于他不明来源的钱，他的解释是上网挣的，这位同学的计算机技术不错，我决定找一位精通网络的老师一起和他聊。我们谈了几次，就从上网谈起，从他如何利用 QQ 为那位网上相识的老师制作电脑作品挣钱开始。过程中，对于技术上的关键问题，他同样是含含糊糊。我明确地告诉他：这件事说不通，有问题！

事过不到一个星期，我再次找小鸿谈，这时两位同学急匆匆地告诉我在男厕所捡到一个空钱包，里面的钱已不翼而飞。同是一个办公室的老师再一次丢钱！听到这，小鸿脸上的表情异常，格外的不自然，整个人开始紧张起来。这是一个转机，我感到一次教育时机的来临。

这时到了全校放学的时间，我把小鸿留了下来，继续我们的谈话。我给他讲一个人一生的成长中会遇到很多重要时刻，也会做一些糊涂的事，孩子做错事只要改正都可以原谅，都是可以重新开始的；有些事虽然没有证据，但是事实大家都是心知肚明，这样的事埋藏在心里，会更难过，因为没有哪一个孩子要成为一个坏人。他听着我的话，手里不停地摆弄着他的铅笔袋。

时间一分一秒地过去，我们的谈话进入了僵局。怎么办？是就此放弃，还是当众揭穿他？我感觉之前的一番谈话要起作用，还要从心灵深处打动他。我深情地对他说，这件事其实我们心里都清楚，我坚信人心向善这句话。我也有一个和你年纪差不多的孩子，如果你是我的孩子，我知道了你会做这样的事，我会伤透了心，但我会跟他讲、跟他说，帮助他改正。你不愿说我不勉强你，但我知道你心里并不会因此轻松，反而会更沉重，因为从你的眼睛里我知道你是一个有正义感、做错事会惭愧的孩子。他的眼睛有些湿润了，他小声说，您能让马老师出去吗，我跟您一个人说。教室里只剩下我们两个人，我拉着他的手说，现在就咱们俩，我知道你一直在努力，都说出来吧……

后来我又找到小鸿的家长。我同样从一名家长的角度，推心置腹地和他们交谈。又过了两天，小鸿的父母找到我，说前一次老师的钱也是他拿的，他们要反思自己的教育。

从那以后，我只要一有时间就和小鸿聊天，用他的话说，在学校我是知道他秘密的人，在我面前可以无话不说的……

二、教育感悟

谈话是教师一生工作都要用到的方法，教师在自己的职业生涯中不知道和学生有多少次谈话，教师应该多么认真地考虑自己说出的每一句话啊！教师要有一颗敏锐体察孩子心灵的心，有保留孩子自尊的空间、保护孩子脆弱心灵的教育机智。用我们的语言，拭亮孩子的心灵，让他们轻快地飞翔！

他爱上学了

■ 张　彬

小 L 今年已经 10 岁了，他患有感觉统合失调症，智商只有 52 分。他的父母知道他不能和正常的孩子一样在学校学习和生活，所以才带他报名开始上小学一年级。在去年上学时，他不愿意上学，总喊着“回家、找妈妈”；在课堂上，他大喊大叫，随便下位子，随意进出教室；见到女老师就叫“妈妈”，见到男老师就叫“爸爸”。他的这种情况严重影响了其他同学的学习和老师课堂的教学，所以他在去年只上了一个月的学就休学了。

今年小 L 又重新上小学一年级，他特别好动，注意力不集中；对触觉特别敏感，不愿别人抚摸、拥抱；不愿意和别人进行眼神的交流；在课堂上经常发出怪声，把桌椅弄得很响，叫周围同学的名字，动周围同学的学习用品……而且和去年一样，他还是不愿意上学，总是跟我说“要回家”“要找妈妈”。

怎样让小 L 愿意上学，爱上学呢？这是摆在我面前一道急需解决的难题。我想，学校、家庭一体化的教育是帮助特殊学生形成良好的心理品质，培养健康的人格，逐步提高成绩的重要方面。对于小 L 来说，许多在学校中学习的内容需要在家里反复练习，才能得到巩固，只有在学校和家长的配合下，对孩子有目的、有计划的指导练习，才能取得好的效果。因此，我每天都和小 L 的家长进行沟通，做到在孩子的教育训练计划、教育内容和步骤上家校一致，使孩子在学校与家庭中接受教育训练的内容是一致的，有连贯性的，真正做到家校沟通，教育同步。

一、学校与家庭教育同步进行

对小 L，我多加鼓励，激发他奋进，多加疏导，开启他的心灵。小 L 由于患有感觉统合失调症，所以有着种种不良的个性和行为偏差。如：他精力充沛，性格外向，举止粗鲁，尤其是上课出怪声，影响正常的教学秩序。有些家长怕自己的孩子近墨者黑，明确跟我表示不愿意小 L 坐在自己的孩子附近。但是，我没有就此而放弃，而是从了解、沟通、矫正、鼓励入手。首先教育同学要有一颗爱心对待他，告诉孩子们小 L 因为生病的原因所以才有现在的种种表现，大家不要在课堂上受他的影响，并且在学习上要给予他帮助，行为上给予他指导，学会包容他人。另一方面，我利用课间、空闲时找他谈心、沟通，在行为上给予疏导、矫正，发现他有点滴进步就及时表扬。我把他每天在学校的表现都记录到家庭联系本上，他的父母看到他好的表现在家里也及时表扬，同时会根据我在学校的要求继续在家里进行疏导，然后把他在家的表现记录到本上，第二天上学我就会了解他在家的表现了。

我了解到，小 L 的父母觉得吃药会影响孩子的大脑而不让他吃药，并且觉得参加感觉统合训练效果不明显而不参加。他们采取的方法就是打骂。了解到这些情况，我建议家长可以不给孩子进行药物治疗，但是应该参加感觉统合训练，毕竟孩子是因为患病才有这些反常的表现，如果他自己明白他也不愿意这样，有病就要治疗，而不能光靠打骂。小 L 的父母接受了我的建议，让他开始进行感觉统合训练了，这使得学校教育与家庭教育同步进行。

二、采取有效的措施，让小 L 愿意上学，爱上学

小 L 在生理和心理上都存在不同程度的缺陷，因此要给他创造适宜的学习条件，使他的潜能得到开发，学习兴趣得到激发，能力得到锻炼，这样他才会愿意上学，爱上学。于是我和家长从孩子的实际情况出发，采取积极有

效的措施，既满足正常学生的学习需求，又满足小 L 这样特殊学生的学习需要。

1. 座位优先，有利辅导

考虑到对小 L 的辅导不仅体现在课外，更重要的是在课内进行个别辅导，我在安排座位时，将他安排在第一排。周围安排一些纪律、学习较好的学生，形成良好的学习氛围，促使其提高。

2. 形象演示，加强记忆

具体形象、生动鲜明的实物，能引起智障儿童的兴趣，激发智障儿童的识记。在教给小 L 知识时，我和他父母多运用实物、图片、模型、多媒体等教学手段，使他能产生形象记忆，从而提高记忆能力。

3. 积极参与，作业适宜

任何活动的积极参与都是对兴趣的培养和提高，所以在教学中，我除了要教给小 L 一些方法，还要引导他，创造机会让他积极参与教学。如：在提问中，通常较容易的题目让他回答，较难的题目让他先注意倾听，而后，让他再复述一遍。在他的练习中，我和他的父母对他降低难度，要求基本正确即可。回家作业也注意适宜，我们的重点就是培养他的学习兴趣。

4. 让孩子多获得成功的喜悦

每个人都会为获得成功而喜悦，为遇到失败而沮丧，这是人之常情。智障孩子也不例外。我和他的父母都注意到，每当小 L 在学习或在游戏或是在处理生活事件时，有了一些成功，他就会十分高兴。如当他自己穿好衣服、收拾好书包，被家人表扬时，当自己写的字被老师展览时，他都会显得十分高兴。如果这时候老师和家长给他提出进一步的任务或要求时，他往往会乐于接受，并积极地去完成。这是因为他获得了成功的喜悦后，会看到自己的能力，并且相信自己的能力，在心中产生自信心，从而激发他继续努力的积极性。通过和小 L 的接触我深深地感觉到，对于像小 L 这样的特殊学生，老师和家长光给他关心和照顾是不够的，还要给他鼓励和赞许，让他在课堂上经常听到老师对他进步的肯定和全班同学发出的掌声赞扬，在家里经常听到父母的表扬，使他经常感受到成功的喜悦。

于是小 L 变了，他从不愿意上学、怕上学变成愿意上学、爱上学了。他的妈妈高兴地告诉我：每天小 L 都早早地起床，不用任何人督促，穿好衣服，背好书包，等着妈妈送他上学。听着小 L 每天早上来到学校大声地对我说“老师好”，看着他和同学们一起上课，课下愉快地游戏时，我的心里总有说不出的喜悦。

随班就读的智障儿童是特殊儿童中的一部分，他们的心理发育较差，智力低下，这些都严重影响了智障儿童的正常学习、生活、与人交往，并导致他们心理上的缺陷和异常。因此，提高智障儿童的基础素质，补偿他们的心理缺陷和不足，要求教师注意培养和形成智障儿童各个方面的能力，在充分发挥学校教育的主渠道作用的同时还必须做到家校沟通，教育同步，只有这样才能提高教育效果，为他们的学习和生活打下牢固的基础。我会在今后的工作中不断调整自己的工作方法、完善教育计划，在学校和家庭的共同努力下，让小 L 能够得到充分的关爱、充分的发展、充分的潜能开发，使他能够早日适应社会、融入社会。

自信撑起一片晴空

■ 吕闽松

每一个儿童都是一个珍贵的生命，每一个学生都是一个生动的画卷。

在我们的教育历程中，要珍爱生命、珍视这些画卷，以心灵感受心灵，以感情赢得感情。特别是一些“学困生”，老师不重视，同学看不起，他自己更是破罐子破摔，自信心完全丧失。针对这种情况怎么办？他们也是蓝天下的孩子，他们也需要关心和爱护，他们的父母也希望他们成才，成为一个对社会有用的人。当这些学生遇到困难失去信心时，作为老师应该毫不犹豫地伸出援助之手去帮助他们。教师的一个微笑，一次赞许的目光，一句鼓励的话语，都会温暖孩子的心。

我班的“学困生”小 W 同学主要表现为：记忆能力较差，注意力不易集中，思维反应慢。该生性格内向，略有自卑心理，平时不肯与其他同学交流。现阶段语文学科的学习状况主要表现为：学过的字词和课文内容大部分都已遗忘，读课文不准确，说话表意不够准确，条理不清楚，与普通学生有差距。

小 W 学习成绩远不及其他学生。用评价其他学生的标准和方法评价他，显然是不公平的，长期下去会使他失去信心，产生自暴自弃的心理，影响他们健康成长。为了使“学困生”也能和其他学生一样尝到学习成功的喜悦，充满信心的健康成长，我对小 W 采用了特殊的评价方式。

一、分小项评价

在以往的评价中，“学困生”与正常学生总是使用同一个评价标准，这样他们自然就得不到良好的评价结果，根本享受不到学习成功的喜悦，也就看不到自己的长处和能力。每次评价结束，其他学生有的拿着自己的评价手册喜形于色，有的同学互相交谈取长补短，而小 W 却冷漠相对，将评价手册不屑一顾地丢在了抽屉里，因为他知道自己的评价结果不会好。“家长评价”一栏，他更是视若畏途，当家长看到同学、教师给他的评价时，他都会得到“数落”“惩罚”，然后是没完没了的“教育”。他不愿让家长评价，进而找别人“代评价”，以应付了事。本来是促进学生发展的评价，在他那里却成了苦恼和负担。我看在眼里，急在心里。

为了改变这种状况，让小 W 也能尝到学习成功的欢乐，我采用了分小项的评价方式。所谓分小项，就是把小学生评价手册中的每一条标准，分解成若干小项，能做到其中一项的为一个等级，做到二、三项又为一个等级；这样小 W 就能找到适合自己水平的评价标准。有了一个经过自己努力可以达到的目标，就能引导他努力去实现自己的价值。当他做到时，也会得到老师和同学的好评，享受到学习成功的喜悦，增强了他争取更大成绩的信心，为他的健康成长创造了条件。

二、升等性评价

虽然用分小项评价方式使小 W 取得了好的评价结果，但还需要老师和同学对他多加鼓励，以增强其信心，不断前进。“只要愿意学，就一定能学会”，教师要坚信“学困生”也是可雕之木、可塑之材，利用一切条件坚定他们的信心，鼓励他们走自己的路，让他们投身集体之中，在评价时更多地给予鼓励，使他们更加坚定信心。为此，我又采用了“升等”评价。

所谓“升等”，就是当他的某个单项评价（如规范写字），由于一时疏忽而成绩不好时，可以提高一个等级，但他要给我一个保证，下次书写时要达到这个等级，如在规定时间达不到这个等级，则取消这个等级，恢复原评价等级。小学生都有争强好胜的心理特点，都有争取进步赢得老师、同学、家长称赞的心理需求，因此，他更加努力学习，在规定的时间内达到预定目标。

三、特定性评价

“学困生”接受知识和思考问题的能力有些差，这是不争的事实。在平日的学习中，我都是以学生的不同情况提出不同的要求，制定不同的标准。小W在写字词时，错的不超过两个就可以得优；背课文时，他向我提出要一句一句地背，我说可以，于是他就一句一句地背，背过一句我就鼓励他再背下一句。现在他把标准提高了点，要两句两句地背，我说好。有时背不过时，他说：“老师能不能给我提示一下?”我说：“当然可以!”当他背过的时候，我就给他书上写上一个“优”字，并记入成绩册中。当看到自己通过检查时，他高兴得不得了，同学们也为他取得好成绩而高兴。在单元检测时，别的同学 90 分是优秀，我对小 W 要求 70 分就是优秀，50 分及格。我想让他“跳一下”就能达到自己的目标，而不是给他摆一座永远也攀不上的山。看到他从“及格”到冲刺“优秀”的劲头，我感到很欣慰，欣慰的是他有自信了，可见降低条件让他同样享受成功的快乐。

四、互补性评价

不同学生在不同方面的发展是不平衡的，有的学生在这一方面发展得快一些，有的学生在另一方面发展得快一些，这是自然现象。为了利用学生发展之长，促发展之短，我试用了互补性评价方式。

所谓互补性评价，即允许学生用自己之长处补自己之短处，就是可以用成绩突出项目，补偿成绩最差的项目，将最差项目提升一个等级。如某生数学评价良好，但体育评价不及格时，允许学生用数学成绩补偿不合格的成绩，要使体育成绩补偿为及格，数学降为及格。同样，如果体育成绩突出，可以补偿其他学习科目成绩不足，提升一个等级……小 W 的语文比数学强一些，有时他就要拿语文成绩来补偿一下数学成绩，使数学提升一个等级，语文相应地降一级。他的思想品德突出又补偿体育的成绩……注意的是，在进行这些补偿时，也不是没有要求的，我要求他们在一定时间内改变最差项目的状况。这样做的意义，在于引导学生把优势项目的学习迁移到差的项目上来，以促进差项目的提高，收到了良好的效果。

五、满足性评价

在《小学生综合素质发展评价手册》的“我的收获”栏内，以往小 W 总是不填写。当问他理由时，他会说“没收获”“不知道怎么填”。实行分小项评价、升等性评价、特定性评价、互补性评价后，情况有了转变，自我评价栏中也偶尔出现了“写字考核 A 等”“课文背诵都通过了”……这就使他享受到了学习成功的喜悦，激发了他争取更好成绩的信心。在这种情况下，就要采取满足性评价措施。在“教师评语”一项中，我根据小 W 所谈到的收获结合他的实际情况，在评价结果可高可低的情况下，评为高一等的成绩，以满足学生的心理需求，让他们也能自豪地对他人、对家长谈论自己的评价结果。

从实际出发，合理评价“学困生”，能增强他们的自信心，唤起他们的上进心，真正发挥评价的功能，促进“学困生”健康成长，是关注差异、尊重个性评价理念在实际评价中的具体体现。

尽管这些“学困生”存在着问题，但是只要老师对他们多一点关心和鼓励，多一点肯定和表扬，多花费一点心思，多创造一些条件，我想他们的将来也是非常光明的。用爱为他们点亮心头的那一盏灯，一盏自信的灯，为他们撑起一片晴空，相信他们会笑得更加灿烂！